# 秦皇岛历史名校

QINHUANGDAO LISHI MINGXIAO

政协秦皇岛市委员会 编

燕山大学出版社
·秦皇岛·

图书在版编目（CIP）数据

秦皇岛历史名校 / 政协秦皇岛市委员会编. —秦皇岛：燕山大学出版社，2020.12
ISBN 978-7-81142-645-8

Ⅰ. ①秦… Ⅱ. ①政… Ⅲ. ①地方教育－教育史－秦皇岛 Ⅳ. ① G527.223

中国版本图书馆 CIP 数据核字（2018）第 299028 号

# 秦皇岛历史名校
政协秦皇岛市委员会　编

| | |
|---|---|
| 出 版 人： | 陈　玉 |
| 责任编辑： | 朱红波 |
| 封面设计： | 赵中极 |
| 出版发行： | 燕山大学出版社 |
| 地　　址： | 河北省秦皇岛市河北大街西段 438 号 |
| 邮政编码： | 066004 |
| 电　　话： | 0335-8387555 |
| 印　　刷： | 秦皇岛墨缘彩印有限公司 |
| 经　　销： | 全国新华书店 |

| | | | |
|---|---|---|---|
| 开　　本：787mm×1092mm 1/16 | | 印　张：29.25 | 字　数：470 千字 |
| 版　　次：2020 年 12 月第 1 版 | | 印　次：2020 年 12 月第 1 次印刷 | |
| 书　　号：ISBN 978-7-81142-645-8 | | | |
| 定　　价：158.00 元 | | | |

**版权所有　侵权必究**
如发生印刷、装订质量问题，读者可与出版社联系调换
联系电话：0335-8387718

## 编委会

主　　任：孙立军
委　　员：张国强　杨爱志　刘红军　秦寄翔　于　慷　张　旭
　　　　　陈　玉
主　　编：孙立军
副 主 编：杨爱志　刘红军　秦寄翔
执行编辑：卢纪锋
编　　辑：洪　澍　郑海芹　孙宝玉　赵秀玲　胡桂英　刘建新
　　　　　周学年　李　文　王利波　胡　昊　胡奕刚　刘海燕
　　　　　周春山　卢醒男　张春玲　邵建勇　韩雪峰　吕凤楼

# 序言

当我们说一个地方人杰地灵的时候，不能不想到，这个地方教育的开化蒙昧之功。

教育是什么？是文明的传承，是技能的提升，更是开风气之先、领时代之潮的大作为。

传授已知、更新旧知、开掘新知、探索未知，教育"点亮理想的灯、照亮前行的路"，培养社会发展、知识积累、文化传承、国家存续和制度运行所需要的人。

"聚天下英才而教育之"，是以有教育，是以有学校。教育从昨天走来，决定着人类的今天，也决定着人类的未来。

我们回顾教育的昨天，是为了新时代的今天，更是为了美好的未来。

编纂《秦皇岛历史名校》一书，追忆叙说秦皇岛百余年间的历史名校，记录描摹秦皇岛地区学校教育的发展轨迹，意在激励后来者循着先行者的足迹，奋发图强，砥砺前行，推动秦皇岛教育事业更好更快发展，办让人民满意的教育，为建设"沿海强市、美丽港城和国际化城市"提供磐石强基。

学校作为有计划、有组织、有领导地进行系统教育的机构，古时称之为学堂、书院、私塾等。四大书院，名扬天下。博雅学风，源远流长。从古到今，学校文化一直在国人的血脉里流淌。

学校不仅仅是传播知识的殿堂、培养人才的摇篮，也是许多重要人物登上历史舞台的开始，是许多美好故事开始的地方。

正如人们提及北京大学，就会想起中国共产党的创始人、北大著名教授陈独秀和李大钊；谈起湖南第一师范学校，就会想到曾经在那里就读的中华人民共和国的缔造者毛泽东；说到南开大学，脑海中就会浮现从那里走出的周恩来总理……当读者翻开《秦皇岛历史名校》这本书时，也会看到中国共产党创始人李大钊在曾经就读的永平府中学留下的足迹；聆听到山东督军兼省长田中玉建立山海关田氏中学的传奇故事；还有百年汇文中学的弦歌不绝……

杏坛传薪，几历沧桑，如今秦皇岛的现代教育已是成果斐然。仅以大学来说，这里就有集燕山灵秀于大成的燕山大学，有历史悠久的东北大学于此落地生根的东北大学秦皇岛分校，有根生土长、农学传统源远流长的河北科技师范学院，有被誉为环境保护战线"黄埔军校"的河北环境工程学院，有开我国水产教育先河的河北农业大学海洋学院……

由秦皇岛市政协文史资料委员会组织编写的《秦皇岛历史名校》一书，在"三亲"（亲历、亲见、亲闻）原则的基础上，史料性与故事性兼顾，图文并茂，重现百余年来秦皇岛地区历史名校的旧日时光。沧桑变迁、名人逸事、先生风采、桃李芬芳，以及历史名校今日之荣光，尽在其中。可以说这本书回访了历史，播放了时光，映照了今天，启示了未来。

"风气开一代，师表传后世"，在我们向着实现中华民族伟大复兴的中国梦而奋力前行的伟大征程中，我们要以学校为基础，不断优化教育资源配置，着力推进学前教育普惠发展、义务教育优质均衡发展、普通高中优质特色发展，进一步做大做强职业教育，加快发展高等教育，积极发展终身教育，大力支持民办教育，更好地满足伟大复兴时代人民群众对各级各类优质教育资源的需求。

2020 年 7 月 26 日

## 大学

燕山灵秀　巍巍大成（燕山大学）……………………………………………… 3
东大火种　于此生根（东北大学秦皇岛分校）…………………………………… 23
根生土长　携梦启航（河北科技师范学院）……………………………………… 35
环保黄埔　绿色摇篮（河北环境工程学院）……………………………………… 51
建材建工　高技高能（河北建材职业技术学院）………………………………… 62
外语见长　通达天下（河北对外经贸职业学院）………………………………… 74
美丽"夏都"　高职名校（秦皇岛职业技术学院）………………………………… 86
学深海采　网罗宏富（河北农业大学海洋学院）………………………………… 97
开放大学　终身教育（秦皇岛广播电视大学）…………………………………… 116
蓝领英才　国之工匠（秦皇岛技师学院）………………………………………… 128

## 中专

康养沃土　天使摇篮（秦皇岛市卫生学校）……………………………………… 141
技能本位　厚德强能（秦皇岛市中等专业学校）………………………………… 149

## 中学

九秩芳华　逐梦百年（秦皇岛市第一中学）……………………………………… 161
山海共育　京东名校（山海关第一中学）………………………………………… 172
龙城府学　英才荟萃（卢龙县中学）……………………………………………… 184

百年汇文　弦歌不绝（河北昌黎第一中学）……………………198
前承碣阳　后续汇文（昌黎汇文二中）…………………………213
燕山深处　塞北名校（青龙满族自治县第一中学）……………221
紫金山下　求知圣地（抚宁区第一中学）………………………228
海滨胜地　精品学校（北戴河中学）……………………………237
格物致知　日新月异（秦皇岛市第七中学）……………………246
教育之桥　求真求实（山海关桥梁中学）………………………257
最美教育　奠基幸福（北戴河区第三中学）……………………264
新学先声　龙山一脉（青龙满族自治县龙山中学）……………273

## 小学

百年树人　志上青云（海港区青云里小学）……………………285
少年军校　筑梦起航（海港区迎秋里实验学校）………………298
扶轮精华　百年传承（山海关铁路小学）………………………308
启智润心　快乐"蔡娃"（北戴河区蔡各庄小学）………………315
多彩云从　云龙风虎（抚宁区骊城学区第一小学）……………328
书声琅琅　球响乒乓（卢龙县第一实验小学）…………………337
幸福教育　幸福一生（昌黎县昌黎镇第三完全小学）…………345
弦歌不辍　薪火相传（青龙满族自治县第一实验小学）………353
"三字"教育　致极致远（北戴河新区南戴河小学）……………362

## 附录

秦皇岛地区从古代到近代的学校……………………………………373
秦皇岛地区小学演变发展史…………………………………………378
秦皇岛地区中学演变发展史…………………………………………410
秦皇岛地区职业学校演变发展史……………………………………436
秦皇岛地区大学演变发展史…………………………………………454

后记……………………………………………………………………458

# 大学
*DAXUE*

# 燕山灵秀　巍巍大成

## 燕山大学

　　这是一所依山傍海、云起潮生的高等学府。她北依燕山，南临渤海，环境优美，建筑风格简洁流畅。走在校园里，你会深深地感受到"厚德、博学、求是"校训所承载的无形精神力量和"艰苦奋斗、严谨治学、求实创新"精神所浸染的浓厚校园氛围。

　　这是一所出身名门、秉新图宏的高等学府。她源于哈尔滨工业大学（1920年建校，始称"哈尔滨中俄工业学校"，以下简称"哈工大"），办学历史悠久，是国家重点建设时期重工业基地建设和发展的重要支撑，是新中国培养重型机械工业人才的摇篮，经过水乳交融、休戚与共的光辉岁月，学校在国内机械类专业院校处于领先地位。

　　这是一所奋斗不息、负重前行的高等学府。她历经两次白手起家，从有

1984年10月6日，燕山大学筹备处成立大会在国家体委秦皇岛体育基地举行。

东方巴黎之称的哈尔滨到第一重型机器厂所在地齐齐哈尔富拉尔基,从东北的嫩江红岸再到泱泱渤海之滨的秦皇岛。学校的迁徙历史创造了中国高等教育的奇迹。几多风雨,几度沧桑,她历经近百余年的风风雨雨,从荆棘中走出了一条属于自己的高水平大学建设之路。

## 顺应形势　艰苦创业

东北重型机械学院的诞生和发展是学校历史上的第一次创业,也是顺应国家发展形势的历史选择。

1953年,我国制订了第一个五年计划,称为"一五"计划。"一五"计划确定的基本任务是:集中主要力量进行以苏联帮助我国设计的156个建设项目为中心、由694个大中型建设项目组成的工业建设。苏联当时帮助我国设计的最大项目就是第一重型机器厂,位于齐齐哈尔市富拉尔基区。

而当时开展建设的突出矛盾是人才极度缺乏,在这种形势下,教育部于1958年年初,指示哈工大在齐齐哈尔新兴工业区富拉尔基筹建工学院。1958年6月5日,哈工大和黑龙江省委联合下发通知,要求在齐齐哈尔市富拉尔基区建立哈工大分校,命名为"哈尔滨工业大学富拉尔基重型机械学院"。一个月后,具体方案出台,确定学院的办学特色为"瘦而高",即"规模要小,水平要高"。学院初设六个专业:轧钢设备及工艺、锻压设备及工艺、冶炼设备、机械设备及工艺制造设备、基础学热处理、铸造设备及工艺。学院当时仍然使用哈工大的校徽、教学计划和实验计划。1959年3月2日,我国第一所为重型机械工业培养技术干部的高等工业学院——哈尔滨工业大学富拉尔基重型机械学院,在第一重型机器厂电影院隆重举行了成立典礼。同年,学院决定调整专业设置,增设工业企业电气化专业。

学院初建时,师生有数百人,只有3栋宿舍楼和7栋砖平房,条件异常艰苦。从条件优越的省会城市哈尔滨迁到偏远的富拉尔基,所有人都在努力接受着这个强烈的反差——哈尔滨是个美丽繁华的城市,到处都是欧式建筑,有"中国的莫斯科"之称,而富拉尔基气候恶劣,基础设施建设也很落后,当时人们都笑称那里只有"一条马路,一个岗楼,一个公园,一只猴"。

在漫长的冬季,这里经常是室外北风呼啸,室内寒气袭人,冻得教师上课时手拿不住粉笔,学生的钢笔水都冻住了,写不出字来。南方来的学生冻哭了,用土炉子烧煤取暖也无济于事。灯泡坏了没有条件及时更换,下午4点左右教室内就模糊不清了,教师就在窗下念讲义,学生们围着被子听课。据当时学院的学生赵玉泽回忆:"冬天教室冷到了极点,有时温度会达到零下三四十度。学生们经常边上课边跺脚,后来老师不得不在课上每隔一段时间就停下来,让学生们'集体跺脚'取暖。"

锻压专业教师林秀安老师回忆:"富拉尔基的冬天,教室和宿舍都非常寒冷,用土炉子烧煤取暖是顶不住的。我给锻压专业55、56级同学讲专业课、指导毕业设计,因为冻手冻脚,写字都很困难。我与另外几位老师和同学一起住在土平房的宿舍里,一个房间住三四个人。我的床靠窗户,夜里雪从窗缝吹进来,早上醒来时常常发现棉被上盖着一层雪花。夏天住在这种土房子

1959年3月2日,"哈尔滨工业大学富拉尔基重型机械学院"举行成立典礼。

"东北重型机械学院"校门和教学主楼

里也不好过。下雨天,外面雨停了,屋里还在漏水,有的同学就抽出草垫子来挡雨。"没有公交车,所有教职工步行上班,年轻女教工背着孩子来工作。办学之初,卫生所体检,患浮肿病的教职工占了全校教职工总数的39%。

　　学院的宋维公老师说:"我永远也忘不了初次走出富拉尔基火车站时的情景,眼前完全就是一个农村,一排平房,没有一座楼,白茫茫的一片都是雪。我当时也想不明白,学院为什么要建在这么荒凉的地方。到达学院之后,我更是被眼前的场景惊呆了,学院里,一边是重机厂工人的职工宿舍,另一边正在建一个主楼,刚刚建到二三楼,整体还没有完工。即便是这样,也没什么可抱怨的,因为我是一名共产党员,组织上需要,我就要响应号召,到最艰苦的地方去。1960年正是'三年自然灾害'最严重的时期,老师们连个洗脸盆都买不到,只有在结婚登记的时候凭结婚证,才允许买一个洗脸盆。老师们吃不饱饭,没有力气,有的老师连楼梯都爬不上去,只能在上课之前喝半碗酱油汤,勉强支撑着去上课。可是人的精神就是那么可贵,我们不断学习政策,慢慢理解了在此创业是顺应形势的历史选择。物质的匮乏没有打败我们,反倒让我们的干劲儿更足了。我们平地起家,盖房子、建实验室,一切都是师生亲自动手干,亲自创造历史。在这样的环境下,我们完成了工业企业电气化专业的建设,使学院由原来的6个专业发展到7个专业。"

就是在这样极其艰苦的条件下,学院师生坚守着共同的理想信念,将青春和汗水留在学院的每一个角落。当时学校的教师不仅严重缺员,而且80%以上是1957年以后的大学毕业生。在这种困难的局面下,老师们互教互学、以老带新。学生们也珍视学习机会,每天晚上,学校阅览室里总是人头攒动。10点熄灯后,宿舍楼里又亮起了一盏盏小台灯,同学们在各自的铺位看书。很多女生舍不得花太多钱吃饭,省下钱来买书。师生们用双手在严冬中建设自己的宿舍和教学楼,挖土方、搬砖石、背锯末、运木料、修土路、砌围墙、植树苗、除荒草。

大部分教师还被派到第一重型机器厂的各个车间,和工人师傅们一起动手实践,了解重型机器的结构细节、生产工艺、前沿水平、存在问题和发展趋向。边建设、边教学、边研究的学院师生在1959年就承担了第一个科研项目——为企业设计3000吨卧式水压机。1960年,学院开展了"双革四化"技术革新群众运动。两年内,学院科研工作取得的成绩有:轧钢和锻压专业师生分别承担的上钢五厂40台轧机的全套设计;101厂、123厂、127厂、哈尔滨电机厂等企业委托的各种轧机和水压机的设计;第一机械部组织的LC—12轧机和4201水压机的联合设计。这些设计出的机器在当时绝大部分是世界上的先进产品。学院还承担了国家科委所给的冷轧、连轧的研究,自行设计和制造了一些国内外还没有生产过的先进产品,如制造了1台20辊精密轧机和1台超高压水压机。师生同工厂的工人完成革新项目538项,其中,重大项目有齐齐哈尔钢厂825初轧机车间自动化和齐齐哈尔车辆厂水压机车轴锻造自动化等新技术、新产品。

1960年10月,学院接到第一机械工业部的通知,更名为"东北重型机械学院",并从哈工大中分离出来,直接归属第一机械工业部。也就是从这时开始,学院正式和哈工大脱离了关系,实现了独立办学。但由于当时的师生均来自原来的哈工大,所以仍然执行哈工大的教学和实验计划。"艰苦创业、勇于进取、严谨治学、实事求是",哈工大的优良校风也一直为学院始终保持和发扬。1961年,学院被第一机械工业部确认为部属重点院校。

1966年,"文化大革命"开始后,学院在这以后的6年时间里,停止了教学活动。1961—1965年入学的学生,学习年限和学习效果参差不齐,这就帐篷也要让新生准时入校。"

由于教室还没建好，学校在校园北围墙内抢建了一片砖房用作临时教室。这时又遇上了连雨天，拖拉机不得不在雨水中运砖，施工很困难，但完成这样的临时工程毕竟是力所能及的，最终还是保证了开学时的使用。学生宿舍虽然没有完工，学校还是决定让学生搬进去住。学校在宿舍楼的南侧修了一个大的室外临时厕所，还在宿舍安排了夜间值班员，保证同学们夜间去厕所的安全。各项措施和安排都为新生入学创造了必要的条件。

1985年10月5日，新生按计划开始报到入学。分校第一次在全国19个省市招收本科生，实际报到的本科生436人、研究生95人、专科生155人、代培生17人，共计703人，比计划招生人数多了282人。

新生入学时，数百名家长送学生来上学。当时学校正在建设中，还没有一栋完工的楼房，到处布满了建筑材料、挖出的土方，到处是纵横交错的动力、水暖管网渠道和施工人员，校园十分凌乱。看到学习和生活条件这么艰苦，学生和家长们感到很失望。为了让这些学生和家长对正在建设中的学校有一个新的认识，全体辅导员深入学生之中，苦口婆心地做学生的工作。可喜的是，学生们都非常理解学校目前的状况，学生侯向东、李泉说："刚走进校园时，校园环境不用说，自然是让人失望的。当了解到学校施工建设速度和远景规划时，我们受到很大的鼓舞，对开拓者的敬佩和责任感油然而生，思想认识也从感性认识上升到理性认识——困难是暂时的，经过师生的共同努力，前景是美好的。我们就这样爱上了秦皇岛，爱上了学校，爱上了

1986年5月25日，燕山大学召开第一次学生代表大会。

专业！"学生周向东说："我从天府之国的四川来到学校，从不习惯到习惯，是学校领导和老师艰苦创业的精神和对待同学像对待子女一样的热忱，深深感动了我，什么困难不能克服呢？"学生文志峰、牟军说："以前听说，大学老师除了上课外，不过问学生的生活情况，来校后看到老师亲自到车站接同学、搬行李，还多次到宿舍看望同学，很受感动。学校领导以身作则，充满创业者的勇气和牺牲精神，他们能与同学们同甘共苦，能跟同学们促膝谈心。领导、老师们热情诚恳、脚踏实地的务实精神，为学生呕心沥血的作风给我们留下了深刻的印象。生活在这样一所学校，再苦也心甘！"

师生同甘苦、共命运，人人以主人翁、铺路石的精神积极投身到学校的建设中。"我们做了大量的工作。当看到学校的广大教职工、领导也和学生一样工作在艰苦的环境中，用自己一点一滴的劳动使校园每天都发生着可喜的变化，学生和家长们也终于相信，学校目前的困难是暂时的，前途是光明的。"林秀安院长回忆。

"东北重型机械学院"终于成功实现了当年设计、当年施工、当年招生的高速度建设，堪称中国高等教育史上的建设奇迹，没有失掉在秦皇岛建立分校的机遇，这对于它的生存和发展是个历史性的转折。

1987年3月6日，国家机械工业委员会、河北省人民政府《关于联合办东北重型机械学院秦皇岛分校（燕山大学）协议书》在秦皇岛东山宾馆签订。协议书中规定：分校由国家机械工业委员会和河北省政府双重领导，以国家机械工业委员会为主。

分校发展迅速，到1987年，已经拥有了6个系、13个专业，还有研究生部、基础部、社科部以及轧钢机械研究所、锻压机械研究所、工业自动化研究所和22个研究室。1988年，学校在校生人数达1755人，其中研究生299人，总建筑面积超过4.97万平方米。

1997年，经过长期的不懈努力和艰辛的多方协调，"东北重型机械学院"终于完成了整体南迁至秦皇岛市的全部工作，经国家教委批准，正式更名为"燕山大学"。

在这里我们可以把"东北重型机械学院"1984年的数据和燕山大学2009年的数据作个对比。截止到1984年，"东北重型机械学院"经历了25年的发展，而截止到2009年，燕山大学也是经历了25年的发展。1984年，"东北重型机械学院"占地面积910亩，建筑面积5万平方米，设置12个专有望带来加工业和高压科学的技术变革。2018 年，田永君教授因卓越的科研表现荣获"陈嘉庚科学奖"。

田永君教授是在燕山大学这片土地上成长起来的第一个院士，是燕山大学学人当中的杰出代表。燕山大学现有长江学者奖励计划特聘教授 10 人，国家"千人计划"入选者 6 人，国家"万人计划"入选者 5 人，国家杰出青年科学基金获得者 11 人，国家 973、863 项目首席科学家 2 人，国家有突出贡献中青年专家、百千万人才工程人选 13 人，教育部新世纪优秀人才 12 人，全国优秀教师、全国模范教师 7 人，德国亚历山大·冯·洪堡学者 8 人。此外，学校还涌现了国家自然科学基金创新研究群体、教育部长江学者创新团队、国防科技工业创新团队等优秀科研群体。燕山大学用她宽广的胸怀和肥沃的土壤接纳和滋养着各种人才在这里扎根成长，开花结果。

## 强势学科　为国铸器

2017 年 5 月 5 日 14 时 01 分，上海浦东机场，我国首款国际主流水准的国产大型客机 C919 成功首飞，举国振奋。国产大飞机 C919 的首飞成功具有开创时代的意义，这意味着中国产业升级的领域，已经从过去的造船、高铁、卫星、核电站，进一步拓展至"大型客机"。中国将在之前由英美垄断的大型客机市场中占有一席之地。

在参与 C919 大型客机研制的 36 所高校中，一贯低调但实力雄厚的燕山大学参与了 C919 大型客机的轴承项目、液压管路应力分析规范和中机身的运输工作。燕山大学机械、材料、控制等多个优势学科为 C919 大型客机顺利翱翔蓝天作出了突出贡献。

参与 C919 大型客机的研制只是燕山大学服务国家重大战略需求的一个缩影，近年来，神舟飞船、高铁提速、500 米口径球面射电望远镜（FAST）工程、多功能应急救援车辆、直升机助降系统等一系列国家重大科研项目，都闪烁着燕山大学学人的身影和智慧。

高校在国内国际所处的地位，不仅决定于它所培养的高级专门人才的数量和质量，还取决于它的学科尤其是重点学科的数量、特色和优势。2008 年以来，燕山大学先后启动了工科提升工程、理科崛起工程及一流学科建设工程，学科建设取得优异成绩：

工程学、材料科学和化学、计算机科学进入 ESI（Essential Science Indicators，基本科学指标数据库）全球排名前 1%；

2009年12月15日,"空间飞行器长寿命关键构件制备与服役中的基础问题"项目启动会在燕山大学举行,这使燕山大学成为河北省首个担任国家重点基础研究发展计划(973项目)的高校。

在全国第四轮学科评估中,燕山大学的机械工程学科被评为A类学科,这也是河北省唯一的A类学科,材料科学与工程学科被评为B+类学科;

燕山大学拥有机械设计及理论、机械制造及其自动化、机械电子工程、车辆工程、材料学等5个国家重点学科,其中,机械工程学科是全国14个机械工程一级国家级重点学科之一,是传统优势学科,在机械工程学科领域中占有重要地位。

燕山大学于2007年引入国际先进的CDIO(构思Conceive、设计Design、实现Implement和运作Operate)工程教育理念,并逐步构建了以能力为导向、项目为载体的一体化教学模式,形成了集理论教学、实验教学、项目实施、实习及实训有机融合,知识学习与能力培养并重的新型人才培养模式。目前,CDIO教学模式已在机械、电气、信息、环化、车辆、土木、管理等工科学科和管理学科取得成效,培养出约4000名高级工程技术人才。2013年,学校正式加入CDIO国际组织,并在CDIO工程教育模式探索方面走在国内高校的前列。

## 科研平台　国际一流

国家重点实验室和国家工程技术研究中心是国家科技创新体系和国家科技发展的重要组成部分,是国家组织高水平基础研究和应用基础研究、聚集和培养优秀科学家、开展高层次学术交流的重要基地,也是衡量高校科研实

2005年，燕山大学"宝钢高等级汽车板品种、生产及使用技术的研究"项目获得国家科技进步一等奖。此项目改善了我国冶金行业的产品结构，结束了国外汽车板对国内市场的垄断，有力地支撑和推动了我国汽车特别是轿车工业的发展。

2008年，燕山大学的"15000吨锻造水压机"项目获得国家科技进步一等奖。此项目改变了我国关键大锻件长期依赖进口的局面，对国民经济建设具有重要推动作用。投产以后，成功锻造了世界首支直径5.75m的百万千瓦核电蒸发器锥形筒体及整体顶盖等特大锻件。专家认为："锻造精度高于国外同类产品的技术指标，是目前世界上锻造能力最大、性能最先进的自由锻造水压机，达到国际领先水平。"

……

事实上，学校在重型机械成套设备、亚稳材料科学与技术、并联机器人理论与技术、流体传动与电液伺服控制技术、工业自动化控制理论与技术、精密塑性成型技术、大型锻件锻造工艺与热处理技术、极端条件下机械结构与材料科学等众多研究领域都具有国际先进水平。

2000年以来，学校获得的19项国家科技奖励中，含国家科技进步一等奖2项、二等奖9项，国家自然科学二等奖4项，国家技术发明二等奖4项，承担国家重点基础研究发展计划、国家高技术研究发展计划、国家自然科学

2010年11月23日，河北省人民政府与国家国防科技工业局共建燕山大学签字仪式在河北会堂举行。

基金和国家社会科学基金项目 970 项。

此外，田永君院士主持完成的"纳米孪晶结构极硬立方氮化硼""具有空前硬度和热稳定性的纳米孪晶金刚石"两项科研成果在国际顶级学术期刊《Nature》(《自然》)上发表，这两项成果还分别荣获 2013 年度、2014 年度"中国高等学校十大科技进展"和"中国科学十大进展"。

**国际认证　第一方阵**

2018 年 6 月，教育部公布了我国通过专业认证的 198 所高校共 846 个工科专业，数据统计截止到 2017 年年底，这些专业进入全球工程教育的"第一方阵"。其中燕山大学有 9 个专业在列，位居全国高校第 25 位。

通过认证，意味着相关专业的毕业生在《华盛顿协议》相关国家和地区申请工程师执业资格或申请研究生学位时，将享有当地毕业生同等待遇。同时，认证结果在行业及企业内有较高的权威性，在部分行业工程师资格考试或能力评价中享有不同程度的减免和优惠。

《华盛顿协议》是国际上最具权威性和影响力的工程教育互认协议之一，其宗旨是通过多边认可工程教育资格，促进工程学位互认和工程技术人员的国际流动。

2016 年，燕山大学"材料成型及控制工程"和"电子信息工程"作为教育部选定专业，代表国家接受了《华盛顿协议》组织国际观察员的现场观摩考察，学校以突出的表现，支撑着中国正式加入《华盛顿协议》国际工程教育组织，标志着我国工程教育质量认证体系实现了国际实质等效，工程专业质量标准达到国际认可，成为我国高等教育的一项重大突破。学校工程专业的扎实水准不仅得到了《华盛顿协议》组织秘书处的高度评价，教育部高等教育教学评估中心还专门致函学校，对学校的专业认证工作给予充分肯定。

如今，学校有越来越多的专业正在接受认证，这意味着学校有越来越多的专业即将得到国际的认可。

燕山远眺前程远，渤海观潮天地宽。以服务国家装备制造业、战略性新兴产业、国防科技工业和区域经济社会发展为己任，燕山大学正坚定地向着"双一流"目标努力奋斗，一往无前！

回顾从北国雪原到渤海之滨筚路蓝缕、波澜壮阔的奋斗历程，回想建校之时、搬迁之初边劳动建校、边教学科研的艰辛往事，面对难题和困境，历代燕大人没有气馁，更没有放弃，一路顽强地走过来，延续光大了"艰苦奋

## 兴学育人　教育救国

东北大学由奉系军阀首领张作霖命奉天省长兼财政厅厅长王永江筹办，原国立沈阳高等师范学校改办为东北大学理工科，原奉天法政学堂改办为东北大学文法科。学校于1923年4月26日正式成立，当时日本帝国主义的侵略势力已经扩张到了我国东北地区，国难当头，匹夫有责，东北大学以"御侮兴邦"为办学初衷应运而生，在白山黑水之间举起了一面兴学育人、教育救国的旗帜。

翻开东北大学的历史画卷，一个重要的人物不能不提，那就是曾担任东北大学校长的张学良将军。

1928年，主政东北的张学良兼任东北大学第三任校长。他明确提出"研究高深学术，培养专门人才，应社会之需要，谋文化之发展"的办学宗旨，任用贤能、广聘名师（章士钊、梁漱溟、罗文干、冯祖荀、刘仙洲、黄侃、刘半农等），东北大学很快发展成为当时国内一流大学。1928年9月，他聘请留美归来的梁思成、林徽因，在东北大学创建了国内高校第一个建筑系。

1929年7月1日，东北大学第一届毕业典礼隆重举行，为鼓励学生成为国家建设栋梁之材，张学良校长宣布了学校的一项决定——各学系毕业考试成绩第一名的毕业生，全部由学校公费资助保送留学欧美。

"健身强国，抵制外侮"，张学良校长非常重视体育教育，不仅聘请很多著名体育教授，还高薪聘请德国著名运动员任体育教练。1929年，在东北大学体育场举行的第14届华北运动会上，东北大学的学生打破了8项全国纪录，刘长春一人获得了100米、200米、400米3个项目第一名。东北大学的足球队、篮球队还远征日本进行比赛，以强健的体魄驳斥了"东亚病夫"的谬论。

东北大学应时运而生，御侮兴邦，创新改革，在国家发展的每一个历史节点，都镌刻着它为国家振兴发展砥砺前行的历史印记：

——1931年，九一八事变爆发，东北大学师生被迫流亡，辗转十八载，边抗战边求学。10月，东北大学在北平勉强复课。

——1932年7月，张学良校长出资8000银圆资助东北大学学生、百米全国纪录的保持者刘长春参加在美国洛杉矶举办的第10届奥林匹克运动会。7月30日，刘长春手执中国国旗阔步走在奥运会开幕式上，成为中国首次参加奥运会的唯一运动员。

——1935年，日本入侵中国华北地区，整个华北危在旦夕。12月9日，北平市学生救国联合会组织发动了"一二·九"学生抗日爱国运动。被迫流亡的东北大学师生走在游行队伍的最前列，成为"一二·九运动"的主力和先锋。

——1936年年初，东北大学工学院迁往西安，成立西安分校。正在西安任职的张学良筹资15万元，修建东北大学校舍，并在礼堂基石上题词："沈阳设校，经始维艰，至九一八，惨遭摧残，流离燕市，转徙长安，勖尔多士，复我河山！"告诫师生不忘复土还乡。

——1936年12月9日，"一二·九运动"周年之日，西安一万多名青年学生举行声势浩大的请愿游行，东北大学西安分校的学生走在游行队伍的最前面，高呼"枪口对外，打倒日本帝国主义""停止内战，打回老家去"等口号。张学良闻讯驱车赶上学生请愿队伍，告诉学生："你们的愿望也是我的愿望，前面已经有宪兵架上机枪，大家先回去，我保证一周之内给大家一个答复。"3天后的12月12日，西安事变爆发。

——1937年1月，东北大学迁到河南开封。

——1937年5月，东北大学改为"国立东北大学"。同年6月，学校全部迁到西安。

——1938年春，日军轰炸西安，"国立东北大学"被迫由陕入川。在四川三台，一批名师陆侃如、冯沅君、金毓黻、高亨、杨荣国、姚雪垠等先后在校任教。

——1938年7月，"国立西北联合大学工学院""焦作工学院"并入"国立东北大学"。

——1946年2月，解放区也成立东北大学，张学良胞弟张学思任校长。校址初设本溪，后转迁丹东、梅河口、吉林，6月定址佳木斯市，解放前夕迁到长春。

——1946年5月，"国立东北大学"师生从四川三台迁回沈阳，翌年2月在原校址开学。1948年6月，南京政府令"国立东北大学"再迁北平。

——1949年，"国立东北大学"文、理和法商学院并入长春解放区东北大学，后定名为"东北师范大学"。

——1949年9月7日，"沈阳工学院"以"国立东北大学"工学院、

理学院（部分）为基础而成立。1950年8月23日，"沈阳工学院""抚顺矿专""鞍山工专"三校合组为"东北工学院"，总部设在沈阳，抚顺、鞍山设分院。

——1960年，"东北工学院"被列为国家64所重点大学之一。

——1993年3月8日，国家教委批准"东北工学院"恢复"东北大学"校名。

建校97年来，东北大学始终将"扎根社会，引领发展"作为自身的使命，把"科技兴国，人才强国"作为自身的目标和任务，主动适应国家经济社会发展需求，迎接科技发展潮流，敢为人先，立志强国。

国家建设时期，东北大学先后研发出中国第一台模拟电子计算机（1958年）、第一台国产CT（1993年）、第一块"超级钢"，以钒钛磁铁矿冶炼新技术、钢铁工业节能技术、控轧控冷技术、混合智能优化控制技术等一大批高水平科研成果傲视群雄，兴办了中国大学第一个大学科学园（1989年），培育了东软集团、东网科技有限公司等高新技术企业。

面向未来，东北大学正继续遵循"教育英才"的办学宗旨，坚定地走"创新型、特色化、开放式"发展道路，努力建成"在中国新型工业化进程中起引领作用的'中国特色、世界一流'大学"。

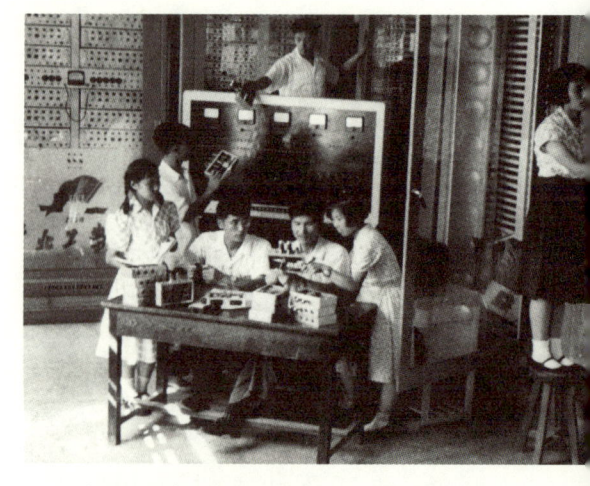

东北大学研发的中国第一台电子模拟计算机。

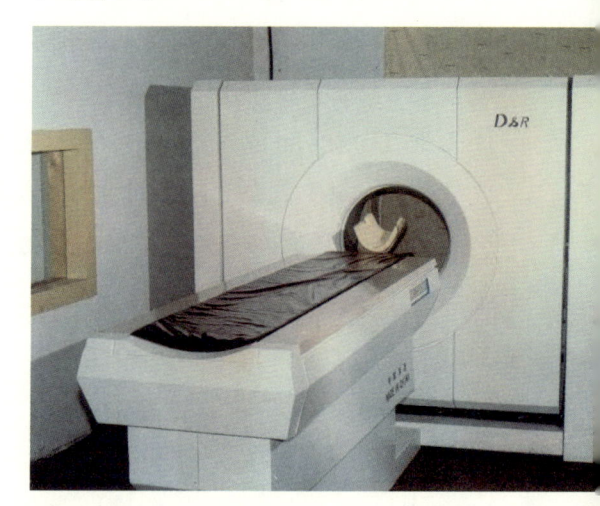

东北大学研发的中国第一台国产CT机。

东北大学研发的中国第一块超级钢。

## 不办则已　办则办好

东北大学秦皇岛分校前身为冶金工业部于1976年1月筹建的"北方冶金地质七二一大学"。1980年5月,学校发展为"冶金地质进修学院"。1982年9月,学校更名为"秦皇岛冶金地质职工大学"。1987年6月,经国家教委批准,学校由"东北工学院"接收,成立"东北工学院秦皇岛分院"。

1976年至1987年,是学校的创业阶段。学校最初学科设置比较单一,办学条件比较落后。当时也正赶上冶金地质事业的发展时期,地质人才短缺,冶金工业部就在此基础上建立了"冶金地质进修学院",1982年9月更名为"秦皇岛冶金地质职工大学"。

学校建校初期,地处偏远的农村,环境条件相当艰苦,一些地质专家来给学生上课,只能坐马车。学校仅有一栋教学楼、一个学生宿舍和一个食堂。虽然条件艰苦,但是老师的敬业精神和学生的学习热情却非常高涨。学生食堂有一道亮丽的风景,那就是学生在打饭排队时都会拿着小本子记单词、学知识。

1984年1月,冶金工业部林华副部长到学校视察,作出了"迁移校址、重建校园、扩大办学规模"的决定。经多方选址、丈量,学校最后选定了位于小汤河桥路中心以西及小汤河河中心线以南的地方作为新校址,征地面积为139.7亩。

1984年开始,学校面临成人大专生源紧张、招生困难的局面。而学校发展的契机始于胡伦积、赵寅震等一批教授调入学校工作。据说,当时河北省仅有5位教授,其中4位都在这所学校,他们均毕业于清华、北大等名校,部分具有海外求学经历。其中,赵寅震教授毕业于清华大学地质系,1961—1965年曾参加李四光教授兴办的地质力学学习班。1986年,他来到

20世纪80年代,"秦皇岛冶金地质职工大学"教学楼位于北戴河区牛头崖镇满井村。

学校工作，此后从事高等教育工作38年。1987年，他的事迹曾被编入英国剑桥《世界名人录》。这批老教授准备将学校建设成一所地质类本科院校，但是国家政策不允许。

在老教授们的呼吁下，在冶金工业部和省市的大力支持下，1987年，学校迎来了发展历程中的重要转折点——经国家教委批准，整建制并入"东北工学院"，成立"东北工学院秦皇岛分院"，以重点大学的标准进行招生。学校进入了由成人教育向全日制普通高等教育转型的阶段。

1987年9月7日，"东北工学院秦皇岛分院"挂牌。

在1987年9月7日举行的"东北工学院秦皇岛分院"成立大会上，时任"东北工学院"院长陆仲武院士强调了对秦皇岛分院"不办则已，办就办好"的原则和决心。

学校1987年招收的本科生是从报考"东北工学院"和"北京钢铁学院"地质专业达到本科录取分数线的学生中录取来的，首批招收的本科生只有35人。学校建校之初，除招收本科学生外，继续委托代培职工大专生。

## 专业调整　转型发展

1988—1999年，是学校进行专业调整和转型发展的重要阶段。

1988年1月，在全校师生的共同努力下，学校仅用了18天就完成了进入新校区的搬迁工作。1月19日，学生开始在新教室上课。

1989—1995年，学校按照国家政策实行国家任务和调节性计划"双轨"制招生，在完成国家任务本科计划的同时，招收部分自费专科学生。1995年，按照国家教委要求，学校实行高校招生"并轨"制改革。从1996年开始，学校停止专科招生。

建校之初，学校以冶金地质学科专业为主，主要包括地质矿产勘查、地球物理勘查、地球化学勘查等专业。1988年以后，地质行业发展不景气，学

1993年，东北大学复校、秦皇岛分院更名大会隆重举行。

生就业困难。学校通过与就业单位联系，发现各单位急需会计人才，所以结合市场需要，向国家教委申请开设了会计专业。随后，学校又相继开设了国际经济与贸易、市场营销、计算机科学与技术等专业。期间，学校还相继成立了师范教育系和城市建设工程系。

学校的教师队伍是在原"秦皇岛地质职工大学"的基础上建立起来的。为进一步提高教育教学水平，学校积极开展高水平兼职教授聘任工作，仅1986年，学校就聘任了孙殿清、翟裕生、谢学锦等19名专家学者为名誉教授。

1987年9月，学校成立科研科，推动科研工作开展，相继出台各项规章制度并积极推动科技成果转化。

1991年11月12—14日，学校第一次党员大会正式召开。大会选举出中共东北工学院秦皇岛分院第一届分院委员会和第一届纪律检查委员会。

1993年，因"东北工学院"复名为"东北大学"，"东北工学院秦皇岛分院"更名为"东北大学秦皇岛分校"。

1996年，学校开始承担东北大学"211工程"建设子项目。

1998年，学校随东北大学由原冶金工业部属院校划转为教育部直属高校。同年，学校正式成立东北大学秦皇岛软件中心，也就是现在河北东软软件有限公司的前身。

东北大学工学馆

东北大学沉思广场

## 自强不息　知行合一

2000年之后，学校进入蓬勃发展阶段。

2000年，学校提出并实施了体现办学特色的"三育人"工程，即坚持以全面的育人环境陶冶人的环境育人工程，以高雅的文化培养人的文化育人工程，以良好的形象影响人的形象育人工程。

随后，学校先后完成了5次征地扩建，相继建成管理馆、图书馆、工学馆、大学会馆、体育场馆、综合实验楼、3栋学生宿舍、科技楼、人文楼等，接收了原教育部北戴河培训中心，大大改善了学校的办学硬件。同时，学校投入大量资金进行实验室建设和改造，相继建成了两个国家"985"工程实验室、中国北方地区第一家罗克韦尔自动化实训实验室、飞思卡尔嵌入式系统设计及应用教学实验室等多个校企合作实验室，其中3个实验中心获批省级实验教学示范中心。

学校体育场被奥组委认定为2008年北京奥运会秦皇岛足球分赛场的训练场和备用场地，2008年7月27日至8月16日，成功接待巴西、意大利等9个国家球队的训练任务17场次。

2001年，教育部把调整普通高等学校学科专业结构、提高高等教育人才培养质量作为高等教育改革和发展的重要战略任务。学校认真分析自身学科专业结构存在的主要问题，主动适应国家经济结构战略性调整、人才市场需求，以发展高新技术类学科专业和应用型学科专业为重点，实施"小专业、大学科，老专业、新规划"的专业构建与改造方针，形成了电气信息学科群、经济管理学科群以及材料学科群三大学科群。

2005年，学校接受教育部本科教学工作水平评估，与东北大学一起被评为"优秀"，评估专家对学校的综合评价是学校办学定位准确，特色突出，设施完善，体系健全，学生学风好、素质高，是一所非常好的教学型大学。

2006年开始，学校实现一本招生并提出本科招生规模达到1万人的目标规划。

学校高度重视传统文化的传承。2009年，学校成立大学生文化艺术中心，下设合唱团、民族乐团、舞蹈团等，其中民族乐团2018年被教育部、财政部、文化与旅游部三部委授予"高雅艺术进校园"活动指定乐团，是唯一一所高校非专业学生组成的高水平民族乐团。目前，学校学生社团已达46个，涵盖公益类、理论类、体育类、文艺类、实践类等五大类型，丰富了校园文化生活，完善了文化育人内涵，营造了和谐、向上的校园氛围。

学校采取引进、外聘人才和共建研究所等方式不断加大人才引进力度、优化人才成长环境，逐步形成了一支数量充足、结构合理、科研能力强的师资队伍。2017年之后，学校加强高层次人才引进和教师补充政策，多措并举吸引高层次人才和具有发展潜力的青年领军人物，先后引进了包括国家杰出青年基金获得者、教育部长江学者奖励计划特聘教授、国务院政府特殊津贴获得者、"青年千人计划"获得者、省级技术领军人才在内的教授、副教授10余人。

2017年7月26日，秦皇岛市人民政府和东北大学签署战略合作协议。

2015年7月，学校学生荣获第五届全国大学生电子商务"创新、创意及创业"挑战赛全国总决赛特等奖。

2017年7月26日，秦皇岛市人民政府与东北大学签订战略合作协议，拉开共赢发展、共建东北大学秦皇岛分校的序幕。作为桥梁和纽带，东北大学秦皇岛分校得到的支持更加全面和完善，办学渠道更加畅通，办学环境更加优化，这一具有历史意义的发展战略布局和发展契机，成为东北大学秦皇岛分校发展史上浓墨重彩的一笔。

2017年9月23日，东北大学秦皇岛分校举行了建校30周年庆典活动，通过举办国际学术会议、科技前沿高峰论坛、大型庆典晚会、落成并组织参观校史展览馆等多种形式，全面总结了学校建校30年的办学经验和优良传统，激发了全校师生和海内外校友的自豪感与凝聚力，进一步提升了学校的知名度、美誉度和社会影响力。

2018年之后，学校结合东北大学"双一流"大学建设目标规划，对专业设置再度进行调整，增设了光电信息科学与工程、数据科学与大数据技术专业，停招了生物医学工程、过程装备与控制、市场营销、工业工程4个招生就业不佳或专业方向重叠、学科方向不清晰的专业。

东北大学秦皇岛分校始终将服务国家战略需求和区域经济社会发展作为办学使命，抓住京津冀协同发展的国家战略机遇，充分利用办学资源和办学优势为地方经济社会发展和繁荣提供服务。学校先后成立了中国满学研究院、区域经济研究所等40个研究院所，积极对接地方经济社会发展需求，充分发挥政府决策智库作用。目前，学校已与北京、天津、江苏、广东、河北等省市100余个地、市、县和一批龙头企业建立战略合作关系，为相关政府部门、企事业单位、街道社区提供服务。

近年来，东北大学秦皇岛分校先后承担国家社会科学基金重大项目、国家自然科学基金项目等国家级项目近百项。其中，陈凯老师的课题获得国家社科基金重大项目立项，赵杰教授、郝庆云教授获得首批国家社科基金"冷门绝学"专项课题。2018年5月31日，流程工业综合自动化国家重点实验室秦皇岛分中心——智能感知与光电检测技术研究中心在学校落成，并设立院士工作站。依托此平台，郭戈教授获批国家自然科学基金重点项目1项。2018年9月，学校军工科研生产基地建成。同年11月，郝博教授获批装备预研基金重点项目，实现了学校在军工科研项目上的重大突破。

此外，学校与沈阳东大阿尔派软件股份有限公司合资成立的河北东软软件有限公司，已发展成为拥有8000余家客户，涉足多个应用领域，为区域经济发展提供有效技术支持和保障的大型企业。2018年4月，学校又完成对东北大学秦皇岛软件中心的改制，正式组建秦皇岛兴东科技有限公司。

东北大学秦皇岛分校已经构建起包含教育、训练、实践、保障、评价"五

东北大学校园全景（2016年拍摄）

位一体"的创新创业教育体系,为学生搭建了综合能力提升的新平台。截止到2019年8月,学校共有本科专业32个,培养毕业生3万余人。学校学生先后荣获"全国优秀共青团员""中国大学生自强之星"等荣誉称号,并在全亚洲英语辩论赛、全国大学生职业生涯规划大赛等国内外多项竞赛中拔得头筹。学生一次就业率达93%以上,稳居河北省前列。

良好的学风、教风和优质的人才培养质量,使学校的社会声誉和社会影响不断扩大,学校的办学特色、办学成果多次被《光明日报》《中国教育报》等媒体报道。学校相继承办了中国辩论公开赛、第七届感知科学与技术国际会议、IEEE纳米技术与机器人智能系统国际会议等大型活动和会议,良好的校园环境和优质的服务获得各级领导和与会人员的一致好评。占在校生总人数99.99%的9000余名志愿者,年均开展志愿服务社会活动近200次,赢得了广泛赞誉,逐步产生了更大的辐射效应。

在东北大学秦皇岛分校30多年的建设发展征途中,有改革开放初期师生艰苦创业的矫健身影,有节衣缩食勇闯征地关、教学关、师资关的奋斗画面,有持续推进校内管理体制改革的胆识、气魄和探索,还有日益浓厚的学术气息和文化氛围……一路栉风沐雨,一路披荆斩棘,学校师生怀抱赤诚、甘于奉献、拼搏进取、不断超越,用心谱写出艰苦创业、高歌奋进的绚丽篇章。

"雄关漫道真如铁,而今迈步从头越。"面向全球化发展趋势下国家对科学知识和卓越人才的迫切需求,面向"一带一路"等国家发展战略和中华民族伟大复兴的历史机遇,高等学校承担的历史使命和责任更加崇高而艰巨。为此,党中央作出了加快建设"世界一流大学和一流学科"的战略决策。当前,东北大学已进入"双一流"建设高校的序列,作为东北大学的组成部分,东北大学秦皇岛分校将继承和发扬东北大学的光荣传统,立足质量、特色和水平,彰显自身价值,让科技创新的种子深植广袤的沃土,为区域和国家经济社会发展不断贡献力量。

(孙 丹)

# ■ 根生土长　携梦启航

## 河北科技师范学院

悠悠岁月，漫漫征程。河北科技师范学院已经走过了近80年的历史征程，抚今思昔，追根溯源，奋进在新时期的前沿，学校倍加珍视自己的历史传承。

学校始建于1941年，在近80年的办学历程中，学校在时代的风雨中兼程，在历史的嬗变中新生，在新中国成立后的曲折中前进，在新时代的转型发展中奋力攻坚。

学校先后经历了唐山农业职业学校、河北省唐山农业职业学校、河北省立昌黎农业职业学校、昌黎农业职业学校、昌黎高级农业学校、昌黎农学院、昌黎农业专科学校、河北昌黎农业学校、唐山地区农业学校、华北农业大学唐山分校、河北农业大学唐山分校、河北农业大学昌黎分校、河北农业技术师范学院、河北职业技术师范学院、河北科技师范学院等不同发展时期。

学校前身为1941年成立的唐山初级农业学校。

1975年，学校开始举办高等教育。1977年，学校开始招收本科生。2006年，学校获得硕士学位授予权。学校是教育部首批全国重点建设职教师

资培养培训基地、科技部国家级科技特派员创业培训基地、农业部现代农业技术培训基地、中国科协首批全国科普教育基地、河北省创新创业教育示范高校，建有省级院士工作站、秦皇岛市农业科学研究院、秦皇岛市经济社会发展研究中心、秦皇岛瀚海国际化语言风景研究中心等。

经过近 80 年的风雨历练，学校不断发展壮大，为国家培养出各类高级专门技术人才 30 余万人，为地方、行业和社会经济发展作出了重要贡献。目前，学校已经发展成为一所具有硕士学位授予权、74 个本科专业，涵盖农、理、工、文、法、教育、经济、管理、艺术等 9 个学科门类的区域性本科院校。

## 学校初创　步履维艰

1941 年，盘踞在冀东地区的日伪政权建立了伪冀东道二十二县联立"唐山初级农业职业学校"，校址最初设在唐山马家屯后街 1 号。

"唐山初级农业职业学校"初建时，设有农艺、农作、园艺 3 个科，每科仅有 1 个班，每班 30～40 名学生，招收的都是高小毕业生。当时，全校学生总共有 100 人左右，学生全部住校，住宿和伙食费由学校施行公费供给。校址设在一个废弃的大作坊院内，环境很差，教室基本是茅草屋顶，开滦煤矿洗煤的污水从门前的沟渠流过。

1944 年，学校的第一期学生毕业。同年下半年，学校更名为"河北唐山农业职业学校"，迁入设在南吉祥路的"河北省立唐山第一中学"校址（当时"河北省立唐山第一中学"已经与由英国基督教会创办的"丰滦中学"合并，迁到设在便宜街的"丰滦中学"校园）。1945 年，学校由初级农校改为高级农校，设立高中班。由于生源缺乏，学校的应届毕业生以毕业成绩代替升学考试，均直接升入高中班。同年 10 月，"河北省立唐山第一中学"返回原来的校址恢复办学，学校被迫迁到"丰滦中学"院内继续办学。

1946 年 7 月，为改变寄人篱下的状况，学校决定由唐山城区迁往昌黎县城，校址选在昌黎火车站附近的新中罐头食品有限公司旧址，校名也改为"河北省立昌黎农业职业学校"。

据河北省农林科学院昌黎果树研究所副研究员孙瑞珊回忆，1946 年夏天，由于家庭经济困难，他在小学毕业后考取了有公费待遇的"河北省立昌黎农业职业学校"。那时，学生大约有三四百人，分初中班和高中班，学校设有教务处、训育处、总务处和农场，教职工大约有二三十人。学校在搬迁至昌黎县的当年招收的初一新生分为甲、乙两个班，每班30多人，到1947年升入初中二年级时，由于学生人数锐减，两个班并在一起。孙瑞珊和其他同学在学校上学时，先后赶上昌黎县城三次解放。1948年9月中旬，昌黎县城第三次解放后，学校断绝了经费，部分教师及一些学生离开学校，流亡北平，在通县双桥的豆各庄以张家祠堂为校址继续上课。1948年冬季，人民解放军包围北平，占领通县，学校又转到北平城里的交道口河北中学校园。北平和平解放后，北平军管会对各地流亡学生进行统一安排，给流亡在北平的学校师生提出两个选择方案，一是就近并入黄村农校，二是回到昌黎本校。1949年2月12日农历元宵节那天，学校的全部流亡师生返回昌黎，与留校师生会合。在此前后，学校被冀东区行政公署接管，改称"昌黎农业职业学校"。

## 农学传统　源远流长

1949年10月，河北省人民政府决定将"昌黎农业职业学校"改办为"昌黎高级农业学校"，由河北省农业厅直接领导，招收初中毕业生，学制三年，学生毕业后由国家负责分配工作，主要工作为各地建立的农业技术推广站技术员。

据孙瑞珊回忆，1951年，学校的高中各班即开始迁往昌黎火车站东北偏南的原中央测候所旧址。当时，高中班学生除正常上课之外，大部分时间都投入到清理废墟和建立新校址的活动之中。其间，学校先后建立了家禽养殖场、植物病虫标本室等。后来，学校还占据了原平津铁路管理局昌黎农场南部的工房和大片园地。整个学校搬迁完毕，已经是1953年了，学校当时设有农学、果树蔬菜等专业。

1958年，学校升格为"昌黎农学院"，试办大专院校，开始着手培养大专生。但到1960年，"昌黎农学院"下马，改办为"昌黎农业专科学校"。1962年，学校又改名为"河北昌黎农业学校"。

"文化大革命"初期，学校停课，并停止招生。1971年，学校下放归唐山地区直属，改名为"唐山地区农业学校"，于1972年恢复招生。

1975年，学校开始扩办大学。当时，原为"北京农业大学"的"华北

1975年,"华北农业大学唐山分校"开始举办高等教育。

1982年,"河北农业大学唐山分校"第一届毕业生合影留念。

农业大学"农机专业并入学校,使学校得以冠名"华北农业大学唐山分校"。1977年,"华北农业大学"由河北涿州农场校址迁回北京,复办"北京农业大学",农机专业返回原校。1978年,学校转与"河北农业大学"联合办学,冠名"河北农业大学唐山分校"。这时,大学班主要设有农学、果树、农业机械化、畜牧兽医等系,附设实习工厂、实习农场和兽医院等。1983年6月1日,学校中专部分划归秦皇岛市管辖,校名由"唐山地区农业学校"改称"秦皇岛市昌黎农业学校"。同时,"河北农业大学唐山分校"更名为"河北农业大学昌黎分校"。1985年1月,学校停办中专,改建成国内第一所专门培养农业职业教育师资力量和高级专门技术人才的本科院校——"河北农业技术师范学院",正式变成秦皇岛地区唯一的一所土生土长的大学。

1985年，学校改建为"河北农业技术师范学院"，成为我国第一所专门培养农业执教师资和专门技术人才的省属本科院校。

1998年，"河北农业技术师范学院"更名为"河北职业技术师范学院"。2000年，原隶属煤炭部的"秦皇岛煤炭工业管理学校"并入"河北职业技术师范学院"，学校开始在秦皇岛市区设立校区，也加快了学校从县城办学到秦皇岛市区扎根发展的步伐，更为今天一校三区的发展格局奠定了重要基础。2003年，经教育部批准，"河北职业技术师范学院"易名"河北科技师范学院"，成为一所涵盖理、工、农、文、法、经济、管理、教育等学科的多科性本科师范院校。

## 合并"煤校" 丰富传承

在老一辈秦皇岛人的心中，"煤校"是一所不错的中专学校。"煤校"的全称是"秦皇岛煤炭工业管理学校"，创办于1950年。

早在1949年年初，当时分管煤矿、工业和石油工作的燃料工业部在北京召开全国第一次煤矿工作会议，部长陈郁在主持会议期间，提出要大规模地培养干部，燃料工业部要建立矿业学院，各煤炭工业管理局要建立矿业专科学校和工人速成中学，培养"红色专家"。"政治可以由我们来灌输，技术则要工程技术人员来传输。"他说。

为响应这一政策，在1949年的2月、12月，燃料工业部先后接管了安徽省立工业专科学校和焦作工学院，分别改扩建成为淮南煤矿工业专科学校和北京矿业学院。1950年4月，燃料工业部部委会议又作出决定：为迅速恢复和发展煤炭工业，提高干部职工的文化技术水平，为煤炭工业培养工人出身的建设人才，特在秦皇岛筹建"中国煤矿工人学校"，并指示因陋就简，积极筹建，迅速开学。期间，抚顺煤矿工业专科夜校、鹤岗矿区工业学校、鸡西煤矿工业学校先后建成。

1950年8月，在唐山市开滦矿务局工作的董玉璋被抽调筹建"中国煤矿工人学校"。到了筹备组，他得知选址工作早在6月份就已开始，并且遇到了困难："当时在北京、邯郸等地到处找，却一直没有合适的地方。最后，学校选在了位于秦皇岛市上庄坨村的长城煤矿。那时煤矿因为矿井渗水、产煤不高等原因已经停办，但那里有一片房子和一段铁路。于是，校址就定在那儿。"

校址选定了，董玉璋到那里一看，当时的心情是喜忧参半。"一些屋子倒还不错，是榻榻米的。不过院里找不到一块排球场大小的平地，都是煤渣和矸子（石块）。"于是，留下了一批人在这儿搞基建，董玉璋则和其他同事在北京、天津等地招聘教师。与之同时进行的是，在各地的矿务局做招生宣传。"就是下通知——你们矿务局来多少，他们来多少。但劳动模范、积极分子、优秀工人优先。所以，开学后，来的学生可以说是老中青都有。"

1950年12月9日，中国煤矿工人学校正式开学。教师30多人，学生900多人。燃料工业部部长陈郁兼任名誉校长，中国煤矿总工会主席金直夫兼校长。学校开设普通班（一年半，相当于初小）、中级班（一年，相当于高小）和高级班（二年，相当于初中）。

由于学校建设时间太过匆忙，直到开学时，校内很多基础设施仍未完成。"正值冬天，宿舍内没有火炉，人挤人睡在土炕上，在一个小屋内。"董玉璋比画出一个五六平方米的区域。那时的他真切感受到了劳动人民的艰辛——学生宿舍就是煤矿的工人宿舍。学校组织学生自建校舍、平整校园。"从河滩和山上搬石块到学校，学生们都积极参加，有的学生能背起200斤的石头。"如今，这些自建的校舍还能看到，在一栋当年的学生宿舍房山墙上还留有这样的字迹——"1958年，勤俭办学，学生自建"，字上面是一个五角星。

虽然条件艰苦,但翻身得解放的煤矿工人非常珍惜这来之不易的学习机会,全身心地投入到学习中去。"因为是用发电机,学校10点就关灯了,一些学生点着煤油灯还在看书。"

1952年,25岁的梅德愚从北京大学哲学系毕业后到燃料工业部报到,后者告诉他:"去秦皇岛的中国煤矿工人学校吧。""做什么?"他问。"当煤矿工人的老师。"他当时非常激动。

到了学校后,这种兴奋感更强烈了。梅德愚看到学校旁边的大石河和石桥,居然感觉"到了延安了",甚至校内的烟囱也"和宝塔山似的"。眼前的一切都在向他表明,"真正是到革命队伍里来了"。

他仍不忘参加大会时,上千学生齐唱《团结就是力量》——他想起自己刚到北京大学报到那天,自己也作为一名学生齐唱过这首歌,"真的又一次热血沸腾"。

现在的年轻人可能很难理解,但当时的他,的确不愿待在北京。"感觉教授、博士,是脱离了工人。知识分子就应该和工人在一起。"他说。不过,梅德愚并不知道,也就是在这一年学校将校名改为"中国煤矿工人速成中学",老师也不再是社会招聘,而是由高校统一分配。同时,他还发现,自己的同事有的还是国民党的高级官员。"有一位还是解放前重庆某学院院长。他们政治上有不足,但是知识层次比较高。"

梅德愚在大学的所学很多都用不上,在上大学之前,他是家乡一所高中的数学教师,因此,分配到校以后,他担任数学教师。不过,"我们的教学任务是扫盲——教材是祁建华的速成识字法"。

但是,"我参加的是共产主义事业,做什么都光荣的"。这和学生的态度几乎一致——都是为了干革命。学生中有的还是全国劳模,知名度很高。那时,像全国劳模马六孩、施玉海等到校后,校园里一听说他们来了,"大家都和现在看到自己喜爱的明星一样,特激动"。

1954年7月,学校首届速成中学班119人毕业,其中100余人考入北京矿业学院或其他高等院校,成为我国首批煤矿工人出身的大学生。

1955年7月,学校第二期毕业生11人经考试录取到北京上大学,7月12日,教育部、高等教育部联合下发通知:"自1955年秋季起工农速成中学停止招生,原有学生继续学习到毕业。"此后,煤炭工业部将"中国煤矿工人速成中学"改名为"秦皇岛煤矿工人学校",继续开办高校班、初中班和

高中班。1959年，随着煤矿工人扫盲和学文化任务的基本完成，煤炭工业部将学校改为中等专业学校，开始设采煤、矿山机电、矿山机械制造3个专业，校名也随即改为"秦皇岛煤矿学校"，招生也开始面向社会。仅过了一年，1960年学校又改名为"秦皇岛煤矿财经学校"，同时专业调整为财务会计、计划统计、物资供应，工科专业调整到其他院校。可能是因为"煤矿"两个字，也使得当地的一些百姓称学校为"矿校"。

"这其实仍是根据煤矿需要，那时煤矿需要财经方面的人才。"这时分配到学校从事教师工作的李俊和，坦然面对学校的变化。那时，煤矿内部也在进行着新老更替的工作。"一些年轻干部被提了上来，但是文化程度不高，就来这儿上培训班。"李俊和说。

这时，学校里出现了一些"独特"的班级——科长培训班，最高还办过局长培训班。这些班级的学生不仅带着工资还带着职务，学制一般为一年。学校在1964年以后，改为"秦皇岛煤矿企业管理学校"。然而，紧接着到来的"文化大革命"对学校的发展给予沉重打击。1972年，学校改名为"唐山地区工业学校"。1973年，学校又改名为"河北秦皇岛煤矿学校"。

1978年，宋绍富（曾任"秦皇岛煤炭工业管理学校"党委书记，河北科技师范学院纪委书记、副校长、党委副书记等职）考入学校，当时学校已经更名为"秦皇岛煤炭财经学校"。

20世纪70年代，"河北秦皇岛煤矿学校"校门。

20世纪80年代,"秦皇岛煤炭工业管理学校"北山校区。

对于77、78级的学生,梅德愚印象很深:"多是'高考漏'。他们有的来自江苏、福建、湖南、山东等地,学生分本来就高,但是因为整体教育水平高,没考上大学,就来我们这儿上中专。要是在北京,早考上重点了。"

报到时,宋绍富才知道自己被分到了"煤矿物资和管理"专业。在这之前,他从招生简章上了解到的只有学校名称和地点。毕业后,与其他学生分配到各地矿务局不同,宋绍富留在了学校。到了1980年,学校向煤炭部写申请报告,往秦皇岛市区搬,煤炭部很快批准。学校选择了秦皇岛市区白塔岭的230亩地作为新校址,1987年,初期基本建设完成,5月15日,学校开始在新校区上课。期间,1984年,学校更名为"秦皇岛煤炭工业管理学校",学校进入"两地办学"时期,为了便于区别,老校区称为"北山分部"。

1990年,学校迎来建校40周年,在教师节那一天举办了隆重的校庆仪式。时任校长刘宗诚在大会上激情飞扬地说:"待到2000年再相见""建校50周年的'秦皇岛煤炭工业管理学校'必将更加美好"。老校长的预言变成了现实，学校已经和其他几所学校一起组合成新的省属本科院校——河北科技师范学院。虽然新学校里"煤炭"两个字没有了，但几十年积淀的办学传统已经带入新的学校。

20世纪80年代，"秦皇岛煤炭工业管理学校"珠算课堂。

1998年国务院机构改革，撤销18个工业部委，其中包括煤炭部。原来部委所属学校，都要划转到所在省份管理。于是，秦皇岛煤炭工业管理学校划归河北省。随着院校隶属关系的变化和市场化改革进程的加快，学校也面临着前所未有的发展机遇和挑战。

20世纪80年代，"秦皇岛煤炭工业管理学校"物供七·六班学生留念。

学校为了谋求新的发展出路，开始酝酿与位于昌黎县的"河北职业技术师范学院"合作办学。2000年，两校正式合并，组成全新的"河北职业技术师范学院"。2003年，学校改名为"河北科技师范学院"。

## 融合发展　一校三区

2006年8月，"秦皇岛教育学院"并入河北科技师范学院。"秦皇岛教育学院"成立于1984年，由"秦皇岛教师进修学校"和"秦皇岛师范学校"两个学校合并而成。学校在此后的办学过程中经历了多次的分分合合，最近的一次是2000年5月，与"河北省昌黎师范学校"的合并。

20世纪90年代,"秦皇岛教育学院"校门。

"秦皇岛教师进修学校"始建于1956年,主要是对秦皇岛市中小学教师进行职业培训。1956年6月,"河北教师进修学院秦皇岛中学教师指导站"建立。同年10月,"秦皇岛市小学教师进修学校"成立。1959年,"秦皇岛中学教师指导站"和"秦皇岛市小学教师进修学校"合并,更名为"秦皇岛中小学教师进修学校"。"文化大革命"中,学校曾一度停办。1978年,学校恢复为"秦皇岛教师进修学校"。

"秦皇岛师范学校"是一所中等师范学校,始建于1951年,当时是把秦皇岛临时中学的两个班学生转为三年制中师班,校名定为"秦皇岛初级师范学校"。学校1954年开始招收中师班,校名同时改为"秦皇岛师范学校"。1961年,学校并入"抚宁太和寨师范学校"。1962年,学校停办。1977年,停办多年的"秦皇岛师范学校"恢复办学,招收二年制中师班。

1984年10月4日,"秦皇岛教师进修学校"与"秦皇岛师范学校"正式合并,宣布成立"秦皇岛教育学院"。

1984年9月,"秦皇岛教育学院"招收首届数学函授大专班共计学生96人,招收英语脱产大专班30人。1998年,经国家教委师范司批准,在学院设立师专部,并于当年9月招收首届师专生160人,有化学、英语、数学、中文4个专业,学制为二年。

1998年12月,秦皇岛市政府决定,"秦皇岛教育学院"与"秦皇岛市

广播电视大学"合并,实行一套人马两块牌子办公的方案。1999年1月,"秦皇岛教育学院"从文化路北路18号整体迁往位于秦皇岛市燕山大街373号的"秦皇岛广播电视大学"院内,原校址无偿转让给"秦皇岛市第七中学"。

合并后,两个学校的所有机构及教师都合并在一起办公。由于办学场地严重不足,不得不租用"秦皇岛私立昌明学校"和"秦皇岛经济干部管理学院"的校舍办学,学生分散在3个校区学习。

2000年5月,按照秦皇岛市委的决议,"秦皇岛教育学院"与"秦皇岛广播电视大学"分开,与"河北省昌黎师范学校"合并(期间仍然是两套领导班子,财务也仍然各自独立,"秦皇岛教育学院"仍然留在"秦皇岛广播电视大学"院内办公)。

1949年,"冀东区昌黎师范学校"第一班毕业合影。

20世纪90年代,"河北省昌黎师范学校"校门。

"河北省昌黎师范学校"办学历史也很悠久,原址坐落于昌黎县昌黎镇北山路91号,原为一所秦皇岛市市属中等师范学校。1942年12月,经当时的河北省教育厅批准,"冀东区立滦县师范学校"女生部移至昌黎县,与"昌黎私立女子贵贞中学""昌黎简易师范学校"初中部合并,组建"冀东区立昌黎女子师范学校",校址在昌黎县县城北关外。1945年抗战胜利后,学校改称"河北省立昌黎女子师范学校"。1948年7月,人民解放军第一次解放昌黎后,人民政府于9月接管学校。1949年3月,学校更名为"冀东昌黎女子师范学校"。同年8月,学校招收小学教师培训班一个班,首次招男生,学校更名为"河北省昌黎师范学校"。1953年,学校再度更名为"河北省昌黎女子师范学校",保持女子师范学校特点。同年夏,校址在学校隔壁的"昌黎县立初级师范学校"撤销,160间校舍并入学校。1957年,学校招收在职小学教师,男女兼收,校名改为"河北省昌黎师范学校"。1958年，学校招收一年制专科班中文、数学各两个班，培养初中教师，校名又改为"河北省昌黎师范专科学校"。1959年，专科班停止招生，校名恢复为"河北省昌黎师范学校"。1961年，建立于1958年的"昌黎县师范学校"（校址在昌黎城东北淳泗涧）撤销，教职员工、学生及其设备并入"河北省昌黎师范学校"。"文化大革命"期间，学校停止招生。1978年春季，学校恢复后，首届以"唐山师范专科学校"名义招收的大专班来学校上课。秋季，又有大专中文、数学各1个班入学。1981年，学校恢复招收应届初中毕业生，学制三年，培养小学教师，中等师范教育开始步入正轨。1983年，原唐山地区行政建制撤销，学校归属秦皇岛市。1991年，学校受原国家教委表彰，被授予"为基础教育培养师资，方向明确，成绩显著"奖状和10万元奖金。1992年10月，学校接受全国农村师范教育改革研讨会视察，被誉为"全国农村师范一枝花"。1999年，学校增设大专现代化信息技术专业，开始向培养专科层次小学教师转轨。2000年，学校增设大专中文专业和理科专业。2002年9月，学校领导班子正式并入"秦皇岛教育学院"。

2004年8月12日，"秦皇岛教育学院"迁往位于开发区黄河中道18号的新校址。2006年8月，根据河北省政府决定，"秦皇岛教育学院"并入河北科技师范学院，"秦皇岛教育学院"新校址也正式成为河北科技师范学院的"开发区校区"。

## 转型发展　特色鲜明

2009年6月5日，河北科技师范学院经国务院学位委员会办公室正式批准，取得高等学校教师在职攻读硕士学位、中等职业学校教师在职攻读硕士学位的招生资格，并从2009年开始招生。2014年1月，学校申报的"河北秦皇岛国家科技特派员创业培训基地"获批第二批国家级科技特派员创业培训基地，此基地是学校继教育部"全国首批职教师资培训重点建设基地"和"农业部现代农业技术培训基地"之后的又一国家级培训基地。

如今，河北科技师范学院拥有秦皇岛、开发区、昌黎县3个校区，有74个本科专业，6个硕士一级学科（17个二级学科），5个硕士专业学位（14个专业领域）。学校有专任教师1100人，具有博士学位教师224人，教授

196 人，有本科生 21000 人，研究生 508 人。

2015 年，国家提出"引导部分地方普通本科高校向应用型转变"的指导意见，学校被确定为河北省首批转型发展试点高校。专业综合改革和应用型大学转型，对实践教学体系建设提出了更高要求，学校更加注重校内外实践教学资源建设，大力推进校企合作、产教融合，重视学生综合职业能力的培养。2016 年，学校申请列入国家"十三五"产教融合项目工程规划支持应用型本科高校。

2017 年，学校为适应国家"坚持陆海统筹，建设海洋强国"以及河北"大力发展沿海经济"的需求，结合河北省没有设置海洋大学的实际，提出转型建设"河北海洋大学"的发展设想。这一设想被列入了《河北省高等学校设置"十三五"规划》。规划中指出："服务国家和省海洋发展战略需要，以河北科技师范学院为基础，整合省内海洋教育资源，组建河北海洋大学。"

这意味着学校自 1985 年从普通农业院校改建为农业技术师范学院后的又一次"华丽转身"，这是一个新的机遇，也是一个新的挑战。在人才培养方面，学校强调"立足应用型人才培养，基本形成产教融合、校企合作的人才培养模式，构建与高水平应用型大学相适应的不同层次、不同类型的人才培养体系"；在学科专业建设方面，学校提出"对接经济社会发展需求，改造升级传统学科，做大做强优势特色学科，重点扶持、发展一批优势明显、潜力较好、产业急需的新兴学科"，"对接行业、产业需求，调整现有专业设置，优化专业结构布局"；在科学研究方面，学校提出"以应用性研究为重点，强化科研平台、科技示范基地和科技创新团队建设，促进科研成果的应用转化，全面提升科研整体水平和竞争力"；在服务社会方面，学校提出"扎实推进产学研合作，对接地方行业、产业发展需求，积极开展技术研发和技术培训，大力推进科研成果转化"。

学校围绕"深化转型发展、推进应用型大学建设"这一主线全面开展各项工作，成效明显。常学东、张立彬、史秋梅三位教师带领的三个科技团队，分别被河北省教育厅授予"李保国式高校科技服务团队"称号。2017 年 9 月，学校在河北省教育厅组织的对 10 所试点院校转型发展的中期评估中位居榜首。

常学东教授常年从事农产品加工的教学、研究和推广，情系"三农"，一辈子与"农"结缘，是农民喜爱的"李保国式的教授"。近些年，由于没有产业支撑，青龙满族自治县隔河头乡、官场乡一带的优质特有树种安梨销路不畅，价格最低时每千克不到一毛钱，很多人砍树卖钱，安梨数量急剧萎缩。2016年3月，常学东教授带领研发团队协助联系相关企业以0.7元/公斤保护价收购所有安梨，同时在官场乡建设安梨基地，对山高岭村约1000亩的安梨管理技术进行升级改造。他们按照区域化种植、专业化生产、集约化经营的理念，构建"龙头企业＋金融机构＋合作社＋农户"的模式，促进当地安梨产业发展，将基地打造成了河北省贫困山区脱贫致富的样板区。

常学东教授在承德神栗食品股份有限公司指导山楂休闲食品生产。

张立彬教授在秦皇岛市范围内建立了多处科技示范基地，帮助企业和农民引进新品种、推广新技术。有人曾经问他："张老师，你整天这跑那跑，不辞辛苦地为企业和农民服务，为了啥？"张立彬教授不假思索地答道："我喜欢农业、热爱农村，我希望农村致富，花果满园。"他带领他的果树科技服务团队，面向秦皇岛经济社会发展需求，培育果树新品种、推广果树新技术，为农民解决实际问题、为企业提供技术支撑，受到基层的广泛欢迎。他们携手"中保绿都"，让盐碱滩变成花果园；他们协同"益通农业"，让荒山荒坡变成绿水青山；他们助力"花果山"和"景宽"农村专业合作社，让农民变成致富带头人……他们

张立彬教授指导农民修剪桃树。

史秋梅教授在河北省预防兽医学重点实验室进行科学研究。

深入山区科技扶贫，为农民引入多项新品种、新技术；他们创建"绿水青山"农林科技服务微信群，把科技信息直接送到农民手里；他们活跃在山地丘陵，奔走在河滩海滩，创建了多个"产学研"合作示范基地，把农业科技的种子播撒在山海之间。

史秋梅教授始终奋战在畜牧兽医工作的第一线，为广大养殖户解决畜牧养殖中遇到的各种难题。她常常告诫自己的学生："要注重实践，注重解决实际问题，不能眼看着大批的畜禽死亡，却拿不出解决之策、应对之道。"她把自己的手机号码留给农民养殖户和养殖企业，有人打电话咨询技术，她总是耐心解答，遇到紧急求援的电话，她会放下手头的工作，第一时间赶去。"只要一遇到难题、急事，大家都会找她，她把我们养殖户的事当成自家的事。"昌黎县明浩狐貉貂养殖专业合作社的社员张明浩说。作为"百姓信赖的'动物医生'"，广大养殖户都说，"她的手机号我能倒着背"。

进入新时代，面对新的机遇和挑战，河北科技师范学院将坚持创新、协调、绿色、开放、共享的发展理念，紧紧围绕"建成特色鲜明高水平应用型大学"的总体目标，打造"三个特色学科群"（建强农业类学科群、建优师范类学科群、建成海洋类学科群），加快推进"三个整合"（学校内部教学、科研资源的优化整合，学校内部资源与校外相关海洋教育资源的内外整合，校内外学科资源优化配置和总体整合），逐步建成"两个校区"，持续推进学校创新发展、转型发展、特色发展和高质量发展，奋力开创特色鲜明高水平应用型大学建设发展新局面。

（赵宗宝　孙艳敏）

# 环保黄埔　绿色摇篮

## 河北环境工程学院

河北环境工程学院坐落在依山邻海、环境秀美的避暑胜地北戴河，其前身是"中国环境管理干部学院"，由全国人大环境与资源保护委员会原主任委员、国家环境保护局第一任局长曲格平于1981年创建。这所学校被誉为环保系统的"黄埔军校"、环保人才的"绿色摇篮"。

学校诞生于我国环境保护事业启航的20世纪80年代，发展壮大于环境保护事业蓬勃兴盛的21世纪，其血脉与我国环保事业一脉相承。学校依托环保而生存，服务环保而成长，见证了我国环保事业的发展。40年间，学校先后经历了局长岗位培训、成人学历教育、普通高等教育的高职高专、普通高等教育的本科四个阶段。在每个阶段，学校都始终把培养国家环境保护事业人才和服务地方经济发展作为第一要务，在艰苦环境下筚路蓝缕地创业。

2004年，曲格平为首届"曲格平奖学金"获得者颁奖。

## 绿色源头　环保之父

国际上的环境保护事业兴起于20世纪60年代，而那时的中国正在经历"文化大革命"，神州大地一片混乱，"极左"思潮盛行，对我国已出现的环境污染掩耳盗铃、讳疾忌医，谁若承认中国有环境污染谁就是给社会主义抹黑。

然而当看到日本发生的一系列环境污染事件时，时任国务院总理的周恩来以政治家特有的远见和敏锐，准确地预感到中国在工业化的进程中也将面临环境污染问题，必须未雨绸缪，防患于未然。他责成国务院计划起草小组抓环境污染的防治工作，曲格平便是当时的16人小组成员之一。

1972年6月，联合国在瑞典的斯德哥尔摩召开了人类环境会议，我国代表团参加了这次会议。42岁的曲格平作为代表团成员，参与起草了大会发言稿。

1973年，中国第一次环境保护会议在北京召开，会议审议通过了"全面规划、合理布局、综合利用、化害为利、依靠群众、大家动手、保护环境、造福人民"的32字方针，出台了中国首个环境保护文件《关于保护和改善环境的若干规定》，从此拉开了中国环境保护的序幕。

参加了这两次具有里程碑意义的环境保护会议，目睹环境保护事业对国家经济发展的至关重要性，曲格平立志在环境保护岗位上干一辈子，把环境保护作为自己的终身事业。

在中国的环境保护工作举步维艰的时候，凭着神圣的责任感和崇高的信念，曲格平勇敢地在荆棘丛生中开辟中国的环境保护之路，参与了中国环境保护的法律法规、政策等重大决策的制定，并开启了中国环境保护教育的先河。他从中国环境保护的源头走来，又始终站在环境保护的潮头，因而被称为"中国环保之父"。

## 保护环境　教育为本

1979年，全国人民代表大会常务委员会通过并颁布了《中华人民共和国环境保护法（试行）》。第一部《环境保护法》的正式颁布，标志着中国的环境保护已从一般号召开始向法制化迈进，中国的环境保护工作进入管理与整治的关键时期。

但此时我国面临的现实情况是环境保护人才奇缺,环境保护干部队伍不仅匮乏,而且在环保意识和管理能力等方面与发达国家比还相当滞后。时任国务院环境保护领导小组办公室主任的曲格平率先提出"保护环境,教育为本""要对全民族特别是各级决策者进行环境教育"的振聋发聩之声。当时,我国不仅没有一所高校设有环境保护专业,就是在教材中也没有环境保护的内容。

为培训全国各地的环境保护干部,原国务院环境保护领导小组办公室与中国环境科学学会合作,从1979年9月到1981年6月,先后在大连、庐山、

1981年11月23日,"秦皇岛环境保护干部学校"第二期全体学员留影。

1986年9月1日,"秦皇岛环境管理干部学院"首届大专班开学典礼。

呼和浩特、成都、西安、南宁等地流动举办全国环境保护干部培训班,共培训环保干部近千名。

为解决流动办学的诸多困难和问题,在曲格平的倡议下,国务院环境保护领导小组办公室决定在秦皇岛市建设一所专门从事环境保护干部培训的学校。1981年8月,"秦皇岛环境保护干部学校"正式建校,地址选在秦皇岛市海港区友谊路28号,占地约10亩。蓝色的渤海湾扬起了绿色之帆,学校当时隶属于国务院城乡建设环境保护部,是国家唯一的一所培训环境保护干部的学校,被誉为环境保护战线的"黄埔军校"、环境保护人才的"绿色摇篮"。

1983年,曲格平任国家环境保护局首任局长。他对初建的学校倾注了大量心血,亲自授课,亲自指导教材的编写。在学校建校后的几年里,全国各地很多省市的环保局局长和业务骨干的综合素质在这里得到了全面提升,对环境管理和保护工作有了全新的认识和理解。经过培训的环保干部,就像环境保护战线的火种一样,回到基层环境管理工作中,大幅度地提高了环境保护的管理能力,推动了环境保护工作的开展。

20世纪80年代,为满足环保战线对大量后备干部的需求,学校开始举办成人学历教育大专班。1985年,在曲格平局长的亲自主持下,经国家环境保护局研究并报城乡建设环境保护部批准,"秦皇岛环境保护干部学校"改建为"秦皇岛环境管理干部学院",并由曲格平亲自兼任首任院长。在他的亲自关怀下,1986年10月,学校新校址落成,位于秦皇岛市海港区河北大街西段73号,占地80亩。1989年,经国家教育部备案批准,"秦皇岛环境管理干部学院"更名为"中国环境管理干部学院",曲格平仍兼任学院院长。

万事开头难,学校建校之初,一缺教师,二缺教材。大家团结奋进,艰苦创业。为了保证教学质量,学校聘请国家环保局领导、全国各高校和科研院所的教授以及环保战线有经验的科技人员,组成实力雄厚的师资队伍,还聘请美国、日本、澳大利亚等专家来校讲学。为充实教师队伍,学校从1986年开始,从清华大学、南开大学、吉林大学等重点院校招聘青年教师,以保障高起点、高质量的教学水平。

学校最初的培训教材是由学校组织一些领导和专家编写的《环境保护通论》,1984年正式印刷出版,堪称我国首部全面系统介绍环境保护知识的经典之作,主编是我国环保界著名专家刘天齐教授。随后,由学校组织编写的

"环境保护大专系列教材"，涉及环境保护的各个领域，填补了国内空白。

从1986年至2000年，学校在15年的时间里，共培训环保局局长2000余名，培训各种专门的短训班学员1万余名，培养成人大专班学员6000余名，许多学生毕业后都成了环境保护行业的骨干。

## 立足环保　本固枝荣

2000年，根据国务院关于高等学校体制改革的决定，"中国环境管理干部学院"划归河北省政府管理，这所充满"绿色生命"的学校又迎来了一个新的发展契机。经河北省教育厅批准，学校开始举办高等职业教育，2001年招收首届全日制高职学生（学制三年）。此后，学校的教育职能从成人大专学历教育转为以普通全日制专科学历教育为主体，到2015年，共有15年的全日制普通专科办学历史。

学生步出"中国环境管理干部学院"校门。（2000年拍摄）

作为一所有着深厚行业背景的特色院校，学校始终承载着培养环保人才的使命和责任，始终坚持"立足环保，服务河北，面向全国"的办学定位。学校紧紧把握国家环境保护事业发展的脉动，结合地方社会经济的发展需求，先后建成了环境科学系、

"中国环境管理干部学院"校门及主楼。（2009年拍摄）

环境工程系、生态学系、环境艺术系、经济学系、人文社科系、信息工程系等11个教学系部，以及9个与环境教育相关的研究所，创办了以环境类专业为主的专科专业38个，涉及工学、理学、管理学、经济学、艺术学等学科。其中，环境类专业20个，在校生数量占62.5%，环境管理、环境监察、生态环境保护是国内首创专业，积淀了深厚的办学底蕴。学

2015年，学校师生在大气环境监测课堂上。

校逐渐构建起以环境类专业为主体的"环境管理类""环境工程类""生态环境保护类""环境艺术类"和"环境支撑类"五大专业群。

学校立足学科专业的水平提升，积极推进产学研合作教育，创造性地提出并实施了"3+4+X"专业人才培养模式："3"即"三个教育平台"——公共基础教育平台、专业教育平台、职业训练平台；"4"即"四个模块"——公共基础课程模块、专业基础课程模块、专业核心课程模块、职业训练模块；"X"即分方向培养。学校所有专业均开设环境素质教育必修课，环境类专业的学生具有较强的实际应用能力，非环境类学生也具有较高的环境素养，将环境教育融入了人才培养的全过程。

作为我国最早开展环境教育的高校之一，学校始终突出学生实践素质的培养，努力探索校企合作的办学模式，促进教学科研与生产实际相融合。学校成立了专业建设指导委员会，建立了"人才共育、过程共管、成果共享、责任共担"的合作机制，与中兵占一新能源企业集团、台湾富士康科技集团、北京锡兰石环境工程技术开发有限公司、福建龙净环保股份有限公司、秦皇岛荣氏德环保科技有限公司等企业共同建设了17个校内实验室、实训室，校企合作开发课程42门，教材37部。学校与荷兰万豪学院合作完成荷兰政府亚洲援助项目，于2003年建成的"中荷水处理示范研究培训中心"，已经成为荷兰与中国合作的典范。

学校实施人才强校战略，积极落实事业留人、感情留人、待遇留人政策，投入 2000 多万元为骨干教师搭建科研平台，先后引进了一批骨干教师，接收一批硕士研究生和部分本科生来校工作，建立起高学历、年轻化、结构合理、环境专业特色明显的师资队伍。此外，学校还在国内外聘请了一批在环境领域具有影响力的专家、学者作为兼职或客座教授，如郑度院士、钱易院士，联合国前副秘书长、联合国地球基金理事会主席莫里斯·斯特朗先生以及荷兰社会科学院院士范戴克教授等共计 90 多人。

2011 年，学校正式成为河北省人民政府与国家环境保护部共建高校，是河北省专科院校中唯一的一所省部共建学校。

作为省部共建学校、教育部环境保护职业教育教学指导委员会秘书处办公室所在单位，学校始终以环境保护事业和地方需求为出发点，以环境、经济、资源为研究内容，主动服务社会、服务环保行业。学校先后完成了秦皇岛生态市建设规划、盘锦生态市建设规划、葫芦岛生态市建设规划、兴城生态市建设规划、秦皇岛沿海生态环境保护规划、秦皇岛排放权交易实践和秦皇岛低碳城市项目（碳排放清单）等多项课题研究，特别是与台湾富士康科技集团联合开展的"富士康环境研究项目"，成为学校产学研结合、校企合作的重要标志。

## 环保大学　绿色之梦

党的十七大提出建设生态文明社会的战略目标，为学校的发展提供了新的机遇，学校新一届领导班子在"十二五"期间提出奋斗目标：一是新校区建设，实现办学规模跨越式发展；二是申办全日制普通本科教育，实现办学层次的过渡与提升。

学校曾于 2002 年购买了原河北机电学校的校园及校舍，又于 2005 年与河北省工人疗养院合作，在其院址内建立了西校区，但这些只是暂时解决了学校用地紧张的问题。

新校区建设是学校申办全日制普通本科教育的重要前提，是打破制约学校发展的空间枷锁、拓展生存空间的重要举措。新校区从申请立项、选址、设计、征地到开工，历时近 3 年的时间。2011 年年初，新校区建设项目获批。2012 年，新校区进行开工建设，到 2015 年，一期工程完成。

学校建设资金的主要来源是位于友谊路的老校区的出让，但由于房地产形势等原因，老校区很长时间没有卖出去。在资金匮乏的条件下，学校想尽办法建成了特色鲜明、亮丽的生态校园。

新校区的建成为学校升级为本科大学打下了坚实基础，接下来，在时间紧、任务重的情况下，从2015年3月16日在新校园栽下第一棵树起，到6月16日河北省评估顺利通过，到9月16日教育部专家组进校评估考察，再到10月16日全国高等学校设置评议委员会高票通过，学校战胜重重困难，终于实现了专科升本科大学的梦想。

从新校区建设到升级为本科大学，学校发展的两件大事，一环扣一环，扣人心弦。两件大事成功所积累下的宝贵精神财富——"团结、坚韧、担当、务实"，成为学校发展的强大精神基础。

2016年3月22日，国家教育部正式复函河北省人民政府，批准"中国环境管理干部学院"升格为全日制普通应用型、技术技能型本科院校，并更名为"河北环境工程学院"，学校成为全国仅有的一所环境类本科院校。

文化是一所大学的灵魂，曲格平老院长在建校之初就高度重视文化和校风建设，于1987年为学校制定了"团结、严谨、求实、创新"的校训。30多年来，这一校训铸成了学校的办学灵魂，对学校学风、教风、校风的形成产生了深远的影响。

2004年10月，曲格平老院长出于对学校的"偏爱"和信任，将"曲格平奖学金"设立在学校。这是被誉为"中国环保之父"的曲格平老院长在全

2016年5月21日，河北环境工程学院揭牌仪式举行。

国首次颁发大学生奖学金,其目的是奖励那些在环境科学实践、环境学术研究、环保宣传教育、环保志愿者活动中表现出色的品学兼优的青年学生。"曲格平奖学金"是中国环境保护界最具影响力的奖项之一,是中国环境保护教育的最高荣誉。自2004年到2017年,学校先后有71名同学获此殊荣,这些优秀环保学子在曲格平精神的引领下,努力学习,积极工作,为环境保护事业的发展作出了积

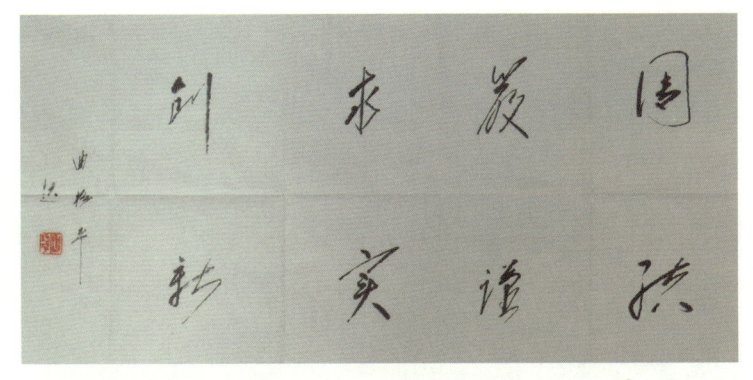

曲格平为学校题写校训——"团结、严谨、求实、创新"。

2014年8月5日,"天道曲如弓——曲格平环境文化研究会成立座谈会"在学校召开。

极贡献。"曲格平奖学金"的设立,大大鼓舞了全校师生的斗志。

学校的"曲格平环境文化研究会""生态文明大讲堂""环境素质教育系列讲座"等校园文化品牌,在培育学生环境意识、社会责任感方面也产生了深远影响。学校的30多个绿色社团蓬勃发展,从维护校园环境、保护海滩到服务企业、参与城市生态建设,从校内外到省内外,遍布学生的绿色足迹。学校的绿色社会实践活动先后获得国家和省级表彰奖励20余次,获得活动经费10万余元。其中,被称为"绿色新生力"的"自然之家"社团,是全国"十佳环境保护社团"、河北省最具活力社团,曾获得河北省第十届优秀志愿服务项目奖、2014年全国高校环保公益项目社团管理三等奖、中国环保网优秀社团奖、人民网新生力"优秀案例奖"等。

学校大力营造绿色环保的育人环境,按照"天人合一"的理念,建成了以"金木水火土"为主题的生态景观和以"阴阳太极"为寓意的水系生

态景观，使校园内的一草一木都饱含生态环保思想。同时，按照"低碳、生态、环保"的理念，学校将校园内实际运行的环保设施动态利用，建成了"清洁能源—生物质能利用生产性实训基地""饮用水净化与供水工程实训基地""污水处理与综合利用生产性实训基地"等13个生产性实训基地，使校园本身成为生态环保大课堂。

与清华大学合作共建饮用水安全实验室，从1983年就开始与北京大学城市与环境学院合作建立教学实习基地，与西北农林科技大学、哈尔滨体育学院联合举办研究生教育，学校与国内知名高校联手搭建实践教学平台。与此同时，学校还不断加强国际交流合作，拓展国际化教育视野，在与荷兰万豪学院、美国蒙东那大学、美国西雅图城市大学等数十所大学建立"3+2"本科教学的基础上，又进一步深度合作，签订基础培养意向和互派教师教学、合作科研等意向，已选送50多名学生赴荷兰、美国等地留学。

学校目前有全日制在校生7600余人，设有环境科学、环境工程、环境设计、园林、软件工程、物流管理、市场营销、社会体育指导与管理等14个本科专业。2018年，学校又顺利获批环境科学、环境工程、环境生态工程、物流管理等5个专业专科接本科的培养资格。当年，学校应届毕业生的首次就业率为86%，其中环境监测、生态保护等专业的学生被一抢而空，百分百就业。

多年来，学校秉持"实现人与社会相适应、人与自然相和谐的教育"的

河北环境工程学院绿色环保的育人环境。

办学理念，以培养高素质应用型环境类专门人才为目标，在保证专业理论知识扎实的基础上，不断强化学生的动手能力和实践技能。学校拥有设备完善、环境仿真的校内外实习（实训）室（基地）320多个，其中"环境监测与治理技术实训基地""环境艺术设计实训基地"为中央财政支持的国家实习实训基地，"电子废水处理技术实验室"是与富士康科技集团合作建立的实验室，为学生在"学中做，做中学"提供了便捷而广阔的平台。

新时代新征程，在习近平生态文明思想的指引下，河北环境工程学院将秉承曲格平老院长倡导的"团结、严谨、求实、创新"精神，为建设绿色河北、美丽中国培养更多优秀人才。

（刘　华）

# 建材建工　高技高能

## 河北建材职业技术学院

南面渤海、北依开发区、西邻奥体中心、东接天然良港——秦皇岛港，这所学校面朝大海，可听涛声阵阵，享海风习习。

42年前，伴着改革开放的春潮涌动，这所学校应运而生，与改革开放同龄。

这所学校是全国唯一以"建材"命名的高等职业技术学院，曾被中国教育科学研究院和全国高职高专协作会评为"中国十大特色高职院校"。

这所学校便是河北建材职业技术学院。42年来，这所学校以自己独特的建材、建工专业独步天下，培养出一大批高技、高能人才。

1984年7月，"国家建材局秦皇岛玻璃工业技工学校"八二届二班毕业留念。

## 积厚流光　史韵峥嵘

学校的前身为国家建筑材料工业总局创办的"秦皇岛玻璃工业技工学校",成立于1978年。

"秦皇岛玻璃工业技工学校,规模600人,设平板玻璃、玻璃纤维工业及自动化专业。"1978年12月20日,国家建筑材料工业总局在《关于建立建材和非金属矿工业技工学校的函》中,明确了在河北、辽宁、四川、江西等省建立包括"秦皇岛玻璃工业技工学校"在内的6所技工学校的名称、规模和专业。函件中还特别指出,学校为双重领导、以总局为主的技工学校,有关学校筹建事宜,拟委托秦皇岛玻璃厂负责人员、教学的准备工作和落实招生计划。

1985年8月17日,国家建筑材料工业总局下发《关于成立国家建材管理干部学院秦皇岛分院的通知》。通知说,为了加速培养建材经济管理人才,尽快解决目前培训能力与负担的培训任务不相适应的状况,经研究决定,在"秦皇岛玻璃工业技工学校"建立"国家建材局管理干部学院秦皇岛分院"。分院的主要任务是开设专科班,培养具有中、高等专科水平的管理干部,同时承担一部分短期进修班任务,总规模定为800人,设置工业企业管理、政治思想教育两个专业;分院与技工学校为一套领导班子,属县、团级单位,

教师在"国家建材局秦皇岛玻璃工业技工学校"校门前留影。

1981年7月,"国家建材局秦皇岛玻璃工业技工学校"工艺一班毕业留念。

由国家建材局管理干部学院领导；考虑分院建设和发展需要，可征购土地 40 亩……

同年 11 月，河北省建材局同秦皇岛耀华玻璃厂协商议定，着手筹建"河北省建筑材料工业学校"。

1986 年 5 月 8 日，河北省教育委员会在《关于成立河北建材学校的批复》中明确，此前，河北省建材局向河北省教育委员会作出《关于在秦皇岛耀华职工大学基础上开办河北省建材中等专业学校的请示》，请示已经河北省政府研究同意，学校面向全省招收初中毕业生，学制四年，最大规模 480 人，目前设置玻璃工艺、水泥工艺、企业管理三个专业，以后根据需要可增设建材机械、工企自动化专业，有些专业可以隔年招生……办学中的其他问题由河北省建材局与秦皇岛耀华玻璃厂研究解决。此处所说"河北省建材中等专业学校"，即为"河北省建筑材料工业学校"。

"秦皇岛耀华玻璃厂职工大学"的前身是耀华厂"七二一"大学。1975 年 9 月，耀华玻璃厂从厂内需要较高层次科技人员出发，学习上海机床厂办学经验，成立了"七二一"大学，设机械专业一个班，入学者 21 名，教工 14 名。1979 年，根据教育部整顿"七二一"大学的指示，学校转为"秦皇岛耀华玻璃厂职工大学"，于 1980 年 10 月 9 日经河北省政府正式批准。学校设土建、机械两个专业，学生均为 7 人，代管电大自动化班 14 人。1986 年 5 月 10 日，学校迁入海港区白塔岭新校址，即现今河北建材职业技术学院所在地。同年 6 月，根据河北省教育委员会批复文件，在"秦皇岛耀华玻璃厂职工大学"基础上开办了"河北省建筑材料工业学校"，两块牌子、一套人马。同

国家建材局管理干部学院秦皇岛分院

赵朴初题

著名佛教学者赵朴初为学校题写了校名。

1998年，"河北建材职工大学""河北建材技工学校""河北建材工业学校"三校揭牌合校仪式举行。

年7月，学校在全省范围招收应届毕业生120名，玻璃工艺、水泥工艺和企业管理三个专业各40名。

1998年8月，河北省建筑材料工业局正式接管"秦皇岛玻璃工业技工学校"，并将学校与"河北省建筑材料工业学校"合并组建"河北建材职工大学""河北建材技工学校""河北建材工业学校"，三块牌子，一套人马。同年9月4日，河北省教育委员会、河北省劳动厅发出《关于同意耀华职工大学与国家建材局管理干部学院秦皇岛分院合并更名为河北建材职工大学的函》，同意将"国家建材局管理干部学院秦皇岛分院"与"秦皇岛耀华玻璃厂职工大学"、原"石家庄建材职工大学"合并，更名为"河北建材职工大学"；将"秦皇岛玻璃工业技工学校"与原"石家庄建材技工学校"合并，更名为"河北建材技工学校"。

1999年5月，河北省建筑材料工业局向河北省政府提出将"河北建材职工大学"改办为"河北建材职业技术学院"的申请。2001年4月30日，河北省政府批准了改办申请。同年5月15日，河北省教育厅下发《关于转发〈河北省人民政府关于同意建立河北石油职业技术学院等12所职业技术学院的批复〉的通知》，同意"河北建材职工大学"改办为"河北建材职业技术学院"，学校系专科层次的普通高等学校，实施专科层次高等职业技术教育，由河北省经贸委举办和管理。学校近期全日制在校生规模为3000人，长远规模为5000人。同年6月6日，河北建材职业技术学院在秦皇岛东方娱乐城举行了隆重的揭牌仪式。12月底，学校划归河北省教育厅管理，成为全国唯一一所以"建材"命名的高职院校，办学层次由原来的成人教育、中专教育、技工教育发展为以普通高等职业教育为主、职业培训为新增长点、联办远程网络教育为延伸的格局。2002年9月16日，学校由县团级单位升格为副厅级单位。

## 德技兼修　匠心精工

办学40多年，学校坚持"立足河北、面向全国、植根建材、服务社会"的办学道路，建立了高职教育、职业培训、远程网络教育三位一体的办学格局。

2018年11月，学校的秋季校园"双选会"吸引了300多家企事业单位参加，其中注册资金过亿企业达101家。"双选会"不但为学校2019届学生提供了6000多个就业岗位，还预订了下一届毕业生，学校与很多单位建立了长期合作关系。

为何学校的毕业生能够成为就业市场的"香饽饽"？答案是"德技兼修，匠心精工"。据学校党委书记丁志华介绍，学校把"立德树人是高校的根本任务"这一理念贯彻到教育教学各个环节，积极构建课程、科研、实践、文化、网络、心理、管理、服务、资助、组织等"十大"育人体系，让学生德智体美劳全面发展，特别是在2016年全国高校思想政治工作会议后，学校根据高职院校"高素质创新型人才"的培养目标和学生实际，精心打造了把学校的教学和管理、第一课堂和第二课堂融为一个整体的思想政治工作育人精品项目"煅熔工程"：从专业教学中寻找培养大学生专业技能的资源，从第二课堂中寻找培养大学生综合素质的方式，从校地合作中搭建提高大学生能力的广阔平台，从精品项目中打造大学生全面发展的高地，增强了大学生的实践能力和服务社会的能力，让学生毕业即就业，受到用人单位的热烈欢迎。

2005年4月30日，中国教育科学研究院、全国高职高专协作会在北京钓鱼台国宾馆举行"中国高职教育创新与发展论坛暨全国高职院校综合实力测评活动颁奖典礼"，学校入选"中国十大特色高职院校"。同年，学校还被国家劳动和社会保障部评为"创新能力培训实验学校"。

2006年2月23日，学校经河北省教育厅同意，成为重庆大学、吉林大学远程教育校外学习中心。同年，学校印发了一系列加强教学工作的文件，并开展了首届青年教师教学基本功培训和竞赛活动，学校教学工作开始跃上新台阶。

2007年9月,学校进一步明确了办学指导思想:"全面贯彻党的教育方针,认真落实科学发展观。以服务为宗旨,以就业为导向,走产学结合发展道路。坚持以教学为中心,改革创新,依法办学,质量立校,人才强校,特色兴校。

2007年6月14日,学校基础部师生在课堂上。

以全日制高等职业教育为主,积极开展职业培训。建立以建材、建工专业为龙头,以行业经济与区域经济服务相互支撑的专业群,培养具有敬业精神和创新精神的高素质高技能专门人才。立足河北,面向全国,立足建材,服务社会,努力把学院建成特色鲜明的高等职业技术院校。"

同年11月,教育部、河北省教育厅对学校的人才培养工作水平评估结论为优秀。

……

学校目前设有材料工程系、建筑工程系、机电工程系、信息工程系、财经管理系、现代服务管理系、艺术设计系、现代玻璃学院等,现有材料工程技术、建筑工程技术、机电一体化技术、云计算、会计与审计、旅游管理、建筑装饰艺术、体育服务与管理等55个专业。建筑与物流、材料与高铁、机电与信息、财会与空乘、艺术与体育……传统和现代交织融合,彰显着专业建设的与时俱进。

学校目前有教职员工496人、全日制在校生1万余名。面向全国28个省、直辖市、自治区招生,在全国单招网高职院校关注度排名中,位列全省第一、全国第九位。学生就业率、创业率稳居同类院校前列,全年推荐就业岗位13000余个,生岗比超过1∶4。毕业生入职后表现优异,得到阿里巴巴、京东、隆基泰和、北京金隅等知名企业的充分认可,用人单位满意率达到92.43%。

学校教学成果跻身全国职业教育高水平行列——1996年，学校郑东教授主持发明的"平板玻璃防发霉防擦伤包装纸及其制造方法"荣获"国际爱迪生发明金奖"及美国爱迪生发明中心颁发的世界优秀专利（技术）奖；学校承担的教育部建材行指委课题成果——"材料工程技术专业生产实际教学案例库"以专家评审"A+"的优异成绩顺利通过教育部验收；学校"浮法玻璃生产技术"和"新型建筑材料技术资源包"两个国家建材类教学资源库建设子项目成功立项；学校"基于产教深度融合的企业生产案例教学案例库开发与教学实践"，荣获2018年职业教育国家级教学成果二等奖。近年来，学校师生在全国建材类院校职业技能大赛、全国机械行业技能大赛、全国移动商务技能竞赛、全国大学生英语竞赛等重大赛事中，获得国家级奖项26项，省市级奖项58项。学生在第44届世界技能大赛数控铣项目河北赛区决赛中夺冠。

学校先后成为"中国绿色建材产业发展联盟发起单位""全国建材教育指导委员会副主任单位"。近年来，学校先后承办了全国建筑材料学科研究会理事会议暨第二届研究生论坛、高职高专院校课程改革与国家级精品课案例解析研讨会、首届河北省建材行业"冀东发展杯"职业技能大赛等一大批高规格学术和赛事活动。

学校与马来西亚世纪大学、韩国全州大学、韩国济州岛观光大学、白俄罗斯国立经济大学的国际合作项目，为学生出国交流深造提供了重要平台。

2018年，学校成功购置"河北环境工程学院"原校区，并与现有东西校区统一规划，校内建筑面积在原有基础上翻了一番，建成全域临海的美丽校园。

学校秉承"以规模效益固基，以改革创新图强，以质量特色争优"的办学理念，以"团结、勤奋、求实、创新"为校风，以"爱岗敬业、严谨治学、从严执教、教书育人"为教风，以"刻苦学习、尊师守纪、勤勉博取、文明向上"为学风，正在为更好地培养"德技兼修、品学并重"的优秀高技能人才而不断探索。

## 产教融合　服务地方

2007年9月7日，河北省教育厅同意由学校牵头组建"河北省建材职

2008年1月18日，"河北省建材职业教育集团"在秦皇岛大酒店举行成立大会。

业教育集团"。2008年1月18日，"河北省建材职业教育集团"在秦皇岛大酒店隆重举行了成立大会，这标志着河北省建材职业教育开始向规模化、集约化、连锁化、特色化、品牌化方向发展。集团创新组建模式，采取"1+6"行业指导型；创新工作体系，形成6方成员单位、5个委员会、2个中心的"652"型；持续深入推进产教融合，为企业培训员工5000人次，形成专利技术100多项，实施技术服务200余项；建立了人才需求预测与专业设置指导报告制度。2018年，集团组织了玻璃行业企业调研活动，编制了《玻璃行业人才需求与专业设置指导报告》，推进专业设置与产业需求对接，产业链与教育链对接。集团"四方联动、多元合作、跨域共享、协同育人"的产教融合案例入选教育部集团化办学典型案例汇编。

2016年，学校建成被评为"河北省大学生创业孵化示范园"的"大学生创业园"。创业园给予在孵化期间的初创项目一定的创业服务和政策支持，模拟市场环境，辅助大学生创业者补齐创业初期短板，降低成本，规避风险，平稳渡过初创期，最后汇入市场浪潮，从而实现创业带动就业。至2018年，有47个项目入驻创业园并成功孵化，每年在校大学生自主创办经济实体10余个，带动300余名学生参与"大众创业、万众创新"。

2016年，学校与沙河市经济技术开发区管委、沙河市聚美同创玻璃产业发展有限公司合作创办了全国首家混合所有制二级学院——现代玻璃学院，

成为当年玻璃行业十大新闻之一。学院积极探索"五融合"人才培养模式，班级管理实施企业式管理，将企业文化融入教室、融入班级、融入学习过程中，培育企业工匠，打造行业精英。学生在表达能力、沟通能力、组织能力等方面有明显的提升，学生的团队合作精神、集体荣誉感、社会服务能力得到社会各界的高度认可，专业素养与专业技能得到玻璃行业的认可。目前，学校拥有国家财政支持的建筑装饰材料检测实训基地，以及耀华玻璃集团、冀东发展集团、中国南博集团股份有限公司等99个校外实训基地。

学校是教育部首批现代学徒制试点单位。新型建筑材料技术专业依托河北建材职教集团平台，充分发挥集团优势，与集团成员企业深度合作，共同探索"三双一全"的新时代现代学徒制人才培养模式，形成了以"导学—自学—互学—助学—督学"五环联动为指引的"九化归一化"教学模式；通信技术专业与企业共同发起多家企业参与现代学徒制的"众企"联盟育人模式，以"三段四双"人才培养方式实现了人才培养进出一条线；健身指导与管理专业，确立了"一目标、二岗位、三阶段、四主线"的精准人才培养模式；电子商务专业以"顶岗不离校，工作即课程"的基本理念，形成了"老生做老板，新生做学徒，教师是师傅"的"校园式现代学徒制"育人模式。

学校和地方只有深度合作，才能形成共生共荣、不断发展的良好局面。学校党委一直把推动"校地校企合作，服务秦皇岛地方经济发展"作为工作的重中之重，从领导到广大教师在"高职院校承担社会服务职能"理念上形

2007年7月24日，学校与河北新奔腾软件有限公司举行校企合作签字仪式。

成共识，率先制订出《服务秦皇岛五年行动计划》。学校集聚多方优势资源，建立服务平台，全力打造社会服务团队，在驻秦院校中带头为服务地方经济社会发展量身定制了"十大工程"和"50个重点项目"。

2016年，学校召开首届服务秦皇岛校地校企合作项目对接会。2017年，学校出台《河北建材职业技术学院社会服务管理办法》，并将服务秦皇岛发展作为教职工职称评聘的主要条件，充分调动了广大教职员工服务地方经济的积极性和创造性。学校先后与秦皇岛耀华玻璃集团、秦皇岛市政建设集团等70余家企事业单位签订了全面合作服务协议。近年来，学校完成技术服务、技术咨询等项目超过500项，在服务秦皇岛玻璃建材产业创新发展、秦皇岛建设国际滨海休闲度假之都、秦皇岛现代建筑产业科技创新、秦皇岛小微企业保质增效、秦皇岛健康产业等方面都有出色表现。

## 师承有名　英才辈出

学校名师辈出，一名教师获"国家优秀教师"荣誉称号，一大批教师获得省市优秀教师、优秀教育工作者、各类专项工作先进个人等荣誉称号，多名教师成为河北省"三三三人才工程"专家和河北省优秀专家。

现任学校副院长的朱玉春教授，是一名电气工程师。他兼任教育部全国建材职业教育教学指导委员会副主任委员、河北省建材职业教育集团常务副理事长。作为教育部专家，他多次参与国家精品在线开放课程的认定评审工作，普通高等学校高等职业教育专业目录、专业简介的制定及修订工作。他曾先后获得高等教育国家级教学成果奖二等奖、全国建材职业教育教学成果奖一等奖、河北省教学成果奖一等奖，并获得"全国建材行业技能人才培育突出贡献奖""河北省教学名师""河北省优秀教师"等荣誉称号。

学校基础部、社科教学部公共外语教研室外国语言文学专业副教授尚志芹，具有对外汉语教学国际汉语教师资格（高级），是国家高级英文导游员。她先后接待来自西班牙、德国、美国等国的客人几百人次，重点接待过实地考察秦皇岛申办2012年世界女子拳击锦标赛暨伦敦奥运会拳击资格赛情况的国际拳联职业拳击联赛竞赛主任Kevin Na、美国NGC国家地理杂志频道《探索中国》栏目组成员、加拿大电视台客人及中央九台栏目组、中央三台相关领导等。2015年年初，她代表河北省参加全国第十三批外语导游援藏工

河北建材职业技术学院校园全景（2016年拍摄）

作任务。

本科毕业于北京体育大学、硕士毕业于北京师范大学的杨建辉教授现任学校体育教学部主任。她是国家二级公共营养师、国家二级健康管理师、国家三级心理咨询师，河北省"三三三人才工程"专家。她还是河北省教育厅专业技术评审委员会专家、河北省社科基金项目评审专家、河北省科技奖励评审专家、河北省采购办评审专家。她大胆探索现代学徒制人才培养模式，创建了"一目标，二岗位，三阶段，四条线"的人才培养结构。作为营养健康专家，她多年来培养了一大批运动营养及健康管理方面的学生和营养健康工作者，在健康管理领域有较高声誉。

周美茹老师现任学校产学研合作部主任，兼任全国建材行业职业教育教学指导委员会副秘书长，2017年入选全国教学名师候选人。她在"浮法玻璃成型操作与控制"课程中进行项目化教学改革，彻底改变了"满堂灌"的填鸭式教学，成功申报河北省精品课程。近年来，她先后获国家教学成果二等奖1项，河北省教学成果一等奖1项、三等奖2项。她还积极参与服务地方，组织编写了《服务秦皇岛五年行动计划》，并组织或主持社会服务项目300余项。

具有全国注册造价工程师、注册房地产估价师、注册咨询工程师三项国家注册资格的温冬梅副教授，现任学校建筑工程系工程经济专业群带头人。

她带头构建了工程造价专业"项目贯通、分层培养"的创新人才培养模式，组织成立了"造价之星"兴趣小组。在她的带头建设下，工程造价省级示范专业及中央财政支持的工程造价专业通过验收。她主讲的"建筑工程预算"被评为省级精品课。她指导学生参加各种技能竞赛，先后获得"河北省第五届新奔腾杯 BIM 建模应用技能竞赛"团体一等奖，2017、2018 年"全国高等院校 BIM 应用技能比赛"团队全能二等奖、一等奖及 BIM5D 单项冠军。通过系列教学建设，学校工程造价专业在近十年中招生规模在河北省高职院校一直位居第一名，学生就业率达到 95% 以上。

40 多年来，河北建材职业技术学院为全国各行各业培养输送了 6 万多名"下得去、留得住、用得上、干得好"的高素质技能人才。

马德源，现任秦皇岛兴龙建设工程有限公司总经理助理兼市场拓展部经理；高中河，现任旭硝子汽车玻璃中国有限公司工厂长，负责工厂日常运营；康丽云，现任邢台泛亚家庭用品有限公司总经理，公司是一个生产型的自营进出口公司，主要生产玻璃及铁艺产品，所有产品全部出口美国及欧洲一些国家，在美国有自己的仓库、超市及工厂；任利宾，现任临城中联福石水泥有限公司总经理助理兼中国联合水泥河北区域管理委员会综合办主任；田叶军，现任河北春风律师事务所党支部书记……

优秀校友把建材学子锲而不舍、踏实勤奋、敢为人先、永争第一的精神播撒到每一个角落，也使建材学院声名远播。

（吴爱萍　卢纪锋）

# 外语见长　通达天下

## 河北对外经贸职业学院

百年校史，百年沧桑，从1906年立牌施教，这所古老的学校到今天已有114年的历史。

北依戴河，南濒渤海，地处北戴河和南戴河两大避暑胜地的交界处，这所学校开办英、法、德、俄、日、韩、阿拉伯、西班牙等8个语种，设有经济管理系、国际商务系、西语系、东语系、小学教育系、学前教育系、旅游系、传媒系等8个系，开设45个专业及方向。

2017年，学校被确定为"河北省优质专科高等职业院校建设单位"。同年，学校被评为"河北省深化创新创业教育改革示范校"。在2018年中国高

1949年9月12日，"抚宁师范学校"全体教职员在太和寨公园合影。

职高专院校竞争力排行榜上,学校在全国 1386 所高职院校中,位列语言类高职院校第一,并进入全国高职院校国际影响力 50 强。

外语见长,通达天下,学校先后荣获"国家级语言文字规范化示范校""全国巾帼文明岗""全国高等教育自学考试先进集体""首批河北省创业教育示范校"等 20 多项荣誉称号。

## 肇始清末　教师之庠

据《抚宁县志》记载,"德宗季世,鉴诸欧美富强,由于物质进步,乃诏停科举,兴学校。于是本县城乡士绅设立高等小学校、初等小学校暨师范传习所,以期普及教育。"当时清政府规定:"各州县于初级师范学堂尚未设立齐全之时,宜急设师范传习所。"

"抚宁县师范传习所"是学校可查最早的前身,于清光绪三十二年(1906 年)建于抚宁城关三官庙,是直隶省起步较早的师范学校之一。

清末至中华人民共和国成立,学校先后经历了抚宁县师范传习所、抚宁县单级小学教员讲习所、抚宁县师范讲习所、抚宁县乡村师范学校、抚宁县

1952 年 10 月 16 日,学校第一届初级师范毕业班"临抚师范学校"三乙班全体师生合影。

简易师范学校等五个阶段。这一时期,内乱外患,办学殊为不易,学校先后三易其址,由县城迁至村庄,兼办初中,以图生存。虽几经磨难,但学校变更图存,顽强坚守,生生不息。

1947年5月,学校因战乱搬到抚宁县牛头崖镇南新庄村。不久,学校被迫停办,师生就地解散。

1948年6月,学校复校,校址在抚宁县牛头崖镇牛头崖村东当铺院内。1948年11月,抚宁县解放,人民政府接管学校。1949年3月,学校迁到"临抚共立太和寨小学"。

1961年,"秦皇岛市第一师范学校"和"秦皇岛市幼儿师范学校一部"并入,学校发展进入短暂的高峰,教育层次覆盖普师、幼师、初师、中师、大专以及初中和成人教育,同时拥有附属小学1所。

受三年经济困难影响,1962年5月,学校停办。不到两个月的时间,学校1200多名师生各奔东西。弦歌暂辍,薪尽火传,此后17年,抚宁县满井中学、秦皇岛外国语专科学校、河北水产学校、抚宁县"五七"大学、抚宁县业余体校等学校相继在学校原址办学。

1979年,经河北省人民政府批准,学校得以恢复,定名为"河北抚宁师范学校",后更名为"河北抚宁太和寨师范学校"。

1992年,经秦皇岛市人民政府批准,学校在南戴河旅游区筹建新校。1994年暑假,学校整体搬迁完毕,经河北省政府批准更名为"河北南戴河师范学校"。学校创造性地摸索出"导向、示范、渗透"六字课堂教学改革原则,至1997年,共培养5000余名优质毕业生,深受唐山、秦皇岛地区教育界的好评。

1998年,学校转型为"河北南戴河外国语师范学校",面向全省招收初中毕业的中等师范学生。1999年起,学校举办"3+2",即三年中等师范毕业后再读两年,颁发专科学历证书。4年间,学校培养了2000余名外语人才,确保了河北省小学外语教学的顺利推进。

2002年5月24日,经河北省人民政府批准、教育部备案,学校

1979年复校后,"河北抚宁太和寨师范学校"校门。

"秦皇岛外国语职业学院"校园。

2008年9月,"河北外国语职业学院"揭牌仪式举行。

升格为"秦皇岛外国语职业学院",成为全省唯一由中等师范独立升格的公办普通全日制专科高等职业院校,学校逐渐面向全国招生、增加语种、扩大规模。

　　学校遵循职业教育理念,实施"扩招扩建＋内涵建设"战略,广纳国内外贤才,加大教学改革力度,建构"外语＋专业＋技能"人才培养模式,扩大国际交流与合作,迅速进入良性发展轨道。2007年6月11日,经河北省人民政府批准、教育部备案,学校更名为"河北外国语职业学院"。

随着国家"一带一路"和"京津冀一体化"战略的深入实施，秦皇岛市对外经济贸易往来日渐频繁。作为市属院校和全省唯一独立建制的国办外语类高校，学校由外语专科转型为对外经贸类高职院校有着得天独厚的优势。2015年8月，河北省政府批准学校转型更名为"河北对外经贸职业学院"。2016年4月，教育部发函确认学校更名。转型后的学校立足本市、面向河北、依托京津、辐射全国、放眼世界，打造"以外语为基础，以经贸为重点，教育、旅游、传媒协同发展"的应用型对外经贸高职院校。学校将办学特色定位为：秉承师范教育的传统，发挥外语教育的优势，打造对外经贸的品牌，拓展国际合作的空间；将人才培养目标定位为：以行业需求为导向，立足京津冀，服务区域经济和社会发展，培养专业素质较高，应用能力较强，具有职业素养、国际视野和创新精神的技术技能人才。

## 服务产业　创新实践

自2002年升格，特别是经过2005年及以后的几年"扩建、扩招"，学校语种由1个增加到8个，专业由5个增加到45个，招生范围由1个省份增加到27个省份，在校生数由不到3000人增加到9000多人，而且每年还有500多名留学生。

学校现有教职工487人（不包括外聘专家、兼职教授和外籍教师），有国外学习工作经历的占20.8%。每年还有20多名不同肤色、不同语种的外籍教师活跃在讲坛。

进入21世纪，学校由中等师范改建为外国语职业学院，后又更名为对外经贸职业学院，在人才培养和专业设置上，主动与产业需求对接。对照秦皇岛市"建设沿海强市、美丽港城和国际化城市"发展目标以及重点扶持"大旅游、大健康、大物流、大智移云"四大产业发展定位，学校与北戴河区、北戴河新区建立战略合作关系，形成了"快速反应、同步跟进、动态调整"的主动服务产业创新机制，畅通了直接服务产业发展渠道，实现了人才培养与产业转型升级无缝对接。

针对秦皇岛将发展康养产业作为推进供给侧结构性改革的重要切入点及产业升级的重要抓手，学校新增休闲服务与管理（旅游康养）专业，为康养产业提供强有力的人才支撑。学校新建的智慧旅游体验中心，不仅为旅游管理、酒店管理等专业学生提供全方位的虚拟仿真教学环境，同时，每年可为秦皇岛培训旅游从业人员2000人次以上，并开展技能鉴定以及河北旅游大数据分析工作。

2014年10月，经秦皇岛市人民政府批准，学校牵头组建了秦皇岛市学前教育职教集团。2018年7月，经河北省教育厅批准，由学校作为牵头单位，与中国对外贸易经济合作企业协会、中信戴卡股份有限公司，组建河北省国际商贸职业教育集团。2018年8月，学校成功获批教育部第三批现代学徒制试点单位。

学校高度重视实践教学，建有4500平方米的实训楼，围绕外贸、旅游、教育、传媒、外语五大专业群新建65个实训室，大力开展实践教学，培养学生的实践技能。通过校地共建、校企合作等方式，学校在校外建有165个实践教育基地。学院于2017年建成700平方米的虚拟商业社会环境（VBSE），面向全体学生开放，用于学生专业实践和创新创业实践。在全国职业院校模拟创业技能竞赛、全国高职院校大学生企业经营沙盘模拟竞赛、河北省高等学校企业模拟经营沙盘大赛（高职组）中，学校均获得一等奖，充分体现了学院实践教学的成果。

学院还高度重视创新创业教育，把创新创业教育纳入人才培养的全过程，先后成为河北省首批大学生创业教育示范校、河北省首批大学生创业孵化示范园、河北省深化创新创业教育改革示范校。学生曾在"挑战杯"大学生课外学术科技作品竞赛中，获得全国三等奖和省级一、二、三等奖；在"创青春"大学生创业大赛中，获得省级一、二、三等奖；在河北省"互联网+"大学生创新创业大赛上获铜奖。

学院科研工作硕果累累。最近5年，全院教师有425项科研课题立项，其中国家级课题3项、省级课题126项；发表相关领域论文1485篇，其中核心期刊论文138篇；出版著作98部，获得授权专利21项；获国家级职业教育优秀教学成果二等奖1项，省级优秀教学成果三等奖2项；完成"十二五"规划教材31部。

## 展翅腾飞　鸣歌嘹亮

2016年转型后，学校突出办学"外"和"经"的特点，着眼于服务国家战略，注重提高学院专业结构与京津冀经济结构的契合度，建立了专业设置动态调整和预警机制，保持稳定招生专业35个左右，实现外语类、经贸类、

2010年7月，学校承办第二届中国青少年语文风采大赛。

2018年，学校承办旅游专业校企合作国际研讨会。

教育类、旅游类和传媒类五大专业群协调发展，明确了专业特色由"外语＋专业＋技能"调整为"专业＋外语＋技能"。

学校被河北省教育厅、河北省考试院指定为河北省高职单招财经商贸大类联考牵头院校。近年来，在超半数专科院校完不成招生计划的严峻形势下，学校均超额完成招生任务，录取分数接近本科二批控制线。学生就业率稳定在98%以上，对口就业率为80%左右。

学校通过承办大型活动和服务重大会议，扩大社会影响力。近年来，学校先后承办了第二届中国青少年语文风采大赛、第二届中国大学生沙滩排球赛、河北省第十五届大学生运动会篮排球赛、河北省高校辅导员职业技能大赛、全国高校外语教学大赛河北赛区复决赛、第一届全国高职高专韩语口语技能大赛和2015年、2018年两届全国大学生橄榄球锦标赛等大型赛事。仅2018年，学校就承办了中国高等教育学会职业技术教育分会商科联盟工作会议、河北省职业院校外语类专业教学指导委员会第一次工作会议暨首届"京津冀"职业院校外语教学改革协同发展研讨会、旅游专业校企合作国际研讨会等大型学术会议。

近几年来，学校先后被推选为河北省国际商贸职业教育集团理事长单位、京津冀跨境电商产教联盟理事长单位、京津冀养老专业人才培养产教协作会副理事长单位、"一带一路"产教协同联盟理事单位等。

学校充分发挥专业优势，积极为京津冀区域经济社会发展服务。2016年，学校提出服务社会的"十百千万"双对接工程，学校旅游、教育、经贸、传媒等近40个专业的师生参与。"双十"指对标10个4A级以上景区和

10个4星级以上酒店或休疗单位，全面提升秦皇岛市旅游从业人员的综合素质。学校先后为南戴河国际娱乐中心、秦皇岛渔岛海洋温泉景区、沙雕海洋乐园、北戴河游客服务中心、秦皇岛机场、秦皇岛香格里拉酒店等处的工作人员开展培训40余场，培训3000余人。"双百"指为秦皇岛市百所幼儿园和百所小学骨干教师提供培训，全面提升教师业务素质。学校先后开展了秦皇岛市幼儿园骨干教师培训班、河北省中小学英语教师短期集中培训班、河北省中小学心理健康教师培训班等，已累计开展培训12场，培训1000余人。"双千"指深入做好"文化志愿进千村、电商服务进千乡"志愿服务活动，弘扬传统文化，提升农村电商活跃度及经营水平。"双万"指积极开展"跨境电商进万企、富民政策进万家"志愿服务活动，为秦皇岛市及周边区域外贸类企业提供线上、线下国际贸易培训服务，把党的富民政策，通过寒暑假大学生社会实践、志愿服务等活动，传播到千家万户。在2018年的暑期社会实践工作中，学校组建了两支省级社会实践小分队、108支校级社会实践小分队，近3000名同学开展了形式多样的文化志愿活动，文化下乡近1000次，开展近850次实地电商服务与培训活动、200次跨境电商讲解活动、900次主题富民政策宣讲活动，产生强烈的社会反响。学校的"电商服务进千乡"项目已被河北省农业厅、河北省财政厅列入河北省2019年农村实用人才培训工程。

志愿服务也是学校的一大亮点。2008年，学校200名学生志愿者参与了奥运会志愿服务，向中外运动员展示了良好的精神风貌和过硬的基本素质；2010年，学校600多名学生到上海世博会开展为期半年的志愿服务，受到了与会中外嘉宾的赞誉，其中王春燕同学受到了时任国家副主席习近平的鼓励；2014年，学校60名学生志愿者参与北京APEC会议志愿服务；2015年起，学校每年有2000多名师生为秦皇岛的国际马拉松比赛志愿服务；2017年，在第

2010年4月19日，学校举行学生赴上海世博会欢送仪式。

二届全省旅游发展大会期间，学校派出师生 60 余人，承担了省市领导与外宾会谈时的现场翻译以及大会讲解、服务等工作；2017 年 11 月和 2018 年 4 月，学校西班牙语专业教师刘微子前往唐山担任翻译工作，协助唐山警方破获一起价值 3 亿元人民币的特大跨国走私、贩卖毒品案；在 2018 年北京世界公众科学素质促进大会上，学校英语、俄语、西班牙语、法语等 4 个语种的 10 名外语志愿者，服务与会国外专家；2019 年北京世界园艺博览会，学校的 200 余名学生成为 VIP 志愿者。学校先后被河北省委宣传部、河北省文明办授予"河北省志愿服务先进单位""河北省志愿服务培训基地"。

## 走向国际　面向未来

1998 年，学校由普通中等师范改建为外国语师范以后，从外语教学的需要出发，相继建立了涉外工作领导小组、外事工作办公室、国际合作处（国际交流中心）等办事机构。

自 2003 年学校获得外教招聘资质以来，学校总计聘请外国文教专家 300 多人次，来自 11 个国家，覆盖英语、法语、德语、西班牙语、俄语、日语、韩语、阿拉伯语等 8 个语种。两名外国文教专家被河北省外国专家局授予"燕赵友谊奖"。2014 年新中国成立 65 周年之际，学校的 5 名外教代表河北省参加了在人民大会堂举办的外国专家招待会。

学校 2004 年开始招收留学生，迄今已有来自亚、非、欧和拉美地区 20 多个国家的长短期留学生 4000 多名。在留学生学生规模、教学质量、教学管理团队完备程度等方面，学校在河北省同类院校中稳居第一。学校对国际学生教学严谨，管理严格，学生们学有所成，屡获佳绩。泰国学生在"中华经典诗文诵读"大赛中，获河北省第一名、全国第五名；俄罗斯学生在河北省高校留学生汉语演讲大赛中获得第二名，苏丹学生获得第三名；在国家汉语国际推广领导小组办公室主办的留学生征文活动中，学校参赛学生全部获奖；学校连续四届在河北省"冀之光"留学生汉语技能大赛中名列前茅；在世界旅行及旅游合作组织（GTTP）2018 年 GTTP－中国案例研究竞赛中，学校参赛学生荣获二等奖。

为拓宽办学渠道，促进国际交流，学校自 2002 年以来，先后与吉尔吉斯斯坦、澳大利亚、俄罗斯、哈萨克斯坦、日本、美国、德国、法国、韩国、新西兰、新加坡、西班牙、埃及等 30 多个国家的 60 余所院校建立了合作关系。尤其是近年来，学校以经贸类专业（国际贸易实务）为专业国际化改革试点，服务"一带一路"，助力"走出去"企业，每年有100多名学生到中亚、东南亚、南美、非洲等地区的中资企业工作，50多名学生出国留学，30多名学生赴国外短期交流。学校每年还按计划、分梯队选派中青年骨干教师3～5人赴国外合作院校交流、进修，15年来累计派出教师和管理干部50多人次。

2011年，玻利维亚圣西蒙大学孔子学院举行揭牌仪式。

2011年，学校与玻利维亚圣西蒙大学合作开办了孔子学院。2014年，学校与美国加州长滩州立大学合作开办了孔子学院。两所孔子学院累计招收学员近万人，这在全国专科院校是绝无仅有的。2017年，学校在教育部备案了玻利维亚研究中心，在巴基斯坦木尔坦农业大学创建中国语言文化中心。

学校为秦皇岛外事工作先进单位、河北省汉语推广基地、河北省国际科技合作基地、河北省国际交流与合作协会副会长单位、河北省引进外国智力先进单位、"一带一路职业教育联盟"成员。

## 薪火相传　英才辈出

从1906年建校时的"抚宁县师范传习所"，到1948年解放前的"抚宁县简易师范"，尽管是在战乱中挣扎办学40多年，但学校也为当时当地培养了近千名小学教师。

1948年11月解放到1962年学校停办的14年，从1979年复校到1997年转轨前的18年，学校按照初等、中等师范的培养目标，为唐山、秦皇岛两地培养了1万多名教师，为恢复和发展冀东地区的教育事业发挥了历史性作用。

1998年改建为外国语师范以后，仅4年时间，学校就为全省培养了

河北对外经贸职业学院校园及主教学楼（2016年拍摄）

1000多名外语教师，解决了小学开设外语课的燃眉之急。

2002年5月，学校改建为外国语职业学院以来，随着专业设置的不断增加，学校培养人才从一个亮点发展到几个亮点，除继续为全省、全国中小学培养外语教师外，学校还为商贸、航空、旅游、餐饮服务、涉外部门等多种行业培养人才。十几年来，学校不仅为国家造就了一大批应用型、复合型的优秀人才，而且还为本科院校输送了数千名优秀毕业生。此外，还有数百名同学出国留学深造。

近年来，学校师生共获得全国性比赛团体奖17项、个人奖108人次；省级团体奖58项、个人奖177人次。其中，在2017年职业院校信息化教学大赛中，学校获得两个国家级二等奖（全省只有两所院校获得国家级奖）、两个省级一等奖。在2018年河北省职业院校技能大赛教学能力比赛中，学校荣获1个二等奖。这些是学校教师教学能力、信息素养、综合素质、专业化水平和创新能力全面提升的缩影。

学校在经贸类比赛如高等院校电子商务技能大赛、会计技能大赛、市场营销技能大赛等赛事中，共获得团体奖14项、个人奖62人次。在2017年商务部主办的第七届全国大学生外贸从业能力大赛中，学校与其他两所国家级示范校并列获得团体特等奖，其中1名学生创下了历届本科、高职个人奖获得者的最高分纪录。学校还连续四届获得河北省沙盘模拟经营大赛特等奖。这是学校引入"互联网+"专业综合实训与竞赛平台，与合作企业共同举办综合技能大赛，构建校赛、省赛、国赛三位一体的竞赛体制所取得的成果。

学校在外语类比赛如"世纪之星"外语演讲大赛、"希望之星"英语风采大赛、外语教学大赛等赛事中，共获得团体奖 15 项、个人奖 21 人次。学校荣获中央电视台"希望之星"英语风采大赛全国十强；蝉联河北省"世纪之星"外语演讲大赛特等奖和一等奖；在 2018 年河北省高等学校外语教学大赛暨第九届全国外语教学大赛中，学校教师获得一等奖。这些既是学院多年外语办学品牌积淀的硕果，更是对外经贸办学道路的基石。

抚今追昔，可晓先贤掌故。知史察今，当励后辈崛起。

能看到多远的历史，就能看到多远的未来。百年学府，自有薪火传承的血脉和精魂，其"敬业、自强、和谐、开放"精神，已成为矗立在全体师生心灵中的灯塔，指引前行的航向，激励未来的发展。

（门继军　王少华　尹亚美）

# 美丽"夏都" 高职名校

## 秦皇岛职业技术学院

北戴河海滨的联峰山东麓、北岭这一带,在十几年前,除去游客如织的暑期旅游旺季之外,一年中的大部分时间里冷冷清清,街道清幽,大白天看不见几个行人。

2003年9月,整体搬迁至北戴河的秦皇岛职业技术学院开学了。报到的学生、送孩子的家长、忙着迎新的师生、招揽住客的民宿主人,忙忙碌碌而又喜气洋洋,一家家新饭馆和超市盛大开张……海滨的初秋突然像夏天一样重新热闹起来。

这一派方兴未艾的热闹气象,后来成为这里的常态。秦皇岛职业技术学院面向全国招生的人数逐年增长,街头一下子冒出的众多年轻学生迅速改变了学院周边生态。北五路、海二路、海三路,渐渐云集了天南海北的美食和各种个性十足的小店铺,原本旅游旺季一过便寥落冷清的北戴河海滨出现一个生机盎然的新的文化、生活、商业区。

秦皇岛职业技术学院校园全景(2016年拍摄)

"夏都"的居民们由衷地欢迎因秦皇岛职业技术学院的迁入所带来的改变：宽敞优美的校园，为当地人增加了一座健身散步的大花园；学校的学术文化活动面向社会开放，等于为当地人提供了终身教育的开放课堂；住在学校周边的居民们，除了每日受到年轻学子们蓬勃朝气的感染，更实惠的是多了许多经商、就业的好机会。

在这里，无论是出租车司机、小商店和饭馆的店主，还是社区居民，都习惯亲切地把秦皇岛职业技术学院称为"大学"。他们和秦皇岛职业技术学院的师生共同见证了"大学"的成长。

作为一所地方高职院校，秦皇岛职业技术学院虽然早已进入"全国骨干高职院校"行列，斩获"全国职业教育先进单位""全国职业院校就业竞争力示范校"以及两次"全国文明单位"等诸多国字号殊荣，但她始终不忘初心，立足本地，服务本地。

作为秦皇岛第一所市属高校，秦皇岛职业技术学院十几年来艰苦创业、高歌猛进，贡献和改变着她所在的"夏都"，也被"夏都"赋予了"绝不肯甘居人下、一定要求真创优"的高贵基因和不竭动力。

回首往事，这种奋斗、精进的集体精神，并非全拜钟灵毓秀的联峰山和渤海湾所赐。秦皇岛职业技术学院2001年经河北省政府批准建立，2003年整体搬迁至北戴河海滨并快速崛起，在高等教育界无疑算是年轻的后起之秀。然而，其前身"河北工业管理学校"始建于1951年，为全国政协原主席贾庆林同志的母校，另一前身"秦皇岛市财经学校"则号称秦皇岛的"小清华"，在20世纪90年代中期之前，一直是秦皇岛及周边地区中学"学霸"们报考的大热门。两所学校合并升格前，多半个世纪的办学努力，多少曲折，多少奋斗，方赢得良师辈出，桃李芬芳；多少次低潮，多少次崛起，才终于强强携手，迈入高等教育的大门。

今天，无论出于回溯、整理历史，还是总结、提炼精神的需要，人们都有必要把目光投向秦皇岛职业技术学院昨天的昨天……

## 深山苦练　北山精神

一条大河的上源，往往是由许许多多根须般的无名支流汇聚而成。

追溯秦皇岛职业技术学院的校史，人们发现，当年合并升格、携手完成

华丽转身的几家中专学校,在不同的历史时期,曾经辗转走过了燕南赵北的许多地方,后来,以不同的名称和面目出现在河北教育的史册,出现在教师和校友的人生履历里。

只是,那些斑斓的星辉已经渐渐湮没于历史长河,明明灭灭,时有断续,正在随着当事人的老去而消逝。

但是,树有根,水有源,每一条蓬勃奔涌的大河都应记得自己的来处。

每一所历史名校也都应记得自己遥远的源头,都能讲出自己丰富、曲折的故事,都能追溯自己的精神历程。

从驰骋于高等职业教育的蓝海算起,秦皇岛职业技术学院是创建于21世纪初的新生力量;而要追溯办学育人的全过程,这所学校早已历尽沧桑……

"北山",秦皇岛地图上搜索不到这个地名,但它珍藏在秦皇岛职业技术学院部分老教师的心中,无比亲切,并且随着时光的流转,渐渐又增添了几分神圣。

经历过那段岁月的人,甚至在网上建立了QQ群,共同回忆、咀嚼曾经的那段简朴、充实、愉悦的日子。有时候,他们还会约几个故人,驱车数十里,到那一带曾经无比熟悉的山梁上,望一望市区内可遇而不可求的蓝天,吹一吹曾经拂过他们青春岁月的旷野的风。

那是秦皇岛北部海港区石门寨镇车厂村附近一道幽静的山沟,大约在举国上下"深挖洞,广积粮""备战备荒为人民"的年代,秦皇岛市拖拉机配件厂在那里设立了一个战备分厂,"文化大革命"结束后厂房闲置无用,撂荒在山沟里。1979年12月,刚刚成立一年多的"河北省机电技工学校"办学发生困难,经河北省革委会批准,从保定市郊的辛庄搬迁至此,借用废弃的战备工厂旧址作为临时校舍继续办学,校名里加入"秦皇岛"三个字,变成了"河北省秦皇岛机电技工学校"。

那时的人舍得吃苦,也不怕吃苦。老师和学生团结一心,勤俭办学,自力更生,艰苦奋斗。为了改善工作、学习和生活条件,教学之余,一群城市里出来的知识分子带领着求知若渴的弟子们,展开了一场"南泥湾"式的大生产和环境改善运动。

他们种菜、养羊、喂猪,改善师生生活;修路、种花,改变学校环境;自己动手修缮房屋校舍,改善办学条件;邀请职工家属上山参观,表扬他们对职工的支持；为家住市里的职工拉煤送菜，稳定职工情绪，树立深山办学艰苦为荣的信念和作风。

老师们每天上下班披星戴月，晴天一身土，雨天一身泥。有些干部、教师经常不回家，与学生同吃同住。学生生病时，老师把饭菜、医药送到床头，师生亲如一家。

艰苦的北山办学坚持到1984年5月，学校终于迁入了海港区白塔岭的新校区，并且恢复了"河北省机电技工学校"的老校名。此前的1983年5月，学校已由秦皇岛市机械局代管改为河北省机械局直接领导。

近5年的北山岁月，"河北省机电技工学校"的师生在十分艰苦的条件下，较好地完成了教学和各项工作任务。尽管回首往事，忆苦思甜，车厂村附近的小山沟不宜被美化为远离尘嚣的桃花源，但在那群相对单纯的读书人和风华正茂的年轻学子的改造下，确曾"风景这边独好"。人们将那段时期的宝贵精神财富概括为以精诚团结、艰苦朴素、雷厉风行为主要内涵的"北山精神"，在以后的许多年中，激励、鼓舞着学校的一批又一批师生。学校也一直把宣讲"北山精神"作为新生入学教育的主要内容，组织新生和新入校的教工到北山参观旧校址，让他们了解学校的创业历程、学习老教工和学长们的创业精神。

## 南北漂泊　花落渤海

1988年8月，秦皇岛职业技术学院的另一前身学校——"河北工业管理学校"从省会石家庄来到秦皇岛，如同两条支流的交汇、两支军队的胜利会师，与4年前迁出深山的"河北省机电技工学校"走到了一起。两所学校合并后，对外保留两块牌子，内部一套人马，直到2001年4月，秦皇岛职业技术学院成立前夕，才经河北省政府批准，"河北工业管理学校"下放归秦皇岛市管理，"河北省机电技工学校"摘牌停办。

"河北工业管理学校"的到来，把秦皇岛职业技术学院可追溯的校史推进到中华人民共和国成立初期的1951年。这个学校的历史比"河北省机电技工学校"更早，也更曲折、更复杂。如果把"河北省机电技工学校"比作一位在深山中苦练内功的隐士，那么，"河北工业管理学校"就是一位一直行走在路上，不停地上下求索、探寻理想归宿的行者。

今天，我们可以从这所学校的校名、专业和办学地点的频繁变动，窥见国家草创、百废待兴时期社会资源重组、布局过程中，那艰难甚至还多少有些混乱的历史境况。那些年，全国的省级行政区划尚在调整、变动之中，河北的省会还在几座城市之间反复逡巡迁徙，而一所新建的学校，能在飘飘摇摇、南北漂泊中生存、发展，并最终花落渤海之滨，携手兄弟院校绽放出高等职业教育的新花，其传奇般的历程亦颇有令人唏嘘惊叹之处。

1951年4月，当时设在石家庄市正定县的"河北省建设学院"一部改为财经部，开设会计、计划、统计三个专业，当年招生200人，这便是"河北工业管理学校"的前身。

第二年暑假，这支从"河北省建设学院"独立出来的队伍迁徙到保定，并于1953年年初改名为"河北省财政学校"。同年，另一所中等专业学校——"察哈尔商业学校"随着察哈尔省的撤销也被宣布停办，由原察哈尔省省会张家口来到保定，并入"河北省财政学校"。因为办学地在保定，1954年，"河北省财政学校"又改名为"保定工业会计统计学校"。

1956年2月，学校再次由保定迁回石家庄，更名为"石家庄工业管理学校"，当时投资190多万元，设计招生规模2400人。

也就是在这一年秋季新学期伊始，沧州泊头籍新生贾庆林踏入了裕华路上那座尚未建设完工的新校园。他在学校就读于工业企业计划专业，两年后因表现优异，被保送到当时的河北省会天津市继续深造（最初去的是天津大学），到1962年毕业时，他所就读的电力系电机电器设计与制造专业已经于1960年天津大学院系调整时划入了河北工学院（即今河北工业大学）。

他无疑是最令秦皇岛职业技术学院的老一辈教师们深感自豪的优秀学生，实际上，向国家输送了这样一位杰出校友，也是这个学校的校史上迄今为止最为闪亮的一笔。

不错，这个贾庆林就是后来成为中共中央政治局常委、全国政协主席的贾庆林。

20世纪90年代，曾经担任过贾庆林班主任的王汝刚老师到福建出差，时任福建省委书记的贾庆林曾亲自到火车站迎接恩师。后来贾庆林到北京工作，教过他的几位老师到北京办事，还被这位优秀的弟子接进中南海晤面。2005年暑期，贾庆林主席到北戴河工作、休养期间，在全国政协疗养院承担服务、接待任务的有不少来自秦皇岛职业技术学院旅游系的学生，贾主席同小校友们亲切合影，勉励他们勤奋学习，为母校争光。

贾庆林主席的母校"石家庄工业管理学校"在1958年送走这位优秀毕业生后，继续频繁地改名、调整、迁徙，在曲曲折折、坎坎坷坷中砥砺前行，先后曾与"河北省交通学校""河北省保定机电工业学校"等校合并过，曾经使用过"河北省石家庄工业学校""河北省农业机械学校""河北省机电学校"等听起来完全不相干的校名，曾经又从石家庄迁回保定（1965年），从保定迁到邢台（1970年），再从邢台迁回石家庄（1984年）。直到1988年8月，经河北省建设委员会发文批准，"河北工业管理学校"最终搬迁到秦皇岛，与"河北机电技工学校"合并。

## 强强联手　合校升格

"河北工业管理学校""河北省机电技工学校"两所由河北省机械局领导的老牌中专学校在省内辗转迁移（特别是前者可谓历尽沧桑），丈量过了大半个燕赵，最终归向大海，在秦皇岛白塔岭落户、聚首。而此时，在钟灵毓秀的燕山脚下、渤海海边，秦皇岛本土也在建设、发展着自己的中等职业教育。

1984年9月17日，河北省计划委员会批准建立了"秦皇岛市财经学校"，归属秦皇岛市财政局领导。1985年10月开始建校，暂借"秦皇岛市第十一中学"校舍办学，部分教工办公和学生住宿在和平旅社。1986年6月，"秦皇岛市财经学校"在海港区秦海路9号开工建设，建成后迅速成长为中专名校，在初中毕业生升学普遍首选中专的那些年，成为秦皇岛及周边地区最优秀的学子热衷报考的秦皇岛"小清华"。

1993年9月，河北省教委确定全省28所普通中专学校为省部级重点中等职业学校，"秦皇岛市财经学校"与"河北工业管理学校"双双赫然在列。

2000年7月，原"秦皇岛市商业职工中等专业学校"部分教师及校产划归"秦皇岛市财经学校"。至此，秦皇岛职业技术学院校史上的主要支流完成了历史性的交汇。"万事俱备，只欠东风"，一支面向新世纪、肩负新使命的高职新军呼之欲出。

历史的车轮来到2001年4月，河北省下发"冀政函〔2001〕36号"文件，批准在原"秦皇岛市财经学校"和"河北省工业管理学校"的基础上建立秦皇岛职业技术学院，自此，秦皇岛结束了没有市属普通高校的历史。

## 高职新军 "秦职速度"

然而，当时的秦皇岛职业技术学院，教学办学场地狭小、基础设施简陋，严重制约学院的进一步发展。此时不要说内涵建设，它外表给人的印象也还不像一座高等院校。

合校升格后，河北省教育厅发展规划处已经批准秦皇岛职业技术学院从2002年起招生范围由省内招生扩大到黑龙江、吉林、辽宁等北方7省，以当时的条件，一旦扩大招生，学生的上课、住宿等基本问题都成燃眉之急。

2002年春节假期刚刚结束，秦皇岛市召开市长办公扩大会，同意秦皇岛职业技术学院选址建设新校区，尽快实现整体搬迁。秦皇岛职业技术学院升级改造、跨越式发展的号角就此吹响。

几度辗转，反复权衡，是创业者的决策，或许也是上苍的安排，秦皇岛职业技术学院最终落户在北戴河海滨。新校区建设过程中，征地、筹措资金等方面克服的重重困难，创业者付出的汗水和艰辛努力，而今已经难以历数，但那段艰苦创业的激情岁月无疑将照亮秦皇岛职业技术学院的史册。当时创下的"秦职速度"令全市各界乃至省内外高职教育的同行们刮目相看，令亲历其事的教师们至今引以为豪。从2002年2月新校区开始选址，到雄伟壮观的图书馆、教学楼拔地而起，风光旖旎的"憩韵湖"荡漾起盈盈波光，再到2003年8月6日学院胜利实现整体搬迁，仅仅用了一年

2002年，学校举行新校区建设开工仪式。

2003年8月6日，学校开始向新校区整建制搬迁，图为第一辆搬迁车驶出秦海路9号旧址。

半的时间。

秦皇岛职业技术学院迁入新校区时，招生范围已由前一年的北方7省区扩大到国内20个省区。当年秋天，2251名新生迈入刚刚落成的园林式校园，图书馆前的广场上的音乐喷泉翩跹起落，夜幕降临后，楼顶的户外夜景射灯越过灯光璀璨的校园，惊艳了海滨秋天寂静的夜空。

此后，这所新世纪初应运而生的专科层次的普通高校，不辱使命，一次又一次把握机遇，乘势而上，在高等职业教育的辽阔蓝海上，乘风破浪，扬帆远航。

## 激流勇进　继往开来

2018年9月，又到开学季，秦皇岛职业技术学院新生报到的场面比15年前学院刚迁入北戴河时更为热烈、火爆。良好的办学质量和声誉，加上优越的区位环境，使得秦皇岛职业技术学院的文理科录取分数线及新生报到率每年都在省内同批次院校中名列前茅。现在，学校在校生总规模已经超过万人，在近年不少专科高校面临招生困难的严峻形势下，秦皇岛职业技术学院为了保证良好的生均资源，已经在主动节制招生录取人数。

新生报到这一天，校园内的日用停车场和临时设置的停车场都停满了车，大门外的联峰北路两侧，送孩子入学报到的私家车也排起了长龙。

车满为患，是近几年迎新工作遇到的新问题。原因之一是学校规模在扩大，招生人数较前些年有所增加，然而更主要的是时代巨变，以前开几辆大巴车到火车站接站是迎新的重头戏，现在大部分新生都是家长自驾车送进校门。这件最简单寻常的小事，恰如一个缩影，说明学院赢得了广大学生和家长的认可和欢迎，同时也提醒人们，这世界变化太快，没有谁能一劳永逸"以不变应万变"，高校必须快速及时、预见性地回应甚至是引领社会的需求和改变，方能跟上时代，立于不败。

十几年来，秦皇岛职业技术学院快速崛起的一条重要经验，正是始终保持这样一种敢为人先、勇抓机遇、借评促建、乘势而上的主动积极姿态。

2007年，秦皇岛职业技术学院在教育部人才培养工作水平评估工作中获得"优秀"，可以说是全院上下凝心聚力取得的第一个重量级的成绩，从那时起，这所学校就再也没有错过或放弃过哪一次上进、提升的重大机会——

2008年，学校成功创建河北省示范高职院校；2010年11月，学校被教育部、财政部确定为"国家示范性高职院校建设计划"骨干高职院校立项建设单位，次年正式启动骨干院校建设，并于2015年通过省级验收，2016年以"优秀"等级顺利通过国家验收；2011年、2014年，学校两次被中央精神文明建设指导委员会授予"全国文明单位"称号；2014年，学校被教育部、国家发改委等7部委确定为"全国职业教育先进单位"；2016年，学校被中华职业教育社、中国职业技术教育学会确定为"第五届黄炎培职业教育奖——优秀学校奖"；当年6月，学校又被确定为"国家优质专科高等职业院校建设立项单位"，承担高职教育创新发展行动计划中最具影响的建设项目，开启了从国家骨干高职院校到国家优质校建设的新征程。

自近年有关研究机构推出全国专科（高职高专）院校竞争力排行榜以来，秦皇岛职业技术学院最高排名河北省第二、全国第六十位（共统计1346所院校），最低从未跌出河北前十和全国百强。

不想当将军的士兵不是好士兵。不想成为中国乃至世界一流高职院校的高职院校不是好学校。硕果累累的秦皇岛职业技术学院已经在路上，除却风雨兼程、激流勇进，已经别无选择。

秦皇岛职业技术学院以校企深度合作为平台，以产教深度融合为驱动，深度"试水"现代学徒制模式，注重培养技能人才的"工匠精神"。2017年5月，在中国职业教育学会职教装备专业委员会的支持下，学院与联想集团共建"联想学院"，在人才培养模式创新、课程体系优化、"双师型"教学团

学生们在实践课堂上勤学苦练。（2016年拍摄）

队打造等方面取得了新突破。同年8月，学校的保险专业（保险经纪方向）被确立为教育部第二批现代学徒制试点专业，学院与江泰保险经纪股份公司联合创办的"江泰班"成为亮丽品牌。同年10月，学校同新道科技股份有限公司合作成立"新道经管学院"，共同建设经管类跨专业虚拟仿真综合实训平台、省级经管类专业"双师型"教师培养培训基地、大学生创新创业能力培养与体验中心，共同开发专业实训项目，共同分享企业信息化先进实践成果。2018年，学校先后同中信戴卡股份有限公司合作共建"戴卡学院"，同京东集团合作共建"京东信息学院"，同中联集团合作共建"中联智慧财经学院"，不断深化产教融合、校企合作，创新基于双主体育人的现代学徒制人才培养模式。同年6月，学校的现代学徒制试点"先之·万豪"酒店管理班项目举行了毕业成果展，得到万豪国际酒店集团的高度评价。同年9月，学校的市场营销专业又与新道科技股份有限公司签订了现代学徒制协议，共同推动市场营销高水平专业的建设。

秦皇岛职业技术学院致力于打造在业界享有崇高声誉和重要影响的特色专业（群）。2018年，学校旅游系的"导游服务"这一立足北戴河、服务北戴河的优势王牌专业开发的专业教学资源库被教育部确定为国家级职业教育专业教学资源立项建设单位。近90余家理事单位共同组建的河北省财经职业教育集团，由秦皇岛职业技术学院及其长期校企合作伙伴新道科技股份有限公司共同牵头并担任理事长单位，大力推动了全省高素质创新型财经类人才的培养。

秦皇岛职业技术学院在注重教学和技能培养的同时，从未放弃对一流的技术研发能力的追求，走出了一条合作紧密、科技领先、助力企业社会发展的创新之路。学校商贸系"现代物流技术研发中心"致力于智能轮胎检测系统的研发及应用，成功获得两项国家专利。学校机电工程系与燕秦纳米科技有限公司合作建设的"河北省高校电子非晶合金材料应用技术研发中心"成为机电行业中科技创新、成果转化以及新技术产业化的"第一梯队"，中心具备从非晶合金带材到磁芯的产业链式研发能力，其技术居于国内外领先水平，产品销往20多个省市和韩国、印度、美国等国际市场。

秦皇岛职业技术学院注重建立灵活快速的市场反应机制，紧跟新技术、新行业、新岗位的发展趋势，按需培养，引领未来。自2016年起，学院根据产业和社会需求变化，新增设专业14个，撤销专业9个，停招专业1个。紧扣市场需求开设的焙烤食品加工技术专业与全国10多家大型焙烤生产企

业、五星级酒店和餐饮企业建立了紧密的合作关系；"于铁军传统工艺大师工作室"项目成功整合大师、技师、教师和在校生团队，将地方文化融入工艺品研发之中，打造出具有秦皇岛地方特色的六大系列旅游工艺品，已进入北戴河旅游市场及电商平台销售。

"思皇多士，生此王国。王国克生，维周之桢；济济多士，文王以宁。"这是习近平主席在出席中国科学院第十七次院士大会时引用《诗经·大雅·文王》中的话，用来说明千秋基业，人才为先，创新的事业呼唤创新的人才。

秦皇岛职业技术学院半个多世纪沧桑校史中薪火相传的奋斗、担当、奉献精神，合并升格之后十几年间敢为人先、勇抓机遇、借评促建、乘势而上的崛起之路，归根到底，是塑造了人，塑造了一代代传道授业、教学相长的"先生"和奔赴在四面八方、各行各业的优秀学子。

时光荏苒，岁月悠悠，不断有老教职工告别校园，也不断有新的骨干教师成长起来，把老一辈同事手中的接力棒高高擎起。秦皇岛职业技术学院现有教职工633人，高级职称教师247人，享受国务院特殊津贴专家1人，河北省有突出贡献中青年专家1人，河北省教学名师2人，省级教学团队1个。

老师们在校园里把青丝守成白发，一茬茬朝气蓬勃的学子来了又去，去了又来。这所学校培育出的杰出校友中，老一辈有全国政协原主席贾庆林，风帆集团董事长、党委书记王宝祥等，学校合并升格后毕业的学子，因为年轻，大成就尚待时日，但已经有不少人崭露头角、木秀于林——

他们有的进入大型企业，斩获了"金牌工人""行业技术能手"等各种荣誉，成为卓越的"大国工匠"或企业的管理中坚；有的自主创业，成为各类企业的老板、经理，正在缔造属于自己的商业帝国；有的人继续深造，攻读下硕士、博士学位，已经进入比母校层次更高的高校成了专家、教授；也有的远赴边疆，成为援疆、援藏干部，把最美的青春奉献给边远地区的发展建设……

秦皇岛职业技术学院在成立后不到20年的时间里快速崛起，把握机遇，进入高等职业教育发展的快车道，而今已是地处美丽"夏都"的一座高职名校。站在崭新的高度和起点，秦皇岛职业技术学院将以落实、实施"高等职业教育创新发展行动计划"为契机，激流勇进，继往开来，朝向更高的目标扎实迈进。

（马吉照　李国亮）

# 学深海采　网罗宏富

## 河北农业大学海洋学院

河北农业大学海洋学院的前身为诞生于1910年的"直隶水产讲习所",是中国近现代史上第一所高等水产学校。

100多年来,学校历经"直隶水产讲习所""直隶水产学校""直隶省立甲种水产学校""河北省立水产专门学校""河北省立水产专科学校""天津水产学院""天津水产专科学校""河北水产学校"等众多历史时期,于2000年并入"河北农业大学"并成立水产学院,2006年更名为"河北农业大学海洋学院"。

学校秉承"勤朴诚爱""忠勤勇毅"的校训,经过100余年的开拓与积淀,形成了"为国家为社会培养人才、创造价值"的办学理念,"学术研究与社会服务相结合,教学与实习相结合,突出实践"的办学特色。

学校正门全景及校训

100多年来，学校在学科建设、人才培养、科学研究和社会服务等各个方面均取得了丰硕成果，为河北省水产、海洋事业发展作出了重要贡献。

## 水产教育　先声夺人

清朝末期，列强入侵，我国沦为半殖民地半封建社会。面对内忧外患、国家危亡，仁人志士上下求索，寻找国家民族振兴的道路。在"维新变法"实行"新政"的背景下，有识之士呼吁学习西方经验，倡办实业教育。

清光绪三十二年（1906年），近代藏书家、数学家卢靖经袁世凯保荐，获派直隶首任提学使，兼办直隶渔业公司。他感于"中国海面辽阔，鱼盐利薄，只以采取无方，致天然美利，坐弃不用，因谋振兴之术，谓欲求事业之发达，必先造就人才，欲造就人才，则舍学校外殆无良法"，于当年筹措开滦煤矿及京师自来水公司两项股票7万余金，设立水产教育基金，并派遣直隶高等学校总教习张伯苓、直隶学务处总务课长李金藻出席第四次国际渔业大会，会后在华盛顿、纽约考察水产教育。

卢靖

清光绪三十四年（1908年），卢靖奉命调任奉天提学使后，直隶劝业道孙多森接办渔业公司。他从事实业多年，热心教育，继卢靖之后继续筹办水产教育。清宣统元年（1909年）10月，他禀准直隶总督兼北洋大臣陈夔龙，委任直隶工艺局参议兼工业学校庶务长孙凤藻赴日本东京考察水产讲习所、试验场及制造厂诸事宜。同年12月，农工商部奏准于沿江沿海各省筹备设渔业公司及水产学校。

清宣统二年（1910年）5月，孙多森禀准直隶总督兼北洋大臣陈夔龙，派孙凤藻借天津河北公园旧译学馆为事务所，并由劝业公司拨筹备经费280余两，历时3个月，创办了中国近现代史上第一所高等水产学校——"直隶水产讲习所"。孙凤藻任首任校长。学校成立后，当年招录新生96名。清宣统三年（1911年）3月，"直隶水产讲习所"开学，暂借天津长芦中学堂之一角为校舍。3月20日定为学校纪念日。同年5月，学校更名为"直隶水产学校"。1912年3月，学校位于原河北种植园（今天津市河北区水产前街、天津第十四中学所在地）的新校舍落成。

1914年4月，学校更名为"直隶省立甲种水产学校"。1929年5月，学校更名为"河北省立水产专门学校"。同年10月，学校又更名为"河北省立水产专科学校"。

1937年抗战爆发，学校停办。1946年抗战胜利后，学校复校。1950年，学校定名为"河北水产专科学校"。

1912年3月20日，学校全体师生第二学年纪念日合影。

1952—1953年，全国大专院校调整，学校教学人员和设备主要并入"上海水产学院"（现"上海海洋大学"）和"青岛海洋学院"（现"中国海洋大学"），一部分留在天津。

学校作为我国第一所高等水产院校，开中国近现代高等水产教育之先河。从1911至1951年，学校毕业生730余人，为国家培养了一大批高等水产科技人才，为国家水产事业发展和水产教育发展作出了突出贡献。

### 万国大奖　水产三杰

学校创办的宗旨是造就海洋、水产人才，谋求海洋、水产事业发达。因此，学校在建校之初提出"校色尚蓝"的理念，面向海洋办学，以蓝色为本色，发展海洋教育，培育海洋、水产人才。

在之后的办学过程中，学校始终坚持了这一理念。面对国人海洋意识的淡漠，学校积极向社会呼吁加强海洋教育，提高海洋意识。

学校创建后，先后提出"勤朴诚爱"和"忠勤勇毅"的校训，表现了对我国优秀文化传统的继承。

学校校歌是一首雄壮有力、充满奋进与爱国情怀的歌曲。"七十二沽富海田，种我学海间。地利坐失愚且顽，无智无勇非少年。君不见，博物院

学校所获"巴拿马—太平洋万国博览会"奖凭　　学校所获万国博览会银制奖牌

前，运动场边，听我一歌府海篇。莫求近效莫空谈，民之生，国之权。"校歌鼓舞学子们志存高远，勤勉务实，为振兴海洋事业，为促进民生、维护国权而努力奋斗。

1915年2月，美国为了庆祝巴拿马运河开凿成功和旧金山市重建，在旧金山市举办了首届"巴拿马—太平洋万国博览会"。学校生产的9种食品罐头和渔具模型获得博览会银奖。学校生产的罐头产品还多次参赛"日本罐诘大会"，在第十至十二届"日本罐诘大会"上三次获得铜奖。学校生产的罐头产品在国内也多次获得褒奖，如农商部国货展览会金质奖、教育部博物展览会二等奖等。

1917年，学校选派首届留日学生10人，这批学生学成后大多归国任教母校，成为我国水产界精英，其中有被誉为"水产三杰"的张元第、郑恩绶、刘绲。

### 凤毛麟角　不可多睹

学术研究是大学的重要职能之一，学校非常注重学术研究。1931年，学校创办了《水产学报》（年刊），至1936年共发行6期，因抗战而停刊。《水产学报》是我国最早的水产学术刊物，在当时享有很高的学术声望，被誉为"凤毛麟角，不可多睹"。时任直隶教育厅厅长的孙凤藻评价道："水

《水产学报》创刊号

产学报,乃研究渔业学术之先导,可以交换世界上之新学问,灌输渔民之新智识,洵当今之亟务也。"

学校曾出版《渔业》(1935年)和《河北省渔业志》(1936年)两本专著。其中,张元第所著《河北省渔业志》,记载了上迄清代下至1934年的河北沿海、内陆河流、湖泊分布、旧式渔业情况和渔民生活、渔类产品贩卖法(海上交易、陆上交易)、河北省对水产品的需求、水产贸易情况、渔业行政沿革、水产教育状况等。书后还附录了天津渔店调查情况、河北省沿海河流湖泊图,以及渔民所用渔具构造、使用方法、渔民工作生活、水产包装与售卖等图表与图片。这本我国北方渔业方面的专门志书,填补了"河北省向无专文可供稽考"的空白。

学校的学术研究不仅是知识的创造与交流,而且注重学术的实用价值,为渔业渔民服务,体现了学校学术为社会服务的价值取向。

## 裕我民生　张我海权

1936年5月,学校出版的《河北省立水产专科学校一览》,在"序言一"中提出"裕我民生、张我海权":

国土失守,则人知力争,海权旁落,而人皆罔觉;是国人知有陆而不知有海也。自东北沦陷,屡闻开发西北之呼声,未见振兴水产之伟论,是国人知土地有农矿之利,而不知海洋有鱼盐之富也。今国人动辄曰:我,大陆国

学校学生在外海实习。

也。其亦知我国海岸线延长一万三千里，比之任何国家均无逊色，而兼有大陆国与海洋国之两重资格乎？夫国人之忽视海洋也如此，又何怪乎水产学术之不讲，水产事业之不兴，与夫海权之日被侵占乎？……所望国人亟起直追，奋勇迈进。发沿海无尽量之宝藏，裕我民生；握东亚太平洋之牛耳，张我海权。则岂独水产界之幸，抑亦国家之福也。

### 职业教育 立国之本

"职业教育为立国之本，尤须求有效方法，藉资策进，必如何始能振兴水产事业，必如何方能适应我国社会，元第暨诸同人悉心研究，不致稍懈。"张元第在1936年5月学校出版的《河北省立水产专科学校一览》在序言二中曾这样写道。

《河北省立水产专科学校组织大纲》第一章《总纲》第一条明确提出：学校遵照教育部颁行专科学校条例，以教授水产学理及技术、养成水产专门人才为宗旨。

学校按照办学宗旨，根据社会需要，学制几经变革，教育结构和课程体系逐步调整完善，形成高职、本科教育一体化。学校课程设置科目实用、分类精细，使学子学习目标明确。课程内容从基础理论到专业知识，从课堂讲解到实习实验，由浅入深，循序渐进，既宜于学生掌握，又可培养学生的学习兴趣和继续深造的技能，为中国水产高等教

学校的渔具实习厂

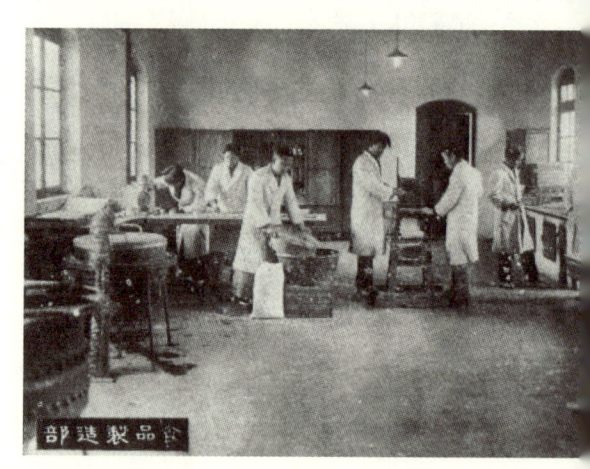

学校的食品制造部

学校的徽标

育和职业教育学科体系的形成与发展奠定了基础。

"河北省立水产专科学校"时期,学校设有捕捞和制造两个专业,拥有先进的教学设备。捕捞专业主要有"渤海一号""渤海二号"双拖轮船两艘,内河航行"白河号"汽艇一艘,以及渔具制造、生物实验、航海仪器等专业设备和实验室。制造专业主要有自动罐头厂、小型冷冻厂(塘沽)、化学分析、细菌、酿造制革专用设备和实验室。学校内还建有20米长的水泥游泳池,备有环河划艇设备。

学校在办学历史中形成了教学与实践相结合的优良传统。农科的水产教育,具有较强的职业性和实践性,因此教学与实践相结合、注重动手操作能力培养,这是传承至今的突出特色。

## 忧患爱国　急公好义

学校师生积极参加反帝爱国运动,形成了忧患爱国、急公好义的优良传统。

1916年,校长孙凤藻积极参加天津公民反抗法帝国主义侵占"老西开"的斗争,当选维护国权国土会副会长,召开公民大会并进京请愿。

1917年,河北省水灾,学校教职员、学生乘驾舢板多艘,逐日分赴各灾区,拯救灾民,事后经天津红十字会呈请冯国璋题词:"急公好义"。

1919年,"五四运动"爆发。当年5月14日,天津市学生联合会在"直隶省立甲种水产学校"成立。

在1925年的"五卅运动"和1935年的"一二·九运动"中,学校师生多次参加抗日救国示威活动。

1935年12月18日,学校学生参加了由天津10余所中小学校5000余名学生组成的抗日示威游行。

1938年年底,天津部分教育界人士在重庆政府教育部"战区教育委员会"的组织领导下,成立秘密抗日团体"天津教育促进会",张元第校长参加该组织,坚持对学生进行抗日爱国教育。

1918年2月,冯国璋为学校题词:"急公好义"。

学校毕业生杨扶青于 1917 年 5 月赴日本留学。在东京，他结识了同乡李大钊，并深受李大钊"再造中国"进步思想的影响。1917 年 7 月，他和一些天津留日学生在东京发起成立了以"刷新中国"为宗旨的组织——"新中学会"，并与由李大钊发起的"少年中国学会"结为友会。1919 年夏，杨扶青回国后，在昌黎县创办新中罐头食品股份有限公司，作为"新中学会"建设新国家的一个实业基地。1924 年 6 月，中共中央决定，由李大钊作为中国共产党的首席代表，率领中国共产党代表团赴苏联莫斯科出席共产国际第五次代表大会。杨扶青掩护李大钊摆脱了北洋军阀政府的通缉搜捕，并由新中罐头食品股份有限公司出资 500 银圆资助代表团顺利出席了大会。

## 复建迁址　开拓探索

1958 年至 20 世纪末，学院历经"天津水产学院""天津水产专科学校""天津水产学校""河北水产学校"等历史阶段，在水产教育的艰辛历程中继续探索和开拓，为河北省乃至我国北方地区培养了水产养殖、制冷、轮机、捕捞、食品加工、计算机、环境保护等各类毕业生 6700 余名。

### 学校复建　迁址海港

20 世纪 50 年代后期，河北渔业生产连年丰收，水产事业蓬勃发展，急需高等水产教育提供人才与科技的支撑。为适应河北省水产事业的发展，河北省天津市水产局于 1958 年 7 月筹建"天津水产学院"。

1958 年 8 月，根据河北省委"十五年普及高等教育"的指示，天津市委文教部在"新建九所高等院校的意见"中，提出建

学校教师在"天津水产学院"校门前留影。

立"天津水产专科学校"。9月6日，经市委批准并开始招生。当年招生400余人，其中高中毕业生150人，学制三年；余为初中生，实行五年制专科。校址分别设在塘沽大沽中学和成都道211号原建设银行办公大楼内，校舍均为借用。当时教师多为原"河北省立水产专科学校"留津教师和毕业生，河北省农林厅和天津市水产局、教育局也抽调了部分技术人员和教师到学校任教。

1959年2月，学校经批准正式定名为"天津水产学院"，其任务是"培养水产高级技术人才和短期轮训全省水产部门的在职干部和生产人员"。

1961年，学校更名为"天津水产专科学校"。1962年，学校又更名为"天津水产学校"。1965年，经天津市与河北省有关部门协商，将学校划归河北省水产局领导，更名为"河北水产学校"，校址临时设在北戴河附近的"太和寨中学"，借用部分校舍办公上课。至1968年8月，塘沽与太和寨两处学校师生全部迁到秦皇岛市海港区河东现校址。

1998年，"河北水产学校"与"河北农业大学"开始联合办学，成立"河北农业大学水产学院"。

## 学制变革　专业调整

1958年，学院设三系、五个专业，即渔捞系（捕捞专业、渔业机械专业）、养殖系（淡水养殖与海水养殖两个专

学校学生在"天津水产专科学校"校门前留影。

1986年，"河北水产学校"养殖专业85级学生在秦皇岛市抚宁县天马湖实习。

业）、加工系（加工专业）。学制大专，有高中三年制专科和初中五年制专科两种。

1961年，学校专业缩减为养殖、捕捞、加工三个。

1963年，学校改为中专，招收初中毕业生，学制四年。

1965年，学校设海洋捕捞、轮机、养殖三个专业，加工专业停止招生。

1972年5月，学校第一期工农兵学员入学，设海洋捕捞、轮机、水产养殖、制冷工艺四个专业。

1984年，学校开始在养殖专业招收高中毕业生，学制两年。

1998年，"河北水产学校"与"河北农业大学"联合办学，中专部分属于"河北水产学校"，大专科部分属于"河北农业大学"水产海洋学院，从高中毕业生中招收水产养殖、冷冻冷藏工程专业大专生。

这一时期学校所设专业较"河北省立水产专科学校"时期有了较大发展，特别是水产养殖专业获得零的突破（"河北省立水产专科学校"时期虽曾设置了渔捞、制造和水产三组，但实际上只有海洋捕捞和水产制造两个专业招生，水产养殖专业未招生）。在此基础上，学校又先后增设了其他相关专业，这一时期共设有航海捕捞、轮机管理、冷冻冷藏工程、水产养殖、海水养殖、食品检验、水域环境保护与检测、计算机应用与网络工程8个专业。

### 扇贝育苗　培训人才

由于院校调整，1958年后，学校学制由本科改为专科，至1965年改为中专。随着办学定位和功能的改变，学校的教学与学术研究更加倾向于实践经验和技术，教学、实习与生产服务相结合更加紧密。

学校的海湾扇贝育苗项目从1987年开始启动，学校的水产养殖试验场是河北省开展海湾扇贝工厂化人工育苗最早且时间最长的一家养殖场。当时全国沿海省市的海湾扇贝育苗生产技术还不够成熟，水平不稳定。就河北省而言，育苗的成功率很低，仅有37.5%，取得经济效益的仅占20.8%。在此背景下，学校教师协力进行技术攻关，不断试验并完善技术，为环渤海三省提供了大量优质苗种，积累了丰富的海湾扇贝人工育苗及养殖的实践经验。1988年，学校成功引进山东优良扇贝品种，开启了河北省海湾扇贝生产性育苗的先河，成功解决了育苗成功率低的技术难题，使海湾的扇贝育苗产业得到了巨大发展，创造了巨大的经济效益。1998年12月，学校又从美国马萨诸塞和弗吉尼亚两个不同的海域,选择三种不同的规格,分两批引进"亲贝"(可繁殖贝苗的、性腺已成熟的成贝),并于1999年顺利完成原种人工繁育及制种工作,当年生产原种种贝2.5万千克,为中国科学院培育"中科红"提供了优良种质资源。学校的苗种在河北、山东、辽宁等北方地区广泛推广,同时为秦皇岛市成为河北省最大的海湾扇贝养殖基地提供了技术支撑。

从1974年6月至1996年8月的22年中,学校为天津(包括塘沽、北塘等沿海县区)和唐山的丰南、乐亭、滦南等沿海县区,以及沧州的沿海县乡培训海船船长达3763人。1980年5月至1986年11月,学校先后举办了河北省水产干部培训班、农牧渔业部生物基础培训班、农牧渔业部水化学培训班、河北省生物统计培训班、河北省成鱼精养培训班、河北省对虾培训班,培养技术骨干159人。1988年5月,学校与交通部海监局联合培训海员,至1989年5月,共培训海员(四证班)283人。从1982年开始,学校由国家水产总局主持,与新疆、内蒙古、吉林、山西、北京等省市签订联合办学协议书,为这些省市委托代培学生10年,至1995年6月底先后招生739人。

## 心系浩瀚 弄潮海洋

2000年3月,"河北水产学校"实质性并入"河北农业大学",并组建了水产学院。伴随新世纪的到来,学院发展史上又掀开了新的一页。

2006年,适应河北海洋经济发展的需要,经河北省教育厅批准,学院更名为"河北农业大学海洋学院"。面对海洋世纪的召唤,学院与时俱进,大力发展海洋教育,努力构建海洋学科体系。经过不懈的探索与努力,学院办学规模逐步扩大,办学层次得到质的提升,研究生教育获得零的突破,科学研究跨上新的台阶,学科建设取得了跨越式发展。

在人才培养上,学院继承了优良传统,突出实践特色,坚持教学与实习相结合的人才培养理念,并不断开拓,形成了教学—实训—就业三位一体的应用型人才培养模式。

### 面向海洋 拓展专业

2007年,学院根据河北省海洋经济发展的需要与自身学科优势,确定了

立足水产学科、积极向海洋学科领域拓展的发展目标，以水产为基础，以海洋为特色，调整学科结构，努力构建海洋学科体系。学校初步形成了包括海洋科学、水产养殖、水生生物学、海洋食品加工、海洋环境科学、能源与动力工程、计算机科学与技术、旅游管理等多学科优势互补、协调发展的学科格局。

伴随着海洋学科体系的构建，学校调整了专业设置，增设了海洋科学、海洋技术、海洋渔业科学与技术、热能与动力工程等本科专业。学校调整后的专业设置，紧密结合沿海经济社会发展强省建设的需要，更加突出了海洋特色。

2006年，学校在水产养殖学本科的基础上，成功申报了水产养殖、水生生物学两个硕士点，到目前为止，已经拥有了水产养殖、水生生物学、农业推广（渔业领域）3个硕士点。

2016年，学校停止专科招生，全部招收本科专业和研究生专业。目前，主要设有3个研究生专业和10个本科专业。

## 进军海洋　研究探索

2007年，学校在对原有生命科学实验室、水产苗种孵化室和机电工程实验室加强建设的基础上，购置了一批先进的配套实验设备，建成了学院科研中心。2009年7月，以科研中心为依托建成的水产经济动物增养殖重点实验室被评为秦皇岛市重点实验室。2013年11月、2014年3月，秦皇岛市海洋工程技术研究中心与秦皇岛市海洋发展研究中心相继落户学校。重点实验室与科研中心的建设，为学院科研工作的开展搭建了更高更好的平台。

在科研上，学校按照海洋大科学理念，积极整合研究力量，立足水产科学领域，积极向海洋生物与海洋环境生态领域拓展，通过不懈的努力，在海洋渔业科学与水产养殖技术领域、海洋科学与技术领域、海洋环境规划与海洋生态环境保护领域达到国内先进水平。

学校的"海湾扇贝研究"变单季养殖为双季养殖；"日本对虾越冬养殖和活虾运输技术研究"使日本对虾越冬养殖比常规养殖产量高1.5倍，在无水不充氧条件下进行长途运输（时间在13小时以内），成活率在90%以上；"松江鲈F2代苗种繁育技术研究"在保护秦皇岛地区松江鲈自然资源的基础上，进行可持续性商品鱼生产的开发利用，"松江鲈鱼夏花苗种的生产方法"获国家发明专利；"滩涂底栖贝类修复生态环境技术研究"建立了适宜典型

学校水产系学生在课堂上感受海洋生物。

滩涂渔业水域的底栖贝类生态环境修复技术体系,能够有效改善昌黎七里海海域受损滩涂的生态环境;"基于生态系统的环渤海区域集约用海研究",通过集成开发活动的生态环境影响、海洋环境适宜性评估、用海布局空间优化等技术方法,实现对环渤海重点开发活动区集约用海的有效监测监控、评估和优化调整;"曹妃甸区域海洋生态构建技术模式研究",经中国科学院苏纪兰院士等专家组成的鉴定委员会鉴定,一致认为是一项从区域开发的角度,系统、全面地进行海洋生态构建的技术方案,具有前瞻性、技术方案先进性的显著特点,为曹妃甸工业区建设循环经济示范区提供了可靠的保障。

近几年来,学院在海洋生态和近海海域环境保护领域的研究也发展迅速,先后承担了"河北省滦南县双龙河口海域生境评价""海岛环境质量调查"等多项课题。

## 拥抱海洋　服务社会

学校加强与政府、企业的联合,不断探索产、学、研相结合的新模式,通过共建技术中心、产学研基地等多种形式进行科技服务,助推区域经济又好又快发展。

学校先后与唐山市农牧局、滦南县科技局、唐海县科技局、唐山中宏普林养殖有限公司等单位签订合同,进行技术合作开发。作为"河北省一县一

业一园"和"现代农业科技示范工程"的技术参加单位,学校分别与滦南县政府进行海水养殖科技示范工程建设,与唐海县政府进行淡水养殖科技示范工程建设。

学校先后作为任丘国家级四大家鱼良种场、北京顺通虹鳟鱼良种场、山西省太原市水产良种场、河北省正和水产良种场、石家庄康泰中华鳖养殖有限公司、井陉县鱼泉冷水鱼养殖有限公司、秦皇岛市浩海生物技术有限公司、黄骅兴达育苗场、普瑞纳饲料有限公司、天津中奥动物药业有限公司、石家庄征宇动物药业有公司等单位的技术依托单位,派专业教师到企业进行技术服务,帮助企业进行新品种引进、技术攻关、产品开发、技术培训等工作。

学校与河北省港监局联合举办多期三等职务船员培训,累计培训船员3000余人次,为河北省渔民转产转业和航运事业发展作出了很大贡献。学校还在河北沿海开展了水产养殖培训工作,通过举办水产养殖、病害防治、技能鉴定等各种类型培训班,进行科技服务、科技传播,近3000名养殖专业户和渔民参加了培训。

作为我国水产教育最早的发祥地,作为河北省唯一一所海洋特色的学校,学校秉承河北农业大学"非实习不能得真谛,非试验不能探精微,实习试验二者不可偏废"的办学理念和"崇德、务实、求是"的校训,逐渐形成"以强化专业技能培养为核心的实践教学特色"。面向海洋世纪,学校充分发挥海洋优势,构建起了以"全国海洋意识教育基地"为物质载体,以弘扬"太行山精神"为核心内容,以开拓"蓝色海洋之路"为实践途径,以服务沿海经济社会发展强省建设为目标的特色校园文化体系。

(梁永国 卢纪锋)

附:

## 张元第传略

张元第(1898—1952),字崧冠,祖籍天津,著名水产教育家,中国早期水产教育的开拓者之一,早年有"南侯(侯朝海)北张(张元第)"之说,后与郑恩授、刘纶一同被誉为"水产三杰"。

1913年1月，张元第考入"直隶省立甲种水产学校"渔捞科，1916年12月毕业。

1917年5月，学校选派留日学生10名，其中有渔捞科毕业生张元第及同班好友郑恩绶、制造科毕业生刘纶等，由校长孙凤藻率领东渡日本留学并考察日本水产教育。

张元第先实习于日本长崎水产试验场，二年期满，1919年3月，考入日本农商务省东京水产讲习所制造科，1922年3月毕业，在日本千叶县松浦罐诘会社任技师。同年7月，他回国任母校"直隶省立甲种水产学校"制造科主任。1925年1月，张元第任奉天（沈阳）陆军粮袜厂罐头厂技师。1928年，张元第任中央大学农学院水产学校教务主任。1929年，他又回母校（已改名为"河北省立水产专科学校"）任制造组主任。1930年9月5日，河北省教育厅委任张元第为"河北省立水产专科学校"校长。

张元第

张元第为"河北省立水产专科学校"各方面的发展做了大量实事。1931年3月，他在学校成立刊物出版委员会，编辑我国最早的水产学术刊物《水产学报》，于8月5日创刊，被水产界誉为"凤毛麟角，不可多睹"。他还主编过《河北省渔业志》，填补了"河北省向无专文可供稽考"的空白。

张元第十分重视学生的海上实习，他曾亲自赴大连等地，购置"白河号"汽艇及"渤海一号""渤海二号"渔轮，解决了学生内河、出海实习的困难。

为从根本上解决学校的实习条件，张元第主张校址应改设在塘沽或北戴河紧靠海的地方。1932年7月，他曾亲赴北戴河查勘迁校校址，但由于日本帝国主义不断加紧对我国的侵略，筹款又遇到困难，迁校之举未能实现。

20世纪30年代初，张元第加入中国国民党，实业部聘他为冀鲁区渔业改进会委员。

1937年7月底，天津沦陷，学校被迫停办。张元第在烟台搞了个水产公司。1941年12月8日，太平洋战争爆发，张元第返津，于1942年秋，经老友何庆元（河北省立一中校长、日伪时出任天津市伪教育局局长）介绍出任天津第三中学（原新学书院、新学中学）校长。

1938年年底，天津部分教育界人士在重庆政府教育部"战区教育委员会"的组织领导下，成立了一个秘密的抗日团体"天津教育促进会"，张元第是这个组织的成员。

抗战后期，日军物资极度匮乏，为收集废铁制造军械，强迫学生"勤劳奉仕"，拆除墙子河畔的铁栏杆。学生们趁日本教官不在，将长的横铁栏抛入河底，将竖的短铁杆扔进地沟眼里。收工时，日本教官发现铁栏杆数量很少，又在便道上发现有"小日本"三个粉笔字，气急败坏地打了学生的耳光。在周会上，张元第为此事"训话"说："一个国家小，写他大也大不起来（当时天津到处贴着'大日本帝国'的标语）；我们国家大，说他小也小不了，何必写呢！"同学们含笑领会了校长"训话"的真谛。

1944年2月，"天津教育促进会"被日本特务侦破，张元第等人被捕，严刑拷打后，送到北平陆军监狱，后多亏亲戚将其保释出来。

1946年，张元第负责筹备"河北省立水产专科学校"复校，于当年10月暂借"河北省立师范学校"校址开学，1947年7月，学校正式迁回原址。

张元第在着手恢复"河北省立水产专科学校"的同时，还兼任冀鲁区海洋渔业督导处主任及天津鱼市场主任。

1949年1月15日，天津解放后，张元第继续任"河北省立水产专科学校"校长。

1950—1951年，华北区物资交流展览会在天津召开，张元第出任水产馆馆长。

1952年10月5日，张元第因心脏病突发不幸逝世，年仅54岁。

张元第在长期的水产教育实践中形成了自己的教育思想。他在1936年5月编印的《河北省立水产专科学校一览》"序言二"中曾提出："职业教育为立国之本，尤须求有效方法，藉资策进"，将职业教育提高到立国之本的高度，远见卓识，体现出教育救国、实业救国的思想。

（张绍祖）

## 杨扶青传略

杨扶青于1891年出生在河北省乐亭县城近处的杨岗子村，原名永兴，字辅卿。"辅卿"两字，先被他以人生追求改为"甫青"，后又改为"扶青"。

杨扶青自幼刻苦求学，由乐亭县高等小学堂毕业后考入"滦州师范学校"，后来又考入"直隶省立甲种水产学校"。1917年，他被选送至日本东京水产讲习所公费留学。

留学日本，是杨扶青人生道路上的一大转折。当时正是祖国内忧外患的严重关头，出于为国家为民族争气之目的，他与留日学生在东京建立进步团体"新中学会"，以运用科学方法"刷新中国"为宗旨。学会以"赤心"为会徽，表示赤胆忠心，为国为人民，并与由李大钊发起的"少年中国学会"结为友会。在此期间，杨扶青认识了李大钊和周恩来，思想深得奋发，胸襟日益开阔，为以后的革命实践奠定了思想基础。

留学日本，看到日本实业发达、国家富强，杨扶青认识到中国贫弱受欺的原因之一是实业不振，于是决心带头振兴中华实业。1920年回国后，他与学友张子纶在盛产水果、海味的昌黎，创办了"新中罐头食品有限公司"。公司生产的罐头以新中学会的会徽"赤心"为商标，主要产品有对虾、小黄鱼、鲤鱼、乌贼、龟等水产品罐头，还有苹果、梨、葡萄、桃、杏、枣、李子、山楂、西瓜等水果罐头，以及番茄、豆角等蔬菜罐头和猪肉、牛肉、羊肉、兔肉、鸡肉等肉类罐头。为了提高公司的产品声誉，杨扶青把产品送到巴拿马赛会（国际博览会）参展，使公司的产品几乎与在20世纪初就开办的老牌罐头生产企业——上海泰丰公司齐名。

1924年6月，中共中央决定，由李大钊作为中国共产党的首席代表，率领中国共产党代表团赴苏联莫斯科出席共产国际第五次代表大会。当时，北方党组织的活动经费比较紧张，很难在短期内为代表们筹集到一笔款额较大的川资。李大钊决定请杨扶青给予资助。这时，北洋军阀政府内务部见在北京和乐亭两度搜捕李大钊未果，发布了海捕文书，密令各地"严速拘拿"李大钊，昌黎城内城外，军警密布。在这种情况下，杨扶青见到化装前来的李大钊，又惊又喜，待得知李大钊的来意后，当即亲笔开了一张字据，请李大钊到公司设在哈尔滨的分庄提取500元银币。紧接着，他又冒着被牵入"共产党要案"的危险，亲自掩护李大钊离开险境，由昌黎登上了开往哈尔滨的火车。数日后，李大钊从哈尔滨拿到500元银币，与其他代表一起由满洲里越过国境到莫斯科出席了共产国际第五次代表大会。杨扶青为资助中国共产党人所从事的革命事业做了这样一件大事，事后却极少向人提起。但党和人民并没有忘记他这一历史功绩，在他去世后为他举行的追悼会上，当时任国务院副总理的陈永贵在悼词中特意指出，杨扶青先生"在民主革命时期，同情并支持革命，掩护革命领导同志，并对我党革命活动给予物质资助"。

  1934年，杨扶青见昌黎一带已被日军践踏和染指，正在成为变相的沦陷区，毅然决定停办"新中罐头食品有限公司"。1936年，他离开昌黎，到北平接办由熊希龄创办的香山慈幼院附设的"慈型机械厂"。七七事变爆发后，他离开北平南下，投身大后方的抗日救亡运动。

  抗日战争开始后，国际友人路易·艾黎和斯诺夫妇与一些爱国民主人士在宋庆龄的支持下，在上海发起成立了"中国工业合作设计委员会"。到1938年，他们又在武汉将其改建为"中国工业合作协会"。杨扶青到南方后，参加了"中国工业合作协会"的工作。他肩负"中国工业合作协会"交给他的使命，辗转到达桂林后，迅速组建了"中华营造厂有限公司"，并使之很快就成为抗战大后方的一个重要的工业企业。

  著名爱国民主人士黄炎培，从1917年就发起创办了中国最早研究和推行职业教育的团体——"中华职业教育社"。到桂林后，杨扶青同黄炎培密切合作，组建了"中华职业教育社广西分社"。在抗日战争期间和抗日战争胜利以后，黄炎培代表"中华职业教育社"先后发起组织了中国民主政团同盟和中国民主建国会，杨扶青都是积极参与者。

  1943年，由桂林转抵重庆的杨扶青，出任了"中国工业合作协会"的常务理事，成为协会的三人执行小组成员，并兼任业务处处长，同时还兼任重庆工业合作协会副总干事，主要负责重庆培黎学校的办学工作。

  抗日战争胜利后，杨扶青作为水产专家，被国民政府委派为华北水产物资接收专员，主要负责到天津等地接收水产方面的敌产。1946年，杨扶青出任天津垦业农场副场长。1948年，国民政府为了加强台湾的渔业生产，委任他为上海渔业管理处专员，兼任高雄厂务筹备处主任，负责去台湾高雄筹办食品加工企业等工作。1949年，他见人民解放战争取得了决定性胜利，国民党军队准备逃往台湾，台湾形势日非，已非久留之地，便设法搭乘台湾开往大陆的最后一批船只，到达上海。到上海后，他贫困交加，无力北归。周恩来获悉后，派人专程把他接到北平。

中华人民共和国成立后，杨扶青作为水产方面的专家和知名爱国民主人士，被周恩来总理聘为政务院参事室参事。同时，他仍然是"中华职业教育社"（解放后改称"中华职业教育"）、中国民主建国会的领导成员。

杨扶青对发展新中国的水产事业充满了信心和希望，他经过周密思考，积自己多年之所学所见，草拟了一份《发展中华人民共和国水产意见书》，呈交给周恩来总理。这份意见书，引起了周总理和政务院有关领导的高度重视，在百废待兴之际，开始着手谋划如何尽快建立和发展新中国的水产事业。有着满腔爱国热忱和报国情怀的杨扶青深知，要建立和发展新中国的水产事业，需要做大量的基础建设工作，而他作为一个"老水产"，理应为建设新中国的水产事业多干点实事，多做一些具体工作。于是他向周总理提出，自己的身体和精神都佳，极想回到家乡一带多做一些发展水产事业的实际工作。周总理见依然壮心不已，同意了他出京的请求，安排他到河北省工作。从1950年起，杨扶青先后担任河北省农林厅副厅长、商业厅副厅长和水产局局长等职务。1959年4月，杨扶青作为全国人大代表，出席了第二届全国人民代表大会。1960年，周恩来总理把年近七旬的他由天津（当时为河北省省会）请回北京，任命他出任中华人民共和国水产部副部长，担负起领导发展全国水产事业的职责。

1965年1月，杨扶青参加了第三届全国人民代表大会，继续被任命为国家水产部副部长。"文化大革命"开始后，他由于受到周恩来总理的保护，没有遭受大的劫难。粉碎"四人帮"后，杨扶青被聘为第五届全国政协委员。就在他准备为发展人民共和国的水产事业继续献计献策之际，突发的疾病夺走了他的生命。1978年2月22日，杨扶青准备参加第五届全国政协会议，报到后见到不少劫后余生的老朋友，心情分外激动，潜伏的心脏病猝然发作，一下病危，于当晚17时在北京友谊医院与世长辞，享年87岁。

（董宝瑞）

# 开放大学　终身教育

## 秦皇岛广播电视大学

　　1977年10月19日，中南海，刚刚复出的邓小平会见英国前首相爱德华·希思。邓小平正为"文革"后人才奇缺问题苦恼，当希思说英国有个开放大学，当时有20多万学生时，他倍感兴趣，表示"我们也要办一所这样的大学"。

　　1978年2月6日，邓小平在教育部、中央广播事业局《关于筹办电视大学的请示报告》上批示："同意。"同年12月3日，第一次全国广播电视大学工作会议指出，广播电视大学的特点是采用现代化教学手段，进行远距离教学。

1985年，秦皇岛广播电视大学举行85级开学、82级毕业典礼。

1978年12月21日，河北广播电视大学秦皇岛工作站正式成立，首任站长贾振江时任秦皇岛市教育局副局长，工作站地址在市教育局院内。

……

40年，一所高等学校所能走过的路，也许只是夯实基础和探索特色。而秦皇岛广播电视大学，这所紧随社会发展脉搏前进的大学，一路击节而歌，担当如鼎，走过了她创业、创优、创新的40年。

## 补偿教育　圆大学梦

1978年，报名参加全国统一高考的人数700万，高校录取30万人，比例为4.3%，河北省的录取率为2.4%。"文化大革命"中失去求学梦想的大批优秀青年，当得知电视大学招生的消息时，无不奔走相告。

1979年1月17日，秦皇岛市有1800人参加了首次电视大学招生考试，经考试录取脱产学习的全科班学员328人，开办专业为电子、机械，涉及21个单位。学校同时录取不脱产学习的单科班（主要是英语）学员165人，涉及19个单位。全科班编为9个教学班，分别在耀华玻璃厂、156工厂、机械局等9个单位上课。

1979年2月8日，学员们坐在各单位临时拼凑起来的教室里，与全国42万电视大学学生一起，聆听了著名的华罗庚教授通过中央电视台（当时的北京电视台）讲授的第一节课。

一直到1983年4月，位于海港区河堤路的新校址落成，学校才结束了大规模借教室上课的历史。这座2000多平方米的教学楼成为后来河北广播电视大学秦皇岛分校（1984年正式建立）、秦皇岛广播电视大学（1988年正式建立）最初的校舍。

同一时期，各县区电视大学工作站成立，形成学校系统的办学形式。各县区工作站业务上归学校安排指导，人事管理归所属县区。

1983年6月，河北广播电视大学秦皇岛工作站接受世界银行贷款10.13万美元建设电教室。1985年9月，学校建成音、像控制闭路系统，实现了河北省第一个音、像统一播放功能。1987年3月，电视开路系统安装成功，可以从校部音像控制室向各教学点直播电视课。

建校初期，学员的学习主要是在教室观看（听）录像（录音）课程，个

别课程有辅导老师面授辅导。到1986年，通过人才引进等形式，学校专业教师达到近40人，初步具备了面授教学的条件，开始招收脱产学习的国民教育系列普通专科学生，当年共招收工业电气、英语、工民建、财会4个专业学生119人。

1986年至1988年，学校曾招收过三届"党政干部专修班"262人，其中全脱产学员66人。1992年，秦皇岛市副市长高兰栓到学校现场办公时说："电大建校以来为秦皇岛的社会建设和经济发展培养了大批人才，取得的成绩是人所共知的。大的范围不说，仅就市委市政府南北大院，担任副县（处）级职务的就有相当一批电大毕业生。"

秦皇岛广播电视大学河堤路校址（1985年拍摄）

1979年至1989年的10年间，学校共毕业高等学历教育学生近3000人，单科结业近2000人，为秦皇岛市的社会和经济发展培养了"干得好、留得住、用得上"的人才，有效地弥补了"文化大革命"造成的人才断层，为缓解改革开放初期人才严重短缺发挥了重要作用。

秦皇岛广播电视大学是秦皇岛市第一所高等学校，填补了秦皇岛市市属高等学校的空白。这一时期，学校以开展成人学历补偿教育为主要任务，圆了数以千计的青年上大学的梦想，解决了各类人才青黄不接的问题。

## 多方探索　多点开花

1989年10月，秦皇岛广播电视大学举行"十年校庆，喜迁新校"典礼。新校址位于海港区燕山大街，占地面积60余亩，建筑面积9000余平方米，教学服务支持系统完备。

为了更好地适应秦皇岛市经济结构调整和社会深刻变革的形势，秦皇岛广播电视大学开始思考办学指导思想的转变，促使办学模式从封闭走向开放，从单一大专层次的学历教育向多层次、多渠道办学转变。

学校明确了面向基层、面向农村、面向边远地区的办学方向，探索多层次、多渠道办学实践。

1991年，学校开始招收中专层次学员，至1998年共计招生2938人。

1991年年底，"秦皇岛燎原广播电视大学"成立。"秦皇岛燎原广播电视大学"是依托秦皇岛广播电视大学办学系统，运用电教手段实施国家"燎原计划"的重要组成部分，是提高农民素质、发展农村经济、促使贫困地区尽快脱贫致富的一项战略举措。秦皇岛广播电视大学承制了《赵省金苹果早果早丰技术》电视专题片，"赵省金苹果早果早丰技术"可使苹果当年开花、第二年结果、五年丰产。电视专题片无偿提供给县、乡两级燎原学校，巡回播放，作为普及农业科技教材，深受果农欢迎。

1993年，秦皇岛广播电视大学开设专科层次的大学基础教育课程，在当年全国统一高考分数建档线下划定录取分数线并单独招生考试，1994年一季就招收大学基础教育学员686人。

1994年，学校招收面向农村

1988年，秦皇岛广播电视大学新校奠基。

1989年，秦皇岛广播电视大学"十年校庆、喜迁新校"典礼。

的初中师资班脱产学生，学生户口"农转非"。

1995年，学校实施"注册视听生"试点——学生免试入学，实施宽进严出原则，教学和考试分离；学校不组成固定的班级，以自学和收听收看广播录音、录像电视为主，接受适当的教学辅导；学校实行完全学分制，充分体现远距离、开放性的特征。通过试点，学校与普通高校合作办学、优势互补，在专业建设和课程建设、推行教学和考试职责分离等方面进行了有益的探索，初步积累了开放办学的宝贵经验。

1996年开始，学校施行自学考试与电大教育（高等专科）"两沟通"（联合办学）试点。试点工作旨在充分发挥自学考试和广播电视大学各自优势，探索一条适合实际情况的教育途径，曾创造出单季招生900人的纪录。

1994年4月，学校与天津大学合办经济管理工程专业研究生班。1998年，学校受清华大学委托招收"企业管理""计算机应用技术""民商法学"三个专业的研究生班20人，采用网络教学方式。2000年5月，学校建立清华大学继续教育学院校外教学站。

学校坚持开放办学和灵活办学，面向社会、依靠社会力量办学，整合和利用普通高校、行业部门等社会优质教育资源，实现资源共建共享。在稳步发展学历教育的同时，学校大力发展非学历

1992年，学校师生上课场景。

1993年，学校举行教师节座谈会。

20世纪90年代初期，学校校园。

教育，先后开办岗位培训、继续教育、专业提升、农业技术推广等培训，为卫生局、审计局、财政局培训专业人员9000余人，培训英语、日语、俄语学员550人，80万人次参加农业技术推广培训。

秦皇岛广播电视大学采取免试入学、宽进严出的办学方式，大大调动了适龄青年的求学积极性，同时灵活方便的学习方式也使工学矛盾的解决有了可能。这一时期，学校学历招生规模日益扩大，通过引进人才和自我培养两种方式，到2000年，学校已有教师121人。

10年间，学校共计毕业本专科学员17397人，非学历继续教育培训近百万人次。

这一时期，秦皇岛广播电视大学加强现代远距离教育技术应用，探索广播电视大学办学特点，强化内涵建设。到2000年，学校已建立适应现代信息技术发展的多媒体教育教学体系，有闭路电视教室35个、多媒体教室15个。电教中心负责全市的远程教育服务工作，利用计算机网络、卫星电视网络、电信网络有机结合的数字化、多媒体、交互式远程教学平台初步建立，推动教育现代化不断向前发展。

为使更多的人获得接受高等教育的机会，解决社会对人才的大量需求与我国高等教育资源不足的矛盾，20世纪的最后10年，秦皇岛广播电视大学对秦皇岛市人才结构的改善作出了贡献。

1998年12月至2000年2月，"秦皇岛广播电视大学"与"秦皇岛市教育学院"短暂合并。

## 远程网络　开放教育

1999年4月，教育部下发《关于开展"中央广播电视大学人才培养模式改革和开放教育试点"项目研究工作的几点意见（试行）》，要求"探索并构建广播电视大学在现代远程开放教育条件下专科教育和本科教育（专科起点）人才培养模式的基本框架以及相应的教学模式、管理模式和运行机制，为我国经济建设和社会发展培养大批高质量的、适应地方和基层需要的应用型高等专门人才"。

试点内容包括免试入学、择优注册，招生对象为普通高中、职业高中及相当学历的在职人员及社会青年，学分8年有效。学生根据自己的需要选择

文字教材、广播（录音）、电视（录像）、CAI 课件、学习网站等多种媒体进行自学，教师给予必要的面授辅导和全过程学习支持服务。中央广播电视大学负责统一学籍管理并颁发毕业证书。

开放教育试点探索，促进了中国高等教育的大众化，推进了优质教育教学资源的共建共享，形成了富有中国特色的开放式人才培养模式的基本框架，同时也彻底转变了电视大学系统教育观念，实现了从一次性的学校教育向终身教育转变、从应试教育向素质教育转变、从以教师的"教"为中心向以学生的"学"为中心的转变。

2000 年，秦皇岛广播电视大学成为中央广播电视大学"人才培养模式改革和开放教育试点项目"河北首批试点学校，与中国政法大学联合开办"开放教育法律本科"，招收法律专业本科学员 125 人。同年，学校与中国人民大学联合开办网络教育。随后，学校又与中国农业大学、中南大学、湖南大学、中南大学、四川大学等高校合作办学，招收本专科网络教育学员。

学校的开放教育试点项目一直在教育部、中央广播电视大学的指导下运行，在"以评促改、以评促建、以评促发展"的思想指导下，学校在内涵建设方面向现代高等学校迈进了一大步。

2006 年 4 月，学校的开放教育试点项目接受教育部总结性评估时，教育部专家组组长、时任中央电大副校长孙绿怡教授说："如果全国的市级电大都办成秦皇岛电大这样，那么我们电大的事业就有希望了。"

至 2011 年，学校先后投资 1673 万元用于硬件设施建设，建成千兆校园网，10 个计算机机房，35 个多媒体教室，互联网接入方式由原来的 ISDN 改进为 50 兆光纤接入；建立具有独立域名和网址的秦皇岛电大网站，提供了多项网上服务，教师可上传自己所教科目的教学内容，学生可通过网络对课程有进一步了解；利用天网、地网等多种媒体开展教学。数字化校园已经形成。

学校的开放教育试点项目实践，培育了既有现代远程教育观念又有创新意识，既有专业知识素质又有现代信息素养、专业化程度较高的教学人员、管理人员、技术人员和科研人员四支队伍。到 2012 年，学校 125 名教职工中，有正高级职称 9 人、副高级职称 44 人、中级职称 43 人。

开放教育开设本专科专业 34 个，注册学员超过 2 万人，毕业生遍布全市各单位，涌现出黄建福、乔忠礼、曹海波等大批优秀毕业生和秦皇岛市地税局、中国工商银行秦皇岛中心支行等优秀学习团队。

学校逐步确立了整体发展思路——以专科教育为基础,本科教育为重点,充分发挥远程教育优势,努力提高开放教育水平,培养各类实用人才,并积极构建终身教育服务体系,肩负起提高广大劳动者文化素质的任务,使学校成为秦皇岛市重要的人才培养和终身教育基地。在这一思路的指导下,学校为实现秦皇岛市"高等教育大众化、继续教育终身化"作出了贡献。

按照学校的发展思路,学校在高等职业教育和中等职业教育上亦有建树。

2001年,经河北省政府批准,学校开始面向秦皇岛三区四县招收普通高职注册生。

2003年,河北广播电视大学经教育部批准实行单独考试招生的高职高专教育改革,秦皇岛广播电视大学率先实行单独考试招生形式。

在普通高职办学中,学校运用开放教育办学理念,加大实验实习场所建设,建有计算机、语音、会计、电子、旅游、心理等专业实验室以及画室、舞蹈教室、琴房等教学实训场所和教学实习基地29个。

学校以实用技能培养为突破口,狠抓教育教学质量。例如学前教育专业的会说、会唱、会跳、会画、会弹的"五会"技能要求,使学生学业水平不断提

2014年,学校举办社区居民计算机培训。

秦皇岛终身学习网建在了秦皇岛广播电视大学。

2015年10月20日,秦皇岛市暨海港区"全民终身学习活动周"启动仪式在海港区东方明珠社区举行。

高，学前教育专业毕业生就业率一直达到100%。2010年，付丽同学在秦皇岛市电视台、旅游局组织的"祖山形象代言——'木兰仙子'选拔大赛"中荣获亚军。学校2008级学生的儿童文学作品《沙滩上的城堡》结集出版。

2012年2月，秦皇岛广播电视大学被评为全国示范性基层电大。

这一时期，是秦皇岛广播电视大学自觉运用现代教育技术进行远程网络教育的阶段，探索并构建起人才培养模式的基本框架以及相应的教学模式、管理模式和运行机制。作为一种独特的教育类型，秦皇岛广播电视大学丰富了秦皇岛市高等教育形式，促进了高等教育大众化发展和教育公平，成为秦皇岛市建设全民学习、终身学习的学习型社会建设的重要基础。

## 人人皆学　处处可学

2012年7月31日，中央广播电视大学更名为"国家开放大学"。"国家开放大学"不再仅仅开展学历教育，而是更强调"新型大学"的办学方式，其学习形式为学习者基于网络自主学习、远程学习支持与面授相结合，职业培训、社区教育、老年人教育和公民素质教育成为学校主体业务。广播电视大学系统的转型，为实现校园教育向社会教育延伸、构建终身教育体系、形成学习型社会起到了重要支撑作用。

在21世纪第二个十年开始的时候，秦皇岛广播电视大学学历教育的生源就出现了下滑的趋势。但同时，非学历继续教育的市场在急剧扩大。在新的形势下，需要明确"建设开放大学，发展终身教育"的新理念，拓宽终身教育的渠道。2010年4月14日，秦皇岛首届终身教育学术研讨会在学校召开，会后编印了《秦皇岛首届终身教育学术研讨会论文集》。学校在终身教育举旗站位的同时，加强培训教育工作，为秦皇岛市人事局专业技术人员创新能力培训万余人；承办秦皇岛市中小学校长任职资格培训，教学副校长、德育副校长的继续教育培训，以及教师资格证两学考试的确认和培训工作；连续两年承办秦皇岛市专业技术人员职称计算机考试工作，共有16000人参考；为秦皇岛市公安局培训网络安全技术人员1100余人。

学校党委高度重视终身教育工作，把社区教育作为突破口。2012年5月，学校与民进秦皇岛市委、秦皇岛电视台、海港区社区教育管理中心一起，启动"社区国学大讲堂"，聘请秦皇岛市国学名家进社区、进校园、进军营传播传统文化。2014年,"社区国学大讲堂"被评为"河北省终身学习品牌"项目。

2012年12月20日,学校向秦皇岛市政府提交了《秦皇岛广播电视大学关于创建秦皇岛社区大学的报告》和《秦皇岛社区大学创建方案》。2013年9月,秦皇岛市教育局颁发《关于大力推进社区教育工作的意见》,将秦皇岛市社区教育指导中心外设在秦皇岛广播电视大学。同年10月15日,在首届"秦皇岛市全民终身学习活动周启动仪式"上,秦皇岛市社区教育指导中心、秦皇岛社区教育学院挂牌。2013—2017年,秦皇岛社区教育指导中心连续5年承办"秦皇岛市全民终身学习活动周";建立了河北省唯一的国家级I-剪纸实验室,每年为中国成人教育协会和教育部社区教育研究培训中心承办社区教育剪纸大赛;产生国家级"百姓学习之星"2人,省级"终身教育学习品牌"3个;出版了首批社区教育系列读本11册。在2017年河北省"全民终身学习活动周"启动仪式上,河北省教育厅副厅长贾海明将秦皇岛市社区教育运行机制概括为"专业学校"型。

学校相继成为"秦皇岛市中小学教师继续教育中心""秦皇岛市人力资源和社会保障局大中专毕业生录用培训基地""秦皇岛市基层党员教育培训基地""秦皇岛市工信局培训基地""秦皇岛市专业技术人员培训基地""河北省民营企业人才培训基地""河北省全国网络与信息技术培训考试市级管理中心"。2010年3月8日,学校与秦皇岛市妇联合作开办的"秦皇岛市女子学院"挂牌成立。2013年10月18日,学校与秦皇岛市残联合作开办的"秦皇岛市残疾人教育学院"挂牌成立。学校还先后开展了大学生"三支一扶"志愿者培训、教师资格证面试培训、大学生村医培训、职称计算机考试培训等各类培训。

学校还积极发挥自身优势,打造重要考试中心,承接社会各类考试。自2013起,学校主办秦皇岛市中小学和幼儿园教师资格证面试考试,每年均有超过4000名考生参加面试考试。作为河北省职称计算机考试秦皇岛市唯一的考点,学校每年参加职称计算机考试的人数均在1万人以上。此外,河北省地税系统岗位业务考试,秦皇岛市人力资源和社会保障局的二级建造师考试、注册税务师考试、职称英语考试,秦皇岛市财政局的会计从业资格考试,秦皇岛市卫生局的医师资格医学综合考试等,均设在秦皇岛广播电视大学进行。

2013年,学校成立了"秦皇岛市旅游中专学校",将开放教育理念运用到中职教育中,突出实践环节,培养学生专业技能。学校强调以能力为本位的人才培养观,加大基本技能、专业技能选修课和自开课的比重,将实习实训环节纳入教学计划中,加大实践教学环节,使学生尽快实现与就业岗位的无缝对接。

2014年,学校旅游管理专业学生陈敬天参加中央电视台2014年度"希望之星"英语风采大赛,获得全国总决赛一等奖,以全票的骄人成绩成功获得了直通悉尼大学的邀请函。

2014年10月,秦皇岛市教育局投资100万元建设的"秦皇岛终身学习在线"平台投入使用,实现了社区教育数字化学习资源整合、共享与服务,为推进多样化、个性化的终身学习提供支持服务。平台探索基于终身学习公共服务平台的学习档案记录、学习过程存储,为今后学习成果认证的"学分银行"积累经验。

2015年,秦皇岛广播电视大学的"云教室"建成。这标志着学校在发挥远程教育平台和现代教育技术的优势,通过远程协同教学、远程实时交互,赋予传统的教学课堂新的生命力,改善学生学习体验,为学生提供随时随地的远程学习支持服务等方面,更前进了一大步。

2017年,国家开放大学杨志坚校长（左二）视察学校。

2019年,学校优秀学员于普松（左）应邀参加国家开放大学办学四十周年庆祝大会,与国家开放大学校长杨志坚（右）合影。

2017年,《河北省教育事业第十三个五年规划》颁布,明确提出:"支持以河北广播电视大学为基础建设河北开放大学"。秦皇岛广播电视大学也在努力建设开放大学,建立学历教育和非学历教育并举、职前教育和职后教育贯通、灵活开放和衔接互通的终身教育体系,满足人民群众更新知识、提高能力和全面发展的需要,多方位搭建人才成长的"立交桥"。

这样的一所开放大学,与普通高等学校有所不同。它强调面向全体社会成员,强调学历继续教育与非学历继续教育并重,强调优质教育资源的集聚、整合和共享,强调没有围墙、超越时空限制。建设这样一所新型大学,必须以现代信息技术为支撑,搭建开放灵活、功能强大的网络平台,开发数字化学习资源,探索教育信息化和现代化发展道路,不断提升办学能力和服务水平;必须以卫星、电视、互联网和移动终端等为主要载体,开展形式多样、内容丰富的学历继续教育和非学历继续教育活动;必须以改革为动力,促进事业的不断发展,并在发展中解决种种历史和现实问题,适应新形势,应对新挑战,实现新跨越,满足全民终身学习需要,促进人人皆学、时时能学、处处可学的理想目标实现。

2020年,是秦皇岛广播电视大学建校42周年。走过42年,秦皇岛电大从筚路蓝缕谋发展到硕果累累惠民生,完成了从补偿教育到终身教育的主体业务转换,作为秦皇岛市重要的人才培养基地和终身教育基地,必将发挥越来越重要的作用。

(侯墨菊 贾向宏)

# 蓝领英才　国之工匠

## 秦皇岛技师学院

秦皇岛技师学院始建于 1958 年 7 月，是一所以机电专业为主的国家重点技工院校。60 多年来，伴随着国家改革发展的时代足音，学校演绎了一部由小到大、由弱到强、由平凡到令社会瞩目的职业教育发展史。

学校建立之初，校名为"秦皇岛市工业局工业学校"，隶属于秦皇岛市工业局，校址在海港区清真街。随后的 60 多年间，学校经历了 11 次变更校名，6 次变更隶属关系，5 次搬迁校址。学校先后更名为"秦皇岛市通用机械厂技工学校""秦皇岛市工业局中等技术学校""秦皇岛市劳动局技工学校""河北省劳动局秦皇岛半工半读技工学校""秦皇岛市半工半读技工学校""秦皇岛市机械技工学校""河北省秦皇岛市劳动技工学校""秦皇岛市技工学校""河北省秦皇岛市高级技工学校""秦皇岛技师学院"。

秦皇岛技师学院校标

2006 年 7 月，学校搬迁至北部工业区西港北路 58 号，现隶属于秦皇岛市人力资源和社会保障局。

## 艰苦创业　国家重点

1958年至1986年，学校经历了28年坎坷不平的岁月，其中有建校初期的5年5次搬迁，有学校7次改变隶属关系和校名。

1958年，国家经济建设出现了高潮，秦皇岛市人民政府号召大办教育，由秦皇岛市工业局主办的"秦皇岛市工业局工业学校"于当年7月在海港区清真街原第二五金工具厂院内应运而生。学校由秦皇岛市工业局职工业余学校改建而成，建立之初，只有5间教室、6间办公室、19名教工、200名学生，设冶金、机械2个专业。

1958年12月，学校与"秦皇岛市通用机械厂工业学校"合并，改名为"秦皇岛市通用机械厂技工学校"，隶属于秦皇岛市通用机械厂，校址迁往原秦皇岛市城乡管理委员会院内。

1959年3月，学校改为"秦皇岛市工业局中等技术学校"，隶属于秦皇岛市工业局。学校增加了电力和化工专业，校址迁往原秦皇岛拖拉机配件厂院内。

1960年9月，学校与"秦皇岛市劳动局技工学校"合并，校名改为"秦皇岛市劳动局技工学校"，隶属于秦皇岛市劳动局，同时在海港区杜庄镇设立分校。

1961年10月，杜庄分校撤销。1962年6月，因无经费来源，上级决定学校停办。以校长王克盈为首的20名教工自愿留下，自力更生坚持办学。学生剩下车工、钳工两个班共60人。为渡过难关，师生当临时工，参加修铁路大桥，到农村挖野蒜卖，制造手推车轴皮和铁锁等到集市出售，还承揽一些加工活。同年8月，学校迁往原秦皇岛矽酸盐厂旧址，这里有24间简易平房和一座80平方米的油毡顶简易工棚，在这个简易工棚里，学校建起了实习车间。

1963年7月，学校迁往海阳路西头原秦皇岛焦化厂旧址。这里有10排121间简易平房，还有食堂和简易礼堂各一座。学校的校舍和实习工厂有了初步改善，开设车工、钳工和铸工3个专业。1964年，学校增加了刨工专业。

1965年5月，学校改名为"河北省劳动局秦皇岛半工半读技工学校"，隶属于河北省劳动局，由秦皇岛市劳动局代管。河北省劳动局调拨给了学校仪器、仪表和机床等部分设备。6月，河北省劳动局决定，学校按中等专业学校设置课程，设机制和铸造两个专业，学制改为四年，学生毕业按中专待遇。9月，学校实习工厂开始生产制坯机、扬渣机和拉丝机。

1966年6月，"文化大革命"开始，学校陷于瘫痪。1968年12月，秦皇岛市革命委员会在学校开办"五七"干校。

1970年1月，"五七"干校解散，学校恢复办学，改由秦皇岛市革命委员会文教局领导，校名改为"秦皇岛市半工半读技工学校"。1971年3月，学校开始招生，开设车工、钳工和铸工3个专业。师生们自力更生，艰苦创业，以厂养校，制造出了20吨冲床。

1973年9月，学校制造出400公升混凝土搅拌机，不仅解决了当时秦皇岛正在兴建的石河水库工程的急需问题，也填补了秦皇岛市建筑机械的空白。

1974年10月，学校试制成功了钢筋调直机和钢筋切断机，并迅速投入了批量生产，既满足了实习教学的需要，又填补了河北省建筑机械的空白。

1975年9月，学校改由秦皇岛市机械工业局领导。1977年12月，学校改名为"秦皇岛市机械技工学校"。

1979年3月，学校又恢复为隶属于河北省劳动局、由秦皇岛市劳动局代管，校名改为"河北省秦皇岛市劳动技工学校"。到1986年，学校开设

不同历史时期的学校校门

车工、钳工、铸工、水暖4个专业，实习工厂有配套的机械设备和较稳定的定型产品，成为一所在校生612名、教职工160人的中等技工学校。

1987—1997年，学校通过多种渠道筹集资金，大力实施校舍建设和危房陋舍的改造，相继建成了行政办公楼、实习教学楼、综合实验楼、车工车间、餐厅兼礼堂等，改建和扩建了锻工车间、铸工车间、锅炉房和变电室。学校教学设施得到逐步完善，先后充实装备了微机室、电教室、语音室和电工电子、物理、化学实验室。在办学条件得到大幅度改善的同时，学校"从严治校，从严执教"，逐步建立起较为完善的理论教学、实习教学、学生工作、行政、后勤五大管理体系。

为适应市场经济的需要，学校积极开辟新的专业，先后增开了电工、水暖维修、铆焊、安装工、模具钳工、电气焊工、机加工、仪表工、造纸、财会、化工、化纤、计算机、电梯维修、制冷与暖通等专业，生源规模逐年增加。

1992年3月，学校更名为"秦皇岛市技工学校"，隶属于秦皇岛市劳动局。

1993年12月，学校通过省部级重点校检查验收，跨入省级重点技工学校行列。

1997年12月，学校通过国家劳动和社会保障部验收。1998年2月，学校被批准为"国家重点技工学校"。

## 跨越发展　万人学校

从1998年至2010年，为了更好地适应市场经济，学校推出了一系列改革举措：改革管理模式、人事制度、财务分配制度；改革专业和课程设置，突出以就业为导向、以能力为本位；改革德育工作，突出素质教育；改革后勤管理制度，学校后勤工作部分社会化；改革招生和分配办法，成立招生就业办公室，积极开辟招生和就业基地……

2000年4月，学校更名为"河北省秦皇岛市高级技工学校"。

2001年，学校参与组建"秦皇岛职业技术学院"，成为"秦皇岛职业技术学院"北校区。

2003年，学校被河北省劳动和社会保障厅批准为"秦皇岛技师学院"，创办了全省第一个技师班。同年10月底，原秦皇岛市农机学校并入学校。

这一阶段，学校在硬件建设方面发生了巨大变化。2000年至2003年，学校先后出资2068万元购买了原秦皇岛市石粉厂9.28亩土地、原秦皇岛市煤机厂40亩土地及5000平方米房产，使学校占地面积达到100余亩，为土地置换和新校区建设创造了条件。2002年，学校出资118万元购买原山海关起重机厂全部机械加工设备，学校的实习教学能力翻了一番。2006年7月，学校正式迁入位于秦皇岛市北部工业园区的新校区。新校区是一所集教学、实训、学生公寓、综合服务、文化体育五大功能区于一体的花园式校园。

学校专业设置也有了较大的调整，新增了饭店服务、烹饪、汽修、会计电算化、计算机应用与维修、应用电子技术等专业。1998年9月，学校开办了首届金属切削专业和应用电子专业的高级技工班。1999年9月，学校开设了首届应用电子专业、计算机应用与维修专业的高职大专班。学校逐步构建起了以机电专业为主、计算机技术和服务类专业为辅，包括高职大专、技师、高技、中技、短期培训等不同层次的专业体系。2008年，学校在校生达到10548人。

伴随学校办学规模的扩大和办学

20世纪90年代，学校学生进行车工实习。

20世纪90年代，学校学生进行钳工实习。

20世纪90年代，学校学生进行铸工实习。

层次的提高，学校把加强师资队伍建设作为重中之重的战略性任务。学校从高校和企业招聘教师 150 余名，从高技班选拔 70 余名优秀毕业生到企业锻炼一年以上，聘为实习指导教师。2008 年，学校在职教工 316 人，40 岁以下的青年教师占 50% 以上，高级职称教师占 25%，超过高职院校的设置标准。

2009 年年初，为保证"万人学校"的稳定和发展，学校对原有的管理体制进行了大胆的调整和改革，使学校由过去单一平面式管理过渡到了院系二级管理的新模式，构建了机械加工、机械安装与维修、电气工程、应用技术、汽车维修 5 个专业系和公共基础部。

学校的办学规模和办学水平实现全面提升，一跃成为师资力量雄厚、办学条件优越、拥有万名在校生的"万人学校"，实现了学校的跨越式发展。

## 品牌建设　教学创新

2011 年 5 月，学校正式更名为"秦皇岛技师学院"。新的发展时期，学校确立了"以品牌建设为核心"的职业教育发展战略，将教学创新作为改革发展的中心工作。

学校秉承"打开校门办学校"的现代职业教育理念，以创建国家示范校为契机，全面加强品牌建设，深入推进教育教学改革，确定了"稳定学制教育、提速短期培训、突破校企合作"的建设发展思路。

2010 年 7 月，学校成功申报首批"国家中等职业教育改革发展示范校"，数控技术应用、机电设备安装与维修、电气技术应用、计算机应用、汽车运用与维修 5 个专业和小型太阳能综合电站特色项目建设纳入示范校重点建设内容。2014 年年初，学校顺利通过国家教育部、人力资源和社会保障部、财政部验收，成为河北省唯一一家（全国 176 所）正式命名为"国家中等职业教育改革发展示范校"的技工院校。

继示范校建设之后，国家高技能人才培训基地建设、河北省技能大师工作室建设、秦皇岛市公共实训基地建设等一系列项目的实施，继续推进了学校的品牌建设。

2012 年 5 月，学校被国家人力资源和社会保障部确立为国家高技能人才培训基地建设院校（全国共 160 家）。2014 年 8 月，学校顺利通过国家人力

2017年，学校学生在3D打印教学模块课堂上学习。

资源和社会保障部、国家财政部的验收，成为国家高技能人才培训基地。

2014年，学校经河北省人力资源和社会保障厅、财政厅评审通过，建设"王春光数控技能大师工作室"。2015年，工作室建设完成，并于2016年顺利通过验收。

2015年12月，秦皇岛市公共实训基地建设项目获河北省政府批准，这是秦皇岛市提升技能型人才培养规模和水平的一项重要举措。项目采用"1+N"模式，总投资2亿元（其中包含国家发展和改革委员会用于支持秦皇岛技师学院公共实训基地建设的7000万专项建设资金）。秦皇岛技师学院依托新建成的综合实训楼，主要承担"1"的建设部分。

以品牌建设为核心，秦皇岛技师学院开展了多项教学改革创新。2012年，学校数控加工技术、电工电子技术两个专业纳入全国一体化教学改革试点，随后学校一体化教学模式全面铺开，主要专业课全部实施了一体化教学；学校采用"双导师制"研修式教学，突出就业优势，确立了预备技师培养模式，2012—2016年，累计招生403人；2012年12月，学校机械安装与维修系41名同学到中信戴卡进行了为期6个月的"工学结合课题实训"，到2018年，学校参加课题实训学生的总人数累计达到5000多人，实训企业包括天津、北京、保定、唐山、曹妃甸以及秦皇岛市40多家企业；为营造良好的学知识、练技能的氛围，2013年起，学校开展一年一度的"技能节"展示活动,每年确立"创专业品牌、造学习氛围、展师生风采、育技能人才""特色办学——成就技能梦想""师生同台炫技,共筑出彩人生"等不同主题;学校还积极组织师生参加国家、省、市各级技能大赛,并连年取得优异成绩,仅2017年,学校就在第七届全国技能大赛河北省选拔赛中获得一等奖1个、二等奖4个,在河北省中等职业学校技能大赛中获得一等奖12个、二等奖5个、三等奖9个,在河北省首届微课大赛中获得一等奖3个、二等奖5个。

## 一体两翼 工学结合

为提速短期培训的发展,2012年3月,学校成立了"考试中心""鉴定中心""金蓝领培训中心"以及"创业就业培训中心",先后完成了短训项目拓展、课程体系开发、短训教师资源库建设、标准化考试场建设等一系列短训平台建设。随着标准化理论考试平台和上机考试平台建设的不断完善,学校承接各类考试的次数、规模、质量处于历史最好水平。仅2017年,学校就开展社会培训服务项目45个、企业技术服务项目19个,完成各类短期社会培训15000余人次,完成各类技能鉴定3057人次,承接各类考试27项、1341场次,累计参考人员达到37000余人次,连续六年被评为河北省优秀考点。

2017年,根据市场需求,学校增设了3D打印技术、多轴数控加工、焊接机器人应用与维护、无人机应用技术、工业机器人应用与维护、新能源汽车检测与维修等新专业。

2018年,学校明确了建设"全国一流、省内领先"技师学院的发展目标,提出了立足高站位发展、高标准工作、高质量管理,打造"一体两翼"的新格局(以学制教育为主体,以短期培训、生产加工为两翼),建设一个专业学科品牌化、办学模式国际化、队伍素质人才化、教学管理标准化、技能培训职业化和校园环境生态化的全新秦皇岛技师学院的发展规划。

学校现设有机械工程、电气工程、应用技术、汽车工程4个专业系和1个基础教学部,开设有数控加工技术、金属切削、机械安装与维修、电气工程、汽车维修、计算机应用与维修、多媒体技术应用、会计电算化、网络设计与开发、印刷技术、幼儿教育等22个专业,办学层次涵盖中技、高技、预备技师、"3+2"中高职衔接联合办学、对口升学及短期社会培训。

学校始终坚持"校企合作、工学结合"的人才培养模式,以"专业链对接产业链、理论教学对接实训教学、专业技能培养对接综合素质培养、社会短期培训对接企业社会需求"4个无缝对接为工作基点,全面推行理论教学、校内实习、企业课题实训、顶岗实习"四位一体"的培养过程。在项目化教学中,以钢筋调直机、钢筋切断机、钢筋弯曲机等定型产品为项目载体,学生在教师的指导下参与产品的研发、设计、制作、安装和调试,既参与了实际生产又完成了教学任务。同时,学校把企业产品设计缩小成仿真产品搬到实训车间,转化为教学任务实施教学。学校以京津冀协同发展为契机,先后

学校的产教结合实训车间

学校的数控技术技能实训车间

与区域内160余家企业建立了深度校企合作关系，建立了近百个企业实训基地。

学校现有在职教工421名，其中有河北省"王春光数控技能大师工作室"牵头人、全国机械制造技术竞赛专家、数控技能大赛国家级裁判员、"中国制造2025机械工业质量提升人才培养工程"加工制造项目组专家王春光，国家职业技能竞赛高级考评员焦玉永，人力资源和社会保障部技工院校教学与教材研究数学课教研核心专家组专家曹晓蔚等一批"一岗多能"的能工巧匠、技术能手和专业带头人。

学校一直以服务区域经济社会发展为目标、为己任，毕业生遍及秦皇岛市及周边地区700余家企业。他们牢记"厚德强能"的校训，发扬"工匠精神"，成长为"蓝领英才"，许多已经成为企业的技术骨干或管理人员，其中有河北港口集团秦皇岛港股份有限公司铁路运输分公司党委书记郭少伟、秦皇岛烟草机械有限责任公司副总经理刘宝东、秦皇岛万邦科技发展有限公司董事长薛宝强、保定职业技术学院汽车专业教研室主任张东升、鹏鼎控股秦皇岛园区工会主席张宇等。

随着近几年办学规模的不断扩大，学校每年为秦皇岛市输送2000余名生产一线技术工人。同时，学校还承担着企业技术工人的技能提升培训工作，每年培训鉴定近1万人次。随着办学质量的不断提升，学校的毕业生以实践操作能力强、综合素质高的特点，得到了用工单位的一致认可和好评，呈现出供不应求的局面，特别是高技、技师层次的学生，毕业前就被企业预订一空，就业率始终保持在97%以上。

学校先后荣获"全国职业教育先进单位""国家技能人才培育突出贡献奖""全国中等职业学校德育工作先进集体"等国家级荣誉10余项。

（燕云娜　卢纪锋）

# 中专
ZHONGZHUAN

# 康养沃土　天使摇篮

## 秦皇岛市卫生学校

在享有"天堂之城"美誉的康养沃土秦皇岛,有这样一座培养白衣天使的摇篮——秦皇岛市卫生学校,她以其独特的魅力走过了45年的风雨历程,为国家培养了3万余名医疗卫生技术人才和管理人才。

从这所学校走出的毕业生,遍布秦唐、津京等地的各级医疗卫生单位,很多已成为大中型医院的中坚力量及基层各卫生院所的领导和骨干。

护理学高级讲师李秀玲为护理新生授帽。

## 四十五载风雨　　锐意进取

秦皇岛市卫生学校的前身是建立于 1975 年的"秦皇岛市卫生局七二一大学"（"七二一大学"，是"文革"历史时期的产物，后统一改称"职工大学"。1968 年 7 月 21 日，毛泽东在《人民日报》关于《从上海机床厂看培养工程技术人员的道路（调查报告）》的编者按清样中加写了这样一段话："大学还是要办的，我这里主要说的是理工科大学还要办，但学制要缩短，教育要革命，要无产阶级政治挂帅，走上海机床厂从工人中培养技术人员的道路。要从有实践经验的工人农民中间选拔学生，到学校学几年以后，又回到生产实践中去。"这段话后来被称为"七二一指示"。当年 9 月，上海机床厂为贯彻"七二一指示"，创办了"七二一大学"。此后，这种学制和教学模式逐步向全国推广。1975 年 6 月，教育部在上海召开全国"七二一"工人大学教育革命经验交流会。这次会后，"七二一大学"在全国获得突飞猛进的发展。据新华社 1976 年 7 月 21 日报道，全国"七二一大学"从 1975 年上半年的 1200 所、9 万多人，猛增到 1.5 万多所、78 万多人。另据《中国教育年鉴》记载，截至 1976 年年底，全国共有"七二一大学"33374 所，学生 148.5 万人，是同期普通高校学生数的 3 倍之多）。1979 年 7 月，学校改为"秦皇岛卫生进修学校"，位于海港区建设大街路北。1984 年 12 月，学校经河北省教委批准扩建为"秦皇岛市卫生职工中等专业学校"，校址位于海港区服务里 29 号，与秦皇岛市卫生局共用，并于 1985 年在昌黎县设分校区。学校有教职工 45 名，在职脱产学生 155 人，设有医士和护士两个专业。

1988 年 11 月，学校经河北省教委批准定名为"秦皇岛市卫生学校"，设有医士、护士和预防医学 3 个专业，批准办学规模为 720 人。1988 年年底，学校由政府批准划拨了海港区西盐务的土地，作为新校址。1993 年，学校正式迁入海港区燕山大街 400 号新校址。建校之初，在资金严重不足、地理环境恶劣的条件下，全校师生以艰苦奋斗、自力更生的创业精神，肩扛手推，硬是在一片废墟上建成了一所初具规模的普通中专学校。

2001 年，学校经河北省教育厅批准成为"华北煤炭医学院秦皇岛分院"。2015 年 4 月，学校又随"河北联合大学"更名为"华北理工大学秦皇岛分院"。

四十五载风雨兼程，几代人锐意进取，秦皇岛市卫生学校遵循"团结、勤奋、求实、创新"的校训精神，始终秉承"以科学发展为指导，以市场为导向，以质量求生存，以创新求发展"的办学理念，坚持从严执教、从严治校，走自力更生、艰苦创业、滚动发展的办学之路。

经过 45 年的探索创新与改革发展，学校逐步形成普通中专、全日制专科、五年制高职、成教专本科齐头并进和医疗卫生培训长短期结合的办学发展格局，办学条件逐步加强，办学水平全面提高。学校自 1993 年开始相继与河北医科大学、天津医科大学联办全日制临床医学、护理学专科。2001—2014 年，学校又与华北理工大学（原华北煤炭医学院）联办医学专科，先后开设护理学、临床医学、口腔医学、医疗美容技术、医疗器械使用与维修、公共事业管理、家政服务 7 个专业，全日制高等专科在校生最多时达 2070 人，占当时在校生总数的 56.7%，为社会培养各类专科生近万人。

学校现有教职工 210 人、在校生 5000 余人，拥有与国家管理系统网络互通的校园网，设备先进的护理、临床、基础学科实验室、实训基地和附属医院，以及语音室、微机室、多媒体教室、电子阅览室、电化教学控制中心等现代化教学设施。

不同时期的学校校门

近年来，学校在中职教育招生逐年萎缩、全日制专科办学由于政策原因停招的紧迫形势下，聚焦市场，瞄准主业，锐意改革，抓内涵、创特色、求发

展，不断更新办学理念、创新办学模式、转变办学机制。学校的招生人数和就业率连续多年保持在秦皇岛市同级别学校前列。学校先后被国家、省、市各级主管机关评定为"国家级重点中等职业学校""国防教育特色学校"，河北省"文明单位""文明校园""职业教育与培训先进单位""职业教育与成人教育先进单位""志愿服务工作先进单位"等。

## 特色办学　特色专业

承特色学府之德泽，铸学校发展之辉煌，秦皇岛市卫生学校始终注重特色办学，打造特色专业，这是几代人不断探索形成的学校财富，更是学校的优势。

护理学专业是学校的老牌专业，也是学校办学历史最长、招生数量最多的专业，是秦皇岛市示范专业和河北省骨干专业，在唐秦地区一直享有盛誉。学校在理论教学和实践教学上，都形成了具有先进护理理念、护理文化和过硬护理技能的教育教学特色。学校不断加大护理专业建设力度，建立了国内先进、省内一流的护理实训基地，教学中强化实践技能培养，突出日常教学的仿真训练。学校每年进行为期一个月的全天候岗前培训，按河北省技能考核标准，从操作技能、仪态仪表、护患沟通三方面进行台阶式训练，实现了教学与岗位需求的"零对接"。2008年、2010年，学校被评为"河北省临床技能考核成绩优秀学校"。2013年，在全国职业院校护理技能大赛中，学校的2名参赛学生分获中职组一等奖和三等奖，实现了河北省在全国此项大赛中的历史性突破。2014年，在河北省中等职业学校护理技能大赛中，学校的两支代表队分获大赛团体一、二等奖，4名学生获一等奖。此后，学校连续三年作为唯一代表队代表河北省参加全国职业院校中职组护理技能大赛，4人获一、二、三等奖，为河北省争得了巨大荣誉。目前，学校的护理学（老年护理）专业已被国家教育部、民政部、国家卫生计生委联合确定为"首批全国职业院校养老服务类示范专业点"，河北省仅有两所院校入选。

在不断夯实原有护理品牌专业的同时，学校针对国家大力发展养老产业、秦皇岛市强势发展生命健康产业的人才培养需求，积极转变思路，不断拓宽专业口径，提升专业层次。在深入各大医院和养老、康复机构进行市场调研的基础上，学校探索并调整专业方向，新申办康复技术、营养与保健两个专业，2017年已获批招生。2018年，学校又与"河北化工医药职业技术学院"联合办学招收（3+2）药学、（3+2）药品经营与管理专业，并在"秦皇岛市渤海科技中等专业学校"开辟了新校区，使联合办学学校达到了 5 所，学校（3+2）高职专业增至 3 个、中职专业增至 7 个。为强化专业建设，学校还组建了护理专业（康复养老方向）、中医专业（按摩保健方向）、药剂专业（药品营销与管理方向）等教学管理团队 8 个，强化康养护理人才培养力度，加快实施产教融合步伐。2015 年，学校被评选为"京津冀养老专业人才培养产教协会成员单位""京津冀卫生职业教育协同发展联盟理事单位"。

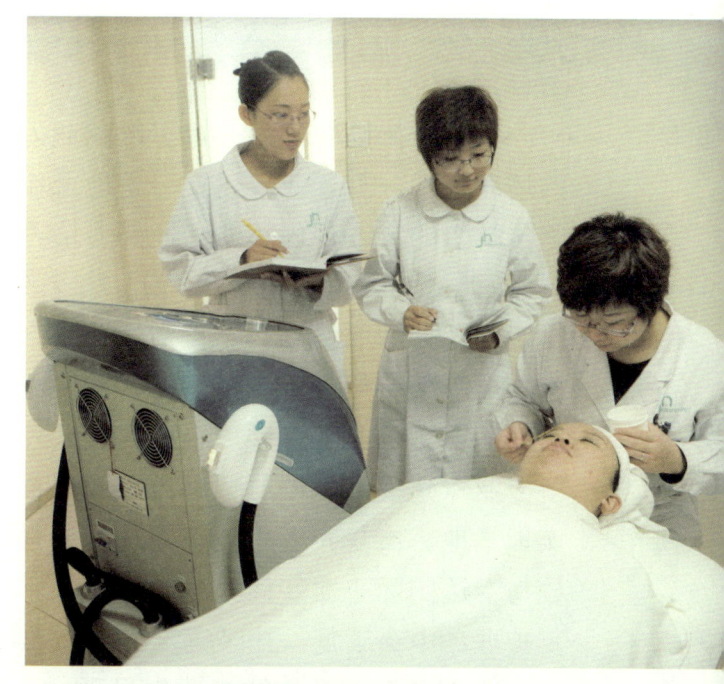

学校学生在皮肤护理教学课堂上学习。

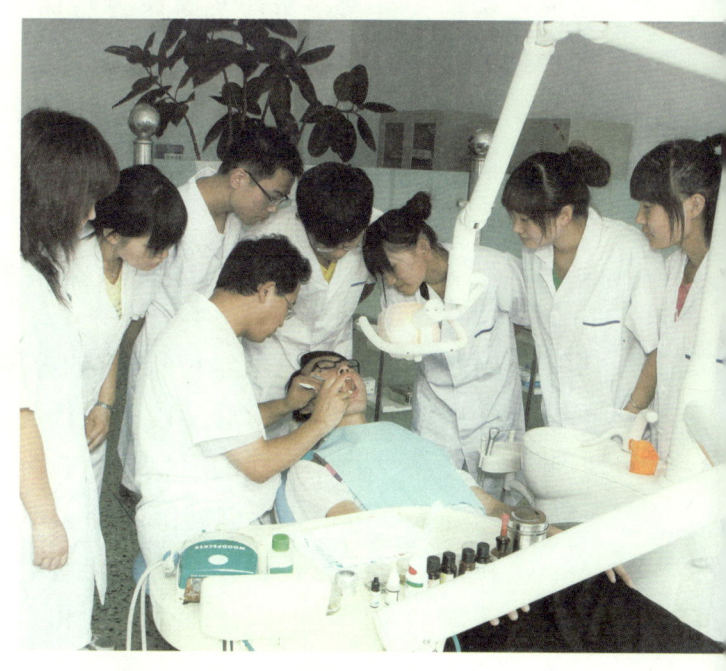

目前，学校开设有（3+2）高级护理、（3+2）药学、（3+2）药品营销与管理、护理学、中医学、药剂、医学检验技术、口腔修复工艺、康复技术、营养与保健等专业。学校坚持"人无我有，人有我优"的特色创建根本，坚持"厚基础、宽口径、强能力、重特色"的人才培养理念，构建应用型、技能型人才培养模式，以满足社会行业急需为目的，以综合素质教育为核心，以提升岗位业务能力为重点，以强化应变能力为关键，以产学结

学校学生在口腔检查教学课堂上学习。

合为途径，紧紧围绕人才培养目标，将教学、科研、培训和社会服务紧密结合。

学校坚持以服务为宗旨、以就业为导向，积极探索校企合作、工学结合的培养模式，与行业共建实习基地合作办学，突出实用性和专业特色，着力强化学生的实践与创新能力，努力培养社会需要的高素质医疗康养人才。学校先后与北京、深圳、海口等市20余家机构签订合作协议，形成了"基地＋实习＋就业"的格局。学校与企业联合开展专业课程建设，邀请北京依缘健康管理有限责任公司、秦皇岛精方健康管理有限公司等企业导师到学校为中医、护理等专业学生讲授企业实践课程。为大力发展学校全国养老服务类示范专业点建设，学校与秦皇岛市海蓝科技有限公司合作建设校医院康复治疗实训基地、康复养老实训基地。为加强康复护理相关专业实训能力建设，学校与泰达国际心血管病医院、河北晓示医疗器械有限公司等企业合作建设康复护理、中医康复、社区康复等校外实训基地。

特色办学使学校的毕业生呈现供不应求的良好态势，遍布唐秦及京津、海南等地，许多学生成为各医疗院所骨干。仅秦皇岛市第一医院就有51%护理人员来自学校，有32人担任科主任、护士长职务。在生源减少、中职兄弟院校招生专业激增、地方招生保护等严峻形势下，学校的招生人数依旧取得了喜人成绩。

## 夯实根本　彰显人文

回顾秦皇岛市卫生学校45年的办学历程，"靠什么生存，靠什么发展，靠什么取胜"始终考验着学校一代代决策者和每个卫校人的睿智与勇气。为此，学校在"办什么样的卫生职业教育、如何办好学校""培养什么样的人、如何培养人"等根本性问题上进行了不懈的探索。

特别是近年来，学校不断深化对学校办学定位和发展思路的认识，确立了为医学教育、社会医疗卫生事业和生命健康产业的发展提供人才支持、技术服务和智力支撑的办学定位和发展目标，努力把学校建设成为规模适度、结构合理、质量上乘、特色鲜明的医学院校。

2014年以来，面对发展机遇和挑战并存的现状，学校围绕京津冀协调发展战略，以助力省市大力发展健康产业为重点，大力谋求学校转型升级突破口。学校先后与美国加州多米尼肯大学、中国老龄事业发展基金会、协和医学院护理学院、北京大学秦皇岛科技产业园区、山东力明教育集团等多所高校和单位联系，就创办高职学院、养老护理人员培训基地和康复中心等合作项目进行深入洽谈，积极寻求学校转型升级的突破口。学校强力助推"北戴河健康职业学院"建设，与北京赛伯乐绿科集团多次对接洽谈，草拟合作办学框架协议，使项目成功列入河北省高等学校设置"十三五"规划。

学校注重发挥医疗职业教育服务社会作用，先后与唐秦地区卫生、民政等部门合作，进行各类人员岗位和专业培训工作，开办公共营养师、育婴师、保健按摩师、心理咨询师等技能短训班和护士资格证考前辅导班，为社会培训各类人员9100余人。学校与河北医科大学、河北中医学院、北京大学医学部、华北理工大学联合开办专科、本科成人教育，开设护理学、临床医学、药学、中医学、中药学、中西医临床医学、针灸推拿、康复治疗学等专业，近年来共培养学生3500余人，现有成人教育在校学生800余人。学校还与华北理工大学研究生院合作开办研究生学历进修班，为本市和周边地市医务人员学历进修服务。

学校教师赴美国进修。

学校学生在英国带薪实习。

人才是事业发展的基础，学校坚持"让环境留人、用事业养人、让效益鼓励人"的人文精神，不断引进人才、培养人才。在人才培养模式上，学校在人文精神、科学素养、创新能力三者统一的基础上，大力支持和鼓励教师进行学历深造、进修，开展课题攻关和参加各类教学技能比赛，并通过开展优质课评比、优秀教师经验交流会、"我心目中的好老师"评选、师德师风

报告会等活动不断提高教师综合素养。学校现有专任教师192人，中高级职称占93.8%，有全国模范教师1人，省级骨干教师1人，省级教学名师1人，市政府认定的学科带头人和市职业教育骨干教师19人。2015年，学校6名教师分获国家和省级"创新杯"教师教学比赛一、二等奖。2016年、2017年，学校教师连续获得河北省中等职业学校信息化教学大赛一、二、三等奖。

学校学生到社区义诊。

  学校注重内涵发展，让文化育人的理念涌动出无穷的张力。网站、微信公众平台、触摸屏、电子显示屏、灯箱、广播、展牌、墙报、文明提示语等载体，使理想信念、爱国爱党、文明礼仪、遵纪守法、诚实守信、节约环保、成长成才、职业道德等教育随处可听、可见、可感。"5·12国际护士节暨职业教育活动周"主题活动、"实践中国梦，青春勇担当"暑期社会实践等一批彰显学校特色和亮点的文化品牌教育活动，促进了师生健康成长。

  学校始终重视社会公益事业，充分发挥医学专业的优势服务社会。学校有注册师生志愿者200名，常年面向社会开展送医送药、保护环境、敬老爱孤、助学支教、无偿献血等服务项目。学校师生志愿者先后到卢龙县燕河营镇梧桐峪村进行免费体检，到秦皇岛市特殊教育学校开展"国际特奥会东亚区区域健康计划筛查"服务，到海港区东华里社区开展关爱空巢老人、"全民健齿，爱我口腔"、为残疾人做康复治疗等公益活动。学校连年获河北省"优秀志愿服务组织奖""教育系统志愿服务先进单位"等荣誉。

  四十五载的披荆斩棘、励精图治，刀刻斧凿般地镌刻在秦皇岛市卫生学校前行道路的里程碑上。在卫校人的内心深处，岁月如歌，那一道道的记忆印痕，谱写的是奋斗，是跋涉，更是激励他们一往无前的不竭动力。展望未来，面对充满希冀的新时代、新征程，秦皇岛市卫生学校将一路奋进、一路高歌，不断为更加广阔的康养沃土孕育白衣天使。

（王佳佳）

# 技能本位　厚德强能

## 秦皇岛市中等专业学校

在改革开放春风的吹拂下，在潮涨潮落的嬗变中，一所现代化的职业学校——秦皇岛市中等专业学校，历经两次合并，办学规模不断壮大，现已发展成为国家级重点中等职业学校。

"技能本位，厚德强能"，回首40年的成长道路，这里留下了脚踏实地、奋进创新的足迹……

1983年6月21日，秦皇岛市第五中学高三（三）班（缝纫班）毕业留念。

# 三所学校　两次"合流"

如同一条流淌不息的河,由不同的支流汇聚而成,秦皇岛市中等专业学校源于三所学校的两次"合流"。

三所学校分别是:"秦皇岛职业中专"(前身为秦皇岛市第五中学职业高中)、"秦皇岛市第一职业中学"(前身为秦皇岛市第七中学职业班)、"秦皇岛市经济管理干部中等专业学校"。

第一次"合流"是由"秦皇岛职业中专""秦皇岛市第一职业中学"合并为"秦皇岛市职业教育中心";第二次"合流"是由"秦皇岛市职业教育中心""秦皇岛市经济管理干部中等专业学校"合并为"秦皇岛市中等专业学校"。

20世纪70年代,"秦皇岛市第五中学"还是一所普通中学,坐落在海港区道南文化路与光明路交叉路口。小小的校园里有红红火火的校办工厂,修建了秦皇岛市第一个水泥地的篮球场,体育运动队远近闻名。1978年4月,邓小平在全国教育工作会议上发表重要讲话,讲话中提到一个关键点:要扩大农业中学、各类中等专业学校和技工学校的比例,要加大职业教育的比例。这也是全国教育工作最高会议中,第一次将职业教育改革作为重点阐述。秦皇岛市积极响应国家的号召,组织各学校进行职业教育的探讨。"秦皇岛市第五中学"由于有校办工厂和体育班而显出特色,当年的学校领导班子也有探索职业教育的情怀,所以,1980年8月,"秦皇岛市第五中学"增挂职业高中的牌子,秦皇岛市第一所职业高中应运而生。建校之初,学校尝试开设了美术、缝纫、工业会计、工业统计4个专业。全校教职工拧成一股绳,研究职业教育的规律和人才培养目标,边探索边实践。学校曾用校办工厂的创收,给每个教职工发当年最流行的"迪卡"面料,由缝纫班学生负责制作服装。3年后,职业高中的首届毕业生走上社会,优秀的会计、统计专业学生被秦皇岛市财政局录用,缝纫专业的学生进入秦皇岛市缝纫一厂和二厂就业,美术专业的学生到中国标准出版社秦皇岛印刷厂就业……职业高中的首届毕业生深受用人单位的欢迎。1984年,秦皇岛市成为首批沿海开放城市之后,急需旅游专业人才,在这种形势下,1985年,"秦皇岛市第五中学"改建为"秦皇岛市职业中专学校",增设了旅游专业。随着社会对旅游人才需求的多样化,学校又逐渐将单纯的旅游专业细化为旅游导游、旅游财会和宾馆服务与管理三个专业。"秦皇岛市职业中专学校"为秦皇岛培养了第一批旅游专业人才，在秦皇岛市旅游业发展史上留下了浓墨重彩的一笔。

前面提到，1980年8月，秦皇岛市有了第一所职业高中。但是面对新的国家建设和社会发展的需要，秦皇岛市仅有一所职业高中已经无法满足技能人才需求。1982年，"秦皇岛市第七中学"开设职业班，创办了幼教专业。1987年，在"秦皇岛市第七中学"附设的职业班基础上成立了"秦皇岛市第一职业中学"，开设了幼教、文秘、办公自动化、计算机等专业，其中，幼教专业逐渐发展成为学校的骨干专业，成为秦皇岛市幼教人才培养基地。同年，国家教委副主任王明达来校视察时为学校题词："大力发展职业技术教育，为振兴秦皇岛经济服务"。1990年，学校被河北省人民政府授予"全省职业技术教育先进单位"称号。1991年，学校被河北省教委授予"河北省示范性职业技术学校"称号。

秦皇岛市作为环渤海地区的重要港口城市，在经济大发展的历史机遇下，不仅急需各方面的技能人才，也急需经济方面的人才。1983年，"秦皇岛市工交干校"成立，开设经济管理专业，为企业、厂矿的管理人员进行培训教育。1985年，学校更名为"秦皇岛市经济管理干部学校"。1988年，学校又更名为"秦皇岛市经济管理干部中等专业学校"。1989年，学校新校址落成，结束了没有自己校舍的历史。6年的创业过程中，学校始终在租赁校舍、颠沛流离中艰难发展，却为秦皇岛市中小型企业培训了大批管理人才，这些基层管理人员成为秦皇岛市经济建设中的一支生力军。1993年，随着经济形势的发展变化，学校调整办学方向，面向初中毕业生开设普通中专市场营销班，中专教育与成人学历教育并重发展，拓宽了办学渠道，学校进入快速发展的新阶段。

1987年，国家教委原副主任王明达为学校题词。

1989年,"秦皇岛市经济管理干部中等专业学校"举行新校址落成典礼。

为进一步整合教育资源,扩大办学规模,使职业教育在经济建设中发挥更大的作用,1996年,秦皇岛市政府决定强强联合,将秦皇岛市的两所重点职业学校——"秦皇岛市职业中专"与"秦皇岛市第一职业中学"合并为"秦皇岛市职业教育中心"。学校成立后,本着"四位一体"的原则,招收普通中专、职业中专、技工和职业高中学生。两校优势专业互补,旅游、幼师、办公自动化、文秘、电工电子等专业的办学能力均在河北省名列前茅。1999年,学校获"河北省重点职业教育中心(职业高中)"称号。

2000年后,全国职业教育滑坡,职业学校办学陷入低谷,为寻找新的办学出路,2001年,秦皇岛市政府又决定将"秦皇岛市职业教育中心"与"秦皇岛市经济管理干部中等专业学校"合并为"秦皇岛市中等专业学校"。

几经风雨,千锤百炼,历史的航船载着职教人驶进更宽广的河流……

## 企业课堂 订单培养

经过几代人的不懈努力,秦皇岛市中等专业学校已绵延成一条流淌不息的大河,河流跃动着上下求索的脉搏,积淀成一首激昂雄浑的乐曲。

如今,学校已成为办学实力强劲、办学资源丰厚的国家级重点中等专业学校,为河北乃至全国源源不断地输送一批又一批的优秀人才。学校开设学前教育、旅游服务与管理、会计电算化、机电设备安装与维修、汽车运用与维修、机械加工技术、计算机应用技术、运动训练等8个专业,现有在编教职工213人，全日制在校生2997人，成人学历教育在校生1199人。

近几年来，学校坚持"以服务为宗旨，以就业为导向，以质量求生存，以改革求发展"的指导思想，依托企业，开放办学，深化改革，追求特色，形成了质量至上的发展观、技能本位的教学观和厚德强能的人才观，形成了"敬业、爱生、创新、博学"的教风，"感恩、诚信、勤奋、自强"的学风，"立德树人"成为师生共同的核心理念。

学校改革与发展取得了显著突破，相继被授予"北京2008奥林匹克教育示范校""国家级语言文字规范化示范校""河北省依法治校示范校""河北省中等职业学校文明礼仪教育先进学校"等称号。

现代化教学手段，是铺就优质人才的基石。秦皇岛市中等专业学校建有3栋教学楼、1栋办公楼、1栋实训楼、2栋学生公寓和餐厅等基础设施，建有学前教育、旅游、会计电算化、电子电工、机械加工、汽车等7个实验实训基地，专业实训室92个，教学设备先进、技术领先，在满足学生教学实训的基础上，能保证学生完成所学专业的职业技能训练和鉴定。校园网互联互通，教室、实训室全部安装电子白板、一体机多媒体设备，构建了信息化教学平台。

学校主动适应经济建设和社会发展

"秦皇岛市职业中专学校"举行首届专业技术比赛。

20世纪90年代，学生步出"秦皇岛市职业中专学校"校门。

20世纪90年代，"秦皇岛市第一职业中学"校门。

需要，动态调整专业设置，形成了具有办学实力和社会影响的骨干专业和特色专业。其中，旅游服务与管理专业是国家级示范专业、省级特色专业，办学上探索"工学结合、半工半读"的培养模式；学前教育专业是省级骨干专业，发展规模与教学质量均在河北省名列前茅，毕业生成为秦皇岛市幼儿教育的骨干力量；电子信息技术专业是中央财政重点支持建设的专业、省级骨干专业，培养游戏动漫等市场紧缺人才；汽车运用与维修专业，把课堂设在汽修车间，专业实训教学在市机电公司等企业完成，培养的毕业生素质高、技能强，受到企业欢迎。

2006年6月15日，学校与秦皇岛戴卡轮毂集团举行深化校企合作揭牌仪式。

2018年3月23日，学校与北京首旅集团举行校企合作签约仪式。

学校积极探索校企合作新机制，按照"企业冠名培养、校企互为基地"的校企合作人才培养模式，学校先后与35家知名企业、幼儿园签订订单培养协议，与中信戴卡轮毂制造股份有限公司共同成立"戴卡学校"，与北京京东方科技集团、北京首旅建国酒店管理有限公司、北京电信发展有限公司、北汽福田有限公司等企业联办冠名班。教学中，学校聘请企业、行业专家组成专业建设指导委员会，共同制订人才培养目标和方案，并通过师生到企业实践、企业参与学校教学等方式，使企业参与学生培养的各个环节。2014年以来，学校与京东方科技集团股份有限公司签订长期合作协议，成立"京东方班"，每年为京东方集团定向培养机械加工、机电设备安装与维修专业技术人才。"京东方班"由校企双方共同管理，设立"京东方奖学金"，在完成学校专业教学的同时，开设"职场礼仪""职业心态""打造高效团队"等京东方企业课程，构建校企融合的班级文化，培养学生团队意识，提高学生职业素养。几年来，校企共同培养的人才，实现了与企业岗位需求的有效对接，受到用人单位的欢迎。

学校还抢抓京津冀协同发展的新机遇，与360家企事业单位建立合作关系，形成了以秦皇岛市为中心，以环渤海经济圈为重点的就业网络，把更多的学生安置在京东方科技集团股份有限公司、戴卡兴龙轮毂制造有限公司、秦皇国际大酒店等工作环境好、福利待遇高的企业。近三年学生就业率始终保持在96%以上。

2015年以来，学校又积极推进中高职衔接培养模式，与石家庄幼儿师范高等专科学校、邢台职业技术学院联合办学，按照"3+2"分段培养模式，共同培养学前教育、旅游服务与管理、汽车运用与维修专业学生。"3+2"分段培养模式为学生打通了继续深造、提升学历的快捷通道。

## 有效教学　　激情创新

针对课堂教学中的无效、低效现象，秦皇岛市中等专业学校根据学生就业、升学、"3+2"等不同培养模式的需求，定位学生的终身发展，实施"有效教学模式"改革。"有效教学模式"遵循"三适"——适性、适量、适时，追求"三效"——有效果、有效益、有效率，重点强调"五要素"——教学目标、教学内容、教学场景、教学方法、教学评价。2016年，学校"有效教学模式"改革获得河北省教学成果二等奖。2017年，学校组织了全员参与的信息化有效教学大赛，进一步推动改革成果在实践中的普及和应用。

秦皇岛市中等专业学校始终秉承"特色立校、质量强校"的办学宗旨，以"学会求知、学会做事、学会共处、学会做人"为育人目标，全面培养学生的职业理想、职业精神和职业规范，在普及艺术教育、课程体系建设、校园文化建设等方面形成独有的办学特色。

学校艺术选修课的开设，深受学生的欢迎和喜爱，形成学校的办学特色和亮点。2012年，学校借助艺术师资和设备的优势，把艺术课程开设为各专

秦皇岛市中等专业学校校门及主教学楼（2018年拍摄）

业的必修课，努力让每个学生都成为艺术教育的受益者，成为一专多能、身心两健的阳光青年，成为符合经济社会发展需要的复合型人才。

作为河北省学分制试点校、半工半读试点校，学校大力推进"工学结合、校企合作"人才培养模式，探索以项目为载体的"做学教"一体化教学，按照职业岗位的要求设置核心课程，对应岗位技术标准选择开发教材，构建了以能力为本位、以职业实践为主线、以特长发展为特色的模块化课程体系。学校建立开放课堂，把企业专家、家长和学生引入课堂评价，从不同角度查找问题，对症下药，建立符合学校学生特点、与企业人才需求相吻合的有效教学模式。近年来，学校承担省（部）级以上教学科研课题10项；两个团队分获河北省教学成果二、三等奖；校本教材开发独具特色，20册教材获省级奖励，《舞蹈基础》《钢琴基础》两本教材由北京理工大学出版社正式出版，在教材中引用"互联网＋"技术，扫描书中二维码即可观看视频、收听音频等延展资源，激发了学生的学习兴趣。

学校构建具有职业教育特色的校园文化。以环境文化建设为突破口，以文化活动为载体，学校把企业文化和经营理念引进校园，纳入教学体系和教育活动之中，校企共建具有职教特色的校园文化，这不仅成为学校工作的亮点，而且被确立为职业教育研究的国家级课题。经过近三年的研究与探索，学校主编出版的《优秀企业文化精粹》一书，已被确定为职业院校通用教材。学校"把师傅请进校园，让师生感受工厂"，通过邀请知名专家、企业家和能工巧匠来校讲学、授课，开设企业文化精品课程，班级以企业命名，以及穿工装、佩胸卡等方式，将发展理念、品牌意识和争先创优的企业精神引入校园，通过有效的文化对接，培养学生的职业道德、职业行为习惯和遵纪守法、诚信守时、团队合作的职业意识。

2016年，《中国教育报》两次报道学校的特色办学亮点。

## 名师荟萃　桃李芬芳

近年来，学校实施"名师带动工程"，建立首席教师、骨干教师评定制度，成立专业带头人冠名工作室，发挥引领、示范作用。

按照"教师像师傅"的要求，学校建立校企共同培养机制，教师深入企业一线，采取顶岗实习、工作实践、合作开发、调查研究等形式提高专业教学能力。

学校重视全员培训和继续教育，近年来，有4名教师赴奥地利、德国和新加坡参加培训，80名教师参加国家级、省级骨干教师培训，49名专业教师到武汉、金华、青岛等地的职业院校开展对标学习。学校还定期邀请赵志群教授、张学政教授、谢勇旗博士等国内知名教育专家进行专题讲座，扩大教师视野，着力提高教师队伍的整体素质。

经过培养和锻炼，学校一批教学骨干脱颖而出，27人获得国家级、省、市级职教名师、教学能手称号，旅游服务与管理、学前教育和电子信息技术专业教学团队分别被评为河北省优秀教学团队。近年来，学校有9名教师获国家级奖励，35名教师获得省级奖励。其中，王丹丹、王心雨老师获全国"创新杯"说课大赛一等奖；杨冬梅老师获全国职业教育信息化大赛二等奖；王心雨、马艳老师获全国职业教育信息化大赛三等奖。

名师荟萃，各有所长。韩云老师是全国职教名师，中国舞蹈家协会会员，秦皇岛市舞蹈家协会副主席，2016年创编的舞蹈《畲妮儿乐》获全国第五届中小学生艺术展演二等奖。温雅静老师是河北省骨干教师，学校语文教研组组长，曾获全国信息化大赛三等奖。呼海英老师是学校旅游与服务管理专业学科带头人、教研组组长，曾获河北省信息化大赛一等奖，主持完成国家级课题《精品课程建设促进职业教育优质教学路径研究》。甘全辉老师是河北省技术能手，学校电子技术应用专业学科带头人、教研组组长，曾获河北省教师技能大赛第一名，主持完成国家级课题一项。

40 年来，学校深深扎根于秦皇岛这片沃土，始终把培养优秀人才作为自己的使命，收获了才俊满园、硕果芬芳。

学校毕业生田毅，曾是第七届 CCTV 全国青年歌手大奖赛金奖得主，现为空政歌舞团歌唱演员、国家一级演员。

学校是秦皇岛市旅游人才成长的摇篮。学校毕业生刘强现任友好商务国际旅行社总经理；单森林现任河北天粮餐饮管理集团华东和华南地区经理；张鲁刚现任蜀川天府酒店总经理；陈宝辉从酒店服务生做起，经过多年奋斗，开办了"秦皇岛老转村"大酒店；胡继英、毛志刚共同创办的神州旅行社，现已成为秦皇岛市知名旅行社。

秦皇岛市各幼儿园的师资 90% 以上毕业于此，百余名优秀毕业生成长为园长。学校毕业生左宁现任秦皇岛市启航幼儿园园长；段君红现任文化里幼儿园园长；王晓颖现任新一路幼儿园园长；高玉现任贝尔首府幼儿园园长；黄丽丽创办宝宝乐幼儿园；杨悦创办蓓蕾幼儿园。

学校电子工业类专业培养了大批熟练掌握专业技能的通用型技工人才。2009 届数控专业"戴卡班"毕业生高强，毕业后进入订单企业戴卡轮毂集团工作，从一线技术工人做起，逐步走向中层领导岗位，现为戴卡轮毂集团山东办事处经理。

菁菁校园留存下青春学子的成长足迹，他们在母校学习期间形成的正直纯朴、自强不息、勤劳刻苦、敢于超越的优秀品质，指引他们走向更加精彩的人生之路。

潮起海天阔，扬帆正当时，充满活力与魅力的秦皇岛市中等专业学校，正以办学四十载的雄厚底蕴，载着社会对职业教育的重托，攻坚克难，开拓创新，向河北领先、全国一流的办学目标鸣笛起航，砥砺前行。

（李　洋）

# 中学
ZHONGXUE

# 九秩芳华　逐梦百年

## 秦皇岛市第一中学

> 海涛濯日绚文明，美舶欧轮萃所精。
> 港岛秦皇声蔚起，临榆学校卓时名。
> 属区归县拥桃李，附小标中植莪菁。
> 数仞门墙乐溢溢，鹏程万里正飞鸣。

这是秦皇岛市第一中学首任校长范保详为学校撰写的校歌歌词。

2019年6月，在秦皇岛市第一中学建校90周年之际，范保详的嫡孙范斌，代表家族献上刻有其祖父肖像和箴言的铜鼎，"礼义廉耻，国之四维"八字箴言，传递着老校长的旷世教诲……

九秩芳华，逐梦百年，乘燕山之势，腾渤海之波，秦皇岛市第一中学正日益成为冀东大地莘莘学子实现梦想的殿堂，明日之星从这里升起，理想的风帆在此处启航。

1936年，学校第一任校长范保详与学校女生在校门前合影。

## 追忆往昔　峥嵘岁月

秦皇岛市第一中学诞生于 1929 年 5 月 8 日，其前身为"临榆县立初级中学校"，校址位于河北大街 190 号。学校最初仅 40 余名学生、8 位老师，范保详先生是第一任校长。1932 年 7 月，学校第一届初中生毕业。此后，学校每年都有毕业生走出校门。

在 1929 年建校至"文化大革命"结束的近 50 年间，学校饱受新旧两个社会风雨的洗礼。

解放前的学校由小到大，与时俱进，学校师生积极参与中国人民的解放事业。20 世纪 30 年代初，学校曾罢课、贴大标语反对旧政府的"参加童子军必须剃光头"的做法。日军占领东三省，学校部分学生由老师带领上街散发传单，高呼口号"洗清国耻"。1939 年 8 月，90 名新生入学，学校由"单轨"（1 个班）变为"双轨"（2 个班）。日伪时期，校长范保详与中国共产党地下工作人员联系，协助提供情报，学校为革命根据地输送 8 名进步学生。此后，范保详被抓到日本宪兵队，经家属多方营救方得释放。1943 年 8 月，110 名新生入学，学校轨制由"双轨"（2 个班）增至"三轨"（3 个班），男生 2 个班，女生 1 个班。1946 年 3 月，临榆县教育局郭督学到校视察工作，借故殴打学生，激怒广大师生，全校罢课。学生自治会主席刘寿元率领学生代表到开滦路临榆县驻秦办事处请愿，提出两个条件：一是撤郭督学的职，将其驱逐出秦皇岛；二是撤杨继良教务主任职务。最终，学生罢课大获全胜。

在日伪时期和国民党统治时期，学校走过了坎坷的道路。学校先后历经范保详、苏克复、高旭、王再生、范伯平、申东原等任校长、代校长，共培养了 1216 名初中毕业生。

1948 年 11 月 27 日，秦皇岛解放。解放后，秦皇岛建市制，人民政府派人接管学校，组建了以禹贯中为校长的领导班子，向社会招聘了一部分教师，与原秦皇岛商会创办的"达仁学校"合并。1949 年，学校名称改为"河北秦皇岛中学校"。1949 年 3 月 5 日，学校举行了解放后的第一次开学典礼，秦皇岛市市长王植范、副市长李虚哲到场致贺。同年 8 月，300 名新生入学，学校增至"六轨"（6 个班）。

解放后，学校校址搬迁，校名几经变更。1951—1954 年间，学校逐步迁入海港区文化路 49 号。1952 年暑假，依照河北省教育厅安排，学校首次招

1949年3月，学校师生解放后的第一次开学典礼合影。

1949年，学校解放后的第二届毕业生合影。

收高中2个班学生，校名改为"河北秦皇岛第一中学校"，成为秦皇岛市唯一的一所完全中学。1955年，学校被确定为河北省重点中学，在唐山地区所辖范围内的市县招生，归属河北省教育厅直接领导。1958年"大跃进"时期，学校与"抚宁大学"合并，改名为"秦皇岛大学"。1959年冬，国家对大专院校进行调整，校名恢复为"河北秦皇岛第一中学校"。1963年，学校重新被定为河北省重点中学。"文化大革命"开始后，1968年，秦皇岛市工业技

1950年7月，学校第二期三甲班师生毕业合影。

1959年7月，"秦皇岛大学"电机班全体师生合影。

术玻璃厂派驻学校工宣队,学校一度更名为"秦皇岛工业技术玻璃厂中学"。"文化大革命"结束后,1978年,学校改名为"秦皇岛市第一中学",并再次被河北省政府确定为省重点中学。

学校以教书育人为己任,教育学生爱祖国、爱人民,成为祖国建设的有用人才。丰富多彩的校园生活给学子们带来诸多欢乐:宽阔操场上竞技锻炼强健体魄,阶梯教室里阅览图书如饥似渴,排排青砖碧瓦间活泼嬉戏,大礼堂共听元旦钟声何其欢乐……

毋庸讳言,这里也曾有过"大跃进"建高炉大炼钢铁的唐突,"三年自然灾害"期间组织学生上北山采集树叶充饥的苦涩。"文化大革命"期间,同所有学校一样,学校停课"闹革命",教学秩序受到重创,出现1968年夏初、高中6个年级同时毕业离校的状况,史称"老三届"。曾有学生在一首名为《母校,我对您说》的诗中泣诉:

母校,"文革"中我对您说,为什么我们不再上课?辩论、撒传单、上街游行,远离了教室和心爱的课桌。亲爱的老师,尊敬的校长啊,您也被卷入狂澜无可奈何。学校内混乱一片狼藉,同学反目势如水火。我们含泪"毕业"离校,奔向农村、工厂、荒原、大漠。"老三届"成为我们的名号,挥洒青春,岁月蹉跎。

这首诗真实地反映了那个时期学校学子的心声,但学校在"文化大革命"之前,良好的学习环境、优秀师资的教诲呵护,使学子们得到了良好的教育,终身受益。

春风化雨,桃李芬芳,回忆起在学校上学的经历,早年的毕业生无不引以为自豪。他们通过严格的考试脱颖而出,步入这所重点中学读书,是学生之中的佼佼者。在学校学习期间,他们受到良好的教育。许多学子由这里考入大学,步入社会,成为祖国建设的栋梁之材。如曾担任北京大学信息管理系教授的徐克敏(1947届初中毕业生),曾任北京市公用局副总工程师的张鸿贺(1950届初中毕业生),国家一级演员、著名歌唱家刘秉义(1951届初中毕业生),中国石油地质专家、曾任中国石油总公司南方石油公司教授级工程师的范泰雍(1952届初中毕业生),从事航天工作40余年、曾任航天工业总公司七〇一所研究室主任的阎喜勤(1955届高中毕业生),中国运载火箭技术研究院研究员、长征二号丙、长征三号丙火箭副总设计师费书贤(1956届高中毕业生),上海航天局812所研究员、科技顾问、多年从事运载工具控制系统及机器人研究的王培垣（1956届高中毕业生），中国科学院高能物理研究所研究员、博士生导师杜东生（1958届高中毕业生），曾任中国协和医科大学、中国医学科学院、北京协和医院耳鼻喉科教授、主任医师、博士生导师的张连山（1958届高中毕业生），曾任中国社会科学院管理科学研究中心副主任的张承耀（1964届高中毕业生），武警青海省总队政委、党委书记、少将李军农（1968届初中毕业生），在政界担任领导职务的有曾任河北省副省长的顾二熊（1960届高中毕业生）以及先后在秦皇岛市担任市级领导职务的王印楷、李书和、岳美君、朱桂英、田树昌、范怀良、苏斐华、李彦良、刘玉萍、田永生……1978年后有中国人民解放军后勤部副部长、中纪委委员、少将、1980届高中毕业生李清杰等。

## 喜看今朝　大鹏再展

　　"文化大革命"后，特别是党的十一届三中全会以来，学校全面贯彻党的教育方针，狠抓教学，以"为国家培养优秀人才，为学生美好人生奠基"为办学宗旨，在党和政府的重视下，不论是教学环境，还是教学手段都有了长足的进步。根据社会需求，1987年，学校停办初中，高中轨制逐年增加，由曾经的"四轨"（4个班）"六轨"（6个班）增至"十轨"（10个班），1998年为"十二轨"（12个班），2002年为"十四轨"（14个班），2010年为"二十四轨"（24个班）。2018年，学校有高中教学班70个，在校学生3279人，在职教职员工达325人。秦皇岛市第一中学这只大鹏，再度展翅腾飞。

　　名校必有名师。学校曾有刘俊龙、张宝正等全市闻名的特级语文教师。张宝正先生潜心语文教学，著有《高中〈语文〉文中文》《新课标高中〈语文〉浅探》《积微集》，并与他人合著《诸子精华集成》《高中文言文要点精析》等17本书。近年来，学校有化学特级教师李长江、翁志清、张英锋，物理特级教师张国光、吕国，生物特级教师刘庆杰、许宝雁，数学特级教师赵成海、蒋杰、李丽霞，音乐特级教师邝宇，还有李灵霞、谢学俊、聂益民、张慧敏、苏殿钊、曾庆龙、杨小平、薛加良、王小溪、史洪杰、简洪涛、王丽华、李中亚、贾琰、吴宇平等诸多省级骨干教师。

　　学校重视对青年教师的培养。从20世纪90年代起，就实行"一三五〇"青年教师培训工程（即让青年教师一年成为合格教师，三年成为骨干教师，

五年成为学科带头人，十年成为专家），一批又一批青年教师脱颖而出。到2018年年底，学校的325名在职教职员工中，有正高级教师5人、高级教师110人、一级教师160人，并有特级教师6人、省级学科名师7人、市级学科名师4人、专业技术拔尖人才3人。学校教师在国家、省、市级刊物上发表、交流、获奖论文年均200篇以上，在各级各类的教育教学专业赛事中均获得优异的成绩，现已形成一支作风过硬、师德高尚、功底扎实、和衷共济、教学先进的优秀教师群体，为学生成长成才保驾护航。

学校重视爱党、爱国、爱社会主义政治教育，对全体师生进行艰苦奋斗、革命人生观教育，充分发挥学生业余党校的作用。1998年以来，学校在学生中发展了218名新党员，培养了大批德智体美劳全面发展的社会主义建设者和接班人。

学校不断推进教学改革，以"科研兴校"作为办学战略，把"发展学生智力，培养学生能力"作为教学改革方向，在教学手段上进行革新，建立了语音室、电教室，采用新的教育技术——计算机多媒体辅助教学，加强教育信息化技术普及与资源建设。

2001年，学校被确定为"河北省示范性普通高级中学"。学校严格落实国家的教育方针，全面落实课程计划，保质保量开足体育、音乐、美术、心理以及丰富多彩的校本选修课程。学校自2001年起就配备了专业的心理教师并开设心理健康教育课，帮助学生正确认识和处理心理问题，培养健全人格。学校开设了40多门选修课，搭建了学生全面发展的平台。学生根据兴趣上网选课，课程菜单丰富、实用，深受学生欢迎。学校还积极支持、引导学生创办学生社团，其中文学社、书法社、篆刻社、篮球社、时政观察社、动漫社、民乐队、管乐团、"飞跃青春的困境"等社团最为活跃，学校的社团文化已成为一道亮丽的风景。学校在文艺体育方面也取得丰硕成果。学校女子足球队获全国高中女子足球联赛冠军两次，获全国中学生足球锦标赛冠军一次，并于2016年代表中国参加世界中学生五人制足球锦标赛，取得第八名的好成绩，还获得赛事唯一一个公平竞赛奖。学校文艺队的节目多次获得国家级艺术展演一等奖以及各级奖项，学校美术教育成绩跨入全国先进行列，学校科技后备人才在全国中小学生创造大赛全国总决赛中喜获金奖。

为了满足更多学生就读的需要，2010年，秦皇岛市委、市政府在秦皇岛经济技术开发区长江西道66号建设了新校区，包括教学楼、行政图书综合

学校的"学思广场"

楼、科技楼、艺术楼、学生公寓楼、教师公寓楼、餐厅、体育馆、运动场等，绿树成荫，馆舍清幽，为师生提供了绝佳的工作和学习环境。

开门办学，开阔学生视野，拓展教学思路，学校与北京第四中学开展了远程教育合作，赴日本、美国、韩国等国中学参观访问，并引进外籍教师授课交流，成立了"国际班"，与奇石教育集团合作成立民办公助的"树人中学"，让更多的港城学子享受优质的教育资源。

多年来，秦皇岛市第一中学受到各级领导的关怀，原中共中央政治局常委、国务院副总理李岚清为学校题词："今日幼苗，未来绿荫，精心培育，祖国振兴"；原中共中央政治局委员、国务院副总理、全国人大常委会副委员长田纪云为学校题词："十年树木，百年树人"；原中共中央政治局委员、国务院副总理、全国人大常委会副委员长邹家华为学校题写校名并题词："教书育人，桃李满园，培养建设社会主义栋梁才"。

李岚清等人为学校题词。

丹心一片育新苗，赞歌千曲颂园丁。中华人民共和国成立后，学校共培养了12400多名初中毕业生，27600名高中毕业生。

## 展望未来　风流竞显

在党和国家的关怀下，在优美的校园环境中，秦皇岛市第一中学学子发愤读书，取得了骄人的成绩。自2000年以来，学校高考升学率达100%。近年来，学校学生高考一本上线率保持在90%以上，本科上线率100%，稳居河北省前列、秦皇岛市之首，这是一中人的骄傲，也是秦皇岛的骄傲！

自20世纪90年代以来，学校连年获得秦皇岛市文、理高考总分第一名，向清华大学和北京大学输送了210名优秀学生。另有一大批优秀学子通过全球招生考试及各种选拔，考入美国、加拿大、澳大利亚以及中国香港等国家和地区的名校学习，这里成为"大学骄子的摇篮，培养人才的沃土"。学校相继被北京大学、清华大学、中国人民大学、北京理工大学、天津大学、南开大学等近40所国内一流大学确定为优秀生源基地。

秦皇岛市第一中学校门及校园（2019年拍摄）

置身21世纪，秦皇岛市第一中学经过努力，取得了诸多荣誉。2008年，学校被评为全国精神文明建设先进单位。学校连续多年获得省级文明单位、市级文明单位标兵、先进基层党组织等百余项荣誉称号。与此同时，学校先后有数百名教师获得国家、省、市级各项荣誉。

2019年6月29日，秦皇岛市第一中学在建校90周年之时举行了校友开放日活动，1500名各届校友欢聚一中，共襄九十华诞盛举。

母校敞开她博大的胸怀，欢迎四面八方的学子。6月29日一大早，历届校友兴致勃勃地回到母校，"老三届"校友们打着群旗来了，不少新中国成立初期毕业、年届耄耋的学子，在家人的陪同下颤颤巍巍地赶来了，许多学子从外省市甚至海外回到母校。校门前宽大的电子屏幕滚动播放着"欢迎校友来到母校""欢迎一中人回家"等热切的话语，学校原党委书记吕国等校领导在校门口迎接大家。

学校布置得焕然一新，花团锦簇，广场上的喷泉喷放着喜庆的水花，两侧的半圆形长廊里，分别布有"同庆九秩""逐梦百年"的校史和学校工作与成果展牌，向人们展示学校往昔的业绩和今日的辉煌。

上午10时许，校友们在服务同学的引导下来到学术大厅，参加校友见面会。1200人的厅堂座无虚席，许多人只好站立与会。学校现任党委书记、校长李长江致欢迎词。学校师生演出了精彩的文艺节目，校舞蹈队的《芳华》《采薇》表演舞姿曼妙，青年教师的集体诗朗诵《赞礼，致敬母校》声情并茂，往届毕业生歌唱的《老师，我想你》《美好祝福》抒发着学子对母

毕业班的学生向母校献上用两千枚贝壳制作的贝堆画《展翅》。

学校第一任校长范保详的嫡孙范斌代表家族献上刻有其祖父肖像和箴言的铜鼎。

校深深的眷恋。毕业班的学生向母校献上用两千枚贝壳制作的贝堆画《展翅》，一双奋飞的翅膀寓意学子们将从这里飞向未来、飞向世界，去实现美好的理想，也寄意母校像雄鹰、像大鹏，展翅翱翔，前程似锦。往届优秀毕业生代表上台演讲，介绍在高端科研方面取得的业绩，感谢母校的培育之恩。舞台背景屏幕上频频播放着旧日岁月中感人的画面，学校第一任校长范保详的嫡孙范斌，代表家族献上刻有其祖父肖像和箴言的铜鼎，"礼义廉耻，国之四维"八字箴言，传递着老校长的旷世教诲……

　　同庆九秩，逐梦百年。这是一次继往开来的盛会，一次展示新校园、新风采的盛会，历史名校秦皇岛市第一中学回首过去，面向未来，正以求实创新、开拓进取、奋力拼搏的精神，向着更高、更远的目标砥砺前进，为党和国家培养更多的优秀人才。

（朱大友）

附：

## 范保详传略

范保详，字履谦，1903年出生于河北省临榆县马坊村（现属秦皇岛市），1926年毕业于天津工业学院，后返籍从事普及教育工作。起初，他任"临榆县立小学"校长。1929年5月，他创议成立"临榆县立初级中学校"（当时秦皇岛唯一的一所中学），并被任命为首任校长。

范保详治校严谨，学校建校后，经费拮据，师资匮乏，他苦心经营，向社会募集资金，从外地延聘良师，注意对学生进行德、智、体、美各方面的教育。当时学生毕业后升学率较高，体育方面的成绩亦驰名京东地区。

范保详在主持学校工作期间，于20世纪40年代初即与中国共产党地下工作者有联系，曾掩护地下工作者在秦皇岛市开展工作。1943年，他曾支持8名在校学生投奔革命。后因叛徒告密，范保详被捕，在狱中受尽磨难，出狱后继续在"临榆县立初级中学校"工作。1944年，他被迫去职，调任临榆县督学，不到两月便申请辞职，赋闲家中。

抗日战争胜利后，1947年下半年，范保详经推举任"临榆县立山海关中学"校长。但仅一学期他即从学校离任，自己出资在秦皇岛遇井街创办了一所私立"四维小学"，对贫苦儿童实行免费入学。解放后，他将这所小学捐献给国家，为此政府特给他颁发了奖状。

解放后，范保详去沈阳东北机械局从事工程技术工作。1954年，他又返回关内，先后在唐山女一中、唐山市四中任教十余年。"文化大革命"开始后，他受到不正当对待，被强行退职回家，后于1978年病卒，终年75岁。

（卢纪锋）

# 山海共育　京东名校

## 山海关第一中学

　　这是一所"以长城为院墙"的学校。它位于山海关古城东北角，毗邻天下第一关，校园东、北两面以古长城为屏。

　　这是一所有着近百年建校历史的学校。1921年，时任山东省督军兼省长、祖籍山海关的田中玉建立"河北省田氏私立中学"。

　　这是一所盛名享誉京东的学校。学校当时与滦县师范、昌黎汇文中学齐名，被誉为京东三所名校之一。

　　这是一所长城与大海哺育的学校。巍巍长城青砖斑驳，涛涛渤海碧波荡漾，和伟大的中国共产党同年诞生的这所学校，奋进的历史与祖国的兴衰、民族的命运血脉相连。几易其名，山的凝重与海的跃动，共同造就了山海关第一中学深厚的文化底蕴。

1921年，田氏私立中学校门。

## 北洋建校　总统题名

曾于1919年至1923年任山东督军兼省长的田中玉，是山海关区石河镇高建庄村人。

他的祖父田永清和父亲田润早逝，寡居的祖母孙氏和母亲阎氏，依靠仅有的二亩半地抚养他们兄妹四人成人，含辛茹苦。

田中玉任北洋政府陆军部次长、察哈尔特别区都统等职之后，北洋政府为表彰田氏两代孀居的女性，在天下第一关下修建了田氏姑妇节孝祠，于1918年4月20日落成，袁世凯、黎元洪、冯国璋、徐世昌、段祺瑞等民国要员送匾不下百幅。

田中玉遵其两代孀居的祖母孙氏和母亲阎氏造福乡里的意愿，出巨资在山海关筹建"河北省田氏私立中学"。学校于1920年开始动工，1921年建成，秋季正式开学。

学校校址最早设在太傅庙胡同管官厅衙门旧址，后迁至田氏姑妇节孝祠后院，即雄伟的天下第一关城楼西北角下。校门坐北朝南。校名由当时的国民政府大总统黎元洪手书，镌刻在大理石上，镶嵌在校门正上方。

田氏私立中学手绘图（常开愚　绘）

校园东以长城为邻，北以山海关北城墙为界，校舍皆为灰砖灰瓦、起脊瓦房，除办公室、教室、住校师生宿舍、伙房外，还有物理仪器室1间，化学实验室3间，阶梯教室3间，图书室1间，阅览室3间。学校藏有各种仪器、标本300种、800余件，图书5000册。

建校初期，学校学制为四年一贯制，不分初高中。1926年开始设立高级中学，分为初高中两个学段，高中分文、理、商三科。1927年第一届高中毕业生结业。1935年，学校改为六年普通制，高中不再分科，到1944年秋学校移交地方政府并更改校名，共有18届（每届一个班）高中毕业生毕业。

以后田中玉又陆续捐资建立田氏中学预备班（1923年设立，校址在田氏中学后院）、田氏私立中学初级女子中学部（1926年设立，招收女生25名，校址在学校第一任校长康珍家，1929年本届学生毕业后停办）和田氏私立初级小学校8所（校址分别在高建庄、西关、肖庄、东罗城、北街原太傅庙胡同、棉花庄、二里店子和北戴河海滨王胡庄）。

为解决建校和办学经费的来源问题，田中玉出资陆续购置学田14500余亩，领取荒山100平方里，并开始在荒山造林，以每年的地租收入作为主要办学经费来源。田中玉本人亲任校董。1935年7月，他病故后，由其子田经世继任。

"河北省田氏私立中学"广聘有真才实学、热心教育的人担任校长、教师。学校第一任校长康珍是清末秀才，后毕业于直隶省立保定师范学堂，他曾募捐资金、租用火神庙街粮厅旧署开办"山海关中学"，自1917年开办至1920年结束，有两班学生毕业。康珍之后学校历任的校长丁广文（留日学生）、李杏田（北京燕京大学外语系高才生）、茅元勋（保定陆军军官学校毕业生，陆军中将）等，都是有学问、懂教育、敢管理、严要求、治学有方的校长。学校出高薪从京津等地聘请有真才实学的名师，所聘教师绝大多数是燕京大学、南开大学、天津北洋大学、山东齐鲁大学等名牌大学的本科毕业生，他们学识丰富、治学严谨、热心教育，深受学生欢迎。

"河北省田氏私立中学"创立伊始，约有学生300余人，除来自山海关本城外，还有一部分来自辽宁绥中及河北东北部的几个县。以后随着办学规模的扩大，学生陆续增加到400多人，学校规模最大时有初中7个班、高中3个班。学校的几任校长对师生的要求都很严格，他们不仅关心学生的学业，而且重视文体活动的开展，因此学校的教学质量非常突出，当时与昌黎汇文中学、滦县师范并称为京东地区三所著名学校。

田中玉病故后，其家境渐趋中落。1933年的"山海关事变"尤其是七七事变后，学校受到日伪的严密控制。1941年12月，太平洋战争爆发后，日本侵略者把美、英、法等国在中国开办的银行中的存款打四折归还，田家在银行中的存款遭到很大损失。加之田家办学所依靠的地、山场绝大部分在伪满洲国境内，经济上受到掣肘，办学经费拮据，教师待遇降低，学校聘请外地高水平的教师日感困难，原有的一些著名教师陆续离校，学校生存日益艰难。

学校艰难维持到1944年秋天，经校长茅元勋出面与当时的伪临榆县县政府协商，学校停办，将其全部校舍、设备及学田无偿地移交给县政府，校名也改称"临榆县立山海关中学"。

## 高考升学　名震全国

从学校改称"临榆县立山海关中学"，一直到山海关解放，这一阶段学校坐落、面积、学制、设备依然如故，但是教职员增至50余人，教学班也增加到12个班（初中8个班，高中4个班），学生达到600余人。

1948年开始，这所学校逐渐成为国民党官僚政客角逐的场所，伪临榆县县长佟化凤、国民党临榆县党部书记长李超尘、特务分子谷鹤秋、伪军官高大远曾先后兼任或担任校长（后三人解放后被人民政府镇压）。这些人无心办学，而是利用学校捞取政治资本，教师卖钟点，有课到校，无课不来，学生无心读书，校园内杂草丛生，垃圾成堆，断壁残墙，碎石乱瓦，一片荒凉景象。

1948年11月27日，山海关解放，学校这才开始书写自己的新篇章。

1949年6月，原辽西省人民政府任命刘稚农为解放后学校的第一任校长。同年9月，学校与"山海关女中"合并，女中附设的三个简师班也一起合并过来（后又由锦州师范拨入一个班），校名改为"辽西省立山海关联合中学"，并被确定为"一定要办好"的中学。

刘稚农校长是1937年参加革命的"老革命"，毕业于延安抗日军政大学，后为延安大学教育系研究生，他担任校长以后，以老区的优良教育传统改造学校：

勤学运动——"深入勤学运动，结合思想教育"，要求全体教师改变旧的教育态度、教学观点，克服过去卖钟点的雇佣观点与散漫作风，逐步树立事业心、增强责任感，同时建立集体办公制度，成立教研组，加强对教学的领导；

级任制度——树立教师对学生全面负责的思想，调动教与学两个方面的积极性，建立级任制（类似于今天的班主任负责制），选派肯于负责的教师担任各班的级任；

劳动建校——刘稚农带领师生先是拆除了东罗城的东岳庙，随后又拆除了首山的二郎庙。他发动师生把拆庙的砖瓦木料肩背人扛运回学校，修院墙、盖校舍（因为破坏文物古迹，刘稚农后来被辽西省政府通报批评）。他还创作了《劳动建校歌》：

1951年，"辽西省立山海关联合中学"校门。

九月里来哟，秋风凉，大家动手建学校，男女同学加油干，你搬砖来我垒墙。高三班来哟！劳动好，一班包修五丈墙，全班同学一条心，干起活来有力量。初三甲来哟！模范班，干活出力不偷懒，修好厕所又垒墙，新青团员带头干。高二同学来哟！个儿大，土筐拿得真不少，拿起筐来飞快跑，抬的砖头都没了。初二丁来哟！情绪高，劳动任务完成了，帮助三丙和二戊，团结友爱搞得好。

他又用陕北小调编了一支歌：

新社会，劳动最光荣，大家齐心来建校，你拿锹来我拿镐，建设一个新学校。

……

到1952年年底，学校有教职员工53人，教学班18个（高中3个班、初中12个班、简师3个班），学生921人。

1956年,"河北山海关第一中学"校门。

1953年年初,山海关划归河北省,简师班已经毕业,于是校名改称"河北山海关中学",同时被确定为河北省重点中学。轨制定为四轨,初高中各3个年级,每个年级4个班。

1956年,随着教育事业的发展,山海关又成立了新的中学,校名遂改为"河北山海关第一中学"。鉴于学校校舍年久失修,多数已属危房,河北省教育厅拨款重建。1954年在后院建教室8个,大礼堂1个。1955年在季大夫小楼院内建教室和实验室28个。1956年暑假后,校门由东街移至北街新建胡同二号。

在上级领导的关怀下,学校师生充满了干劲,得当的措施、严格的管理使学校的教育质量迅速提高。1953年至1955年,学校连续三年高考升学率在全国名列前茅,升入清华大学、北京大学等名牌大学的学生占升学人数的40%以上。从此山海关第一中学名声大震,此后,直到1966年,无论在河北省还是在全国,山海关第一中学都名气斐然。

到1966年,学校有教职工110人,教学班24个(高初中各12个,学生约1200人)。

1978年,"秦皇岛市山海关第一中学"校门。

## 山海灵秀　桃李天下

"文化大革命"结束,山海关第一中学恢复上课以后,教学班在有的年度曾增至36个班,学生达到2100余人,学制改为四年制(初、高中各二年)。

1978年,党的十一届三中全会以后,学校在拨乱反正的历史潮流中逐步回到正轨,校名改为"秦皇岛市山海关第一中学"。学校重新被明确为河北省重点学校,轨制仍定为四轨(1975年初中恢复三年制、1982年高中恢复三年制),又陆续增建了电化教室、办公楼和师生宿舍等。在恢复阶段的1978年至1989年十年中,学校高考成绩、升学率逐年提高。

1991年,山海关第一中学改为只设高中部的高级中学,招生范围仅限于山海关地区。

1996年年底,秦皇岛市政府决定直接投资改建山海关第一中学,并将其作为1997年为秦皇岛市人民办的23件实事之一。改建工程于1997年8月动工,至2001年9月完工,分二期工程共完成了两座二层教学楼、两排平房、一座二层实验楼以及校门、传达室和水冲式厕所的改建。学校新配备了微机室、语言实验室、电化教室、一个多功能阶梯教室和一个歌舞排练演出

2001年,"秦皇岛市山海关第一中学"校门。

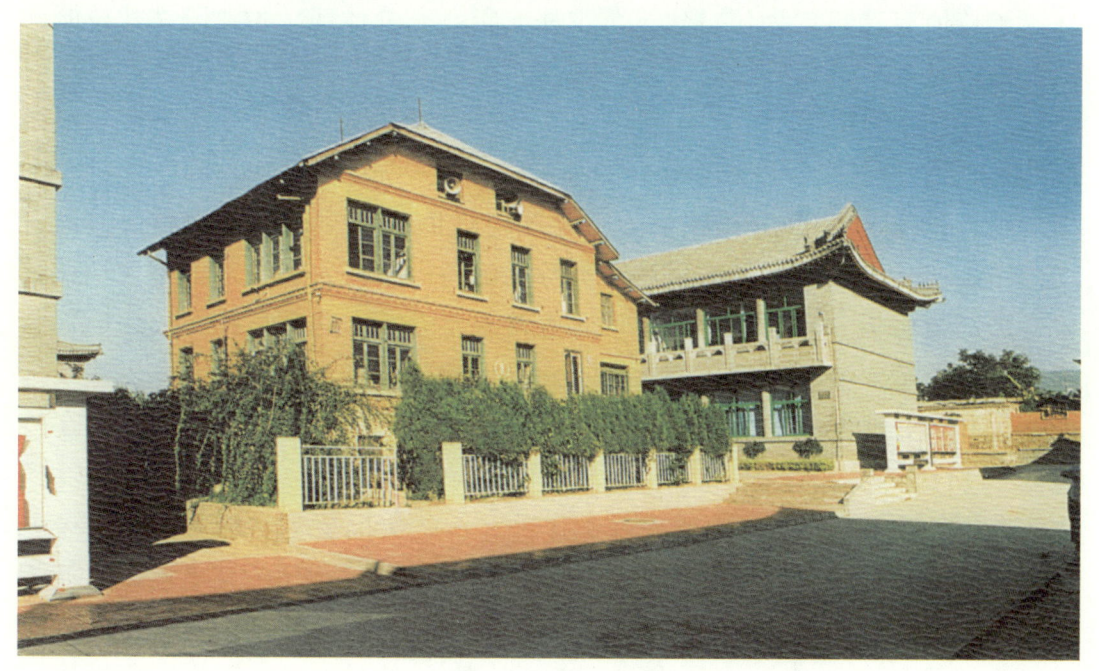

2001年,"秦皇岛市山海关第一中学"教学楼。

山海关第一中学校园鸟瞰（2001年拍摄）

厅。学校所有建筑均为仿古建筑，古朴典雅，充分体现了古典园林式校园建筑风格，具有与古长城相协调的庄重、宁静、幽雅特色。

2000年，山海关第一中学学子在高考中取得喜人成绩，大专以上上线率高达83%，15名同学进入600分的高分段。

现在的秦皇岛市山海关第一中学，理化生实验室、计算机教室、语言实验室、电子录播教室均按照超一类标准配备；全校各教室均配备包括计算机、液晶投影机、电动银幕在内的多媒体教学系统和有线广播及闭路电视系统；图书馆藏书62650册，学生阅览室订阅报刊200多种；有400米塑胶标准操场和篮、排球场。学校有高中教学班30个，在校学生1300多人，在校教职工141人。

"山雄浑，水清秀，山一中擅山之朴、水之灵而成为古城最高学府……山一中给人以厚重、朴实、儒雅的感觉，似一位羽扇纶巾的儒者立于长城脚下，满腹经纶，精通古今，又极具哲思，透出稳重、典雅的韵味……新校园的幽深雅致更显得山一中厚重而不古板，朴实而不寒酸，儒雅而不迂腐。"这是从山海关第一中学走出、进入北京大学的优秀学子对于母校的评价。

近百年的沧桑铸就了山海关第一中学之魂：不求名显利达，不善张扬声势，只在自己的学术殿堂里默默培育古城英才。

"有这样的山一中，就必有这样的山一中人。山一中人，总有一种本能的使命感、责任感与奋斗精神，不善言辞，但沉默酝酿了执着，孕育了稳健与坚韧，也蕴含了深沉而宽容的品性，甘于淡泊而致远，耐住寂寞而明志，一步一个脚印，执着地走自己的路。"

"学校赋予我们每一个学子以山的意志、海的胸襟，使得'团结、奋进、严谨、求实'的山一中精神世代相传。"

……

今天我以学校为荣，明天学校以我为荣。从山海关第一中学走出的一代代优秀学子，是这所学校的价值所在，体现着这所学校的光荣与梦想：

京剧表演艺术家梁庆云；

"京华十大名医"谢海洲；

《羊城晚报》原总编辑关国栋；

清华大学计算机系博士生导师石纯一；

清华大学工程物理系教研室主任屈建石；

石家庄汽车制造厂原厂长邵宝昌；

北京医院核医学科主任医师屈婉莹；

有突出贡献的卫星和导弹测控专家巫致中；

八一电影制片厂原厂长明振江；

神州数码控股有限公司董事局主席郭为；

……

（卢纪锋）

附：

## 田中玉传略

田中玉（1869—1935），字韫山，清末民初军事将领，北洋政府、皖系军阀人物。1869年10月生于直隶临榆（今河北省秦皇岛市山海关区）城西高建庄，1935年7月病逝于大连。

田中玉7岁入山海关高建庄私塾读书。9岁时，他的父亲田润病故，他和3个妹妹只能依靠寡居的祖母孙氏和母亲闫氏抚养。贫苦的家境令他不得不中断学业，拎着篮子在小湾村一带卖杂货。

1884年，淮军叶志超率领的正定练军驻扎山海关，设立随营武备学堂，田中玉入学。1885年，他入天津武备学堂炮兵科学习。

田中玉

毕业后，田中玉回叶志超部任职。1895年，袁世凯在天津编成新建陆军，田中玉任右翼快炮队营帮带。1902年，他任北洋常备军第一镇炮队第一标管带、参将。此后，他先后得到两广总督岑春煊、东三省总督徐世昌等重用。

1911年辛亥革命爆发，田中玉摆出拥护清朝的姿态。革命派占优势后，他弃职北上，被袁世凯任命为山东兖州镇守使。1912年，他代理山东民政长。其间，他从日本购入新型大炮，归国后试射成功，被赞誉为"北洋炮圣"。1915年，田中玉被召还北京，任陆军部次长。同年，袁世凯称帝，田中玉封一等男爵。

袁世凯死后，田中玉成为段祺瑞的皖系军阀，任察哈尔特别区都统。1919年，田中玉任山东督军兼省长。

1923年，活跃在山东南部抱犊崮山区的匪首孙美瑶在临城一带抢劫了津浦线上的一列客车，并劫持了39名国外乘客、30名国内乘客当人质，制造了震惊中外的"临城劫车案"。迫于各国公使的压力，田中玉被迫引咎辞职，离开军事、政治舞台，到天津、大连等地从事实业活动。

田中玉一直未忘造福乡梓。1928年，山海关撰修《临榆县志》，田中玉拿出 2000 元大洋捐助。县志中记述："十三年，京奉铁路改建双轨，当局欲于石河东岸建坝。此坝若成，则河西高建庄等数十村庄将受淹没之患。各庄之首事人刘鉴清等，一面联名具呈县署，一面驰书本乡田督军中玉，请为转圜。中玉素知该地形势，若照路局初议，诚然有碍河西诸庄，终恐难免水患，乃函商县署与路局，并请求路总局水孟赓局长，转请交通部吴秋舫总长，始将东岸之坝改筑西岸。长堤计长六千六百英尺，顶宽四英尺。由此石河西村庄得有奠安之庆，皆田督军合作之力也。"

1935年10月20日，《独立评论》刊发胡适撰写的纪念文章《海滨半日谈——纪念田中玉将军》。

田中玉卸任后除在天津、大连客居外，每年夏天都到故乡山海关小住。至今在山海关西大街还保存有他的公馆，二层哥特式建筑，尖顶，青砖垒砌，下边有地下室。田中玉在北戴河还有度假别墅一座，附近的山被称为田家山。

田中玉在山海关兴办"河北省田氏私立中学"等教育，对于山海关乃至整个秦皇岛地区教育的发展尤其功不可没。

1935年10月12日，胡适在《大公报》上看到"前山东督军兼省长田上将军韫山"的讣告，连夜写了纪念文章《海滨半日谈——纪念田中玉将军》，发表在10月20日的《独立评论》第173号上。文章主要记述了田中玉在北戴河拜访胡适与丁文江，向两人讲述了自己早年比较得意的两段历史：在陆军学堂的格外用功与成绩优异——八次大考，七次第一；早年为北洋政府经办军械，坚决不要一文的经手费，至少替国家省去1000万元……

（卢纪锋）

# 龙城府学　英才荟萃

## 卢龙县中学

卢龙，明清时期为号称"京东第一府"的永平府治所。作为府治之地，这里自然也成为教育的中心——先有创建于明隆庆六年（1572年）的"北平书院"，后又有创建于清乾隆十二年（1747年）的"敬胜书院"。

清光绪二十八年（1902年），"敬胜书院"改为"永平府中学堂"，这便是卢龙县中学的前身。

府立中学的"老底子"，使得这所学校从建立起，便汇聚了大量英才。

1905年，"永平府中学堂"官师学生合影（前排左起第三人为李大钊）。

## 大钊最是佼佼者

清光绪二十八年（1902年），清政府颁布《钦定学堂章程》。直隶总督兼北洋大臣袁世凯奏请光绪帝，颁发《直隶中学堂暂行章程》，通令各州府将书院改为学堂。同年10月，直隶省永平府知府管廷献奉命为总办，将永平府治所卢龙县城内的"敬胜书院"改为"永平府中学堂"，由府学教官（即学官）范文号任监督，负责监察学堂中一切事务。

"永平府中学堂"是永平府面向所属七州县（滦州、卢龙、昌黎、迁安、抚宁、临榆、乐亭）招生最早的一所中学校，学制五年。学校所授课程分为中西两学。"中学"四科分别为经学、文学、史学和政治学，"西学"有英文、算学、地学、外国史、格致学、外国浅近政治学和体操。当时科举制度尚未废止，世人仍以学堂为造就举子之途，故教授内容仍以"中学"为重。

学校初期设监督1人、堂长1人、庶务主任1人、教习若干人，还有堂役。建校伊始，学校前院为永平府官员迎接圣旨的"龙厅"。后院有校舍三处，分作讲堂、监督室、教习室、账房、伙房和学生宿舍。经费开支从府署随用随领，实报实销，监督和教习等人员的薪金以及学生的书籍、纸笔、伙食、操衣等项均系官费。

白眉初

白眉初去世后，邓颖超亲笔题字。

学堂严格聘用教师。中文教员多为举人、贡生，西文教员多为大学堂毕业生。清光绪二十九年（1903年），学堂聘请白眉初为史地课教员。他在这里任教两年，后进入"天津北洋师范学堂"史地科深造。在天津读书时，他结识了李大钊，曾盛赞李大钊"守常文思如泉，气魄如虹，有笔扫千军之力，经天纬地之才"。李大钊被奉系军阀张作霖杀害后，他和夫人出面出钱料理后事，并送上"杀身成仁，舍生取义，大道之行，天下为公"的挽联。

毕业并取得清政府"举人"的功名后，白眉初又先后在"直隶省清苑中学""天津直隶女师"任教，后来受聘北京师范大学地理系主任、教授兼中国地学会编辑部部长。在"天津直隶女师"任国文、地理教师兼十学级班主任时，周恩来总理的夫人邓颖超是他班上年龄最小的学生，他曾为邓颖超（原名邓文淑）改名"颖斌"，邓颖超又将"斌"字换为"超"字。

清宣统二年（1910年），白眉初创办了中国第一家《地学杂志》。后来，他成为中国地理学界的著名教授、中国近代人文地理学学派的创始人。他去世后，邓颖超曾亲笔题字："白眉初先生为人诚挚谦和，对教学及阅改作业认真负责，有学者的风度，师生关系极好，受益良多，给我们留下深刻难忘的印象，我满怀敬意，并深切地缅怀。"

"永平府中学堂"在清光绪二十八年（1902年）招生50多人。清光绪三十一年（1905年），学校招考第二届学生，李大钊（在校名李耆年）即为此

"永平府中学堂"时期的李大钊

学校校园内的李大钊塑像

届学生。

李大钊生性简易而又胸怀大志，"自束发受书，即矢志努力于民族的解放之事业，实践其所信，励行其所知。"（李大钊《狱中自述》）到"永平府中学堂"后，他愈发勤奋读书。据他的同学韩湘亭回忆说，他"授课之余，最喜读康、梁文章，手把一编，日无暇息"。

入学后不久，李大钊就结识了爱国青年蒋卫平（在校时名为蒋风鸣）。蒋卫平少有大志，十分仰慕戊戌志士谭嗣同，自号"慕谭"以自勉。他清光绪三十一年（1905年）从"永平府师范学堂"转入"永平府中学堂"，与李大钊同班，二人经常纵谈国事，畅叙抱负。

自清光绪三十二年（1906年）保定"畿辅学堂"改为高等学堂之后，"永平府中学堂"每届毕业生大都升入保定高等学堂。清光绪三十三年（1907年），李大钊"感于国势之危迫，急思深研政理，求得挽救民族、振奋国群之良策"（李大钊《狱中自述》），决心从研究政治入手，寻求民族解放的道路，因此没等到毕业就于同年夏离开"永平府中学堂"，赶赴天津投考"北洋法政专门学校"。蒋卫平后来为从武救国，也改投"保定速战陆军学堂"。肄业后，他辗转东北从事民主活动，成为东北同盟会骨干。清宣统二年（1910年），为捍卫祖国领土主权，蒋卫平受到沙俄迫害，被杀害于黑龙江畔。

"我到了永平府，在中学里学习基础科学课程。这是我学习英语的开始……"（李大钊《我的自传》，1914年在日本东京早稻田大学留学时用英文所写）。李大钊在"永平府中学堂"就学虽然只有两年时间，却开始接受西方先进科学文化的知识启蒙，广泛接触社会新思潮，这使他眼界大开，逐渐从科举道路的思想禁锢中解脱出来，开始把个人的命运与国家的前途紧紧联系在一起。这两年的学习，成为他一生伟大追求的奠基。

郭蛟（号友三）比李大钊晚些时候进入"永平府中学堂"。他受革命党人影响，在学堂内反对帝制，力倡共和、号召学友投笔从戎，最终因恶势力猖獗被迫离校。1919年，他投身于"五四"爱国运动，成为群众领袖，在赴京请愿时，为保护天津战友被军警打伤至疾而牺牲。天津各界隆重集会追悼他，在追悼会上，邓颖超发表演说，号召大家继承郭君之志，同反动政府作斗争。

## 战乱丛生根未绝

　　1912年，中华民国建立，"学堂"改为"学校"，学校改名为"永平府中学校"。1914年，学校又改名为"直隶省立第四中学"。

　　学校招生人数逐渐增加，学校购建民有地基房产，添置校舍百余间，主要建筑有讲堂、礼堂、养病室和师生宿舍等。在校学生达到5个班、112人。

　　学校在全国革命形势的影响下，曾爆发过两次大规模的爱国反帝学生运动。1913年9月，日本人在昌黎杀死5名中国铁路警察，激起了昌黎人民的义愤。学校学生为声援昌黎人民的正义斗争，进行了长达15天的罢课、游行和演讲，声讨日本侵略者的暴行。1919年，北京爆发了"五四"爱国学生运动，学校串联卢龙师范讲习所和高小学生在鼓楼前召开大会，声援北京学生，会后举行了声势浩大的游行示威。爱国传统在学校传承了百余年，成为学校教育事业发展的强大精神动力。

　　1922年，直奉战争爆发，学校校舍屡遭摧残，卢龙城环山带水、山路逶迤崎岖，远地学生上学困难，加之京奉铁路通车，学生多到铁路沿线中学就读，学校便在滦州唐山镇（今唐山市）设立了分校。

　　1926年，北伐战争又起。1928年，白崇禧部队进驻卢龙县城，学校被占作兵营。唐山分校也因军队占驻，无法上课。不久唐山分校驻军撤离，学校便于当年将大部分师生迁往唐山，卢龙仅余部分师生留守。

　　1931年，民国政府在学校原校址建"卢龙县乡村师范学校"，学制三年。1934年，学校改名为"卢龙县简易师范学校"，学制四年。

　　1938年，"卢龙县简易师范学校"停办，改为"卢龙县初级中学"。1945年，"卢龙县初级中学"停办。当时，共产党领导下的唐山地区十二专署在卢龙县燕河营镇花台村创办了"冀东第一中学"（曾称"滦东中学"），原"卢龙县初级中学"师生大部分投奔到"冀东第一中学"工作和学习。1946年，"卢龙县初级中学"又得以恢复。1947年，国民党从卢龙县城撤到青龙河西石梯子，"卢龙县初级中学"又停办了。

　　这一时期，尽管由于战乱等原因，学校发展历经曲折，但根脉始终得以延续。

# "三校合一"办高中

1949年，中华人民共和国成立。同年，卢龙县人民政府在"卢龙县初级中学"旧址建"卢龙县师范学校"，招生1个班，共50人，暑假后又招一个班，50人。1952年暑假后，学校招师范生2个班100人、初中班100人，学制均为三年。

1951年10月，卢龙县人民政府在县城内西北原永平府衙北侧文庙（又称"圣人殿"）旧址建"卢龙县初级中学"，招收2个班，共119人，第二年又招生4个班，共220人。

1952年，卢龙县人民政府将原卢龙县石门开明人士薛祝华于1948年创建的"石门私立中学"改为"卢龙县第二初级中学"。

1953年7月，根据唐山地区专署指示，卢龙县人民政府将"卢龙县师范学校"和"卢龙县第二初级中学"合并到"卢龙县初级中学"，统称"河北省卢龙县初级中学"。学校规模扩大到14个班，在校生人数达到721人。同年暑假后，又招新生4个班、210人，学校规模进一步扩大。

学校1954年第一届毕业生中的两个师范班学生除10名保送到中师继续学习外，其余全部分配到全县各小学任教，解决了县内教师奇缺的问题。以

1952年10月，"卢龙县师范学校"第一班师生合影。

后经过多年的实际锻炼和业务进修，这些毕业生大部分成为卢龙县教育战线的骨干力量。两个初中毕业班的学生，除一部分考入高中和中专外，有30人被保送到长春第一汽车制造厂。

1952年"卢龙县师范学校"毕业证书

学校1955年的初中毕业生，除一部分考入高中、中师或中专外，有30人志愿报名到新疆农垦生产建设兵团，后来大部分成为兵团骨干力量，扎根在新疆。

1956至1957学年度，学校规模已达22个班，在校生达到1273人。学校建设规模和办学条件也有了很大改善，除原卢龙县师范学校院内的百余间房作师生宿舍外，主校范围也不断扩充。1954年，学校将南面和西面挨学校的民宅全部征购，建起了大礼堂（兼餐厅）、浴池、大小伙房、总务处、办公室和12个教室等。1955年3月，卢龙县人民政府批准将校园南对面的旧府衙、县衙占地全部划归学校作运动场和植物园。

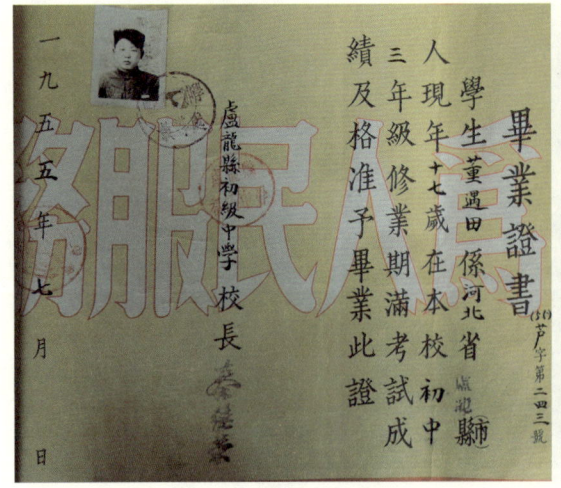

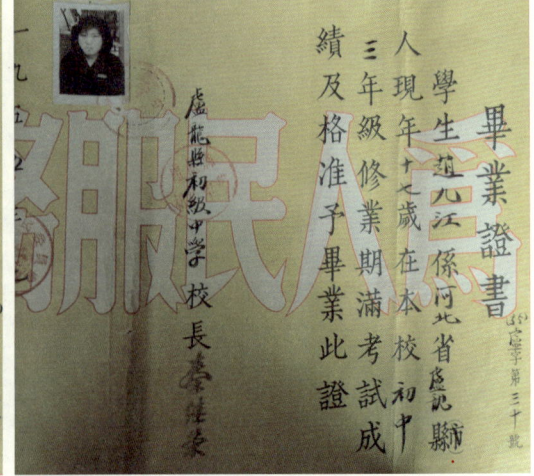

1955年"卢龙县初级中学"毕业证书

1958年暑假后,经上级批准,学校首次招高中新生4个班,共200人。同年9月,"河北省卢龙县初级中学"改称"河北省卢龙县中学",成为全日制完全中学。同年12月,上级决定撤销卢龙县,与昌黎县合并,"河北省卢龙县中学"更名为"昌黎县第三中学"。

## 勤工俭学上"头版"

随着全国各条战线纷纷开始"大跃进",从1958年到1960年,学校掀起了勤工俭学的热潮,开始实行"五一一"制(每周五天上课、一天劳动、一天休息)。1958年秋,全校师生投入"大炼钢铁运动",到青龙河奋战一百

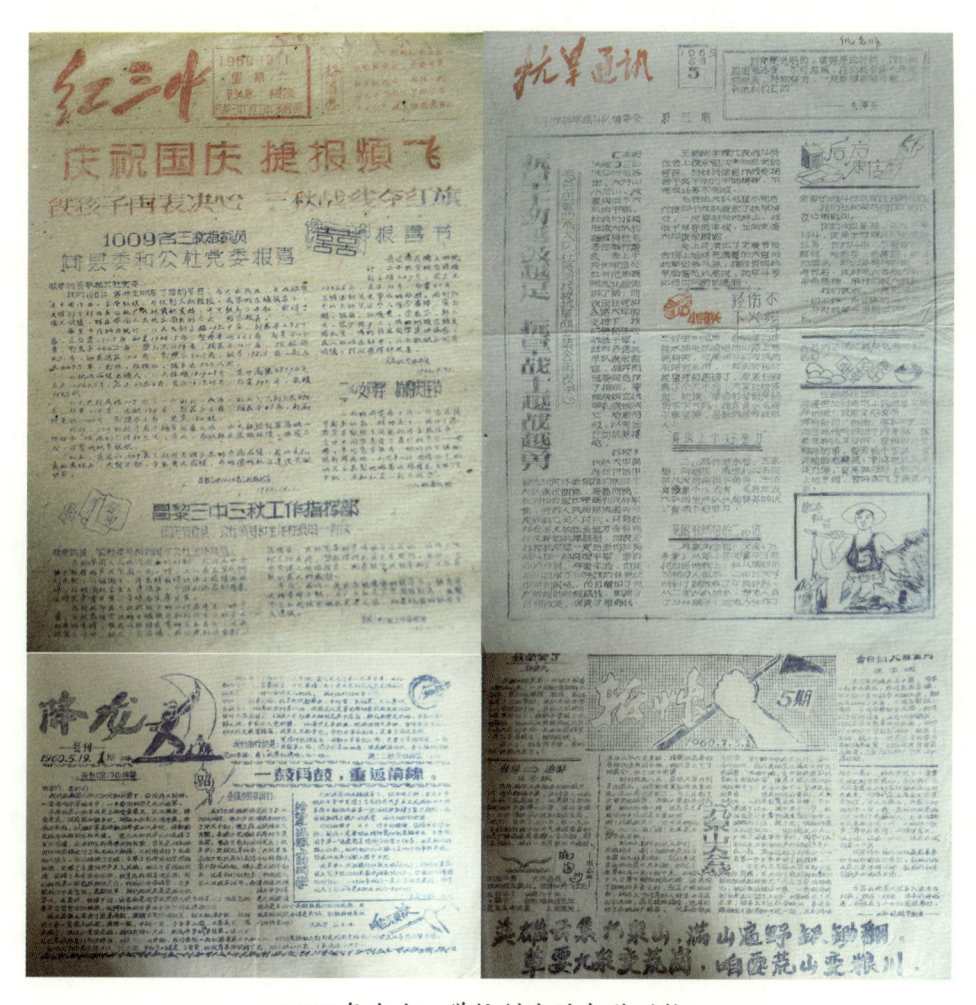

1960年左右,学校创办的各种刊物。

天，吸铁沙上百吨；轮流奋战青龙河滩，开沙荒地400余亩，所种大豆收获达万斤；种蔬菜30亩，学生吃菜达到自给自足。1959年，学校又建起了发电厂、米面加工厂、糖厂、化工厂、纺织厂、缝纫厂等，总收入达46590元。1960年，《中国青年报》头版报道了学校的勤工俭学经验，山西省"刘胡兰中学"和"广西壮族自治区一中学"先后组织代表团来学校参观。

1961年5月，昌黎、卢龙两县分开，学校又恢复原名为"河北省卢龙县中学"。

勤工俭学运动虽然增强了学校师生的劳动观念，培养了师生的艰苦奋斗精神，但因劳动过多，打乱了正常的教学秩序，教学质量受到了很大影响。1962年，学校高中毕业生99名，仅有7名考入高等学校。

1962年，学校贯彻中央提出的"调整、巩固、充实、提高"八字方针，走上以教学为中心的正常轨道。从1963年至1966年，学校教学水平逐步提高。1965年，学校高中毕业生升学率达到78%。

正当学校步入良性发展的有利时期，"文化大革命"开始，学校也经历了前所未有的动荡和浩劫。1966年6月13日，"河北北京师院"在学校参观和实习的学生贴出了学校的第一张大字报，点燃了学校"文化大革命"的烈火。"乱箭齐发"的大字报很快贴满了校园，学校被迫停课。1968年3月，学校成立革命委员会，开始"复课闹革命"。

学校先后办起了粉笔厂、再生灯泡厂、刷子厂、米面加工厂、糨糊厂等小工厂。1970年下半年，学校又在刘家营北山建了"学农基地"，组织学生轮流徒步拉练去劳动。学校学工、学农、学军的大课堂初步构建完成。1973年，学校成立"五七大学"。1976年春，学校又在六百户公社棋盘山征用土地400多亩，作为"五七大学"的学农基地。这期间，学生劳动过多，班主任和教师几乎成了"生产队长"。

1976年7月28日，唐山大地震波及卢龙，学校校舍大部分被震毁，学校被迫疏散学生授课。同年，"五七大学"从校内迁出，学校与城内"西关小学""东关小学"合并，改为公社办七年一贯制学校。学校的教学仪器被各校一分而空，大操场西侧被体委占用，学校发展陷入了低谷。

## "骨碌精神"创名校

1978年4月19日，卢龙县中学一位名叫王兰清的老师突然病逝。消息传出，震动了卢龙县上上下下。

一位老师的故去，为何能引起这么大的反响？原来，王兰清老师是最早到卢龙县中学任教的外来人才之一，桃李满卢龙。

王兰清老师的追悼会灵堂设在学校大礼堂，时任卢龙县委常委、宣传部部长曹寅生亲自主持追悼会并致悼词。王老师的众多学生到场深切缅怀他的崇高师德和高超教学水平。

卢龙县中学老教师倪玉泉在一篇回忆文章中曾这样追忆王老师：

从我认识王老师那天起，就知道他腿部有较严重的浮肿，这不是那种营养不良的浮肿，而是心血管疾病造成的。他是常年带病坚持工作的。每当上街回来，上县委南门东面的台阶时，他都要在半坡上歇一歇。

就这样，他当时作为语文教研组组长，除吃喝拉撒睡和极少有的散步时间外，几乎每天都是从早晨到教研组办公，一直到夜里10点多钟才回宿舍休息。有人开玩笑说他的"坐"功很好。其实他是在以一个共产党员的标准严格要求着自己。据我所知，他原有文化程度仅为初中，可是他在古汉语方面的造诣比大学本科生还要高。他教高中毕业班，每年的语文高考成绩在地区同类学校中，总是名列前茅。他不虚此"坐"，这就是他"坐"的实绩。

倪玉泉还追忆了另外一位像王兰清一样兢兢业业的老师——张宝贵：

他是土生土长的卢龙人。他小时犯过"小儿麻痹症"，留下了终身残疾。但他身残志坚，创下了很多正常人都难以做到的业绩。

记得有一次回家，他在半路上不慎摔坏了腿，这对于他原有的跛腿真可谓是雪上加霜，但他第二天仍挣扎着返校，并拖着肿得发亮的腿登上了讲台。他镇定自若地讲课、答疑、板书，和往常毫无两样。可是钻心的腿疼使他大汗直淌。机灵的学生似乎明白了眼前发生的事情，赶快搬来了凳子请他坐下，可他谢绝了照顾，一直坚持到下课铃响。

事后我问他为什么不坐下讲时，他只轻描淡写地说："坐下咋板书哇？"

他对学生常说的一句话就是："我无论如何要把你们教会。"他是这样说的，也是这样做的。他担任的化学课，在高考中和同类学校比总是名列前茅。这些突出的成绩中，饱含了他的心血和汗水。可以说，他把自己的全部精力都投入到对学生的教育和教学中去了，整天忙于备课、讲课、课外辅导、批改作业、做实验，形成了一种被学校广为推行的"骨碌精神"……

正是因为有王兰清、张宝贵这样的"脊梁"人物，正是因为他们身上的这种"骨碌精神"，振奋、感染着一代又一代学校师生，创造了一个又一个奇迹，卢龙县中学才成为闻名遐迩的"冀东名校"。

## 继往开来声誉隆

1977年，学校恢复为"河北省卢龙县中学"，并被确定为唐山地区重点中学。

1978年，党的十一届三中全会召开，随着全国大好形势的来临，学校也开始拨乱反正、振兴教育。同年，为充实学校教学力量，卢龙县教育局由各校抽调十多名骨干教师到校任教。

从1980年开始，学校先后建起了能容28个班上课的两层数学楼、理化生实验楼、阶梯教室、学生宿舍楼和教职工家属宿舍楼，重新开辟了图书馆和资料室。

1981年，为加强学校管理，学校重新制定了一整套工作制度。之后，为整顿校风校纪，学校深入开展了"五讲四美三热爱"和"学雷锋""学张海迪"等活动，努力营造尊师爱生、刻苦学习的浓厚氛围。

1983年，学校随卢龙县一同划归秦皇岛市。

学校遵循"观点正确、概念清楚、突出双基、培养能力、因材施教、讲求实效"的原则，大力推行教学改革，教学质量明显提高，1984—1985年连续两年高考成绩居全市第一名（1984年高中毕业生158人，考入高校127人；1985年高中毕业生266人，考入高校185人）。

1985年5月，秦皇岛市中小学运动会在学校召开，学校又向全市展示了良好的精神风貌和组织承办能力。

1986年，学校提出"励志、勤奋、谦慎、健美"的校训、"严格、勤奋、钻研、创新"的学风和"敬业、爱生、勤学、善教"的教风。同年，学校被确定为河北省重点中学，并被评为河北省文明学校。学校声誉日隆，外地学生纷纷转学或借读，令学校应接不暇。

1990年，学校被评为秦皇岛市爱国卫生先进单位、学雷锋先进单位、计划生育先进单位和知识分子工作先进单位。

从1993年开始，学校试行年级组、教研组并行的管理体制。在教学方面，学校大力倡导"三为主"（以教师为主导、以学生为主体、以训练为主线）的教学思想，促进了广大教师教学观念的更新。

1994年，学校投资6万元建立了李大钊生平事迹展览馆。每年9月，学校都要组织新生参观，并以"弘扬大钊精神，做新时代青年"为主题，通过开展演讲比赛、诗歌朗诵会、讨论会等活动，学习李大钊崇尚民主、追求真理的革命精神和爱国主义精神。

从1997年开始，学校提出了"质量立校、科研兴校、开放强校、以校养校"的四大发展战略，大力推进素质教育，力争办成环境优美、管理科学、师资雄厚、设备先进、科研领先、特色鲜明、质量一流的示范性窗口学校，并提出了"科学育人、管理育人、环境育人，使每一位卢中学生都主动和谐地得到全面发展"的培养目标。学校在办学理念、管理方法以及教育教学改革等方面都出现了新局面。

此时，基础设施陈旧、办学条件落后逐渐成为学校发展面临的突出问题。学校一方面争取上级主管部门的大力支持，另一方面多渠道筹措资金，先后投资近2000万元，加快学校基础设施建设。1998年，学校兴建教学楼1座；2001年，学校兴建餐厅1座；从2001年开始，学校陆续装备了1个教师电子备课室（41台电脑）、2个学生微机室（共150台电脑）、3个多媒体教室、1个多功能厅以及3个语音教室，并于2003年10月完成校园网初步建设，给学校的教学插上了现代化的翅膀；集理化生实验、英语语音及计算机教学于一体的高标准现代化科技楼也于2003年秋竣工投入使用；2003年，学校还新建了学生宿舍楼，并把原实验楼改造成图书馆。

## 世纪腾飞续辉煌

进入21世纪，新形势对教育提出了更高要求。学校坚持"在传统中继承，在继承中创新，在创新中发展"，以实施素质教育为核心，大力推行教育教学改革，推进教育信息化进程。

从2001年开始，学校招生规模逐年扩大。2001年招生580人，2002年招生780人，2003年以后，每年招生达1000余人。

在新一轮基础教育课程改革的大背景下，学校积极推进课堂教学改革向纵深发展，提出"一字当头，三维一体"的总体要求。"一字当头"，即学校上下，一个态度，拒绝出杂音；三个年级，一起行动，不设试验田；强力推进，一鼓作气，不走回头路。"三维一体"，即知识与技能、过程与方法、情感态度与价值观三维教学目标达成度要高；学生自主学习、小组合作展示、教师适时讲评三维课堂环节实效性要强；学生成才、教师成功、学校发展三维主体结合点要佳。

学校通过不断探索与完善，最终确定了"四种课型、六环相扣、一测过关"的"461"课堂教学模式。

"四种课型"包括自主课、展示课、反思课和讲评课。自主课是学生在学案引领下的学习课，学生读书、思考、查阅资料、组间交流，完成学案上布置的学习任务，完成基本的知识储备；展示课是教师组织学生在课堂上以小组为单位来分享自主学习成果的落实课，学生通过展示来呈现自己的思想、方法和观点，学生之间通过质疑、辩论，最终在思想上产生共鸣并实现提升；反思课是学生每学完一个单元、一个章节或一个模块后，及时进行归纳总结，写出总结反思报告并进行小组展示；讲评课是针对学生训练中发现的共性问题设置的试卷讲评课，按自纠—互助—生展—师评四个流程开展。

"六环相扣"指的是各课型中组织开展的"导、学、议、展、评、检"六个教学环节环环相扣。"导，"自主课的前3～5分钟是教师导入、导学过程；"学"，自主课学生要用20～25分钟自主学习，在学案的引导下读书、思考、解决问题；"议"，自主课的后10～15分钟，学生小组讨论，讨论题目既可通过学案给出，也可由教师视学情临时给出，形式有对议和组议两种；"展"，展示课前的20～25分钟，学生自主展示，形式分口头展示和板演展示，内容分预设性展示和生成性展示；"评"，教师利用10～15分钟对展示情况进行评价、精讲，解决展示遗留的问题，进行知识梳理，形成知识网络；"检"，展示课的后5～10分钟，进行当堂检查，教师精心准备3～5个问题或习题，检测学生对知识、方法和规律的掌握情况。

"一测过关"，即每周或每单元一次的限时过关检测。针对学情组织限时检测，教师全批全改，给出分数和评语。

随着课堂教学改革的不断深入，学校逐渐形成了"先导后学固根基，师生共议解难题，生展师评提能力，以检促学强功底"的教学特色，教学质量实现了跨越式发展，先后获得"河北省高中课改教育教学研究成果先进单位""秦皇岛市推进普通高中课程改革工作先进学校""秦皇岛市课堂教学改革优秀学校"等荣誉称号。

2002年，蒙古国教育考察团一行36人到学校考察。同年，学校校友、中华人民共和国驻墨西哥特命全权大使任景玉借回乡探望之际来到母校，并为母校题词。同年年底，学校被命名为"河北省自主学习实验学校""河北省创新教育实验学校"。

2004年，学校被命名为"河北省示范性高中"。

2005年高考，学校有4人进入全市应届文理前10名，600分以上人数居全市第二位。

2009年，学校被确定为"河北省普通高中课程改革样本学校"。

在课堂教学改革的基础上，学校提出了"把卢中办成学校有特色、教师有特点、学生有特长的高质量中学"的办学目标和"造就素质全面、行为规范、人格健全、特长鲜明、勇于创新的五育新人"的培养目标，在教学管理上实现了"461"高效课堂模式、励志教育、精细化管理"三箭齐发"，形成了以"年级主任、备课组长、班主任、学生"为核心的四个协作体"四轮驱动"的管理模式。

学校教学成绩取得重大突破，高考连续三年本一、本二升学率居全市同类学校前列。2017年12月，河北电视台对学校文明校园创建工作进行了专题报道。同年，学校获"河北省文明校园""河北省教育工作先进集体"等荣誉称号。2018年，学校高考应届本一（不含艺术、体育）上线人数513人，各项考核指标远高于周边县区同类学校。

校以育人为本，师以敬业为荣，生以成才为志，从清末到民国到新中国，118年的办学历程中，卢龙县中学横跨两个世纪、三个年代，历经沧桑变革，生生不息，成就了老校风范和一流业绩。几代学校人秉承"铁肩担道义，妙手著文章"的大钊精神和"白眉初学术钻研精神"，拼搏开拓，如今又踏上争创省级质量名校的新征程，继续谱写又一个百年辉煌。

（卢纪锋）

# 百年汇文　弦歌不绝

## 河北昌黎第一中学

2001年11月10日晚上11时38分，随着世界经贸组织第四届部长级会议主席卡迈勒手中的木槌"嘭"的一声落下，卡塔尔首都多哈的喜来登酒店萨尔瓦会议大厅沸腾了，整个中国沸腾了。

在热烈的掌声中，中国代表团团长、中华人民共和国外经贸部部长石广生健步走上主席台，分别用汉语、英语和法语代表中国政府发言："……在经历了长达15年的艰苦努力谈判之后，我们终于迎来了（加入世贸组织）这一历史性的时刻……"

一个从碣石山下的一所百年校园走出去的昌黎人，代表中国政府，代表所有的中国人，在世界贸易组织的讲坛上，昭示中国政府和中国人民融入全球化经济大潮的决心和信心，这无疑是这所有着百年历史的学校的骄傲与自豪。

"母校是我成长之本，老师是我知识之源；难忘母校老师同学，激励我为国奋发服务！"这是石广生回到母校后写给母校的赠言。他的母校就是如今的河北昌黎第一中学。

20世纪30年代，昌黎汇文中学科学楼建成。

## 庚款办学　成美贵贞

据《河北省志·宗教志》记载，清光绪十四年（1888年），美国基督教会"美以美会"便在昌黎县城关设立了蒙学馆，后设慕德妇女学院与初级小学。

清光绪二十五年至二十六年（1899—1900年）的义和团运动，是八国联军侵华的直接导火索。在这场运动中，华北不少教会学校被焚毁。

八国联军侵华战争后，1901年，俄、英、美、日等11个帝国主义国家胁迫清政府签订了丧权辱国的《辛丑条约》，条约规定中国向八国联军赔款4亿5000万两白银，史称"庚子赔款"。"庚子赔款"之后，西方列强开始用这些赔款复建教会学校。

美国基督教会"美以美会"认为昌黎交通方便、山清水秀，适宜创立一所比较有规模的教会学校，便决定自清光绪三十三年（1907年）开始，用"庚子赔款"在这里兴建学校。清宣统二年（1910年），校舍落成，"美以美会"又将滦县、临榆（山海关）两县的教会小学迁移至此，合为一校，称为"成美学馆"。当年10月，"美以美会"派费克礼牧师（C. A. Felt）来校任首任校长。学校设两级高小班，招收高小学生70人。与此同时，教会为招收女生入学，在"成美学馆"北边又建立了"贵贞学馆"。两所学馆的旧址位于今昌黎县城汇文街以北昌黎汇文二中校园内。

1914年，学校开始招收第一个初中班，学制为四年，更名为"成美中学"。这是昌黎县中等教育的开端。同年，美国人罗恒义继任校长。

## 一路风尘　一路沧桑

学校建校伊始，就奉行名师治校的方针，不惜高薪广为延聘知名学者和燕京大学、辅仁大学、北平大学、北平师范大学等名校毕业生，有的还有美、日等留学经历，因此，建校时间不长，就汇集了许多优秀人才。

1921年，罗恒义校长基于"学校即是社会，教育就是生活"的方针，聘请留美归国的周景福来校创办农科（农科培养从事农业科学技术的初级人才，进行改良土壤、除治病虫害、推广良种等，推动了地方农业生产的发展，成绩大有可观，清华大学校长、岭南大学校长等都曾前来参观，1926年周景福应清华大学聘请任教授后,农科停止招生)。1922年,学校更名为"汇文中学",中学改为三年制,并增设高中,以"朴、诚、勤、敏"为校训。

1926年,美国密西根大学历史和教育硕士徐维廉(原名徐万良,字维亨)受"美以美会"派遣到学校主持校务。当时教会的补贴逐年减少,根本不够维持学校的日常开支。1927年,徐维廉根据国民政府教育部发布的关于"宗教团体兴办教育事业办法"的规定,改教会办学为社会办学,建立了汇文中学董事会,聘请新中罐头食品股份有限公司经理杨扶青与社会名流李连瀛、石志仁、史享五等任董事,通过学校董事会及各种渠道在社会上广泛开展募捐办学活动。

徐维廉为学校广罗人才,多方奔走,聘请了一批优秀的教师:从美国密西根大学农学系毕业回国的年聘之毅然放弃南京金陵农学院的聘请,来校任教务主任;北京大学化学系毕业的冯峻龄曾任农场主任;燕京大学毕业的孙树森曾任教导主任;美国密西根大学机械系毕业的李伯仁曾任学校教员。

徐维廉还大力提倡体育。他屡次写信说动了远在美国的文安思牧师来校。在他和文牧师的推动下,1929年,昌黎举行了第一次"津东体育联合运动会",

津东联合体育运动会纪念章(1936年)

有丰滦、四中、滦师、田氏和汇文等五所学校参加,在社会上引起了很大的轰动。此后运动会每年举行一次。

学校在课程设置上注意与国际同步,外语参考燕京大学的教学内容和方法,物理参考清华大学一年级的课本和美国的中学课本,其他如化学、数学和世界史全用英文课本。

1930年,学校正式形成7条办学宗旨:锻炼强健体魄;陶冶公民道德;培育民族文化;充实生活技能;培植科学基础;养成劳动习惯;启发艺术兴趣。这些历史上形成的校训和办学宗旨至今还在焕发强大的生命力。

1930年,学校经河北省教育厅立案,正式改名为"河北省私立昌黎汇文中学"后,取消了教会学校设置的宗教课,改设公民课。

20世纪30年代后期，昌黎汇文中学校园晨操场景。

九一八事变爆发后，学校成立了"抗日救国委员会"，开展抗日爱国活动。

1935年，学校中学部人数激增，教室不足，于是租用原学校所办农科房舍，将小学部搬到农科，成立"昌黎汇文中学附属小学"。

1936年夏，河北省在保定召开了全省中等学校学生体育运动会。伪冀东政府不让其辖区内的学校参加这次运动会，可徐维廉却偷偷带着初三学生王正时和杨宝国穿了西服，化装成商人，千里迢迢地参加了运动会。当他们出现在运动场时，其他各校的师生均为之惊讶，都说"真是胆大""了不起"。这种不忘祖国的精神和行动，当时在全省传为佳话。王正时和杨宝国后来分别获得了"三铁"和"三跳"全省第一名。

1938年"冀东大暴动"以后，日伪加强了对昌黎的统治，很多教职工不愿在日伪的压制下工作，纷纷离校，徐维廉也在这一年离开昌黎。在他们的影响下，学校的很多学生奔赴抗日前线，涌现出了抗日女英雄王册（即王者香）和柯棣华大夫的助手方治等革命烈士。

1932—1939年，学校的158名高中毕业生，有102人考入大学，其中有近50人被燕京大学录取。

1940年，学校购买了原来办农科的全部产业（楼房2座，平房30间，园地42亩），使学校发展达到开办以来的鼎盛时期。学校开始"大昌汇运动"（就是要在一定年限之内，将学校建成津东"最完美、最有价值"的学府——校园大而美丽，设备完善整齐，于高中课程中添设职业科，除办农科外，还要开设商科等，再过若干年，将学校扩建成学院或大学）。这一年恰

昌黎汇文中学1942班学生在科学楼前合影留念。

1949年，昌黎汇文中学学生会筹备委员全体合影。

逢学校创办30周年，学校举行纪念活动，并编印了《昌黎汇文三十周年纪念刊》。

1942年1月，太平洋战争爆发后，日伪政府强行接管美国教会创办的学校，将学校改为"昌黎县立中学"。

1945年8月15日，日本宣布投降。同年12月，学校复校，徐维廉再任校长，继续推行"大昌汇运动"。他召回原学校的教师，很多原来的教师，或舍弃高薪优位，或抛下自己的事业，回到学校。学校先后开办了保健班和农艺班，保健班毕业的学生利用战后救济总署发给的一部分药品办卫生所，农艺班毕业的学生被分派到教区推广农业科学知识和生产技术。学校还建立附设农场2个（北戴河海滨农场和汇文农场），并配备卡车2辆、客车3辆、拖拉机1台，使师生有了共同实习、劳动的场地。1947年，"贵贞女中"并入学校。

复校后，徐维廉让人在校园墙上写上中英文对照书写的标语："If everybody in this school is just like me, what kind of a school will this school be?（学校人人皆像我，学校将如何？）"徐校长说，这"school"可以换成许多字，

"nation，city，club，class，home……"，精神都是一样的，每个人都应该这样检查自己。

1948年9月，昌黎城迎来了解放，同年11月，学校归属冀东行政公署第十二专署教育科领导。1949年10月14日，河北省人民政府主席杨秀峰、副主席罗玉川签发通令，宣布学校归属唐山专署领导。

## 励精图治　全面发展

1952年12月，学校正式由人民政府接收，改名为"河北省昌黎中学"。

人民政府接管后，学校在党的领导下，不断扩大招生规模，调整工农子弟入学比例。1952至1955年，学校由原有的16个班805名学生，发展到22个班1120名学生，入学的工农子弟占比由48%增至78%。

1956年，学校改名为"河北省昌黎第一中学"，为当时河北省16所重点中学之一。

"文化大革命"期间，学校停课闹革命，校址划归唐山地区卫生学校。

1969年，毛主席指示复课闹革命，经昌黎县革命委员会决定，将学校与"昌黎县第二中学"合并，借用"河北省昌黎师范学校"校址上课，定校名为"昌黎县中学"。

1971年，占用"昌黎县第二中学"

20世纪80年代学校大门

20世纪90年代学校大门

2003年学校大门

校址的部队搬出，学校搬迁到原"昌黎县第二中学"校址（原县城西花园）办学。

1978年，学校恢复"河北昌黎第一中学"校名。1979年，河北省教育厅确定学校为河北省首批办好的24所重点中学之一。

1980年，学校恢复招生考试，面向全县择优录取新生。

1991年，学校撤销初中，初中部分整体并入"昌黎镇中学"（现昌黎县第五中学）。

1992年、1995年，河北省教委对重点中学两次评估，学校以学校管理、办学条件双优秀在全省重点中学中排名第六。

2001年，学校被确定为河北省首批示范性高级中学。学校先后被评为"全国中学科研联合体成员校""河北省重点中学联谊会理事校""河北省现代信息技术教育示范校""河北省学生心理教育实验校""河北省创新教育实验校"。

至2019年，学校有教学班65个，在校生3800余人，教职员工342人。学校恪守"朴、诚、勤、敏"的校训，坚持"以人为本，教学相长，与时俱进，和谐发展"的办学理念，采取"文化塑造与制度管理并重"的管理模式，把闭塞性教育转变为开放型教育，把单一说教式教育转变为形象具体教育，把"一刀切"教育转变为多层次、多样化教育，把灌输式教育转变为培养能力教育。

学校在德育教育方面强调启发学生动之以情、引导学生晓之于理、教育学生导之以行、规范学生持之以恒，突出"三观""四会"，即世界观、人生观、价值观教育，让学生学会做人、学会求知、学会办事、学会健身。

学校的教学工作一直在京东地区享有盛名。学校重视课堂教学，先后有多名教师获得各级优质课、创课大赛奖励；学校实行科学的教学方法，采取目标教学、情培教学、整体教学等方式，引导学生主动参与；学校注重实验教学与劳动技术教育，培养学生的动手能力与现代劳动技能；学校还广泛开展英语角、生物观察小组等第二课堂活动，培养学生的学习兴趣。

学校有着良好的体育传统，是"国家群众体育先进单位""河北省体育传统项目学校"。2010年，学校在河北省第十五届中学生运动会上取得了团体总分第三名的优异成绩。2007—2014年，学校连续八年在秦皇岛市运动会上蝉联冠军。刘宝刚于1980—1982年就读于学校，1982年被特招到八一帆船队，1984 年参加洛杉矶奥运会获帆船第八名。学校还为河北田径队、河北体工大队、河北女篮等高一级训练基地输送了很多优秀运动员。

## 名师荟萃　桃李芬芳

学校至今还存有董事会的活动记录，查阅这些珍贵的档案资料，有几位历史人物出现在我们的视野里，他们使这所身处小县城的普通中学"身价倍增"。

董事会有两位与周恩来总理有不同寻常关系的人物，他们是曾任铁道部副部长的石志仁和曾任国家水产部副部长的杨扶青（杨扶青在本书《学深海采　网罗宏富——河北农业大学海洋学院》一文中有专记介绍）。

石志仁（1897—1972），1897 年出生在原属昌黎县现为乐亭县的松石庄村，1915 年毕业于天津南开中学，比周恩来总理高两届，他们在校时就是好友。1918 年，石志仁考入香港大学机械科。据辽宁人民出版社出版的《周恩来在 50 年代》一书介绍，周恩来留学法国后回国，就住进了石志仁在香港的家中。1922 年，石志仁以公费留学资格进入麻省理工学院机械科攻读研究生。1926 年回国后，他曾先后在天津北洋大学（今天津大学）、东北大学的机械系

石志仁

任教。1928 年开始，石志仁进入铁路系统，历任皇姑屯铁路工厂厂长、唐山铁路工厂厂长、湘桂铁路局局长、北宁铁路局局长、交通部路政司司长兼全国铁路总机厂厂长、平津区铁路局局长等职。中华人民共和国成立后，石志仁生担任铁道部副部长，主管机车车辆工业局。1955 年，石志仁的母校香港大学组团来内地访问，这是香港知识界首次访问新中国，周恩来总理在百忙中接见了访问团，陪同接见的主要官员就有石志仁。作为机械工程专家，石志仁是我国铁路机车车辆工业的组织者和开拓者，他长期主持铁路科技工作，为铁路牵引动力、客货车辆、通信信号的现代化作出了突出贡献。

董事会中还有两位值得一书的人物。

汪华堂（1898—1986），生于昌黎县汪上村一个农民家庭，20 世纪 30 年

代初，他回到家乡，在县城开办了酱油厂、洋钉厂等小型企业。他曾设立"汪华堂奖学金"，对学校考入大学的学生给予补贴。为了发展学校的农业教育，他出资在学校旁边购置了100亩地，作为农科实验场地。汪华堂遵从"取之于民，还之于民"的信条，为抗日战争、解放战争捐献了不少财物，抗美援朝时曾捐献一架战斗机和大炮多门。

孟昭英（1906—1995），1919年进入"成美中学"读初中，他是作为学校的校友参加董事会的。在成为燕京大学的理科学生之后，1933年，孟昭英被学校推荐去美国加州理工学院攻读博士学位。1936年获博士学位回国后，他在燕京大学任副教授。抗日战争爆发后，1938—1943年，孟昭英到昆明清华无线电研究所任教授，同时兼西南联合大学物理系名誉教授。1943—1946年，孟昭英第二次赴美。1947年，孟昭英回国任清华大学物理系教授，后代理系主任。1952年，高等院校院系调整，北京大学电机系的电信组合并到清华大学，成立了新的无线电系，孟昭英担任首位系主任。1955年，孟昭英当选为中国科学院首批学部委员（后称院士）。1957年，孟昭英被划为"右派分子"，"文化大革命"期间受到迫害。1979年，孟昭英重新恢复工作。孟昭英长期从事电磁波谱研究。1991年，他在清华大学设立"清贫学生奖学金"。

学校除了这些了不起的董事，还有一大批了不起的老师。这是学校百年薪火相传、弦歌不绝的立校之本。

在1956年的十二年科学规划讨论会上，周恩来总理与马大猷（左二）及梁思成、孟昭英（右一）亲切交谈。

中华人民共和国成立后，学校涌现出了杨建中、宋润田、万鹏九等大批优秀教师。1957年，徐介平老师当选为全国中等学校优秀教师代表。1965年，学校原校长李植棠和政治教师赵荣弟出席全国政治理论课工作会议，受到毛主席的接见。

改革开放以后，邓启光、陆则蔚、朱玉田、赵桂兰、常秀兰等一大批名师脱颖而出。进入新时代，学校又涌现出胡孟军、李达良、邵志、张国光、刘延增等一大批特级教师。

100多年来，学校桃李芬芳，培养了大批英才，除前面提到的石广生，尚有：

在中国首次分离出"脊灰"病毒的著名病毒学专家顾方舟；

全国人大常委会委员、第二炮兵原司令员杨国梁上将；

上海华亭集团原董事长兼党委书记、锦江集团原党委书记赵恒灿；

中国航空器材进出口总公司原总经理白志坚；

天海集团（原天津市海运股份有限公司）原董事长宋兴庭；

著名歌唱家、声乐教育家、"金钟奖"终身荣誉勋章获得者楼乾贵；

《诗神》杂志创办者及首任主编、诗人戴砚田；

……

（孟庆全）

1995年9月，学校85周年校庆，美国校友文巴比（其父文安思曾任学校校长）带领全家来到学校，并向学校捐赠徐维廉、文安思奖励基金。

2000年8月5日，石广生与昌黎县领导、学校老校长、学校现任校长及校友在者香图书馆前合影。

石广生为母校题词。

河北昌黎第一中学校园（2017年拍摄）

附：

## 徐维廉传略

徐维廉（1894—1966），原名徐万良，字维亨，1894年10月4日出生于直隶临榆县永安堡村（今属辽宁绥中县）一个贫苦农民家庭。他在山海关教会学校毕业后被保送到北京教会中学，后考入燕京大学。1917年大学毕业后，他又被教会保送到美国密西根大学深造，获硕士学位。

学成归国后，1926年，徐维廉接受美国基督教会华北美以美会的委派，到昌黎汇文中学担任校长。在昌黎汇文中学，徐维廉着手实施他的"大昌汇"设想，想把学校办成天津以东地区"最完美、最有价值"的学校。徐维廉根据国民政府教育部发布的关于"宗教团体兴办教育事业办法"的规定，改教会办学为社会办学，建立了汇文中学董事会，聘请新中罐头食品股份有限公司经理杨扶青与社会名流李连瀛、石志仁、史享五等任董事，通过学校董事会及各种渠道在社会上广泛开展募捐办学活动。从1930年起，徐维廉陆续用从国内外募捐的资金为学校修建了运动场、科学楼、幼稚园、图书馆等设施，购地扩院，加修院墙，重建校门，使学校的面貌大为改观，设施和设备日趋完善。

徐维廉

徐维廉把汇文教育延伸向了社会。1936年，他利用寒假期间，邀集在昌黎、滦县、乐亭等县农村任教的本校毕业生返校，举办短期进修班，以提高农村的教学质量。同时，他还请广济医院的医务人员讲授医学知识，制作保健箱，请教师带回农村，传播卫生常识。在办进修班期间，他还倡导以学校为中心成立城乡教育联络网，以利巩固和发展农村教育事业。

1938年，徐维廉不愿继续留在沦陷区，以"精神欠佳"为由"告假休养"，辞去校长职务，辗转到达湖南，改名"维廉"，投身大后方抗日救亡工作。他发起创立了"伤兵之友社"，组织治愈的伤员搞生产自救，创办《残不废》月刊，提出"天下既无废物，世上哪有废人"的口号。当时，《新华日报》曾以《热烈参加伤兵之友运动》为题发表文章，热情支持徐维廉所热衷倡导的"伤兵之友运动"。到抗日战争后期，徐维廉被排挤出伤兵之友社，改做其他工作。

徐维廉任昌黎汇文中学校长时的名片

1945年12月，徐维廉结束在重庆的工作，在北平接受华北卫理公会（原华北美以美会）的委托，回到昌黎接收汇文中学和贵贞女中、新光妇女学院等教会学校。在他的主持下，汇文中学不仅恢复了原貌，而且又有所发展，相继开设了农业机械、卫生保健两个训练班，创办了两个农场。

1947年4月，徐维廉发起组织了校友返校节，希望本校校友为学校的建设和发展献策出力，以使学校早日办成"昌黎汇文大学"。在此期间，徐维廉除忙于学校工作之外，还负责国际救济总署滦榆区（滦县至临榆）的救济工作，组织了滦榆区地方建设促进会。同时，他出任了昌黎广济医院的董事长，为医院募捐到爱克斯光透视机和病床等设备。

20世纪50年代初，昌黎汇文中学被人民政府正式接管。在此前后，徐维廉因多年经营救济物资，在"三反"运动中被指控为"大贪污犯"，被迫离开昌黎。在问题得到基本澄清后，他到北京找到杨扶青，并通过杨扶青见到周恩来总理，使自己的工作得以重新安排。1953年10月，他担任了中华医学会主办的《中华医学》杂志编辑干事、外文版编辑，又任《眼科》杂志编辑等职。1957年，他被错划为"右派分子"，继而又被打成"反革命分子"，并于1958年1月被开除公职。之后，他主要在北京或北戴河海滨的家中从事医学著作外文翻译工作，为中华医学会提供稿件。

1966年7月12日下午，徐维廉与同事去颐和园划船，为避险救人，不幸溺水身亡，终年72岁。

1979年3月28日，国务院卫生部和中华医学会党组依据中央有关文件精神，为徐维廉彻底平反，恢复了他的全部政治名誉和待遇。

昌黎汇文中学校友、支边到广西的天津医生张琛光曾写过一篇回忆文章《我所认识的徐维廉校长》，择要摘录如下：

徐维廉校长是我心目中所崇拜的楷模。

他的演讲节奏、音调、手势、段落安排……在我离校后的工作、学习中有过很大帮助。

他学习严谨，一切求"优"，体现出他在大会上常讲"Good, better, best, never to do the rest"精神。

……

徐校长是在日本投降后，从重庆返回曾沦陷的昌黎汇文中学的。而我是在1945年暑假时考入汇文中学的，当时叫"昌黎县立中学"，"私立昌黎汇文中学"被白水泥灰盖住了。

差不多在日军投降后，社会上就传闻徐校长"返校"的事了。同学们都盼着这一天早日到来，也没分析都是什么心态，大概就是恢复正规吧。

徐校长回来了！穿的是冬装。远看：帽子黑色，似印尼人，又像是哈萨克人戴的那种样式；眼镜框是深棕色，半长到膝的黑灰呢大衣，大手套可以盖住一部分前臂；深灰色西裤，皮鞋又黑又亮，走起路来上身挺直，步态潇洒、快，特带劲！神气！

很快，学校大门口上边用白灰盖住的"昌黎私立汇文中学"凸型字显露出来，又涂了新黑漆。接着我们又在胸前戴上V形景泰蓝新校徽。

"分学生"是全体集中在大操场，当时约400多学生。先是县中一位先生（大概是校长，瘦高个子）上台讲话，讲的时间长，我没注意听。接着，徐校长上台讲话，大家很振奋。他概要讲了学校的前景。那时的学生很不活跃，或称之为"木讷"，没啥"政治气儿"，没人站出来鼓动，哪怕用掌声也好，都没有。第三位上台的，大概是马荫萱老师。他说："刚才两个学校都讲完了，愿上县中的站到西边，愿上汇文的站到东边……"大约有30多人离队站到西边去了，几百人原地不动，就算东边了。

……

在昌黎汇文中学上学期间，我曾三次夜访徐校长家。

徐校长家位于校园的中心点，西式平房，绿漆窗框，上35级台阶，即为通前厅的正门。

第一次去是在一个圣诞夜，几个同学手捧着点燃的蜡烛，唱着《圣诞夜之歌》，给徐校长报佳音。徐校长边系长袍扣子，边从内室走到前厅开门，面带笑容，共同唱完《圣诞歌》，互祝贺后就返回了。

第二次是1947年5月下旬。昌黎第一次解放后，师生从河西张各庄返回学校，由高三班发起，准备突查饭厅伙食账的活动。大家决定先报告一下校长，由几个同学去校长家。天色已是黄昏以后，我为第一发言。这一次，校长的脸色不好看，但亦点头同意了。

第三次是奉我父亲的派遣，去校长家送一封信。当时，我家住北戴河海滨西山，徐校长家住东山。约是某个暑假，也是傍晚，到校长家天色已快黑了。那时没电灯，校长借窗前的微光看完信说："你等一下，顺便把我的信带给你父亲。"使我惊讶的是，他竟能摸黑用英文打字机打完一封信。那快捷、熟练的动作，使我终生难忘。

（卢纪锋）

## 曹锡珍传略

曹锡珍（1898—1978），字聘忱，河北省昌黎县人，近代名医。1916—1924年，他在昌黎拜前清御医孙仲选为师，学习中医理论、推拿按摩手法。1925—1927年，他又在天津师从吴卫尔学习西医，后于京津两地为民疗疾。

1934—1938年，曹锡珍应施今墨之邀出任华北国医学院董事、按摩教授。1954年，他参加北京医院按摩科筹建工作。1955年，

曹锡珍

他调入北京平安医院从事中医按摩工作。1958年开始，他在北京宣武医院按摩科工作。

  在长期的临床实践过程中，曹锡珍将按摩手法概括总结为内科按摩基础手法、外科按摩基础手法、古代按摩八法（贯通法、补气法、揉捏法、和络法、推荡法、疏散法、舒畅法、叩敲法）、整形八法、运动八法、治脱白八法、治筋八法等，根据临床不同情况灵活选用，独树一帜，在按摩推拿领域具有较大的影响。著有《外伤中医按摩疗法》《防治按摩》《中医按摩疗法》等。

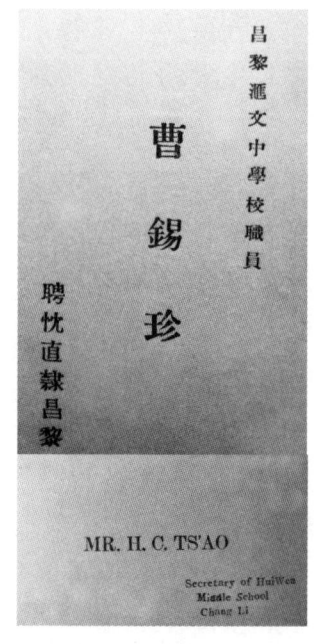

（卢纪锋）

由名片可知，曹锡珍曾任昌黎汇文中学职员。

# 前承碣阳　后续汇文

## 昌黎汇文二中

渤海之滨，碣石山下，自清道光年间碣阳书院起源发端，这所学校已经有170多年的历史。

数经劫难，艰辛未移其志；几易其名，百折不改衷心。清末，"碣阳书院"改为"昌黎县立高等小学堂"，开昌黎县近代教育先河。此后，学校先后改为师范学校、初级中学、完全中学，甚至一度"薪尽火传"。

曲折的经历，坎坷的岁月，磨砺了它坚忍顽强的精神，形成了它心怀家国的传统，也铸就了它"前承碣阳，后续汇文"的世纪辉煌。

贵贞楼

## 碣阳书院　校之滥觞

清道光二十九年（1849年），昌黎知县王应奎在县城西花园创办"碣阳书院"，因其位置在碣石之阳，故名。这便是现在昌黎汇文二中历史的滥觞。

清末废除科举制，清光绪二十九年（1903年），"碣阳书院"改建为"昌黎县立高等小学堂"，按现代知识结构设置课程，开昌黎县近代教育先河。

1928年，因昌黎县无中学，学生求学多有不便，县长高奎斌在高等小学东院改筑校舍，增设中学部，并附设商业班。第二年学校开学，河北省教育厅委任直隶高等专门学校毕业生张耀枢为校长。同年，学校将"昌黎县东关师范学校"并入，定校名为"昌黎县乡村师范学校"。学校设初师、初中、高小，以"勤、朴、诚、勇"为校训。

1932年，学校改名为"昌黎县简易师范学校"。1935年夏，河北省举行第一次初中毕业生会考，学校有一部分初中应届毕业生会考及格，免试升入高一级学校。1938年，学校初师班停办，改名为"昌黎县立初级中学"，以初中为主。

1941年太平洋战争爆发后，日伪接管美国教会办的"河北省私立昌黎汇文中学"，河北省教育厅日本顾问小苍主张将"河北省私立昌黎汇文中学"改为县办，并将"昌黎县立初级中学"并入。1942年1月，"河北省私立昌黎汇文中学"改为"昌黎县立中学"，"昌黎县立初级中学"初中部分并入，小学部分转入古塔寺小学、观音阁小学。

1945年8月抗日战争胜利后，原"昌黎县立初级中学"又回到西花园原校址于10月正式复校上课，"河北省私立昌黎汇文中学"于12月初复校。1946年春，学校经河北省教育厅批准，成立高中，改称"昌黎县立中学"。

1948年9月，昌黎县解放，学校由人民政府接管。当时冀东十二专署（后改"唐山专署"）设在昌黎，专署领导对学校十分重视，派田禾、杨树庭到学校建党，贯彻党的知识分子政策，并任命民主人士刘柳堂为校长。学校学习老区经验，狠抓教育和教学质量，曾获得教育部的表彰。

1953年春，学校高中部并入"河北省昌黎中学"，学校更名为"昌黎县初级中学"。同时，学校在昌黎西关西山下建设新校舍，于1954年落成，并于秋季开学时由西花园迁入。

1956年春,国家教育部召开全国中学教育代表会议,学校刘清波校长作为特约代表出席会议并汇报了学校工作。同年,"昌黎县初级中学"开始招收高中班,扩建为完全中学,校名改为"昌黎县第二中学"。

学校在改进教学方法、提高教学质量的同时,还注意教育与生产劳动相结合。1961年和1962年,学校与犁湾河村挂钩种植蔬菜园20亩。1963年,学校在赤洋口公社、赤洋口一村的支持下,在赤洋口海边盐碱沙地开辟稻田120余亩,建立了赤洋口农场,作为师生劳动基地。

"文化大革命"期间,学校陷入忽而停课闹革命、忽而复课闹革命的混乱局面,学校校址让给部队做了营房。1969年,毛主席指示复课闹革命,昌黎县革命委员会决定合并"河北昌黎第一中学""昌黎县第二中学",借用"河北省昌黎师范学校"校址上课,定校名为"昌黎县中学"。

## 浴火重生　再铸辉煌

1970年,昌黎城关各小学"戴帽初中班"合并在一起成立了"昌黎县城关镇中学",1975年改名为"昌黎城关中学",迁至汇文街原"河北昌黎第一中学"校址。1978年,学校恢复"昌

1950年,学校全勤学生合影。

建于1959年10月1日的学校礼堂及其标志。

黎县第二中学"校名。

1993年6月，位于原昌黎汇文中学校园的"昌黎县第二中学"改名"昌黎汇文中学"。

学校倡导"尊师守纪、博学强身"的学风和"厚积薄发、标新立异"的教风，提出"以人为本，科研兴校"的办学思路、"育一流人才，创一流质量"的办学目标、"全面育人，办有特色，坚持文理并重、突出音体美特长"的办学方向，精心打造人文校园、书香校园、活泼校园。

"河北昌黎第一中学""昌黎县第二中学"合并初期，校门挂有两块校牌。

2003年7月，"昌黎汇文中学"高中部、昌黎三中高中部和秦皇岛昌黎美术高中合并，成立"河北省昌黎汇文二中"，并被确定为昌黎县重点高中和秦皇岛首批示范高中验收学校。

时任校长赵丽娜，面对三校合并实际，提出了"靠质量立校、靠人才发展、靠管理增效益、靠美术显特色"的基本思路，形成了"合格加特色、规范加特长"的特色办学模式。

从2003年到2008年，短短4年的时间里，在赵丽娜的带领下，学校不但逐渐摆脱了债务压力，还新建9800平方米教学楼和3栋教职工住宅楼，在校生总数由不足2000名增至4200余名，在很短的时间内实现了办学规模、办学条件、教学成绩和教育管理的四大突破。

望着校园金秋十月的景色，人们不禁想到学校的擎旗者，苦记得，难记得，跑贷款，她，钢筑的汉子拍打过心窝；情记得，爱记得，她，一副柔肠把学校当儿女关怀着；时钟记得，日历记得，她，一个双休日、节假日没休过；工地记得，办公室记得，她，一次次累倒，拔下输液针头又坚持工作；她也是一个人哪，五尺的血肉之躯，竟然是一团永远也燃不尽的火！在她的感召下，校领导班子个个冲锋在前，再大的困难也没有一个人退缩……

这首名为《好想对你说》的诗，诗中的"她"就是赵丽娜。

2005年4月，学校被河北省教育厅认定为"河北省示范性高中"。同年，学校的对口高考升学率达到94%。2007年，学校美术考生有8名学生进入秦皇岛市前十名，61人进入秦皇岛市前百名，123名被提前批院校录取，郝赛等十几名学生被清华大学美术学院、中央美术学院、中国美术学院、解放军艺术学院、北京电影学院、北京服装学院等著名高校录取。学校的特色办学之路越走越宽……2009年，学校被评为"秦皇岛市美术特色高中"。

在2018—2019学年学校开学典礼上，赵丽娜当选为"最美汇文人"。

"一位真正的共产党人，像春蚕一样奉献，像黄牛一样耕耘，像白云一样圣洁。她巾帼不让须眉，运筹帷幄，力挽狂澜，古老的汇文登临河北省示范性高中，她用胆识攻坚克难，鞠躬尽瘁，高瞻远瞩，逆境中求发展，带领大美汇文走向特色办学之路。"在2018—2019学年学校开学典礼上，赵丽娜当选为"最美汇文人"，这是给予她的颁奖词。

## 旧址新生　汇文情怀

学校位于原昌黎汇文中学旧址，贵贞楼、鉴虹桥、汇文湖等为原昌黎汇文中学的历史文化遗存。

清宣统二年（1910年），美国基督教卫里公会美以美会利用"庚子赔款"建立了"成美学馆"和"贵贞女子学馆"。1915年，"贵贞女子学馆"改为"贵贞女子中学"。1942年，学校与"昌黎女子师范学校"合并。贵贞楼为"贵贞女子学馆"仅存建筑，地下一层、地上两层带阁楼，八角尖顶。一层前有带顶的明廊，廊柱精巧、别致。楼的外观俊秀典雅，总体体现欧式建筑风格，而明廊圆柱则明显吸收了中国传统建筑风格的元素。

在现任校长周铁春的带领下,学校加快校园文化建设和基础设施建设,建成了"一院两馆三泉九园"。"一院"即汪兆骞书院,"两馆"即艺术馆与校史馆(见证昌黎汇文中学历史的贵贞楼被改造成校史馆),"三泉九园"即三座喷泉和九个花园。

现在,学校处处皆美景,草木石泉皆育人。汇文湖、鉴虹桥、贵贞楼等保留着原昌黎汇文中学的历史文化气息;百年的银杏、枫树、国槐和明开夜合枝繁叶茂;校园和楼道文化精细化设置……学校利用一切可利用的空间,"让墙壁会说话,让环境能育人",每一个花园、每一个长廊、每一面墙壁都是浓浓的汇文情怀。漫步校园,绿树环抱,曲径通幽,既有古代书院的幽静,又有现代学校的气派。

学校挖掘汇文精神,厚植汇文情怀,秉承"朴、诚、勤、敏"的校训精神,秉承徐维廉校长"假如人人皆像我,学校将如何"的治校名言,培育教师教育情怀,打造"政治强、情怀深、思维新、视野广、自律严、人格正"的教师队伍,以爱为本、以实为基,踏实工作、勤奋创新,为家乡培育更多优秀人才,回馈家乡的养育之恩。

学校坚持精细管理,从学生步入学校起,就通过军训、每日常规、选树典型、示范引领等方式,让他们养成良好的生活、学习习惯。学校的仪式感教

汇文湖

鉴虹桥

贵贞楼

育，围绕社会主义核心价值观和家国情怀，每月一主题，挖掘汇文精髓，唱响时代主旋律，通过评选"最美汇文人"、组织"打枣节"、新年祈愿祝福、高二学子成人礼、高三毕业典礼、退休教师告别校园仪式等系列活动，聚人心、树正气，让教师更有情怀，学子更有思想，全校师生更有担当，让校风更正、学风更浓。每日晨读、跑操、晨起自勉、夜幕省思……学校的激情教育，由内而外地激发师生斗志，鼓舞师生士气，点燃师生激情，激发师生活力与潜能，让激情燃烧整个校园。学校还以职业生涯规划引领学生立志高远，通过设立徐维廉奖学金、印制具有学校特色的获奖证书、让学生入校当年即写好奋斗目标存放到校史馆……让学生学有目标、学有动力、学有所获、学有所成。

教学质量是学校发展的生命线，学校常年开展"教师教育工程""名师带动工程"，提高教师的理论水平和业务素质。学校深化教学科研改革，聚焦学科素养，以学定教，以教促学，让师生互动点亮思维，让生生对话灵动课堂。课前预习检测，课中问题导学、当堂检测，课后限时检测、错题整理，学校采取这样的范式指导教师的教和学生的学，并立足科学研讨，打造"靶向"提升，更快、更好地提高教学质量。

学校积极把控艺术生生源，提高起点，在各县区建立生源基地，及早发现、培养特长生，不仅是美术专业，体育、音乐、舞蹈、书法、播音主持等专业，也以后来居上的气势得到长足进步与飞跃式发展。学校潜心特色教育，内引外联，形成文化课与专业课相互促进、相互融合的教学格局。

学校坚持"靠质量立校、靠人才发展、靠管理增效益、靠美术显特色"的原则，现已成为秦皇岛市美术教育发展最早、美术办学规模最大、办学软硬件环境最优良、市政府批准的在全市范围内招生的国办美术特色学校。学校既充分发挥专业教师的引领作用，也定期聘请清华大学美术学院、中央美术学院的专家、教授来学校授课，因材施教，科学管理，强化竞争意识，提高学生成绩。学校的美术专业教学坚持以"学院派"教学内容为依据，以各大学的教学模式为标准，坚持室内写生为主、室外风景写生为辅，开阔视野，锻炼正确的观察能力、构图能力、色彩感受能力，提高创意作品的质量。常年的规范管理，开放的办学格局，多方的协作努力，成就了学校美术特色办学的辉煌历程。学校的美术高考成绩一直在秦皇岛市乃至河北省居于领跑地位。2019年高考，学校艺术类考生实现本科上线率92%的新突破，

学校的丁文玲老师在给学生们上美术课。

王婧瑜同学被中央美术学院录取，尹力同学被厦门大学录取，王敬仪等三名同学被天津大学录取……近年来，学校累计有200多名学生被国内"九大美院"（中央美术学院、中国美术学院、清华大学美术学院、四川美术学院、广州美术学院、天津美术学院、鲁迅美术学院、西安美术学院、湖北美术学院）录取，近千名学生被全国重点院校录取。其中，二十几名学生考入清华大学美术学院和中央美术学院，在社会上引起强烈反响。

学校先后荣获"全国现代技术教育实验校""河北省示范性普通高中""河北省普通高中课程改革理论与实践研究实验学校""河北省普通高中综合实践活动课程实验校""河北省优化学生心理生活实验研究项目实验校""河北省体育传统项目学校""河北省高中生涯规划教育实验校""秦皇岛市美术特色高中""秦皇岛市篆刻试点学校""秦皇岛市课堂教学改革实验学校""秦皇岛市'课程开发与利用'先进单位"等荣誉称号。

往者可鉴、来者可追，任重道远、来日方长。昌黎汇文二中鲜活、丰富、厚重的历史，给奋斗者以记忆，给后来者以启迪，它昭示着往者的奠基和创业，也召唤着继者的传承与开拓。在崭新的岁月里，这所学校必将开拓进取、自强不息、高歌猛进、再创辉煌！

（白永利　周铁春）

# 燕山深处　塞北名校

## 青龙满族自治县第一中学

巍巍都山拱卫着一所享有盛誉的塞外名校，汤汤玄水滋润着一颗晶莹璀璨的教育明珠。这里，阳光披洒，绿柳拂动；这里，朝气蓬勃，书香满园；这里是雏鹰展翅的高地，这里是梦想放飞的舞台——这里就是"青龙满族自治县第一中学"。

校园内的孔子雕塑

## 薪火传承　砥砺前行

青龙满族自治县第一中学始建于新中国成立初期，迄今已有近70年的历史。

1951年1月28日，原热河省政府批准筹建"青龙初级中学"，并于同年3月8日正式开学，校长由时任青龙县委书记刘保胜兼任。学校当时招初中班1个，普师班2个，简师班1个，共有学生213人，教职工22人。建校伊始，学校规模虽小，却在青龙河畔点燃了传播文明的火种，在燕山深处构建起培育人才的基地。

1958年，学校开始招收高中班，成为完全中学，改名为"河北省青龙中学"。当年学校招初中班14个，高中班7个，师范班6个，简师班4个，幼师班1个，共有教学班32个。此时，学校已经颇具规模，逐步发展成为冀东地区、长城以北有影响力的县级中学之一。

1971年，学校更名为"青龙县'五七'综合学校"，举办多期桑蚕、林果、农技、农电、医护、师资等培训班，同时也招收初、高中班。1972年10月，学校又恢复"河北省青龙中学"的校名。1978年9月，由于青龙县第二中学的建立，学校更名为"河北省青龙县第一中学"。1987年5月10日，青龙满族自治县成立，学校更名为"青龙满族自治县第一中学"。

如今的青龙满族自治县第一中学坐落于青龙镇燕山路清风街，有教学班58个，在校学生3200余人，教职工312名。学校装备有理化生实验室、计算机教室各4个，通用教室2个，多媒体教室60个，录播教室1个，师生阅览室4个，图书楼1栋，藏书11.2万册。

学校早在1981年7月就被河北省政府确定为省级重点中学，2003年又被河北省政府确定为首批示范性普通高级中学。

## 改革创新　永不停步

学校文化是学校的灵魂，它决定着一所学校办学的层次、品位和方向。历经近70年的风雨沧桑，经过数代人的传承积淀，尤其是进入21世纪以来，青龙满族自治县第一中学逐渐形成并明确了"一切为了人的终身发展和民族的长远利益着想"的办学理念,"把学校建成学生快乐学习、教师幸福工作、师生共同成长的精神家园"的办学目标,"依法治校,以德立校,管理强校,质量兴校"的办学原则。学校以"诚朴卓越、励学敦行"为校训,以"严谨、博学、敬业、爱生"为教风,以"勤学、善思、自主、创新"为学风,以"公正、合作、务实、高效"为干部作风。学校确定了构图别致、形象生动、内蕴丰富的校徽,确定了由老教师佟梦弼、张雨亭共同创作的曲调欢快激昂、词意晓畅豪迈的校歌。从2005年至今,学校精心编辑出版校报——《校园风景线》,及时反映学校的发展变化,充分展现师生的精神风貌。学校还定期编辑出版校刊——《教苑星河》,汇集优秀教师教学案例,报道教育科研最新成果。学校文化内涵的丰富与提升,大大提高了学校的软实力,也为学校办学质量的提高打下了坚实的基础。

办学水平和教学质量是学校的生命线。办学水平和教学质量的提高历来都是学校师生矢志不渝的不懈追求。为了提升办学水平和教学质量,学校师生除了爱岗敬业、团结合作、奋发图强、辛勤耕耘外,始终坚持与时俱进、改革创新这个优良传统。面对社会形势的变化,面对党和国家对教育要求的变化,面对社会各界对人才需求的变化,因循守旧没有出路,故步自封没有前途,学校唯有改革创新才能生存与发展。因此,学校的历代师生都是在承前启后中前行,都是在革故鼎新中奋进。

学校的管理机制改革,从建校初期的"教导处""总务处"两处分治学校一切事务,到20世纪80年代将"教导处"一分为二,分为"教育处"和"教学处",使管理职责更加清晰,更加便利于对教师、学生的管理,更加便利于学校各项工作的开展。进入21世纪,学校实行教学处统筹下的年级组管理体制,以应对学校规模不断扩大、各个年级学生急剧增多的新形势,从而确保了学校的各项具体工作都能落到实处。2005年以后,学校为了落实科研兴校的治校方略,切实加强教师的业务研修,专门增设了"教科室",全面负责学校教育科研及教师业务进修与培训工作。"教科室"的设立,使备课组和教研组的活动得到规范和指导,使教育科研活动蔚然成风,学校有众多省市级乃至国家级教育科研课题立项并结题,教师队伍业务水平快速提高。2015年以后,面对教师管理、学生管理以及学生宿舍管理中出现的诸多

问题，胡文和校长在经过深入调查和认真研究后，及时提出了"降低管理重心，减少管理层次，缩小管理单元"的管理机制改革理念，在学校内坚决推行级部改革，使学校学风更浓、校风更正，高考成绩连年攀升。

学校的教育教学改革，也在不断探索、不断总结、不断创新。在课堂教学模式方面，从20世纪五六十年代以教师为主的"讲授式"，到20世纪七八十年代的"预习—讲授—练习"模式，再到20世纪90年代后期至21世纪初期的"探究式"模式，经过几代教师的摸索实践、总结提炼后，发展到今天，学校广大教师全面采用的是"学案导学四课型"教学模式，这种教学模式整合了"讲练式""导学式""探究式""自主式""合作式"等多种教学模式的优点与长处，把学习的主动权真正还给了学生，学生主动参与、积极探究、默契合作，彻底激发了学生的潜能与活力。课堂教学模式的改革创新，为大幅度提高教学质量提供了坚实的保障。在德育教育方面，历经"训教式—生活教育式—欣赏式—'三大步'励志教育"几个阶段，学校也走过了一个不断改革、逐步发展、逐渐完善的路程。2012年9月，学校被中央教育科学研究所确定为"全国励志教育实验校"，学校在德育工作方面开始全面实施"三大步"励志教育模式，通过学生朗读励志信、学生填写成长记录册、教师批阅成长记录册等环节，使学生自己认知、自己反思、自己成长，学生的精神面貌焕然一新，学生的思想素养明显提高。2014年11月，"全国励志教育现场会"在学校召开，学校被评为"全国励志教育优秀实验校"。"三大步"励志教育虽然取得了成功，但学校师生并没有因此满足，而是又勇敢地迈上了"励志教育乡土化和校本化"的改革之路。

时代在变化，教育在发展，改革永远在路上。

改革闯出新路，奋斗结出硕果，21世纪以来，学校先后荣获"全国教育发展（十五）规划重点课题实验校""河北省文明单位""河北省教育系统先进集体""河北省高中课改教育教学研究成果先进单位""河北省现代教育技术示范学校""河北省依法治校示范学校""河北省绿色学校""秦皇岛市德育示范校""秦皇岛市教学管理先进学校""秦皇岛市教师专业发展示范校"等荣誉称号。

青龙满族自治县第一中学校园（2019年拍摄）

## 名师辈出　桃李芬芳

建校几十年来，在青龙满族自治县第一中学这片沃土上，成长起了一大批德才兼备的优秀教师。

汤豁儒，1947年从事教育工作，1953年调入学校工作，1990年离休。他是学校老一代教职员工的优秀代表，为学校的发展作出了突出贡献。他既是一位颇具影响力的校长，也是一位学识渊博的名师。从教40多年，他深入钻研政治课教学，教学艺术精湛。他在1953年的热河省统考中荣获政治学科第一名，还多次应邀参与国家、省、市级中学政治课教材的编写工作。他在省市级重要学术会议上宣读并印发的经验论文，在当时的省内外都产生了重要影响。

申志洲，1981年8月参加工作，1986年8月调入学校，历任班主任、备课组组长、教研组组长、教学处主任、副校长、校长等职务。他是中学正高级教师，英语特级教师，中国陶行知研究会生活教育讲师团讲师，河北师范大学、河北教育干部学院、河北科技师范学院等高等院校特聘专家。他还是河北省第八届党代会党代表。他在工作中先后荣获"全国中小学外语教师园丁奖""全国先进实验工作者""河北省政府特殊津贴专家""河北省优秀教师""河北省师德先进个人""河北省英语骨干教师"等荣誉称号。他在省级以上刊物乃至国家级教育教学核心期刊发表教育教学科研论文几十篇，主持编写教育教学专著4部。他主持立项并结题的国家级教育科学课题有3项，其中"开展三结合教育 提高育人水平的研究"的课题荣获"全国教育科研'十五'成果一等奖"。他还应邀在全国校长培训班、全国励志教育现场会、国家中西部地区农村骨干教师培训班上多次作专题报告。他是21世纪以来青龙满族自治县第一中学具有代表性和广泛影响力的优秀教师。

现在的青龙满族自治县第一中学教师队伍，学历层次高，年龄结构合理，业务素养扎实，人才济济，群英荟萃。其中有全国模范教师1人，全国优秀教师4人，河北省特级教师2人，省市级骨干教师27人，秦皇岛市专业技术拔尖人才3人，高级教师105人，心理咨询师4人，专任教师学历达标率为100%。

学校知名校友、河北师范大学书法艺术研究所所长寇学臣为母校书写的校训。

青龙满族自治县第一中学是教师成长的沃土，更是学子成才的摇篮。

学校每年都有大批优秀学子从这里走进全国名牌大学，并且成为社会各界精英：

于怀清，1984年河北省高考文科状元，考入北京大学。

李承，中国人民解放军南京政治学院上海分院院长、教授，少将军衔。

佟丽华，1991年考入中国政法大学，现任北京市致诚律师事务所主任、北京青少年法律援助与研究中心主任、北京致诚农民工法律援助与研究中心主任、中致社会发展促进中心主任、北京致诚社会组织矛盾调处与研究中心主任等职。2012年被国际律师协会评选为年度唯一公益法律人物；2016年9月获得司法部颁发的第五届全国法律援助工作先进个人；2018年12月18日，荣获改革开放40周年政法系统新闻影响力人物。

王振占，中国科学院理学博士，曾参加"神舟三号""神舟四号""风云三号""嫦娥一号"等多颗卫星微波和光学遥感器的定标检验和应用研究任务。

张春敏，经济学博士，管理学博士后，中央民族大学经济系副主任。

……

近几年，学校高考连创佳绩，一本上线率持续大幅度提高，有一大批优秀学子考入浙江大学、复旦大学、武汉大学、南开大学、中国人民大学、天津大学等全国知名大学。

青龙满族自治县第一中学以悠久的历史、现代的设备、一流的质量、鲜明的特色，成为河北省普通高级中学教育改革的一面旗帜，但成绩和荣誉只代表过去，实现教育振兴的道路任重而道远，全体学校师生决心继续高举改革创新大旗，用智慧和能力去打造学校的品牌与特色，用胆识和勇气去追求更高更远的目标，创造学校更加辉煌的明天。

（谢连芳）

# 紫金山下　求知圣地

## 抚宁区第一中学

巍巍紫金山，幽幽洋河水，青山绿水哺育着一方生机勃发、活力四射的求知圣地——抚宁区第一中学。六十余载历史积淀，她伴随着共和国的脚步一路成长。

学校始建于1952年秋，建校以来，已经有3万余名优秀的学子从这里毕业，成为全市、全省乃至全国各行各业的精英。

在秦皇岛的历史名校中，这所学校算不上年代久远，也称不上规模最大、实力最强，但是，这所学校的师生一次又一次用骄人的成绩证明了自己的严谨务学和拼搏进取。

20世纪50年代，学生在"河北抚宁第一中学"校门前合影。

## 新型中学　艰苦创业

"抚宁县初级中学",是新中国成立后抚宁县创建的第一所新型中学。学校由唐山专署教育局直接领导。1952年秋,杨国礼任首任校长,校址在伪抚宁县政府旧址(现抚宁城北街察院口东头路北)。

学校从全县各小学抽调一部分教学经验丰富、年富力强的骨干教师执教,如樊伯石、王海春、王奎章、赵瑞堂等。9月招生,学校从全县范围内录取三年制初中新生4个班,计200人。

学生进校了,教室尚未建成,宿舍更没着落。学校在县领导的帮助下,借用南街旧社会的"福音堂"房舍作教室,宿舍也是借用南街、南望庄的民房暂时栖身。因陋就简,但学校却生机盎然地敲响了上课铃声。

全校师生每天往返于大街之上,居住分散,生活管理不便,但在艰难之中,教师能一丝不苟地教学,学生能专心致志地学习,心中都饱含解放后翻身做主人的热情。结合现实情况,学校规定:上午学习,下午劳动。校园里砖石瓦砾堆积如山,全体师生拆除伪政府、监狱的颓墙断壁,挖掘地基,搬运砖石,政府拨款雇佣工匠,与师生共建宿舍10余间,师生开始有了自己的教室、宿舍。

1954年,临榆县并入抚宁县,县政府在城东白果树村北征地300亩作为新校舍,并建筑房屋70余间,校名改为"抚宁县第一初级中学"。学生从此

学校的老教室,建于20世纪50年代。

在新校舍上课，晚上仍回察院口旧校舍住宿。

1956年，学校增设了两个高中班，从唐山地区招收新生100人。从此，学校由初级中学发展为完全中学，校名改为"抚宁县第一中学"。

1958年，抚宁县合并于秦皇岛市，校名改为"秦皇岛市抚宁城关中学"。由于县财政连续拨款支持学校建设，到1959年，学校的房屋已基本能满足办公、上课和住宿的需要。当时，学校有10个初中班，6个高中班，教职工70余人，初步具备完全中学规模。

1961年，抚宁县恢复原县制，学校校名又改为"抚宁县城关中学"。1962年，"抚宁县太和寨师范学校"停办，部分领导、教职工及大部分教学设备划归"抚宁县城关中学"，学校的设备、师资力量和办学条件得到进一步加强。

从学校建立到"文化大革命"之前的13年里，第一代学校师生不畏艰难险阻，坚韧不拔，取得卓越成绩。1956年开始，学校的高中毕业生开始考入全国各地高等院校，升学率最高达60%。1961届毕业生倪印奎、耿佩英考入北京大学，1962届毕业生单达鹏考入清华大学，1963届毕业生常焕生考入清华大学，1965届毕业生齐家月考入清华大学。此外，学校还为农业战线培养了大批有文化的劳动者，如1964届初中毕业生冯利民参加农业生产后成为养牛大户，20世纪90年代被评为"全国劳动模范"。

## 浴火重生　创造辉煌

"文化大革命"期间，学校正常的教育秩序被打乱，初高中毕业生全部回家参加生产，只有少部分人经社队选择、推荐，进入高一级学校就读。1971年，抚宁县革命委员会将学校改名为"抚宁县'五七'综合技术学校"，1972年又恢复"抚宁县城关中学"名称。

"文化大革命"结束后，经过"拨乱反正"，学校工作逐步走向正轨。

1977年，中央废除升学"推荐制"，恢复升学"考试制"，学校一改实用主义教学形式，摒弃了各专业课程，代之以中央颁发的各科课时安排办法，恢复对语文、数学、理化、英语等基础学科的重视。

1978年，"文化大革命"期间建立的农村教育服从于农业需要的春季始业制度被废除，恢复了符合教育规律的秋季始业制度。

20世纪60至80年代,"抚宁县第一中学"校门。

20世纪90年代至2016年,"抚宁县第一中学"校门。

2016年以后,"抚宁区第一中学"校门。

校园内建校初期栽种的老枫树。

1981年，学校恢复了"抚宁县第一中学"名称，并于9月开始招收三年制高中一年级学生。

1988年，学校确定以"团结奋进，严谨求实"为校训，在办公楼前、教室黑板上方都张挂着这鲜明的八个大字。学校还编制了校歌《把学习高峰攀登》："紫金山下，天马湖畔，有我们美丽的校园。亲人的嘱托，家乡的企盼，是我们力量的源泉……"在校园里传唱，激励学生成长成才。

1992年，学校初中部停止招生。1994年，最后一届初中生毕业，学校成为高级中学，共计24个班。

1997年8月，时任中共中央政治局委员、全国人大常委会副委员长田纪云为学校题写校名。2003年，学校被评为"河北省示范性高中"。

严格精细的教育教学管理，保证了教学质量的快速恢复和提升，学校的高考成绩逐渐为河北省、秦皇岛市瞩目：1985届毕业生史晓露以604.5分（满分640分）名列河北省理工类第一名，1987届毕业生吴杰、1989届毕业生卢醒、1990届毕业生金光名列秦皇岛市文、理科第一名，1995届毕业生王东、1996届毕业生朱子玉和张冉名列河北省文、理科第二名。恢复高考以后，学校考入清华大学、北京大学的学生有26名，在秦皇岛市位居前列。

与此同时，一大批优秀教师脱颖而出：郭兆华、石中极、许维国老师被评为"国家级优秀教师"，赵维谦老师被国家民委评为"全国团结进步先进个人"，孟凡忠老师被评为"全国劳动模范"，等等。

随着政府对教育投入的增长，学校的教育场所、教学设施也越来越完善，校园变得越来越美丽。1981年，学校兴建历史上的第一栋楼——办公、教学、实验综合楼。1982年，学校拆除了原大礼堂，新建饭厅兼礼堂。1988年，学校建成一座学生宿舍楼。1993年，学校在原校门西侧重建一个新校门，

抚宁区第一中学校园（2019年拍摄）

并建成一座科技楼。1995年，学校在校园东侧建成一个400米标准跑道新操场。1997年，学校又建成一座教学楼。1999年，学校建成一座新学生宿舍楼。2000年，学校建成一座多功能厅楼。校园内遍植花草树木，树立多块碑刻雕塑，还建有一座四柱凉亭，与建校初期栽种的一片大枫树一起，形成园林式的校园美景。

## 守正创新　再度崛起

进入21世纪以来，随着高考、中考招生形势的变化，省际学生流动频繁，省内"超级中学"逐渐发展，吸纳着各地优质生源，再加上全市高中招生政策的调整，抚宁本地大量优质生源流入辽宁、天津、衡水和石家庄等地的"超级中学"以及秦皇岛市第一中学，留给学校的"尖子生"少之又少。学校面临前所未有的困难，学校管理、教学质量一度出现大幅滑坡。

2008年7月，新一届校领导班子面对生源差、纪律差、工作状态差、教学效果差的严重不利局面，确立了新的发展思路：坚持求真务实的原则，以教学为中心，以提升教师队伍的整体素质和加强学生思想道德素养为基本点，以探究课堂的有效教学和培养学生良好行为习惯为落脚点，先由弱做强，再由小做大，在经济效益和社会效益上选择社会效益，在数量和质量上选择质量，着力打造师资、生源、管理、质量、环境、文化、文明等一流的市级品牌校。

经过10年的逆风、负重前行，如今学校已经以实打实的努力和拼搏再次站起来：

学校招生从2007年的12个班、2008年的14个班，逐渐扩至2012年的18个班。2018年，学校首次面向海港区、山海关区和北戴河区招生，总额达到1050人。

学校相继制定《办公纪律》《到岗签到制度》《考勤考绩奖惩制度》等一系列校规校纪，改变了原来松散的工作状态，调动了教职工的积极性；逐步完善了领导机构，增设了教学处和安全办，进一步构建了领导机构规划方向、校级领导分管年级、中层副职兼管年级组的管理模式；先后新聘和调入一大批新分配大学生和有经验的教师，并利用假期对学校各级管理人员进行集中业务培训，提高整个管理队伍的素质和水平。

2009年，河北省实行新课程改革，学校提出"以校本研修为主，多渠道研修为辅"的整体发展思路，"一条龙式"的备课组、教研组、教学处"三级"校本研修系列活动，制定出《一节好课的标准》。学校一直特别重视课堂教学改革，积极探索符合实际的课堂教学模式。近年来，学校全力推广"一案三段五环节"（一个教与学共用的导学案，"课前预习、课中学习、课后延伸"三段步骤，"情景导入、自主学习、合作探究、点拨归纳、有效训练"五个环节）的自主课堂方式，激励唤醒学生的主体意识、探究意识，使学生学会自主学习、合作学习、探究学习。同时，学校注重学生的特长发展，关注艺术生、海军飞行员的培养工作，并加大体育特长生的培养力度。

新一代学校师生秉承"团结奋进、严谨求实"的校风，结合新时代高中教育的特点，按照"规范、精细、特色、管用"的工作原则拼搏进取。学校高考成绩在2009年出现重大转折，十年连上十个台阶。2018年，学校高考成绩再一次实现历史性突破：本一上线率高达60%，接近500人，600分以上考生突破百人，文史类最高671分，名列秦皇岛市第二名。

2015年8月，抚宁撤县设区，"抚宁县第一中学"更名为"抚宁区第一中学"。2016年2月，位于紫金山东麓的新校区建成并交付使用，7月学校整体完成搬迁。沿抚宁区金山大街往东走，路南侧最醒目的建筑就是学校庄严气派的新校门。

在新校园的西内环路上，师生们特意栽种了一排小枫树，相信若干年后，这些枫树也会像老校园的枫树一样高大挺拔、枝繁叶茂。学校经过历史上的三次迁建，终于在这座崭新的现代化校园里，重新埋下理想和希望的种子，向更高远的目标生长、超越。

到 2020 年 9 月，抚宁区第一中学已经走过了整整 68 个春秋寒暑。学校现在拥有 54 个教学班，在校生 3000 多人，在职教职工 344 人。学校先后被评为"河北省招生考试工作先进单位""河北省体育传统项目学校"，被授予"海军招收飞行学员优秀生源基地""西北农林科技大学优秀生源基地""大连海事大学优秀生源基地"等荣誉称号。

抚宁民风淳朴、包容，抚宁人扎实厚道，崇文重教。抚宁区第一中学的发展史，既是几代学校师生艰苦创业、奋发进取的历史，又是抚宁这块文化热土英华荟萃、薪火相传的历史。

（吴钟岳　周宝祥　魏振标）

附：

**部分知名校友**

**王文祥**　1959 届毕业生，天津南开大学毕业。中国当代书法家、收藏家、鉴定家。毕业后直接分配到中央办公厅，在中南海"后楼"为毛主席管理图书，被时任中央办公厅副主任田家英爱称为"毛主席书童"。先后在人民大会堂、国家进出口管理委员会、中央统战部工作，曾任中央统战部华文出版社副社长、副总编辑、编审。

**孙书柱**　1963 届毕业生，北京大学西语系研究生毕业，文学硕士。曾先后被派往我国驻西德使馆、奥地利使馆、捷克使馆任文化参赞，后曾任文化部外联局政策研究室副主任，文化部《中外文化交流》杂志社社长、主编。

**齐家月**　1965 届毕业生，清华大学毕业。后在清华大学任教，曾任清华大学微电子研究所副书记。

**徐智明**　1987 届毕业生，北京大学政治学专业毕业。龙之媒广告书店、快书包电子商务创办人，策划出版广告等专业图书 150 多种，曾获"中国广

告三十年三十人杰出贡献奖""中国广告历史贡献奖"等。曾任中国传媒大学、北京联合大学、北京工商大学兼职教师，现任百道网顾问、乐平公益基金会顾问、中信书店独立董事、富平创源董事。

**张宏林** 1993届毕业生，清华大学工程物理系本科毕业，北京大学技术物理系研究生毕业。2016—2018年为哈佛大学医学院Martinos医学影像中心访问学者，2012—2017年为北京大学科技部重大专项"激光加速器"产业化负责人，2013至今为北京大学（秦皇岛）医疗健康产业化基地负责人，2017年至今为哈佛大学·北京大学·马里兰大学产学研合作（郑州）示范项目——河南中美九博医院负责人。

知名校友孙书柱参观母校校史馆后留言。

# 海滨胜地　精品学校

## 北戴河中学

　　75年前,北戴河海滨地方名流发起兴建"私立海滨初级中学",是为北戴河中学的前身。其间,耿祝辰以一己之力,勉力办学,几致倾家荡产。

　　解放后,学校在周恩来总理的亲切关怀下,迁入现址。郭沫若曾为学校题写校名。学校一度曾为冀东名校。

　　"文化大革命"后,学校办学质量逐年下降,至20世纪90年代,竟几致停办的境地。1998年开始,学校再度崛起振兴。全国人大常委会原副委员长、全国妇联原主席彭珮云为学校题写了校训"责任、笃行、健康",以此为动力和准则,学校开始全力打造"与海滨胜地相匹配的精品学校"。

1964年,郭沫若为学校题写校名。

1998年,彭珮云为学校题写校训。

## 倾家荡产办学

在关于北戴河中学的简介中，起首是这样一句话："北戴河中学的前身，是1945年9月由地方名流阎家琦、耿祝辰、王起安、李伯仁等捐资兴建的'私立海滨初级中学'。"

阎家琦（1895—1961），直隶临榆人，曾任伪天津市警察局第一分局局长、伪天津市警察局局长。他任职期间，天津市发生不少大案要案，其中有孙传芳遇刺案、王竹林遇刺案。据记载，他曾为建立北戴河中学捐款200万元（法币）。

耿祝辰（1896—1968），河北滦县人，是北戴河中学建立初期厥功甚伟的人物。他15岁考入滦州电报学堂，上学期间，就参加了辛亥革命时期的滦州起义敢死队。1912年，他又加入孙中山先生领导的同盟会。1916年由电报学堂毕业后，他被派到汤河车站（原秦皇岛老站）任司报，以后相继在唐山、滦县、大临池、大凌河、新民、丰台等车站任电报员、电报领班、站长、段长等职。

1930年，耿祝辰任丰台站站长时，正值长城抗战，丰台站是铁路上运兵的枢纽，国民革命军数十万大军由此过轨转运通州，开赴长城各口。他曾组织劳军会，担任会长，并组织救国周刊，担任编辑。

《何梅协定》签订后，亲日汉奸上台，耿祝辰被调到朱各庄、南大寺等小站任站长。1936年，他被调到南大寺站时，约一些朋友合股办了一个果园。后来，他又在京津一带征集股份，将果园扩大为启野农园股份有限公司。他在农园担任常务理事兼经理。农园有荷兰牛、巴克夏猪、来克亨鸡、意大利蜂及大小果树万余株，并在海滨成立营业处——森茂祥商号。农园规模逐渐扩大，在国民党统治时期，负担了新店子村半数以上的摊派款。农园曾积极支援共产党领导的解放区，耿祝辰有时亲自前往北边的解放区送款。

1940年，耿祝辰被调到北宁路支线的海滨车站。1943年，他因不愿为日本人办事，托病辞掉了铁路工作。

此后，耿祝辰开始联络地方名流，倡议筹建私立中学，组成董事会，并担任董事。他替学校募集了五分之一的创办费。1945年9月，学校建立，定名为"私立海滨初级中学"，校址在剑秋路，有教职员十余人。学校最初没有校舍，借用"海滨区立完全小学"（后改为草厂小学）教室上课。

学校第一任校长为李伯仁。他任职两个月后，由耿祝辰接任，直至解放。学校建校第一年，由筹措的资金解决办学经费，学生免交学费。

1946年9月，学校迁至西联峰山下的王胡庄村，改名为"私立海光中学"。1946年下半年，董事们大都撒手不管，董事会名存实亡，无法募集资金，学校只好根据当时学生家庭的负担能力，确定每个学生每学期交学杂费秋米100斤。学校第一届招收初中学生120余人，分甲乙丙3个班。当时物价飞涨，米珠薪桂，学生很难坚持学习，到1948年7月，毕业生只有60多人。这些毕业生无力去外埠读高中，家长和学生纷纷要求校方开设高中班。学校决定采取增班不增师的办法，于1948年8月开办了一个高中班，校长耿祝辰亲自任国文课和英文课教师。

为使学校继续办下去，耿祝辰卖掉了原籍祖坟地10亩及自家一部分衣物。他的妻子丘英华将用自己的陪嫁费在南大寺购置的20亩地卖掉，交给丈夫办学。尽管这样，到解放时，学校仍欠教职工一部分工资，耿祝辰又将家中大小皮箱、衣物、被褥、家具等全部搬到室外标价，由教职工根据欠薪多少任意选取。

## 曾经历史辉煌

1948年11月，北戴河解放，学校由政府接管。1949年4月，学校改名为"冀东区秦皇岛市海滨中学"，北戴河区区长王晓波兼任学校校长。耿祝辰响应政府号召，参加扫盲运动，义务为王胡庄村教民校。1949年8月，秦皇岛市委宣传部部长谢天荣兼任学校校长。

1950年1月，学校改名为"秦皇岛市第二中学"。1952年，学校改名为"秦皇岛市第二初级中学"。

1954年，接替马叙伦担任新中国第二任教育部部长的张奚若为学校选址黑石路并拨款建校。学校的建筑当时在全国来讲都是很讲究、很漂亮的，也因此成为北戴河"十大建筑"之一。

1955年，学校从王胡庄村搬到黑石路新址，改名为"秦皇岛市北戴河中学"。周恩来总理当年曾到学校视察。

1957年7月，著名电影表演艺术家白杨在莫斯科参加完第六届世界青年与学生和平友谊联欢节后，来到北戴河中学，向学生们转达了苏联青少年对中国青少年的问候。1957年对于白杨来说是特别的一年。年初,在《北京日报》举办的"1956年最受欢迎的影片和演员"评选中,她当选最佳演员;也是这一年,由她主演的影片《祝福》在第十届卡罗维发利国际电影节上获特别奖;《人民画报》1957年第4期封面就是此时37岁、风华正茂的白杨。

1958年,学校增设高中班,成为一所完全中学。

1959年,中央明确规定,北戴河区对外开放,北戴河中学被列为对外开放单位。

1961年,学校首届高中毕业生毕业,62名学生考入高等院校,录取率达到58%。

1964年,学校改名为"河北北戴河中学",郭沫若先生为学校题写了校名。

1965年,学校有44名学生考入高等院校,录取率达到54%,为全市之冠。当时,一般中学的录取率仅为10%～20%。秦皇岛市文史专家、长城专家孙志升老师便是这一届的毕业生。他于1959年进入北戴河中学,经过初中3年、高中3年的学习,毕业后考入中国人民大学新闻系。据他回忆,高中毕业生有两个班,一班相对来说学习要好一些。这届毕业生考入的重点大学主要有北京大学、中国人民大学、北京师范大学、中国科技大学、吉林大

1958年,学校二十四班毕业留念。

1958年,学校模范教师和模范学生合影。

1963年5月,学校第三届高中毕业班师生合影。

学、天津大学、南开大学、北京体育学院等。此前的毕业生考入的重点大学还有清华大学、北京外交学院、北京外国语学院、中国医科大学等。

"文化大革命"前，北戴河中学作为冀东名校，津唐学子纷纷来此求学，学校为高等院校和社会输送了大批人才。

"文化大革命"时期，1970年，学校改名为"秦皇岛耐火材料厂北戴河'五七'中学"。1975年，学校又改名为"秦皇岛市北戴河第一中学"。

## 再度崛起振兴

20世纪80年代，学校除招收普通高中班外，还招收职业高中班。1980年9月，学校招收两个旅游班，学生80人。1984年，学校开设了服装、烹饪两个职业班。1985年，学校又增加了建筑预算班。到1987年，学校有普通高中6个班、职业高中4个班、初中18个班，学生950人，教职工131人。

到1998年以前，学校虽是一所完全中学，但北戴河区的高中学生绝大多数到周边县区求学，少数仍留在学校读书的学生，毕业都面临困难，学校的普通高中教育名存实亡。

1998年，北戴河第一中学在校高中学生仅有20人。为扭转北戴河区高中落后的状况，北戴河区委、区政府于1998年决定在全国范围内招聘优秀教师，筹办北戴河重点中学，校址暂定为北戴河第一中学院内，称"北戴河一中高中部"。2000年，北戴河区政府在联峰北路建综合高中（含职业高中），后因各方面原因易主秦皇岛职业高等技术学院。

2002年年底，司文娟开始担任学校校长兼书记。曾获得"河北省特级教师""秦皇岛市十大杰出青年"等荣誉称号的她，在职期间推动了学校的崛起与振兴。

2003年，北戴河区政府再次投资在原北戴河第一中学校址重建高中，名为"北戴河中学"。2004年9月，与北戴河区建筑特点相协调、

20世纪90年代的学校校门

校长司文娟和学生们在一起。

造型独特的学校新建筑群启用，按一流标准配备了实验室、图书馆、计算机教室和多媒体教室等现代化教学设备，建成北戴河区唯一能承办大型体育比赛的标准化体育场。

　　北戴河中学为学生创造了高品位的学习环境。校园内梧桐亭亭如盖、松柏笔直排列、白杨高大向上、丁香郁郁葱葱，草坪、鲜花、曲径、凉亭，营造了读书修心的怡人环境。中西合璧的新建楼群，宛如展翅欲飞的彩凤，"凤头"是办公楼，体现管理的重要作用；"凤身"是教学楼，体现学生的主体地位；"凤尾"是实验楼，体现科技是发展的有力保障。建筑理念与学校的办学理念相契合，预示着学校向更高处腾飞。

　　北戴河中学秉承"科研兴校、内涵发展、追求卓越"的办学理念，下大力量打造过硬的研究型教师队伍。学校扎扎实实地推行"八个一"：每学年学生报到的前两天组织一次全员科研培训，专家讲座、校长论坛、研修交流、课堂观摩、参观学习、成果展览等丰富的内容，让教师们工作前先充电，带着前沿的教学理念、先进的研究方式、良好的工作心态迈入新学期；每周各教研组坚持雷打不动的半天校本教研，定时间、定地点、定专题、定主讲人，信息交流、教材教法研究、学案研究、网络研修、观课、说课、议课，使教研工作真正做到克服功利、注重内需，避免盲从、注重校本，减少形式、注重过程，力戒浮华、注重实效；每个备研组一个课题，各备研组结合本学科本学段的实际确定研究课题，目标直指课堂的教学行为和学生的学习方式，以课题促教研，以教研促教学，让教学焕发生命力；每位教师第一学期在组内做研究课一节，各教研组第二学期向学校推荐研究课一节，通过录像观摩、说课、评课、教学反思等一系列活动，定格"样板课"，使研究课有效地将教师的"教学设计—教学反思—科研实践—专业成长"统一起来；每位教师每学年针对自己教育教学的实际情况，要开展一项行动研究，学习、研究、反思、实践；每位教师每节课后要有一个反思；每位教师每学期阅读教育教学相关书籍，并写下读书笔记，每学期不少于1万字；每位教师每学期写一篇有研究价值的案例，或能代表自己一个阶段研修水平的论文。"八个一"使做研究型教师成为学校教师的自觉追求，为学校的内涵发展注入了不竭动力。

先学做人、后学求知、以德立身，是北戴河中学的育人准则。学校下大力量积极营建"全员德育"的育人氛围。"学校无小事，事事皆教育"，学校的方方面面、学校的每个角落都为营建健康向上的精神家园而努力。学校实行德育"三制"原则：德育导师制，依据"以德树德，以情动情，以志砺志，以行导行"的育人原则，把思想教育的任务分解给德育导师，让更多的老师关心、指导学生的思想、生活、心理和学习；首遇责任制，规定所有教职员工在校内外凡是遇到学生权益受侵犯或学生违纪，都有责任及时应对，当面教育；德育预警制，建立学生思想动态、行为规范、心理健康等预警机制，一旦学生出现问题，预警网络即迅速反应，以便学校及时施教。

随时随地大量艰苦细致的思想教育工作，使贫困生去掉了自卑，性格变得开朗、大气；使单亲生排除了对异性同学的情感依赖，积极投入紧张的学习生活；使学困生找到了学习动力和方法，奋起直追；使学优生看到了自身的弱点，更加踏实勤奋……学校关注每一位学生、尊重每一位学生、把微笑送给每一位学生，唤起了学生的自尊、自强。学校党支部、团委创建"学生党校"，使学生加深对中国共产党的认识，加深对祖国的热爱，进而加深对学习的热爱。

"不放弃每一个学生，为每一个学生提供终身受用的优质教育，使每一个学生都得到主动发展"。北戴河中学因材施教，致力于为学生的终身发展打下基础，培养学生终身学习的能力和创新能力。

北戴河中学校园（2019年拍摄）

从 2003 年起，学校以"自主学习、自主发展"课题为突破口，扎实开展课堂教学改革，突出主体，把求知的主动权交给学生。语文组"主体参与"课堂教学研究、数学组"MM"（Mathematical Methodology，教学方法论）教学方式和"自学导练"教学法、英语组"四位一体"教学法研究、文科综合组"学生自主搜集信息、调查研究"的学习方式、理化生组将过去的演示实验变为学生动手实验……这些教学实践以学生为主体，培养学生的自主学习能力和思维能力，实现了对传统课堂教师一统的根本转变。学校最大限度地挖掘每一位学生的学习潜力，以中等生促尖子生、带后进生，使每个层次的学生都有所得，真正做到优秀生更优、中等生发展、后进生转化，从而实现大面积丰收。

学校重视养成教育，重视良好行为习惯、学习习惯的培养。地面的"无纸屑"、桌面墙面的"无划痕"、食堂打饭的有序排队、住宿学生的文明公约……从书写到朗读、从预习到作业、从学习各环节的把握到学习策略的实施……涓涓细流，连绵不绝，潜移默化于学生的头脑和行动中，逐渐形成良好的习惯。

学校还注重让更多的社会资源走进学生成长的世界，依靠社会各方面的力量，积极争取社会各界和家长的支持配合，优化学生的成长环境。学校每学期召开家长委员会会议，共商学校发展大计；每学期家长参加课堂教学研讨，通过师生家长互动，探索课堂教学的改进方法；每学期召开两次家长座谈会，共同交流家庭教育经验，将心理教育引入家庭教育之中。学校与社区协同配合，积极创设和谐的育人大环境；多次组织学生走出学校、走向社会，参观国家重点建设工程和爱国主义教育基地；多次请英模和校友来校作报告，开阔学生的视野、培养学生的情操。

2005年5月，北戴河中学被河北省教育厅认定为"河北省示范性普通高级中学"。此后，北戴河中学先后被授予"河北省依法治校示范校""河北省创新教育实验学校""河北省心理教育实验学校""秦皇岛市首批市级示范性高中""秦皇岛市校本研修示范校""秦皇岛市推进普通高中课程改革工作先进学校""秦皇岛市德育先进学校"等荣誉称号。

由1998年的4个教学班、200名学生、35名教职工，北戴河中学已发展到现在的18个教学班、900余名学生、108位教职工。多年来，学校高考升学率都保持在99%以上，向高等院校输送了大批优秀学生，多人被中国人民大学、北京航空航天大学、澳门科技大学、中国石油大学、河北工业大学、西南民族大学等学校录取。学校为提高北戴河区人口素质、提升区位优势作出了自己的贡献。

以"责任、笃行、健康"的校训为动力和准则，秉承"敬业、爱生、严谨、垂范"的教风和"专心、刻苦、勤思、有序"的学风，北戴河中学在环境育人、文化育人、规范育人等方面正继续进行探索，努力把学校打造成为"与海滨胜地相匹配的精品学校"。

（卢纪锋）

# 格物致知　日新月异

## 秦皇岛市第七中学

这是一所以"格物致知，日新月异"为校训的学校。

46年的发展历程，它以"洁静精微，学思辨行"为教风，以"不比阔气比志气，不比聪明比勤奋，不比基础比进步"为学风，形成自己的办学特色。十年努力一件事，它不做"升学暴发户"，而是致力于成为一所"有内涵的学校"。从2017年开始，它又踏上集团化办学的新征程。

2011年3月，校长王建国与学生们在一起。

## 46 年峥嵘岁月

1974 年 2 月，秦皇岛市政府投资建成秦皇岛市第七中学（以下简称七中），著名诗人臧克家为学校题写了校名。校址原位于秦皇岛市文化路 175 号，1999 年 3 月迁址至文化路 290 号。

1974 年建校时，秦皇岛市工宣队办公室派秦皇岛市第一建筑公司的五名工宣队员进驻七中，组成领导班子，正式成立革委会。同年 2 月，教学楼建成，校内无院墙、操场、厕所等。全校有教职工 51 人，由"秦皇岛市柳江中学"解散时留下的部分教师和 1973 年 1 月以后调入"秦皇岛市第一中学"后被拨入学校的教师组成。学校有初一、初二、高二共计 14 个班，648 名学生是从"秦皇岛市第一中学"按单数班序拨入的。全部仪器设备、图书是从"秦皇岛市柳江中学"接收来的。

1975 年，学校筹建校办工厂，建单身宿舍二层小楼。

1978 年 3 月，"秦皇岛市第一中学"统一轨制拨入七中两个班。同年 9 月，革委会撤销，学校升格为县团级。

1980 年 9 月，学校普通高中和职业高中并开。1986 年，学校从"秦皇岛第十一中学"拨入 4 个高中职业班，另外代培一个成人幼教班，学校共计 35 个班 1900 余人，教职工 129 人。年内，学校修建了金属栏杆院墙、300 米跑道的操场、校办工厂、教学实验楼、四大间图书室和三大间阅览室，以及许多花坛小品。

1987 年 9 月，职业中学和学校分离，从此学校变为完全初中。

1999 年 3 月，学校迁入文化路现址，占地面积 20983 平方米，有教学楼 1 栋、礼堂 1 个（部分用作食堂）、锅炉房 1 个、车库 1 个。因学生较多，教室不够用，初一年级有 6 个班去秦皇岛市第一中学上课。

此后，海港区政府除对学校原教学楼进行改造外，又帮助学校建了 2 号教学楼，但教育教学用房仍不够用。2003—2004 年，海港区政府又帮助学校建一栋综合教学楼，因建综合教学楼，将原礼堂拆除。学校也先后投入 800 多万元，对原有校园进行改建和扩建，其中投资 350 万元新建了一座教学楼。

至 2004 年，学校已建有 3 座教学楼，配备了先进的信息技术教育装备，其中多媒体网络教室 2 个、多媒体电教室 2 个、电子阅览室 1 个、教师电子备课室和中心控制室各 1 个，以及 9 个装备多媒体设施的教室。职能部门实现微机化管理，建立了校园局域网，并与因特网接通。学校还按"普九"一类标准配置了理化生实验室5个，音乐教室2个，舞蹈教室、美术教室、劳技教室、科技活动室、乒乓球室、图书室、阅览室各1个，标准篮球场3个、排球场1个，图书馆藏书达10万册，订阅期刊、报纸180多种。

学校共有初一、初二、初三教学班40个，在校生2663人，教职工192人，其中有国家级骨干校长1名，省级劳动模范、师德先进个人、优秀教育工作者、骨干教师、特级教师、十大杰出青年教师提名奖各1名，市职工劳动模范、十大杰出青年教师、"三育人"先进工作者、优秀青年、优秀教育工作者、学科带头人各1名，教坛明星2名，骨干教师8名。

学校学生连年在数理化生、作文、英语技能等竞赛中获奖，总计获国家级奖励90多人次、市级奖励80多人次。学校的音、体、美、劳、科技、计算机等活动有120多人次在国家、省、市比赛中获奖。2004年，学校30名应届毕业生由于参加全国数理化英语竞赛成绩优异，被秦皇岛市第一中学提前录取。

学校自建校伊始，便注重制度建设，这些制度一直坚持并不断完善，逐步形成了一套行之有效、科学合理的管理体系，师生做到了有章可循，

课堂上，学生们在认真听讲。

学校的课间操活动，学生们的动作整齐划一。

学校运行井然有序。学校各项规章制度健全，各种竞争机制不断引进，科学化、规范化的管理，使得学校的教学、德育及制度建设成为周边学校学习的对象，《校长基金发放条例》《安全管理条例》《年度考核方案》等被许多学校吸纳学习。

学校的办学思想与目标也在不断探索中逐步明确。1986年，学校曾确立"面向全体学生，大面积提高教育质量"的指导思想。1993年，学校制订的五年改革发展总体规划，提出把德育放在首位，在办成"全面＋特色"学校、培养"合格＋特长"学生的思想指导下，使学校成为一所文明学校、最佳校风学校、管理达标学校。1994年，学校领导考察上海建平中学后，学校由应试教育转向全面提高国民素质教育的轨道。2000年，学校制订的五年名校创办规划，提出了文化管理、民主管理、"赏识—成功"教育的理念，提倡教师走内涵发展之路，坚持"以学生发展为本，实现教育现代化"这一办学思想，以"把七中办成在省内有影响，在国内有一定知名度的现代化、高质量、有特色、出人才的实验性和示范性初级中学"为目标，突出信息技术、心理教育、校园文化建设、课程建设等办学重点，全面实施以创新精神和实践能力为核心的素质教育，逐步形成学校的办学风格。

自1989年以来，学校每年中考总平均分及升学率均列市区学校之首。2000—2004年，学校先后获得"全国群众体育工作先进单位""国家中小学语言文字工作示范校""河北省心理健康教育实验学校""河北省现代教育技术实验校""秦皇岛市文明单位""秦皇岛市示范性学校"等国家、省、市级奖励130余项，并被《中国教育报》录选为"中国名校六百家"。

46年峥嵘岁月，学校在办学的各方面不断创造出适合自己特点的工作方法体系，逐渐形成了自己的特色。

## 十年努力一件事

王建国，1997—2017年任学校校长，后来他又兼任海港区教育工委书记，但他大部分时间和精力仍然放在学校。

2013年，他在接受《中国教育报》采访时说，学校"十年努力一件事"，这件事就是践行和完善"15条"教育理念，形成一套办学思想体系，使学校成为"一所很有内涵的学校"。

2003年,学校出台自己的名校创建规划,也就是现在教师们耳熟能详的"15条",里面的每一条都是回答一个问题。第一条,学校是什么?学校有学园、乐园和家园三个层面的内涵,学校的魅力在于它有丰富的智力资源和深厚的文化底蕴,学校学习、思考、探索、实践、研究的氛围是一种吸引人、教育人的力量。此外,"15条"中还有校长是什么、教师是什么、学生是什么,以及培养目标、教育过程、职业意识是什么,等等。尽管看起来有些庞杂,但"15条"本质上回答了"是什么、为什么、怎么做"的问题,正好对应了哲学的本体论、价值论和方法论。

到2013年,学校的名校创建规划提出过去了整整10年。"15条"教育理念已经成为学校全体教职工的内隐概念和行动指南,学校也从"升学暴发户"转变为一所"有内涵的学校"。十年努力一件事,这件事,秦皇岛市第七中学做成功了。

秦皇岛市第七中学是个有着3000多名师生的大学校,为了让管理有序、有效,学校实行"低重心软性管理":在横向分工的基础上,将业务干部直接分配到各年级组,增强年级组的管

2010年3月,校长王建国为学生佩戴"文明行为示范生"胸牌。

2010年3月,学习论坛后,校长王建国与教师们交流。

理效能。每个年级组还设有德育、教务、教科研、总务等干事，协助年级主任做具体的事务性工作。在这种制度下，年级主任统领备课组组长、班主任、年级干事，角色和作用相当于分校校长。这种网络化、扁平式的结构既减少了管理层级，又推进了学校的民主化管理。

## 教师也是发展中的人

在"15条"中，每一位教师都读到了自己的角色和价值：教师不是"蜡烛"，和学生也不是"一桶水"和"一杯水"的关系，他们和学生一样，都是发展中的人。

为培养教师的职业理想和精神境界，学校注重引导教师对自己的教育生涯进行设计，帮助他们成为自我实现的人。学校为教师们设计了专业成长手册，每位教师还根据自身实际制订了三年成长规划。

平时，围绕绿色课堂、专业成长、德育载体等主要工作，学校组织了一系列论坛、沙龙活动，而且改变了传统讲座、示教式的形式，让每位教师都有机会做"中心发言人"。

"每个人都渴望成为重要人物，都愿意成为主角儿，管理的成功就在于让每个人都感觉自己很重要。"在"15条"中，讲教师工作和成长的有8条。比如，"把教育当作事业来做，而不是谋生手段""没有广泛的阅读就没有广阔的精神空间""一个人的价值不在于他现有水平有多高，而在于他能否在工作中不停顿地前进"……每位教师都能告诉你，哪几条让他们感悟最深、改变最多。

"自我实现"这一条让数学老师岳坤受益最深，他从中不但明白了自我实现的重要性，也学会了如何自我实现。学校秉持的理念是："好教师不仅是那些上出成功课或教出高分班级的教师，还是那些有能力反思课堂，理解什么对了、什么错了，寻找策略让下次课上得更好的教师。"岳坤说："这样得出的东西，不是谁教给我的，而是我自己形成的，这是一个由内而外的发展过程。"现在的岳坤已成长为一名副校长。

秦皇岛市第七中学一直倡导教师要努力成为教育家。成为教育家的标志是创造出有自己特点的工作理论方法体系，也就是有独到的实践哲学，像著名教育家陶行知所说的"教学做合一"。在这个大方向上，学校出了两道"题"：一是追求学科气质，二是学做公众知识分子。前者是成为教育家的

起点，后者则是教育家的必备品质。与多数同事一样，数学老师李艳华最初是从校长的讲话中听到这两个词的。脑子里有了概念，再到实践中体悟、追求，她很快从中找到了乐趣和自信。"培养学科气质不像培养教育家那么难，只要每个人在平时投入一点、深入一些，坚持数月数年，不断通过量的积累，就会产生质的飞跃。"李艳华说。

学校对有进步、有贡献的教职工不吝啬奖励。2009年，学校史无前例地推出"十项奖励"：教育特色奖、教育指导奖、特别贡献奖……每一项奖励，既是认可，更是激励。获得"教育特色奖"的董翠萍说，在秦皇岛市第七中学做班主任，享受着平淡的幸福，因为从中既成就了学生，也成就了自己。

"七中养人"，这是语文老师王连敏的说法。来学校之前，她体重只有78斤，现在达到了98斤。俗话说"心宽体胖"，她感觉在这里自己的心确实变"宽"了。"在以前的学校，教了很多年书，越来越感觉自己是一个可有可无的人。到了这里，才感觉到自己是受信任、受重视的。"王连敏说。

**学生是期待被点燃的火把**

"学生不是接受知识的容器，而是期待被点燃的火把。""15条"让秦皇岛市第七中学教师重新认识了学生。

强调尊重学生，这个观点虽然没有新意，但在老瓶子里面，学校装上了新酒——"尊重有三个层面：一是尊重学生的状态，二是尊重学生的需求，三是尊重学生发展的可能性。"

有了这个思想前提，教育方式就需要作调整，"15条"告诉教师们："引导学生自我体验感悟，再把情感融入，这是最好的教育方式。听来的忘得快，看到的记得住，动手做更能学得好。"

在教学上，学校要求教师要学会整合"三维目标"：知识和技能目标旨在"学会"，过程与方法关注"会学"，情感态度与价值观重在实现"乐学"。每堂课都应留下最后两分钟，让学生自由思考、质疑。这个教学思路，让学校的课堂变得与众不同。在一次河北省公开课上，生物老师朱健不仅很好地整合了"三维目标"，而且抓住"最后两分钟"，让学生谈谈一节课的收获，轻松的课堂氛围引来了学生的精彩发言。大获成功的朱健总结说："我们的教学不是解决所有问题，而是让学生带着问题离开课堂，让学生用学到的方法去解决一个个他们心目中的问题。"

再好的教学，如果不能让所有学生受益，都是存在问题的。校长王建国反对用好学生的标准衡量所有学生，因为在这把大尺子下，多数学生都是失败的。

在秦皇岛市第七中学，如何减轻中等生的学习压力是一项研究课题。以往解决这类问题往往习惯抓两头、带中间，以为抓住两头，中间就起来了。但实际上，中等生的压力是最大的。课题组后来调查发现，有过度心理焦虑的学生，恰恰都是中等生。这个研究最终找准了造成中等生压力大的因素，并且提出了解决问题的具体办法。对中等生的关注，也就是对"大多数"的关注，这使得学校的"以学生发展为本"没有成为一句空话。

在德育方面，学校提出"在秩序中求活力""在活动中张扬个性"。为此，学校设立、创新了一系列德育载体，其中最有特色的是"示范班+示范生、特长生"制度。"示范班是以集体促进个体，示范生、特长生则是以个体促进集体。"示范班有纪律、文化、绿色、体育、自我管理和自定义示范班等6种。所有班级都可以挖掘自身优势，向由德育干事和学生组成的审批小组申报。获批的班级，平时不仅要不断接受检查和其他班级的参观，还要定期写自评报告。此外，每个班级还评选示范生和特长生，内容五花八门，人数也没有上限。分管德育的副校长刘俊义说："只要能命名，我们都设个项目，目的是激励每一个学生，让他们觉得自己在某方面是行的，让他们学会管理自己。"

自2008年开始，秦皇岛市第七中学实施追求最具生命力的绿色教学，努力建构学生完满的精神世界。学校的教学活动不仅仅局限于认知领域，而是要从认知领域扩展到生命全域，即要学会求知、学会做事、学会共处、学会生存。

"最好的教育，就是学生的自我教育。"反向观之，秦皇岛市第七中学的教育实践，在解放学生的同时，其实也解放了教育自身。

学校学生中考成绩一直蝉联海港区之首，每年有三分之一的毕业生考入重点一中。秦皇岛市第七中学已经成为社会、家长、学生公认的品牌学校。

学校2014年被评为"全国教育系统先进集体"，自2004年以来连续10年共5次被评为"河北省文明单位"，2016年度被评为"河北省文明校园"。学校还获得"全国群众体育先进单位""全国学校体育工作示范校""全国青少年校园足球特色学校""河北省依法治校示范校""河北省素质教育示范校""河北省教育系统先进基层党组织""河北省安全文明校园""河北省绿色学校""河北省体育传统项目学校""河北省语言文字规范化示范学校""河北省校务公开工作先进单位""河北省现代教育技术示范校""河北省心理健康教育实验学校""秦皇岛市常规管理示范校""秦皇岛市特色学校"等多项国家、省、市级荣誉。

## 集团办学新征程

2010年8月,为整合教育资源、促进教育均衡发展,秦皇岛市第七中学充分发挥优质资源优势,兼并薄弱学校原秦皇岛市第十一中学,在海港区在水一方小区成立了西校区,构建起"一个法人单位,一套领导班子,统一教学管理,统一师资配备"的一校两址一体化年级部管理体制。初一、初三年级部在东校区,初二年级部在西校区。

为进一步促进义务教育均衡发展,让更多适龄儿童、少年享受公平优质的基本公共教育服务,探索实施集团化办学模式,扩大优质资源覆盖面,2017年12月29日,海港区教育集团成立大会暨揭牌仪式在秦皇岛市第七中学西校区举行,秦皇岛市第七中学集团成立。

秦皇岛市第七中学集团模式为

2017年12月29日,海港区教育集团成立大会暨揭牌仪式在秦皇岛市第七中学西校区举行,秦皇岛市第七中学集团成立。

2018年,校长郑庆利在集团学校交流培训会议上。

"名校+薄弱校+新建校"，有4个校区，分别为文化路校区、在水一方校区、半岛校区（薄弱校）和玉龙湾校区（新建校），教职工共计419人，学生4988人。其中，玉龙湾校区为六轨九年一贯制学校，2019年秋季开始招生。

集团学校在郑庆利校长的带领下，迎难而上、勇于创新、砥砺前行，通过两年来的实质运行，构建了"六动四一体"运行机制。"六动"即管理互动、干部教师流动、集团走动、德育齐动、教研联动、备研带动；"四一体"即教师培训一体化、家长培训一体化、质量分析一体化、宣传报道一体化。

集团学校校际各级部、各学科将教研中心下移至各备课组，开展深度备研。备研组经常性地在校际开展集体备课、听评课，提升了教研实效。2018、2019年，第七中学教研基地校升级为集团教研基地校，教研员定期到半岛校区进行上门指导，半岛校区师生精神风貌大为改观，校纪校风明显好转。2018—2019年中考数据显示，半岛校区教学质量有较大提升，2018年有15名学生被秦皇岛市第一中学录取，2019年有19名学生被秦皇岛市第一中学录取，连创新高。据日常教学质量监测数据显示，半岛校区初二年级教学质量已进入全区中等序列，家长认可度不断攀升。2019年，秦皇岛市第七中学集团中考再创佳绩，教育教学水平依然稳居海港区首位，集团化办学成效初显。

集团学校重视传统文化教育，从校长到老师到学生都在学习经典、诵读经典、解读经典，并依托传统文化，编著了校本教材《斯文在兹》。

集团学校体育工作走在秦皇岛市前列。学校是首批"全国校园足球特色校"，男足、女足竞技水平稳居河北省前列，常年为高一级学府输送足球人才。2019年，集团学校挂牌成为"全国体育联盟（教学改革）实验校"，在素质操、课课练等领域进行大胆改革，学生的体质、意志、品质均有较大提升。

集团学校重视科技创新教育，学校被评为"河北省现代教育技术示范校""河北省创客教育实验校""河北省编程课程普及实验校"，目前正在积极申报"全国人工智能实验校"。学校有百余人次顺利通过全国机器人技术等级考试，培养的科技创新人才曾荣获国家级创新大赛铜奖，无人机拍摄的微电影曾获河北省第二名的好成绩。

集团学校加大交流培训力度，提升办学软实力。为了更快速地在成员校结合实际落地名校办学理念，集团学校的干部、教师在集团内部加强交流，加速了理念与文化的融合。与此同时，集团学校筹建集团视频会议系统，科

技助力，深入推进各校区、各级部互联互通，推进教师业务交流，实现优质资源共享。学校还先后利用周末及暑假时间，邀请知名心理专家于淑梅女士、全国模范教师成都七中育才学校叶德元等来校讲课，举办"京津冀初中英语阅读写作教学现场会"等多种形式、内容丰富的培训系列活动。

集团学校建立了集团公众号，对外宣传集团化办学信息，家长可以通过集团公众号进行家长学校的智能选课、报名、听课签到、后台留言，拉近了家长与集团学校之间的距离，实现了智能化管理服务。家长的学校培训分为线上和线下两种途径，惠及家长过万人次。

秦皇岛市第七中学集团有一支优秀的教师团队，他们以"洁静精微，学思辨行"的教风充当着集团学校的先行者。先行者是播种者，他们要在这里播种秦皇岛市第七中学精神；先行者也是求索者，他们肩负着探索的重任，要将学校长期办学中积淀的优良传统与集团各成员校的校情相结合，走出一条有特色的新路；先行者还是开拓者，他们要克服各种困难，用智用力，群策群力，奋勇前行。

秦皇岛市第七中学集团有一支优秀的学生团队，他们秉承"不比阔气比志气，不比聪明比勤奋，不比基础比进步"的学风，成长为具有"向上的精神、坚定的信念、顽强的意志、勤奋的态度、科学的方法、严明的纪律、良好的习惯和高度的自觉"的翩翩少年。

秦皇岛市第七中学集团有一支优秀的家长团队。他们期盼优质初中教育，深度认同"格物致知，日新月异"的校训，信任学校，踊跃参与家校共建，不断提升育子素养与能力，增强了家校合力。

"芳林新叶催陈叶，流水前波让后波。"新时代、新使命、新征程，争创全国"素质教育示范校"和"全国文明校园"，学校师生坚守初心，志存高远，秉承多年来办学的深厚底蕴，走内涵发展之路，以生命的激昂奏响和谐的乐章，以奋进的步伐迈出锦绣的前程，以开拓的勇气实现一流名校的梦想，在教育集团发展新征程上破浪前行，把秦皇岛市第七中学集团建设成为在省内有影响、在国内有知名度的现代化、高质量、有特色、出人才的实验性和示范性教育集团。

（刘玉香）

# 教育之桥　求真求实

## 山海关桥梁中学

山海关桥梁中学始建于1972年，原为"铁道部山海关桥梁厂子弟中学"。2000年，随着企业改制，学校更名为"中铁山桥集团中学"，并转制为企有民办学校。

2007年5月，学校移交地方政府管理，更名为"山海关第十中学"。2009年10月，学校又更名为"山海关桥梁中学"。同年，学校高中停止招生。学校现有初中3个年级，18个教学班，学生760余人，教职工102人。

学校坚持和发扬"敢想敢干敢争先，求真求实求发展"的精神，以"构建创新和谐校园，办秦皇岛市一流学校"为办学目标，努力实现德育工作系列化、教学管理规范化、艺体教育特色化、劳技教育实践化、环境建设花园化、仪器设备现代化、质量监控科学化。

多年来，学校中考成绩始终位于山海关区前列，成为老百姓心目中的名校。

20世纪80年代，学校水暖班学生在实习。

## 企业办学　锻造成长

建校初期，学校只招收初中学生，1975 年，学校开始招收高中学生。学校办学条件较差，仅能满足山海关桥梁工厂子弟入学的最低要求，师资的整体素质也较低，具有大专以上文化程度的教师仅占教师总数的 26.6%。

"文化大革命"结束后，学校一边抓教学，一边加强师资队伍建设。1979—1988 年，学校先后派出多名教师到唐山教育学院、北京师范大学、中央广播电视大学、河北师范学院进修，师资水平得到普遍提升。到 1989 年，大专以上文化学历的教师已占专任教师的 50.6%。

1981 年，为了改善办学条件，工厂拨专款建理化生实验室，并为学校购置了彩电、录像机、全自动幻灯机、投影仪和电影放映机等设备。

1982 年至 1983 年，针对实际情况，学校着重进行了忠诚老实和遵纪守法教育。

1983 年，学校正式开办高中职业班和技工班。随着社会发展的需要，学校开设的专业课有工艺制图、服装设计、水质化验、金属材料、力学机械、锅炉规程、旅游服务、商业基础、计算机技术等。学校有缝纫实习场（备有电动缝纫机、脚踏缝纫机、码边机等）和

20 世纪 80 年代，学校服装班学生在实习。

20 世纪 80 年代，学校水暖班学生在实习。

综合实习场（备有电焊机、乙炔发生器、套丝机、无齿锯、钻床、车床、台钳和水暖工具、电工工具等），基本满足了各专业学生在校内实习的需要。此外，铸造和锻压两个专业的实习，在山海关桥梁厂有关车间进行。宾馆服务和营业员服务的实习场所，由学校与社会上有关宾馆和商店进行商洽，进入条件较好、能培养实际能力的单位。学校职业高中班和技工班的毕业生，很受用人单位的欢迎。1985届服装班毕业生，有20人被分配到秦皇岛市色织厂工作，一年后均成为生产骨干。

1984—1987年，学校以"三个月稳定教学秩序，半年改变面貌，一年初见成效，三年跨进市区先进行列"为目标，加强了"四有"（有理想、有道德、有文化、有纪律）教育，寓教育于各科教学和各项活动中，如结合重大节日和纪念日举办"一二·九"运动历史讲座、国庆讲演比赛、鸦片战争150周年报告会等。到1987年，学校成为秦皇岛市的先进学校。

为使学生德、智、体、美、劳全面发展，学校开展第二课堂活动。学校每年搞一次"百灵音乐大奖赛"，有声乐、器乐、舞蹈和小品4个项目，评选出班级组织奖、创作奖和个人表演奖。1987年，学校代表秦皇岛市参加了河北省艺术节演出。1988年7月，学校文艺队为国际红十字会夏令营演出节目，受到全国人大原副委员长、十世班禅额尔德尼·确吉坚赞的赞赏。同年，学校被评为秦皇岛市艺术优秀学校。

学校还根据不同的季节，开展小型多样的体育活动，如长跑、踢毽子、拔河、跳绳、登山、篮球、乒乓球等。学校每学期举行一次田径运动会。1989年3月，初中学生吕静波打破了秦皇岛市女子3000米纪录，同年9月，她通过了国家一级田径运动员标准，被选拔到北京市田径运动队。

学校十分重视培养学生学习和掌握现代科学技术的能力。1982年5月，高一学生王辉参加全国青少年科技大会，获小发明三等奖。1986年，学校购置了电子计算机，建立了微机室，组织学生成立了微机小组。微机小组指导教师田时雨的论文《论教育对BASIC的影响》在全国召开的BASIC语言发展与前景学术讨论会上，获得专家的一致好评。

到1989年，学校已有初中毕业生4278人，高中毕业生924人，职技毕业生367人。

经过学校师生18年的不懈努力，到1990年，学校进入稳定发展期，管理及教学水平迅速提升，取得了显著的教学效果。多年来，学校的中考成绩

等各项指标均列山海关区中学之首，平均成绩连年稳居第一，成为老百姓心目中的名校。

在此期间，按照上级教育行政部门的要求，学校的普通高中班、职业高中班、技工班逐渐减少招生数量，直至停止招生。而初中班招生人数逐年增加，由 1990 年的 10 个班，到 1994 年猛增到 22 个班，学生人数最高峰达到 1000 余人，并长期保持在 1000 人左右。

为了适应逐年增加的初中学生的需要，学校新建一栋四层教学楼，于 1993 年正式投入使用。教学楼内设有 16 个教室，4 个实验室和与之相配套的仪器准备室，2 个微机室，电子备课室以及教师办公室、会议室等，完全满足了教学需求。

1989 年到 1999 年的 10 年间，学校的初中毕业生累计达到 9927 名。

## 企有民办　苦心经营

2000 年，伴随着国家深化企业改革，铁道部山海关桥梁工厂改为中铁山桥集团有限公司，学校也随之改为"中铁山桥集团中学"，办学形式为企有民办。

公司大幅度削减教育经费，学校需要自己创收来维持正常教学资金及教师工资。在生存困难的情况下，学校向河北省教育厅申请了民办高中学校资格，向山海关区物价局申请了民办学校的收费标准，来弥补教育经费的不足。

2001 年，学校在原有 24 个初中教学班的基础上，招收了 2 个高中班。后学校逐年扩招，高中学生最高达到 12 个班，学生近 600 人，加上初中学生，最高峰时学校学生达到 1700 余人。

在校生人数剧增，急需补充教师队伍，学校每年直接到各大学院校招聘近 10 名师范院校毕业生。这些青年教师教学观念新、有干劲、有活力，但教学经验不足。为尽快提高这些教师的教学能力，学校采取"一师一徒"（每一位新上岗的青年教师都由一位教学经验丰富的教师带徒一年，一年后，做一次汇报公开课，由老教师做出点评，在以后的工作中，老教师与青年教师保持相互交流、切磋共进）、"挂牌课"（每位新上岗教师每学期做一次公开课，由老教师做出点评，每学期结束后由教务处组织对"挂牌课"做出等级评定，对优秀者给予奖励）、"示范课"（由教学经验丰富的教师和"挂牌课"优秀的教师做示范课，供全体教师借鉴学习）等多项制度促进他们成长。

教师相互间听课交流蔚然成风，学校师资队伍能力不断提高，带动了学校的教研科研，学校每年获得国家省、市、区级教研成果近百项，最多一年高达111项。

教学的规范有序，收到了良好的教学效果。学校的初中和高中都培养出了许多品学兼优的学生升入高一级学校。到2007年，学校在7年间送出初中毕业生7000余名（高中有四届近600名学生毕业），中考成绩在山海关区优势突出，学校在老百姓心目中确立了名校的地位。

时任学校校长刘学军曾说："我们是在经营这所学校。"苦心经营，使学校培养出一大批品学兼优的学生，得到了山海关区老百姓的认可。

## 归属地方　续写华章

按照国家政策要求，2007年5月，学校归属地方政府管理，更名为"山海关第十中学"。后来，山海关区领导到市里开会，提到"山海关第十中学"，几乎没人知道这所学校，提到"山海关桥梁中学"倒是尽人皆知。山海关区领导深感"山海关桥梁中学"已是人们心

实验课堂上，老师和学生们兴趣盎然。

课堂上，学生们踊跃举手发言。

2014年9月，学校邀请海军军官对学生进行军训。

中的名校，校名不可丢弃，于是，2009年10月，学校又改名为"山海关桥梁中学"。

同年，学校高中停止招生。

归属地方以后，山海关区政府投入大量资金改善学校办学条件。学校教学设备达到了省级二类标准以上，配备了物理、化学、生物实验室和多媒体教室、教师备课室、学生微机室、音乐室、舞蹈室、美术室等各种教室。

学校实行校长领导下的干部分包管理机制，以打造高效课堂为核心，实施副校长、中层领导承包年级组，建立中心发言人制度，管理者深入教学一线，参与教学活动全过程。

学校尊重教师发展的主体性，为教师搭台子、引路子、想点子。"名师"工程通过示范课、优质课、汇报课和观摩课等，把每名教师推向教学竞争的大舞台，激发教师们探索创新的积极性，引导教师们互相学习、比学赶超。

学校倡导学生自主管理。各班建立若干个学生自主管理小组，每组一名小组长，负责管理本小组的学习纪律等各方面情况。组与组之间相互监督评比，既锻炼了学生的自主能力，又提升了学生的集体荣誉感。上、下午各一次的大课间，没有老师带领，伴随着音乐，学生活动有序，"间操分列式"成为校园的一大亮点。

学校扎实推进课堂教学改革，以"先破后立、以模定改、全面实施"为整体思路，全面实践基于学习任务单的"三段四环课堂教学模式"（"三段"是指把课堂45分钟分成"创设情境，激发兴趣""实施任务，建构智知""总结提升，活化能力"三段；"四环"是指第二个阶段每个任务的完

学校举行第26届百灵音乐大赛。　　学校举行第四届教师基本功大赛。

成大致分为自主学习、小组合作、班级展示、教师点评四个环节），不断优化课堂教学，提高课堂教学效率。

在加强教学常规管理的同时，学校实施特色作业改革，理科错题本、文科摘抄本、手抄报、读书卡、思维导图……一系列的特色作业结合了学科特点、学生实际，注重作业的差异性、开放性与评价的多样性，实现了"减负不减质"。

学校开发了"桥文化"等特色校本课程。"桥文化"依托中铁山桥集团的背景展开，老师带领学生参观山海关桥梁厂的厂史馆，邀请厂工程师讲解桥梁的结构和制造。"桥文化"主题下又设有说桥、诵桥、赏桥、写桥、画桥、量桥、做桥等系列内容。这种教学方式在一定程度上打破了学科知识和校内外学习的限制，让学生从艺术、文学和科学的多个角度，架起心中的桥梁，激发了他们的探究精神和创新意识。

2019年中考，山海关区前十名中山海关桥梁中学占7名，并包揽前6名。学校其他各项评价指标也都遥遥领先于其他学校。多年来，学校培养出的多名学生考入清华大学、北京大学等名校。学校先后荣获河北省"依法治校先进校""创新教育先进学校""创新教育实验学校"称号，被秦皇岛市命名为"艺术教育先进学校""花园式学校""语言文字工作先进单位"。

回顾以往，企业办学、白手起家的一所简陋学校，经历近50年的风雨沧桑，到今天已成为远近闻名的名校。展望未来，山海关桥梁中学全体师生将迈出更加坚定和稳健的步伐，朝着更高、更远、更新的目标奋进，继续谱写教育的新华章。

（张海东）

# 最美教育　奠基幸福

## 北戴河区第三中学

北戴河区第三中学始建于1956年6月，当时叫"拨道洼中学班"，挂靠在"拨道洼小学"。1957年9月1日，学校与小学分开，校名改为"秦皇岛市拨道洼中学"。

1970年，学校招第一届高中班，成为一所完全中学，由秦皇岛市教育局直接管辖。1984年，秦皇岛市撤销郊区，学校划归北戴河区文教局，并于1984年9月1日定名为"北戴河区第三中学"。

1985年8月，学校又由秦皇岛市教育局收回直接管辖。1990年，学校高中班停止招生。1995年9月，中学下放，学校又归属北戴河区文化教育局。

1997年7月，"北戴河区第五中学"（原蔡各庄中学）并入学校。

学校开展校外活动。

## 三 中 由 来

北戴河区戴河镇拨道洼村，位于北戴河区人民政府西北约5千米。村庄为清代由孟、周二姓人建立，因地势较洼而得名。

1929年，村中原清末秀才李香波创办的私塾继民国初期改为初级小学堂后，在这一年被确定为"拨道洼区立第一初级小学"。1947年，"拨道洼区立第一初级小学"又改名为"临榆县二区拨道洼中心小学校"。

解放前的"拨道洼小学"仅有两个初小班，有资格入学校学习的绝大多数是村中及附近农村地主富农的子女，贫困的农家子女完全被关在学校的大门之外。

中华人民共和国成立后，在中国共产党的领导下，农村面貌发生了根本变化。农村的小学校肃清了封建和法西斯的教育思想残余，入学人数越来越多。解放初期，拨道洼村划归抚宁县管辖，"临榆县二区拨道洼中心小学校"改名为"抚宁县五区拨道洼完全小学"，1953年又重新划入北戴河区。1950年，学校变成了高级小学。到1953年，学校已经发展成为拥有10个班、400多名学生的完全小学。

1956年，随着社会主义建设高潮的到来，文化教育事业也在社会主义经济迅速发展的基础上得到发展，秦皇岛市政府在其所属农村同时建立了"红、黄、王、拨、归"（红瓦店、黄土坎、王胡庄、拨道洼、归提寨）五所初中。

拨道洼小学初中班于1956年6月开始建立，9月1日正式开课。这所农村中学那时仅有两班学生，每班60人，共120人。学校领导由小学校长兼任，仅4名正式任课教师、1名代课教师、干事1人、勤杂人员1人，除此以外，任课教师不够用时，有些课程如音乐、美术等还得由小学教师兼任。

学校教具只有一台录音机、一架留声机和一架风琴，以及十几个指南针、几支温度计、几幅挂图和一架张俊德创制的月地运行仪等地理课直观教具。

1957年9月1日，学校与小学分开，校名改为"秦皇岛市拨道洼中学"。

## 三 中 风 云

1958年夏，随着"大跃进"的到来和人民公社的发展，教育大革命也轰轰烈烈地兴起，大革命强调教学结合政治、结合生产、结合实际，大力开展

勤工俭学、勤俭办学、大办工厂、突建农场的运动。

学校放手发动群众，鼓舞群众的干劲、挖掘群众的钻劲，不到两个月的时间就办起了12个工厂，有炼铁厂、炼焦厂、制砖厂、硅石厂等，但很快都下马。1960年，学校又办起养猪场、小农场，农场最多曾收获几千斤粮食。到了20世纪70年代，学校又先后办过电镀厂、糨糊厂、电机维修厂和酒瓶厂等。

在大办工厂、突建农场的同时，学校还发挥教师敢想敢干、敢于发明创造的精神，积极改进教学内容和教学方法。学校倡导师生人人写小诗。1958年下半年，学校荣获"万诗学校"的光荣称号。

学校建校初期提得最普遍、叫得最响的口号是"实行启发式，废止注入式"，即在教学活动中要注意激发学生的积极性和主动性，这在克服"满堂灌"方面发挥了重要的作用。

1959年6月，学校第一批毕业生毕业。毕业生共有111名同学，操行战绩除二人得"可"外，其余都是"优"和"良"。毕业生一致的口号是："坚决服从祖国的需要，党让我们到哪里我们就到哪里"。不论是升学深造，还是从事工农业生产劳动，学校的毕业生都愉快地接受分配，安心地学习和工作。

1959—1965年，学校的统考成绩和升学率基本上年年在全市名列前茅。1963年，学校总结出"四亲"要求，即要求学生努力做到亲书本、亲时间、亲老师、亲学校，得到市委宣传部负责同志的肯定，并写出经验材料。

"文化大革命"期间，广大教师出于教师的职业道德，出于对学生的爱，在困难的经历中热心地负起责任，使学校的教学工作逐渐稳定。1972年，在上级强调教学工作以后，学校领导亲自备课、听课，深入教学一线，维护教师正当的工作权利。当年秦皇岛市统考，学校取得高中第二、初中第四的好成绩。

1976—1986年，全国教育战线逐步得到解放，党的知识分子政策逐步得到落实。尤其是恢复了高考、中考制度，调动了广大师生的积极性，学校中考成绩在全市一直名列前茅。

## 三 中 情 怀

学校地处农村，生活条件、工作条件、福利待遇都比城市学校差。学校建校初期，没有电灯，老师晚上备课点煤油灯，学生上晚自习点气灯，直到1961年才点起电灯。

尽管如此，学校的教职工们不讲条件、不挑工作，年复一年地辛劳工作着。为了工作，他们有的耽误了可进修的学历，有的舍家搬进了单身宿舍……令人欣慰的是，一批又一批的学校毕业生走上了各自的岗位，为保卫祖国、建设祖国作出了自己的贡献。

多年来，学校领导、师生、教工之间关系和谐，特别是分三条线（行政、教学、总务）管理学校工作以后，学校各项工作进行得有条不紊。

教师们在工作上互相帮助，在生活上互相体贴。理化老师赵立华新任初三化学课，同组的秦安雅、刘振成两位老师协助她一起研究教材实验。张万盈老师身体不好，许多老师帮助他拉煤、买粮。

老师关心学生已成传统。遇有下雨天，老师主动把雨鞋、雨伞借给学生。学生生病，老师把学生送回家。刘丽平老师让没带饭的学生到她家去吃饭，马淑琴老师给没粮票的住校生粮票，马维克老师跑几十里路送学生去医院看病。

学生关心尊敬老师的事例也很多，如有的学生帮助有困难的老师拉煤、挑水等。

学校的总务处主任常说，吃喝拉撒睡全管，才能体现出对师生生活的关

学校的各种课堂上，师生配合默契。

心。冬天，为了给跑校学生热饭，总务处工作人员先是用大锅生火，后来放在锅炉上热；夏天，他们把开水放凉，放在教室门前；烤火期未到，他们就积极筹备炉具，买进烤火煤；教室窗户缺玻璃，他们亲自动手去安，还亲自动手砌垃圾池、刷教室等。

学校为把学校教育与家庭教育结合起来，仅1985年一学期，就利用晚上连续十几次召开家长会，班主任、课任老师则坚持对学生进行家访。

## 校友情深

峥嵘岁月，春华秋实，50年栉风沐雨，50年硕果累累。2006年12月22日，北戴河第三中学迎来了50周年校庆。

经过半个世纪的不懈追求和辛勤耕耘，学校培养、输送了一批又一批适应时代发展需要的栋梁之材。国家、省、市教育、科研、文化等领域的一些专家学者都曾在这里潜心求学，一大批毕业生走上了各级领导岗位……他们中有王庭大（中央纪委驻中国科学院纪检组组长）、张绍平（中国煤炭进出口公司天津分公司总经理）、菅瑞亭（秦皇岛市原市长）等。

在母校50岁生日之际，王庭大特意填了首词献给母校：

2006年岁末，迎来了母校50周年校庆，作为校友，我衷心地感激母校的培育之恩，深深地为母校50年来的骄人成就而感到无比的自豪，发自内心地为母校灿烂辉煌的明天祝福。祝愿母校在全面建设小康社会和构建社会主义和谐社会的征程中，弘扬优良传统，不断开拓创新，为国家培养和造就更多德智体美全面发展的有用之才！

为表达对母校师长的感激之情，对校友的怀念之情，对学子的祝福之情，我填了首词，献给母校：

　　　　五十年，
　　　　情意绵，
　　　　昔日母校换新颜，
　　　　今朝异当年。
　　　　思往事，
　　　　恩师贤，
　　　　李艳桃芳满宇寰，

让人梦流连。

菅瑞亭给母校写来贺词：

厚德载物培育满园桃李，

奋发图强创建美好未来。

张绍平写给母校的贺信充满了回忆：

离开学校已经30多年了，真是弹指一挥间，当年在学校度过的时时刻刻，就好像是昨天发生的事情一样，一幕一幕地在眼前掠过：课堂上，老师们神采飞扬，引经据典，传授着知识和智慧；同学们全神贯注，凝神思考，像一棵棵小树要茁壮成长一样，吸吮着老师们给予我们的无穷养分和力量。课堂外，师生们相互探讨破解难题，老师们还教导我们要憧憬未来，为了更好地建设社会主义多长本事。学工到工厂，学军到部队，学农还到了生产队，中午带饭在庄稼地里捡麦穗。操场上，随处可见师生们矫健的身影，篮球、足球、羽毛球，锻炼身体还要来跑步，标枪、铁饼、手榴弹，要想知道是谁投得远，那就到运动会上比比看。

一时半会儿，说不完对母校的怀念，三言两语，道不尽对老师的思念。在这里，只想说一声，亲爱的母校，我们真的想回来看看您！

30多年前，天赋平平的我，带着新鲜的目光走进了拨道洼中学的大门。四年的中学生活是我生命中最宝贵的一部分。正是这四年，在老师的谆谆教诲下，我从一个懵懂少智的毛头小子成长为一个有志奋进的青年，从一个对自己毫无认识的孩子成长为一个有文化、守纪律、自信、好学的中学生。正是这四年，我的身体得到了锻炼，心理逐渐地成熟，知识得到了丰富，思想品质受到了良好培养。回想起来，这一切至今让我受益无穷。

如今，30多年过去了，俯仰之间，老将之至。往日的花季少年，今已年近半百。但曾经给予我们传道、授业、解惑的恩重如山的师长们的音容笑貌、言谈举止，仍历历在目，萦回于耳。

至今难以忘怀的刘丽萍老师，既是我们的班主任，又是我们的数学老师，她不单教会了我们数学知识，更重要的是教会了我们如何做人；高一（二）班的班主任龚敬德老师在传授了我们政治知识的同时，又让我们学会了如何去思考，如何提高我们的政治敏感性；还有教我们数学的顾效民、张万赢、曹子舒、王进刚、赵青华老师，教我们物理的薛仁山、张银生、赵力华老师，教我们化学的赵红鹍、邵友华老师，教我们语文的胡小韦、杨淑锦老师，教我们英语的韩力文、邢丽华老师，教我们体育的宫宝玉、齐梦友、王英波老师，还有教我们其他学科的马淑芬、张洪玉、王允芝、卢哲然老师，等等，其音容笑貌，至今难以忘怀。老师们对学生们生活上的关心、学业上的耐心、品德培养上的真心，汇聚成一句话，那就是老师们的爱。

有了这份爱，才使我们有了健康的身体、成熟的心理、扎实的学习基础和良好的道德品质。回首往昔，如果说，我们在人生的旅途上有了微小进步的话，那是与母校的栽培是分不开的，我们在事业的征程中做出了点滴成绩的话，那是与老师们的教育联系在一起的。老师们为了我们的茁壮成长，为了给祖国培养出更多的优秀人才，呕心沥血、鞠躬尽瘁，像蜡烛一样默默地奉献着……

## 创 新 发 展

北戴河区第三中学坚持"师生为本、发展为要、质量为先、特色兴校"的办学理念，确立"办学有特色、学科教学有特点、学生发展有特长"的办学思路，全面实施"名师培养、科研兴校、依法治校、校园文化建设和绿色证书教育"五大工程，不断优化办学条件和管理机制，办学条件日臻完善，教学质量稳步提升。

学校组织的各种社会实践活动，具有地方特色。

学生参加社团活动。　　　　　　　　　学生参加手脑运动会。

2003年，学校被评为"河北省创新教育实验校"；2005年5月，学校被评为"河北省中小学创新教育实验研究示范学校"；同年7月，学校被授予"全国中小学生创新能力发展检测实验先进学校"称号。

2008年以后，学校先后前往江苏泰兴洋思中学、山东聊城杜郎口中学等校学习先进经验，全面推动教学改革，探索适合学校实际的教学之路。学校还积极参加河北省区域的教育教学改革活动，做好三级课程的优化组合及集体备课的研究工作，形成了具有学校特色的"教学案"（教师的教案与学生的学案二者融为一体的教与学方案）教学模式。

2012年，学校继续践行课程改革，"小组合作学习"特色课堂教学模式成效初显。2013年，学校被秦皇岛市教育局确定为"秦皇岛市课改实验学校"。学校多次组织选派各学科骨干教师外出学习，先后有4人参加学科教师国家级培训，17人参加省级培训。培训结合课堂教学实例，切实有效地为一线教师抛砖引玉，为教师如何解决教学中的困惑提供了思考的平台。

学校除了在培养教师发展方面下大力气外，在促进学生的成长上也苦下功夫。2011年，学校引进了中国关心下一代教育研究院开展的"PDC（Personal Development Course）青少年成长课程实践研究课题"，通过社团活动发现学生的潜能，利用小组的课堂评价机制促进潜能生进步，为学生提供可以自我寻求行为和心理矫正的路径以及自我提升进步的空间，使之向正确的方向发展。学校的社团有科幻画、信息技术作品、科学小论文、综合实践活动设计、青少年爱国主义、读书、书画篆刻、象棋、围棋等18个类别。学校还制订了校本课程方案，并以学生手脑运动会的形式呈现。

外教走进学校课堂。

2019年，王红军校长积极促成了北京"曲建华名校长工作室"落户三中。从此，学校将与"曲建华名校长工作室"的优秀教师共同进行教研活动，将教育先进地区的优秀教育资源引进学校。本着"专家引领、名师帮带、优生代培、教研互动、跟岗实践、资源共享"的宗旨，学校全方位、多层次地加强与北京优质教育资源的融合，践行"最美教育，奠基幸福人生"的办学理念，让教师在幸福愉快的环境下工作，让学生快乐学习、健康成长。

64年的办学历程中，北戴河区第三中学在与时俱进、开拓创新中不断发展进步，学校已经培养初、高中毕业生上万余人，遍及全国，为国家输送了大批高素质人才。莘莘学子背负着母校的希冀，在祖国的各个角落谱写着自己精彩的生命乐章。

（王红军）

# 新学先声　龙山一脉

## 青龙满族自治县龙山中学

龙山中学的前身"龙山高等小学",建校于1917年,是今青龙满族自治县境内最早建立的一所高等小学。它坐落在县域西南风景秀丽的龙山脚下,毗邻绵延的沙河,于青山秀水掩映之间,历经百年风雨洗礼,不忘初心,谱写着平凡而又伟大的教育诗篇。

建校100多年来,学校规模由小到大,学校体制由小学而初中,由初中而高中,由高中而又初中,历尽沧桑。

1960年7月,"龙山初级中学"全体老师合影。

## 初创不易　坚守亦难

20世纪初，国势如飘絮，民生处水火，饱受甲午战争和八国联军凌辱的"老大帝国"逐渐从梦中醒来，行新政、废科举、办学堂，教育救国风靡全国。

在青龙这块土地上，今八道河乡沙河村社会贤达杜汉川创议，联同关默轩、崔凤祥、杜青、潘涛、李海峰等人，于1916年冬开始筹建，1917年在狮子坪村北沙河东岸的龙王庙东墙外山坡上动工，共建校舍20间，建成"龙王庙高等小学校"。学校于1918年春招收第一届学生，杜汉川任第一任校长。

学校首届学生只有13人，教师3人，但在校长杜汉川的精神感召下，学校教育教学工作很快步入正轨，第二届学生人数迅速增加到一个教学班。

从1918年到1934年的16年间，学校共招生12届，约培养高小毕业生近千名。这一阶段学校管理比较正规，师资力量较为雄厚，毕业的学生质量较高，学校办得很有名气，这对青龙近代文化教育事业的发展起到了重大作用。

这个时期国民教育的宗旨是道德教育、实利教育、国民教育、美感教育，简言之，就是向人民灌输自由、平等、博爱的思想。学校的校训是"忠孝、仁爱、信义、和平"。

1933年2月，日本侵略者占领青龙。1934年春，日本侵略者强行接管了学校。1938年，学校改名为"龙山国民优级学校"。国民优级学校入学资格为国民学校毕业生或年满12岁以上同等学力者，分政教科和补习科，政教科修业2年，补习科1～2年。1941年开始，学校每年增招一个师范补习科（班），招收高小毕业生，学制两年，学习初中课程，毕业生绝大多数做了小学教员。

1945年日本投降，伪满洲国解体，学校结束了推行12年的奴化教育。同年，青龙县解放，学校回到人民手中。

1945年春，学校招收解放后第一届高小学生，并设立了初小班，改名为"龙山完全小学"。这期间，学生人数大增，达500多人，附近的适龄儿童踊跃入学，入学率是伪满时期的4倍，巩固率是伪满时期的5.5倍，学校出现了迅速发展的喜人局面。

## 一波未平　一波又起

中华人民共和国成立后,党和政府大力发展教育,人民群众积极支持办学,学校呈现出前所未有的蓬勃生机。

当时,"龙山完全小学"已是具有30多年办学历史的学校,不论是师资队伍,还是教学设备,不论是学生生源,还是学校规模,都有了长足的发展,学校的声望也越来越高。学校的初级小学主要招收学校附近的小学生,高级小学主要招收现在青松岭以西、以南的各村初级小学毕业的学生。因当时经济条件差,走读的学生占绝大多数,同时学校还招收住宿生,主要是现在小马坪、三拨子、凉水河小学的学生。

学校90%的教师均是从外地调来,学历和教学水平较高,工作热情也高,他们在学习苏联教育经验的同时,积极主动自制教具,采集标本,努力创造办学条件。师生的政治热情很高,在"三反五反""抗美援朝"等政治活动中表现积极主动。

1956年,学校又增招了2个初中班,学制三年,新建教室18间。这样的喜人形势一直持续到1957年9月,随着"反右"斗争的开始,学校正常的教学工作受到冲击。1958年"大跃进"开始后,学校的教育体制和教学秩序也受到了严重冲击,特别是无休止的勤工俭学和参加社队劳动,占去了师

1939年12月,青龙县"龙山国民优级学校"第十七班毕业留影。

生的大部分时间和精力。1958年，学校的初中班与小学分开，单独设立了"龙山初级国办中学"（校址同在一处），主要招收县西（包括现在的宽城县与青龙县西部相邻的部分区）的高级小学毕业生。

1959年下半年到1962年7月，国家进入经济困难时期，学生大量流退，有的教师也退职回家。当时物资奇缺，连照明的灯油、办公用纸都特别困难，学校工作举步维艰。

1962年8月开始，学校采取有效管理措施，恢复了各项规章制度，各项工作又逐步进入正轨。1963、1964、1965年连续三年，学校在县级统考中均位居前列。

"文化大革命"开始后，1966年6月到1968年8月，"龙山完全小学"与"龙山初级国办中学"都处于停课闹革命阶段。1968年8月起，"龙山初级国办中学"原初三、初二学生离校升学或回家，校内只剩下初一学生，虽然又开始提倡复课闹革命，实质上只是半天学语录，半天大批判。一直坚持到12月末，初一学生也离校回家。至此，"龙山初级国办中学"停办。

1971年暑假后，"龙山完全小学"的学生全部回到本生产大队（村）就读，原校址改为"龙山社办中学"。与此同时，"龙山国办中学"恢复，只招收高中学生，不再是初级中学。

1950年6月，"青龙县立第八完全小学"全体师生合影。

1968年11月，"龙山初中"第十届毕业生合影。

1979年，"龙山社办中学"七九届二班毕业师生合影。

从 1971 年到 1983 年,"龙山社办中学"共招收初中 12 届,共 24 个班,同时每年还招收 2 个高中班,也是 24 个班。"龙山国办中学"共招 26 个高中班,1982 年开始又增招了 2 个初中班,从 1983 年开始招 3 个初中班。

1982 年,为方便管理,"龙山社办中学"与"龙山国办中学"合并,名为"龙山国办中学"。

1985 年,青龙县教委指示学校改为职业技术高中班,在学习普通高中课程的基础上增设了土肥、果树栽培、动物饲养等课程,学校更名为"龙山职业技术学校"。这时的学校形成了初中、普通高中和职业技术高中同时并存的局面。

## 薪火相传　桃李芬芳

党的十一届三中全会以后,学校的教育教学工作逐步走上正轨。1983 年,学校认真学习邓小平同志教育要"面向现代化,面向世界,面向未来"的批示,为端正学校的办学思想奠基了思想基础。1986 年,学校开展"教育思想大讨论",进一步明确了普通中学应该促进学生德智体美劳全面发展,教师要教书育人,努力改变过去的"满堂灌""注入式"和"填鸭式"的教学方法。学校教改教研活动有计划、有安排、有专题,学习制度雷打不动,虚心学习外地先进经验,重点研究和试用了"三主四式"(以学生为主体、以教师为主导、以训练为主线,自读式、教读式、练习式、复读式)、"六课型"(选题课、开题课、活动策划课、方法指导课、中期汇报

1985 年,学校更名为"龙山职业技术学校"。

课、成果展示课)和"目标教学法"(将一次课的教学过程分解为课堂导入、展示教学目标、遵循教学目标讲解相关知识、目标测评等几个环节,并根据这些环节组织实施教学)等。

1983年到1997年,学校共招收学生约60个班。1997年,学校又一次恢复为普通高中,每年招收2～3个班。

1997—1998学年度,学校被青龙满族自治县教育局评为"教学工作先进单位"。1999年,学校被青龙满族自治县教育局评为"中考成绩优秀单位"。2000年,学校被青龙满族自治县教育局评为"高考成绩优秀单位"。

2005年,学校根据形势的发展和社会需要,与江苏省阜宁县职教中心联合办学,增设职业技术班,开设普通机床、数控机床、电子、计算机4个专业。2008年9月,学校又与承德市燕北计算机专修学院联合办学,开设石油专业、电子(表面贴装技术)专业。学校实行普通高中与职业技术高中两条腿走路的方针,既为高校输送了人才,又为初高中毕业生就业开创了出路。

2007年9月,学校新教学楼投入使用。2008年,学校又在教学楼东侧建成学生宿舍楼,在教学楼西南侧建成餐厅楼。

2014年春,根据上级指示精神,学校整体并入青龙满族自治县职业技术教育中心。

2014年9月,娄杖子九年一贯制初中部整体搬迁到龙山中学校址,校名仍为"龙山中学"。学校隶属于青龙满族自治县教育局,是一所全日制、寄宿制初中。

学校坚持"文化建设引领内涵发展、管理为教师专业发展铺路"的办学目标,注重学生核心素养的培育,全面推进素质教育。以立德树人为根本要务,学校严格执行义务教育课程设置标准,开全科目,开足课时,切实保证音、体、美和综合实践活动课程的开展,认真开展阳光体育大课间、"3311读写工程"和学生社团活动,确保学生在校生活舒心、学有所成、天天进步。

学校积极进行"四段式课堂教学模式"(自主学习、小组合作、展示交流、巩固提升)的探索与实践,倡导学生自主、合作学习,强化课堂检测练习,在测中学,在练中悟,努力做到堂堂清、日日清、周周清。在新课堂教学改革的和风化雨下,山村的孩子享受到了自主求知的乐趣。

2014年以来,学校多次获得"教育工作实绩突出单位""学生综合素质评价先进学校""教育均衡发展先进学校""职教招生先进单位"等荣誉称号。

龙山中学，建校百年，薪火相传，桃李芬芳，从这里走出了一代代优秀学子，他们是这所学校的价值所在，也体现了这所学校的光荣与梦想：

中国科学技术协会党委书记周洪学；

河北医科大学校长兼附属第二医院院长蔡文清；

国务院法制办副调研员佟自强；

北京大学数学科学学院教授冯荣全；

北京工业大学应用数理学院教授姚海楼；

河北建材职业技术学院党委书记丁志华；

……

现在的龙山中学有18个教学班，在校学生905名，教职工70人。学校教学区、运动区、生活区规划合理，各种功能室齐全，现代信息网络教育系统全覆盖。

历经百年沧桑的龙山中学传承了"汉川精神"——不畏困难、积极进取，不苟名利、勇于奉献。走进校园，你既能感受到百年砥砺形成的深厚文化底蕴，也能感受到和谐共进、蓬勃发展的新时代气息。新一代的学校师生正扬帆起航，奋勇前进，共谱新时代教育的美丽华章。

（何井民）

附：

## 杜汉川传略

杜汉川（1882—1920），原名澄，字恩波，今青龙满族自治县八道河镇沙河村人。因排行第二，故村人称之为"杜二爷"。

杜汉川自幼聪颖好学，心志不凡，曾就读于"永平府立中学堂"。毕业后，他被袁世凯选拔到天津新军，委任为"军政宣讲官"（又称宣抚官），曾被派到江苏一带宣传"新政"。杜汉川人品端正，急公好义，对清政府的腐败现象极为不满。他曾在日记中写过一首打油诗，讽刺那些贪官污吏:"谬说文官不爱钱,不敲竹杠是穷酸。劝君莫学书生气,丧尽天良好做官。"

杜汉川在外做官多年,亲身感受到了清政府的腐败和中国科学文化的落后,又逢袁世凯复辟,便毅然弃官回家。途经迁安县城时,他被县长唐玉书挽留,做了县督学官。在督学过程中,他看到偌大的冷口外地区,竟无一所新兴的学校,一些到外地就学的学生还要遭人歧视,很是痛心,遂辞职回乡,联络当地开明绅士关墨轩、崔凤翔、潘涛、杜青等人筹建一所高等小学,并选定依山傍水的龙王庙院东官地作为校址。

杜汉川

建校过程中,杜汉川历尽艰辛坎坷,矢志不渝。为筹措建校经费,他一方面多方奔走呼告,宣讲办学兴教的意义,筹集料款,另一方面亲赴迁安县城,陈情申请,取得县政府的支持。县长唐玉书亲自批文,指令杜汉川"利用边陲余地,筹款办学"(即征收历年来新开垦而从未纳税土地的税款,用来办学)。谁想杜汉川、关墨轩、崔凤翔等人到牧马村丈量"余地"(未纳税的地)时,村中的豪绅竟指使地痞无赖用扁担、镐把将杜汉川打成重伤,昏厥在地。多亏乡亲们将他抢出抬回家去,经多方抢救治疗才脱离了生命危险,但已不能下床走动。

尽管这样,也未能动摇杜汉川兴教办学的决心,躺在病床上,他仍和关墨轩、崔凤翔等人商讨建校事宜。校舍破土动工之后,他时刻记挂着工程质量和进度,曾多次叫家人用担架抬他到施工现场,查看并指导施工,见者无不为之感动。

1918年春,学校终于落成,定名为"龙王庙高等小学校"。这是青龙地方创建最早的也是唯一的一所高等小学校,它对青龙的教育事业起到了奠基作用。杜汉川被推举为学校第一任校长。他克服行动不便的困难,坚持到校理事,但声带已不能发声,然而他仍以顽强的精神用板书与学生讲话,勉励学生为振兴祖国、建设家乡而勤奋学习。

1920年,杜汉川因伤病和劳累辞世,年仅38岁。学校全体师生、当地乡绅和百姓数百人为他举行了隆重的葬礼,参加葬礼者无不悲泣,感念他泽被青龙的付出。1938年，伪满洲国民生部部长吕荣环知道杜汉川事迹后，为表彰他办学兴教的精神，亲手题赠"社会楷模"匾额一块，教育界同人和亲朋故旧同时敬献银樽一座。

杜汉川是青龙教育的先驱，他的事迹在青龙人民心中树立了一座不可磨灭的丰碑。由他创办的学校自建成以来，为青龙培养了大批人才。

（卢纪锋）

## 刘得录传略

刘得录（1927—2019），青龙满族自治县白家店乡下抱榆槐村人。

童年的刘得录，家里很穷，一家4口人，全年只靠40斤红高粱和野菜、糠皮度日。家里吃完上顿没有下顿，父亲为孩子能有一口饭吃，就托人把刘得录介绍到"龙山完全小学"做"校役"。那是1942年，刘得录只有15岁。

刘得录每天早起晚睡，烧火做饭、扫院子、洗衣服、种蔬菜、看点敲钟，忙个不停。可他却利用课间给老师送水的机会，听一会儿老师讲课。为了不打扰老师讲课，他常常站在窗外听。白天听不懂的，他就利用晚上或者茶余饭后，找机会请教老师。老师见他勤奋上进，也耐心地为他讲解。白天听到一些零碎、不系统的知识，刘得录要在晚上师生都入睡以后，自己在灯下学习、整理。就这样，刘得录坚持一边工作，一边学习，学到了不少东西，尤其是语文学习让他受益匪浅，为他以后从事革命工作打下了坚实的基础。

1945年8月，刘得录经人介绍到区委工作，给区委书记当交通员。当年11月，他加入了中国共产党。由于他语文功底较深，很受领导赏识。1947年，刘得录任区委宣传员，1948年任区委副书记，1949年任区委书记。1951年，刘得录任青龙县委宣传部部长。此后，他于1965年任隆化县县委书记兼县长，于1976年任围场县县委书记、革委会主任、武装部政委，于1980年任承德地区农村党委书记，于1985年任承德地区林业局局长。1988年，刘得录从承德地区林业局巡视员任上离休。

刘得录很长寿，93岁高龄才去世。在他去世的2019年，他的事迹曾被记者以《不变的初心——承德93岁老党员刘得录交纳"特殊党费"的故事》为标题报道。

（卢纪锋）

# 小学
XIAOXUE

# 百年树人　志上青云

### 海港区青云里小学

一个旅行团，从北京出发去欧洲。旅行团中有一个年仅8岁的小男孩，这是他第一次走出国门，旅途中的一切对于他来说都显得那么新奇。在欧洲的观光大巴上，欣赏着窗外的美景，小男孩兴奋不已，情不自禁地哼唱起一首歌："燕山南，渤海边………"

"青云里小学，志上青云……"坐在最前排的一个20岁左右的大男孩听到，接出了歌词的下一句。

"德智体美，育我做人，五爱铭刻心……"没承想，大巴中间又响起了一个60多岁的老者的声音。

20世纪50年代，青云里小学学生在校园里读书。

这是一个从全国各地临时拼团的旅行团，老人、青年、孩子同唱一首节奏简单、歌词朴素的歌，难道他们是一家人？

事后小男孩才知道，老者来自重庆，他们都是青云里小学的毕业生。这个小男孩是青云里小学二年级的一名小学生。三人共同哼唱的正是学校的校歌。

1928年，"开滦小学男校"举行开学典礼。

建校初期，"开滦小学男校"校门。

建校初期，"开滦小学男校"操场和教室。

建校初期，"开滦小学女校"校园。

青云里小学教务处主任张伟当时正是小男孩的班主任，小男孩向他讲述了自己的亲身经历。如此巧合的经历让人感觉神奇，更让人好奇：青云里小学究竟是一所什么样的学校？

## 四校合一　集团办学

坐落在海港区文化南路的青云里小学，毗邻秦皇岛港。120余年的百年大港，是这所近百年学校的孕育者。学校的前身，是秦皇岛"开滦小学"，如今的校址所在地即为"开滦小学"原址。

清光绪二十四年（1898年），清政府宣布秦皇岛港为"自开口岸"。随着中国半殖民地、半封建社会程度的日益加深，秦皇岛港逐渐被英国帝国主义控制。1912年，英国资本垄断的开滦矿务总局成立，秦皇岛港由其下属的秦皇岛经理处管辖。

为解决子女入学问题，1928年2月，开滦矿务总局秦皇岛经理处在道南青云里开办了"开滦小学男校"（初期6个教室、6个班，学生约200人）。第二年9月，经理处又在道南蓬莱路开办了"开滦小学女校"（初期4个教室，实行一至六年级复式教学，学生约160人）。学校面向"员司"（职员）和"里工"子女，被称为"外工""二等工人"的装卸工人的子女则被拒于学校大门之外。"开滦小学男校""开滦小学女校"合称"开滦小学"。学校经费充裕、设施完备，教职员待遇优厚，大多为天津、保定师范学校毕业生。学校最初男女教员都有，后全部由年轻女教员任教。学校学制和课程设置与公立学校相同，但语、算两科补充教材高深，教学质量上乘，学生三年级学英语，六年级毕业后相当于公立学校初中毕业水平。学校第一任校长董锟提倡"一切为了快乐"的教学理念。

1946年下半年，在抗日战争胜利的鼓舞下，秦皇岛港装卸工人自筹资金，在社会人士的支持下，利用道南解放里筛煤处旧工房，办起了"煤厂新生小学"（初期两个班，招收一至三年级学生，学生约100人）。但学校一直受歧视，迟迟未得到开滦矿务总局秦皇岛经理处承认，校舍条件、教学设备、教师待遇等远远赶不上"开滦小学"。

秦皇岛解放后，1949年9月，"开滦小学男校""开滦小学女校"与"煤厂新生小学"三校合并为一校，校名为"秦皇岛开滦职工子弟小学"。据当

新中国成立初期，青云里小学学生在进行课间活动。

年 10 月统计，学校共有 21 个班，学生 1309 人，教职工 38 人。1952 年，开滦矿务总局秦皇岛经理处由人民政府代管。1953 年 6 月，秦皇岛港确定归属，更名为"交通部海运管理总局天津区港务管理局秦皇岛分局"，学校随之改名为"天津区港务局秦皇岛分局职工子弟小学"。1955 年 5 月，秦皇岛港升格为"交通部秦皇岛港务管理局"，学校又更名为"交通部秦皇岛港务管理局职工子弟小学"。此时，学校已发展为 25 个班，学生达 1394 人，教职工 40 人，同时还附设了 3 个初中班，学生 168 人，教职工 7 人。同年，学校接待了朝鲜教师度假团。

1956 年 6 月，秦皇岛港务管理局正式将学校移交给秦皇岛市文教局管理，改为国办小学，更名为"秦皇岛市蓬莱路小学第一分校"。同年，学校与苏联列宁格勒市（现俄罗斯圣彼得堡市）有友好往来。1960 年，学校正式更名为"秦皇岛市海港区青云里小学"。1962 年，青云里小学被秦皇岛市文教局确定为重点校，几年内学校发展迅速，成为秦皇岛地区的重点小学，号称"小宝塔"。

"文化大革命"期间，学校停课，图书设备、文字档案等毁坏殆尽。"文化大革命"结束后，1978 年，青云里小学恢复为重点校，优秀教师汇集于此，学校发展迅速。根据教育部颁布的教学计划，学校开齐学科，开足课时，在一辈辈"青云人"的接续努力下，学校逐渐成为市区最有影响力的小学之一。

2017年11月，青云里小学与光明路小学两所学校实质性合并，学校至此跨入了集团化建设进程，正式更名为"秦皇岛市海港区青云里小学集团"。青云里小学集团现有教学班50个，学生2706人，教职工147人。

## 代代延续　不忘初心

董芸生，是"开滦小学"第一任校长董锟的女儿，她曾在"开滦小学女校"上学，师范毕业后，又回到"开滦小学"任教。1948—1953年，她先后担任"开滦小学""秦皇岛开滦职工子弟小学""天津区港务局秦皇岛分局职工子弟小学"的校长。学生叶文写有回忆她的文章《先生之道　山高水长》，其中这样写道："一位旧世界的新女性，韶华之年开始教学。从小学、中学到成人教育的课堂，六十余度春秋，总是风雨兼程，踏着时代的步伐向前走去……她的理想是：'我不能像战士一样，牺牲在战场上，如果有一天，真的牺牲在讲台上，我会感到光荣和满足。'她教的学生遍布祖国各地，后期的学生又越过大洋走向海外，其中不乏专家、学者、教授、医生、艺术家、社会活动家和城乡各级干部，他们是新中国大厦的千万块基石，是各自行业的中流砥柱。"

身在北京的宋锡珍，如今已是95岁高龄，她也曾在"开滦小学女校"上学。1945年天津师范毕业后，她于第二年被分配到"开滦小学男校"任教。1978—1979年，她担任青云里小学校长兼党支部书记。90多岁的老人回忆，她上小学时，"开滦小学女校"的黑板是磨砂玻璃的，教室地面是木地板铺成的，学校配有专门的"堂艺"（相当于勤杂工）。学校对任教教师的筛选非常严格，必须是师范毕业生才能来学校任教，且前期的"开滦小学女校""开滦小学男校"教师均为女教师。教师的待遇优越，除了工资，每月还可以领到一吨煤、三袋面。学校开设的课程全面，语文、数学、地理、论文、卫生、英文、体育、音乐、美术等科目齐头并进，配有专职英文教师，学生接受的是系统而扎实的教育。和她一起在"开滦小学女校"学习的莘莘学子，成为各个领域中的精英，其中有中央美术院附中校长赵允安（赵四小姐侄女）、中央人民广播电台著名播音员林如、北京音乐学院唐远茹等。在宋锡珍的记忆中，当年"开滦小学男校"的老师把毕生精力都投入教育教学

20世纪80年代，学生们进入青云里小学上学的场景。

工作中，大部分女教师住校且终生未婚。宋锡珍自己直到80多岁仍在对外经济贸易大学"关心下一代委员会"工作。

李玉英在1978—1994年担任青云里小学革委会主任、校长兼党支部书记。在别人眼中，她是铁面无私的包公型校长，是亲人一般的慈爱型校长，是敢拼敢闯的实干型校长，更是争优创新的革新性校长，正是她开创了学校发展的新纪元。一上任，她便向教育局承诺在三年内做到"三气"（一年恢复元气、两年恢复生气、三年恢复名气）和"三出"（出成绩、出人才、出经验）。说到做到，大刀阔斧的改革之后，"争第一"成为青云里小学的口号。在20世纪80年代初，青云里小学先后获得共青团中央少先队大队红花先进集体、全国二十九省市二十所学校第二届小学生作文竞赛优胜单位、全国育苗奖等全国性荣誉。1984年，学校二（1）中队被选为"全国优秀少先队中队"，中队长张静等人到北京参加了第一次全国少先队代表大会。加拿大多伦多访问团、《中国少年报》知心姐姐卢勤等先后到学校参观指导。

从1994年到2008年，提倡"教育就是服务"理念的邢启明在青云里小学担任了14年校长。1981年，邢启明就来到青云里小学任教，他由衷地认

20世纪80年代，青云里小学的老师和学生在学校标志性建筑前合影。

20世纪90年代，青云里小学标志性建筑。

为"当老师真好"，而在他心目中，好的老师要"教孩子几年，为孩子想几十年"，让每个孩子都拥有一项拿手的本领，有可以值得自豪的地方。20多年痴心育人，在他身上曾经发生过这样的故事：一天，他用自行车驮着儿子回家，又困又乏的儿子在后车座上睡着了。骑到道南地道桥，有一段上坡路，儿子出溜下去了，而他脑子里还在想着学校的事，骑出老远才突然发觉——咦？车子怎么轻了？扭头一看，儿子不见了。

邢启明校长曾经说："学校的发展就像启动的火箭，第一节火箭即将脱落时，就要启动第二节，这样不断地接力，学校才能不断地发展。"在青云里小学，有这样一对"接力"的师生：

全国优秀教师、全国优秀辅导员李艳芬，1978年被分配到青云里小学，在这里度过了近20年的岁月。那时候李艳芬刚从南方回来，烫着长发，穿着军装，特别洋气。当时的同事就对她开玩笑说："别看你现在又干净又漂亮，不用半年，就得在咱这泥坑里弄得灰头土脸。"据李老师回忆，那时候学校的桌椅是铁的，而且桌椅连在一起，学生根本搬不动，平时很难打扫卫生，于是一到周末，老师们就发动全家到学校大扫除。冬天没有暖气，全靠

煤炉供暖，说是煤炉子，其实就是大油桶"改装"的，湿煤和木块烧起来后教室里就变得乌烟瘴气。李老师作为年级组长，几乎每天都要4点钟起床，带着两个学生把本年级的三个班和办公室的炉子提前生好。即使这样，教室里还是阴冷阴冷的。学校的土操场没有排水，晴天叫操场，雨天就是烂泥坑，学生们一下雨就根本没法去室外活动。雨大的时候，老师们还要把低年级的孩子一个个地从教室背到校门外。在这样的环境中，李老师很快就"灰头土脸"了。然而，就是在这样的环境中，老师们早上来得一个比一个早，晚上走得一个比一个晚，大家心里只想一件事，就是要把孩子教好。

1979年，李艳芬被分配到青云里小学工作的第二年，朱双健进入青云里小学一年级就读，李老师成为她的班主任。1991年，走过了十几年求学之路的朱双健回到了母校，成为一名教师，与李老师成为同事。在李老师等老教师的言传身教下，她迅速成长起来。1997年，青云里小学主教学楼建成，彻底告别了"平房时代"；2008年，新建的综合实验楼投入使用；2009年，200米环形跑道和5350平方米的人造草坪操场铺设完毕……见证了学校环境不

20世纪80年代，李艳芬和她的学生在青云里小学校门前合影。

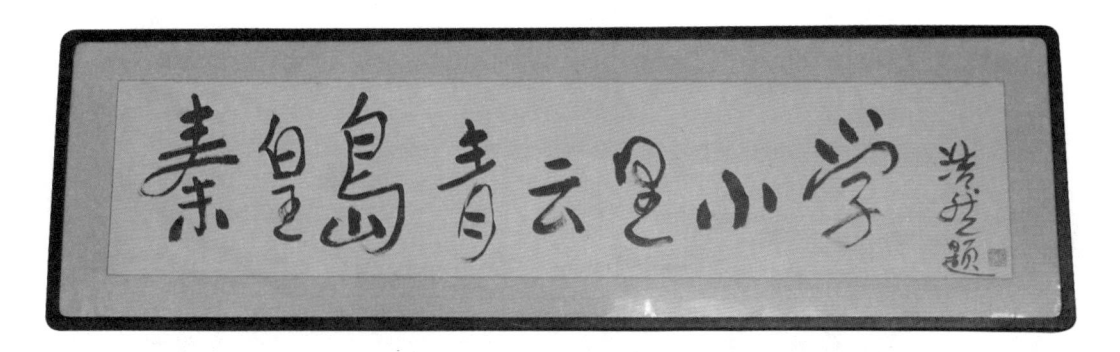

20世纪90年代，作家浩然为青云里小学题写了校名。

断变迁的朱双健，如今已成为青云里小学的党支部书记，提起学校的未来，她深感重任在肩："老话讲创业难，守业更难。我们以前取得了那么好的成绩，老师们在条件不好的年代还那么有干劲，现在我们的条件优越了，更要继承和发扬前辈们的精神。"

在青云里小学，像这样的接续传承还有很多：同样是在这里上学又回归母校教育下一代的李明明、万程；妈妈、自己、孩子三辈人都是这所学校的学生，自己又回到这里教育更多孩子的郎轶华……

青云里小学教务处主任张伟如今主要负责青年教师的培养。对于刚入职的青年教师，青云里小学不但注重专业上的引领和帮扶，更注重树立和强化他们的职业意识。因此，学校定期组织青年教师去工厂、110指挥中心、禁毒大队、山海关军用机场等地实地参观学习。虽是不同的行业，但是每个行业中的岗位责任意识、团队协作意识和创新意识都给每一位青年教师留下了特别而深刻的印象，不但拓宽了他们的视野，更让他们坚定了自己的职业选择。

## 以人育人　精彩人生

新时代的青云里小学，在"以人育人，享受七彩阳光"办学理念的引领下，努力实施素质教育。

在办学特色的发展上，青云里小学以"净、静、敬、竞"为抓手，落实养成和习惯教育。"净"是干净，干净招人喜欢，一生受用，包括：环境干净，个人卫生干净，公共卫生干净；语言干净，讲普通话，说文明话；做事干

学生们快乐地奔跑在校园里。（2011年拍摄）

青云里小学校门。（2019年拍摄）

净,巧妙准确,勤奋不怠;做人干净,阳光直率,真诚豁达。"静"是安静,不同的场合要有适合的表现:体静要求非专业场合,速度不要过快,动作不要过大,声音不宜过高;心静要求心如止水,做事专心,办事细心,凡事用心。"敬"是尊敬,尊敬是现代人的基本素质,是赢得他人好感的第一要素:使用文明用语,恰当运用"你好、请、谢谢、对不起、没关系";尊敬师长,首次见面鞠躬问候,分别招手说再见;尊敬国旗,举行升旗仪式,队伍横平竖直斜成线,队礼标准,音乐铿锵,歌声嘹亮,讲话激情。"竞"是竞争,积极向上、争强争优是一个人生活幸福的基本条件,要搭建竞争平台,创造竞争机会,提高学生自信,培养能竞争、会竞争、争得过、争得赢的学生。

"开发可供选择的课程,营造适合学生的课堂",青云里小学通过小牛顿科技、国际象棋、足球、篮球、田径、合唱、舞蹈、手工制作、快乐英语等30多个特色社团,努力为学生创造"拥有一种爱好,精彩幸福人生"的平台。成长需要激励,规范字书写、口算、跳绳、卡拉OK、看图写话、讲故事、英文课本剧等近百项竞赛活动在学校里开展,充分展示了各社团、各学科的教学成果,使校园处处充满生机和活力。

青云里小学是秦皇岛市课堂教学改革首批实验学校,在课堂教学改革的浪潮中身先士卒。学校关注过程、着眼细节、重在落实,努力让"用好每分钟,上好每节课"成为全体教师的行为准则。学校通过教师培训、四环节(自主学习、合作探究、精讲点拨、有效训练)赛课、集体备课等教研活动,激发教师学习热情,努力使学校的教师成为教学理论会运用、教学经验会总结、教学模式会提炼、教学观摩会评价、教学风格会创造、教学专题会研究的实干型教师。"工作学习化、学习工作化",让学习研究成为习惯、让反思交流变成常规,已经成为青云里小学教师们的一种职业生活方式。同时,学校大力实施"青蓝工程"(青出于蓝而胜于蓝,拜师结对,青年教师与老教师相互促进),全面推进教师专业化成长。

在青云里小学历史发展的长河中,优秀教师不断涌现。学校现有特级教师1人,省级骨干教师3名,市级骨干教师10人。这里先后涌现出全国教育学会小学语文教学研究会理事、河北省语文特级教师刘汉鼎,全国优秀班主任、河北省模范班主任、河北省数学特级教师廖现英,全国优秀教师、全国优秀辅导员李艳芬,全国优秀体育教师王郁昌,全国卫生保健先进个人杨翠萱，全国中小学优秀外语教师刘春蕊……一代代青云里小学教师爱校如家、爱生如子，把教育作为毕生不懈的追求。他们为了学校的蓬勃发展呕心沥血、无私耕耘，为了学生的健康成长不辞辛劳、默默奉献。他们用美好的青春演绎着青云里小学的精彩，用辛勤的付出铸就了青云里小学的辉煌。在如歌的岁月里，他们用博大的师爱启迪幼小的心灵；在似火的年华里，他们用执着的信念托起成功的梦想，用爱谱写了一篇篇华美的教育乐章。

青云里小学教务处主任张伟有一个特殊的"女儿"，他十分珍视这段让他深刻感悟了"教育滋养生命、温暖人生"这句话的"父女缘"：

因为一年级时安安一声稚嫩的"爸爸"，这个从小没有父亲的孩子成了张伟的"女儿"。在平常的学习生活中，张伟并没有明显地偏爱她，只是在其他老师让同学打印卷子时，提前打印好给她；只是在安安妈无暇顾及她的学习时，帮她补习功课；只是在有好吃的时候想着她、偷偷塞给她……

张伟把对安安的关心融入细水长流的每个平凡日子里、每件细致微小的事情里。时间过得真快，转眼安安上了十中，又考上了燕山大学附属中学。也许是因为遇到了很多给予她温暖的老师与同学，她的成长少了些许叛逆，更多的是懂事与善解人意。在燕大附中，她当上了学生会副主席。她依然是那么活泼开朗，脸上洋溢着自信，依然会在"学生家庭信息表"父亲一栏里坚定地填上张伟的名字。

在近百年的发展中，青云里小学勃勃的朝气和创新的精神，培育出一批批优秀学子。"渤海荡荡兮，碣石山高……"虽然旧日的时光早已逝去，但歌声中仍然荡漾着无数学子童年的梦。1947年毕业于"开滦小学女校"的中央人民广播电台著名播音员林如，写过《怀念母校》一文。她说，是母校引发了她对音乐和文学的兴趣。她还清晰记得母校的《毕业歌》：

熏风吹来荷花香，同窗学友毕业好时光。柳丝牵惹离情长，别语教从何处说凄凉。（在校生）

朋友们莫悲伤，青年有志在四方。临别依依休作女儿样，心心相印不相忘，休辜负韶光。（毕业生）

诸君此去行程壮，校誉远扬，勿彷徨，快翱翔，看鹏程万里乘风破浪。（在校生）

2013年，在中国五百强小学统计中，根据学校培育博士、硕士、重点大学毕业生数量结果显示，青云里小学排名第407位。

在一代代人的接续努力下，青云里小学先后被评为全国红旗大队、全国红花集体、全国青少年爱国主义先进集体、全国文明校园、全国巾帼文明岗、河北省首批示范校、河北省教育工作先进集体、河北省绿色学校、河北省教育教学管理先进学校、河北省德育示范学校、河北省教学改革先进集体、河北省优秀家长学校……学校先后承办了全国教学现场会、全国学校语言文字工作现场会、河北省德育现场会、河北省普九现场会、河北省规范化管理现场会……

回望过去，走过近百年的青云里小学依旧充满活力、锐意进取；展望未来，相信她会以清新温情、快乐奋发的脚步继续向前。

（李威威 朱双健 卢纪锋）

**附：**

### 开滦小学校歌

渤海荡荡兮，碣石山高，峰环水抱兮，游戏吾曹。如山之概，如海之涛，砥砺吾道兮，不与浊世同粕糟。

吸舶来之光华，辅国粹以逍遥，科学其志，高节其操，根底固兮，鹏程万里驾扶摇，吁嗟乎，世界高级地位，谁是同胞，勖哉吾党英豪！勖哉吾党英豪！

### 青云里小学校歌

燕山南，渤海滨，红花朵朵，杨柳荫荫。青云里小学，志上青云，全靠党指引。德智体美，育我做人，五爱铭刻心。为祖国建设，为复兴伟业，勤奋学习，不断进取，奋勇前进！

# 少年军校　筑梦起航

## 海港区迎秋里实验学校

1988年，海港区新建三所学校，迎秋里实验学校是唯一的实验学校，同时是一所九年一贯制学校。

建校时，学校仅有"U"形教学楼一座（南楼和中楼），操场是一片沼泽地，仅有9个教学班，427名学生，教师22人。

弹指一挥间，踏着教育改革的旋律，迎秋里实验学校走过了不平凡的32年。如今学校有51个教学班，3200多名学生，教职工167人（平均年龄40岁，本科以上学历152人），成为海港区最大，也是名气最响亮的小学。

迎秋里实验学校为何名气响亮？因为这里有"抱在一起"的力量，有"声声嘹亮"的军号，有"放眼世界"的胸怀。

迎秋里少年军校学员英姿飒爽。

## "抱在一起"的力量

1994年9月,迎秋里实验学校校门由教师集资和学校出资翻建。一件小事,让人看到迎秋里实验学校教师"抱在一起"的力量。

而一本小册子——《抱一抱的力量》,更让我们看到这里的教师和孩子们"抱在一起"的力量。"幼吾幼以及人之幼",小册子里的同名文章,是一位老师从自己上幼儿园的孩子那里得到启发,学会了如何去关爱自己的学生。《握握手,我们是朋友》《蹲下来,和他们一起听蚂蚁唱歌》《关注》《让亮点闪光》《给作业批语适当加点"糖"》《孩子,你大胆地说》《小林,谢谢你!》……小册子里的文章,处处流露出老师对孩子们的尊重、理解和热爱。

《抱一抱的力量》

孩子该是什么样?

读过这样一个故事:

一个电视节目主持人问孩子:"长大以后想当什么?"孩子说:"飞机驾驶员。"主持人又问:"假如你的飞机飞到太平洋上空的时候熄火了怎么办?"孩子说:"我让大家都系好安全带,然后我用降落伞跳下去。"旁边的人都哈哈大笑。这时孩子焦急地说:"我会回来,我去拿汽油,我还会回来!"

碰到过这样的回答:"升旗的时候你在想什么?""老师,还没等我想什么,旗都升完了。"

孩子就是如此,真实如此。

(摘录自李江老师《孩子该是什么样》)

这里的老师这样理解学生。

一次平常的英语课,讲授完句型和单词后,我们学唱一首英文歌曲《Glad

to meet you》。我打开录音机,美妙的乐曲在教室里飞扬,孩子们都兴奋地拍着手歌唱。我看着孩子们那洋溢着童真和快乐的笑脸,不禁也随着节奏拍起手来。动情之处,我走下讲台,和孩子们握手。当我的手伸到一个孩子面前时,他先是一愣,然后很吃惊又很不知所措地看着我,不明白我的意图。我冲他笑了笑,把他那"晾"在一旁的小手捉住,郑重地握在一起。当我的大手将他的小手握在手心的那一刻,我第一次清楚而又惊奇地发现:他的眼睛是那么清澈、澄明,像阳光下一潭清澈的湖水,湖面上波光闪闪;他的嘴角荡漾着幸福、甜蜜的笑容,那么满足和感动。我想,这就是天使吧!每一个孩子都是上帝派来的天使!我的心弦像被一只小手轻轻拨动了一下,刹那间,充满了感动。

在歌声中,我将全班70多个同学的手都握了一遍。每握一个,就有一份独特的感动。种种美妙感动的叠加,就是内心情感的狂澜。这种情感的狂澜,像一团圣火在我的血液中燃烧。喔,这火,是对孩子的爱,我真的深深地爱上了我的孩子们,他们是真的很可爱!

最使我难忘的,是一个"差生",他是一个顽皮、好动、邋遢的男孩,当我走到他面前时,他使劲将手在衣服上蹭了蹭,十分兴奋而又害羞地伸出了手,我将他的小手用力握了握,他的脸上露出我从未见过的笑容,像窗外灿烂的阳光。那一刻,我的鼻子酸酸的,眼前一片迷雾……

(摘录自常芳老师《握握手,我们是朋友》)

这里的老师这样热爱学生。

还有一位老师独辟蹊径,她没有写学生,而是写了一位老师:

上年第二节课开始下起了小雨。一会儿雨越下越大,竟变成了瓢泼大雨。

第四节课的下课铃响了,下班的时间到了。望着越下越急的雨,同室的几位老师正愁着没有雨伞回家,祈盼着雨能快快停下来。

我犹豫不决地走向门外,眼睛盯着窗外。"老师,给你伞。"一个轻柔的声音响在耳际。我一愣,看到了一位不太熟悉的老师正往我手里递伞。我还未说出"谢谢你",她已走向另一位教师了。她一只手臂里抱着一捆伞,消失在拥挤的人群之中。一股热流顿时涌上我的心头,模糊了我的视线。

这位教师中等的个子,齐耳的短发,略有些清瘦。我曾经在学校新年联欢会上见过她一次。一位退了休的教师,能冒着暴雨,抱着一捆伞,来到学校,为老师送来关爱、送来温暖、送来真情,这就是人民教师的胸怀,这就是一种精神，这就是学校凝聚力的体现。

（摘录自历小明老师《伞》）

35位老师，35篇文章，都是自己写自己的故事。从这些故事里，我们看到了老师和孩子们"抱在一起"的力量，也看到了老师和老师们"抱在一起"的力量。正是因为有这种力量的凝聚，有这种爱的传承，一所学校才有了成为名校的潜质。

## "声声嘹亮"的军号

1995年8月，迎秋里实验学校北教学楼落成。南楼、中楼、北楼，三座教学楼既"三足鼎立"，又呈环抱之势，构成完整的校园。

同年10月，迎秋里实验学校在秦皇岛市党、政、军领导的殷切关怀下创建了秦皇岛市第一所规范化的业余少年军校——秦皇岛市海港区迎秋里少年军校。军校本着"教学讲规范，育人求全面"的原则，以加强学生国防教育为育人特色，全面推进素质教育，培养学生的社会实践能力和创新精神，铸就新时期的"钢铁长城"。

每年寒暑假，学校都会邀请驻秦部队优秀教官对军校学员进行军事化训练。在教官的指导下，学员们一身戎装，像军人一样站军姿、立正、转体；像军人一样行进，喊出嘹亮的口号；像军人一样拉歌、打军体拳……

多年坚持不懈的军训经历，使

1995年10月，迎秋里少年军校成立。

1995年10月，迎秋里少年军校学员接受领导检阅。

军校学员精神面貌焕然一新，走起路来显帅气，谈起话来讲和气，读起书来有朝气，做起人来显志气。

针对学生绝大多数是独生子女、长期娇生惯养的实际情况，少年军校还安排为期两周的封闭式校外军营体验，内容有内务整理、队形队列、认识枪械、军体拳、野外拉练等。进入训练基地，学员角色发生转变，衣服自己洗，被子自己叠，所有的事情都要靠自己。学员们训练中脚磨出了水泡不吭一声，腿磕破了不喊一句，就是眼含泪花、咬紧牙关也不甘落后。他们积极参加各项比赛，争先恐后地为集体增光。孩子们的潜能被挖掘出来，积极性被调动起来。虽然训练时间很短，但他们学会了关心别人，意志更加坚强。家长们见到虽然晒黑但变得勤快、懂事的孩子，激动地说："这样的活动，我们支持。孩子交给你们，我们放心。"

学校还相继完善了《少年军校学员守则》《少年军校值勤办法》《少年军校国旗升降办法》等10多项管理制度，并新增《军校学员自主管理制度》。学校周一升旗、校门值勤、课间值班、卫生纪律检查等多项常规性工作均由军校学员承担。他们着装统一整洁，步伐、手势整齐划一，军礼规范，语言文明，待人礼貌，既展示出积极向上、热情开朗的精神风貌，又树立了学校特色育人的良好形象。

由学校师生自行创办的"小军号电视台"，先后开辟了校园快讯、七彩校园、当代军事、安全教育等10余个栏目。每一期节目的采编、播放都由军校学员参与完成，成为学员展示自我、锻炼提高的广阔舞台。创刊于2001年1月的《迎秋校报》，架起教师、学生和家长沟通的桥梁。少年军校的军乐团成为全市少年军校的一面旗帜，多次在省市大型活动中参加演出。

"把娇气扔到一旁，把坚强打进背包，把舒适锁进抽屉，把追求带进军校。"这首广为传唱的歌谣，伴随着一批又一批迎秋里少年军校的小学员们度过了参与军校活动的快乐时光。

1996年寒假，少年军校举行了以"爱我中华，固我长城"为主题的大型冬令营教育活动。在巍峨的万里长城"天下第一关"城楼下，学员们面对曾经遭受八国联军凌辱和日寇铁蹄践踏的历史名城——山海关，清醒地认识到：落后就要挨打！不了解历史，历史就会在盲目中重演！一个轻易忘记历史的民族，很难拥有更加辉煌的未来！此次活动参与人数达600多人，《中国教育报》《华北民兵》《国防》等7家媒体给予了宣传报道。

为了检验少年军校的教育成果，2001年7月27日至31日，"第三届全国少年军校检阅式"在北京隆重举行。这是一次高水平、高规格的检阅，迎秋里少年军校代表河北省出席检阅式，并受到中央军委原副主席、原国务委员兼国防部长迟浩田等党和国家领导人的亲切接见。检阅式期间，迎秋里少年军校在"小能手""勇敢者""小小救护员"3个单项比赛中获得团体优胜奖、2个单项优胜奖、1个单项优秀组织奖。更让人骄傲的是，迎秋里少年军校的米丹尼同学代表全国少年军校学员发了言。检阅式结束，迎秋里少年军校获表演优胜奖，同时被评为"全国先进少年军校"和"全国首批少年军校示范校"。

2001年7月29日，中央军委原副主席、原国务委员兼国防部长迟浩田在"第三届全国少年军校检阅式"上检阅。

2001年7月29日，迎秋里少年军校学员在"第三届全国少年军校检阅式"上。

2004年6月，迎秋里少年军校组织近400多名学员开展以"学会生存，磨炼意志，完善自我，开拓创新"为主题的野营活动。此次体验活动共计徒步行程21千米，学员们用了不足4个小时的时间走完全程，其行军速度同正规军队拉练速度一样。通过搭帐篷、支炉灶、建厕所，学员们学会了生存与自立；通过挖野菜、吃咸菜，学员们弘扬了红军长征精神；通过紧急拉练、模拟型战术演练，学员们感受到革命军人的精神风貌。体验活动不仅对学员们进行了集体主义、爱国主义教育，更可贵的是往日的"小皇帝""小公主"们，变成了让父母、老师感到欣慰的"钢铁军人"。

2004年6月，迎秋里少年军校组织近400多名学员开展以"学会生存，磨炼意志，完善自我，开拓创新"为主题的野营活动。

2010年10月，迎秋里少年军校组织300余名学员赴北京参观中国少年军校总校及"百名将军大道"，开展登天安门城楼、登居庸关长城等励志活动。

2017年11月3日，迎秋里少年军校组织学员走进"天下第一关"，开展"万里长城 山海雄关"长城研学实践活动。学员们通过亲身实践射箭、修长城等10项活动，既掌握了有关长城建筑的知识，又学习了历史文化和军事知识，增强了互助合作的团队意识和"爱我中华、护我长城"的爱国主义精神。

丰富多彩的军校活动，让学员们在风风雨雨中接受洗礼，在坎坎坷坷中明确责任，使他们真正成长为合格的建设者和接班人。

军号声声嘹亮，迎秋里实验学校以少年军校为载体推动学校全面发展，先后被中央电视台、中央人民广播电台、河北省电视台、秦皇岛市电视台、

2006年9月，迎秋里少年军校军乐团参加第六个"全民国防教育日"活动。

《秦皇岛日报》《秦皇岛晚报》《燕赵都市报》等多家媒体报道。学校被中宣部、教育部、国家国防教育办公室授予"全民国防教育先进单位"称号，两次获"全国少年军校示范校"称号。2017年，学校继荣获"国防教育特色学校"后，再次获得国家级"中小学国防教育示范学校"荣誉称号。

## "放眼世界"的胸怀

1998年8月25日，迎秋里实验学校中小学正式分离，由九年一贯制学校分化成完全小学，初中部归"玉峰里中学"（后改为"秦皇岛市第十六中学"）。

多年来，迎秋里实验学校秉承"以人育人，享受七彩阳光"的办学理念，全面实施素质教育，让孩子们"放眼世界""享受七彩阳光"。学校结合端午节、中秋节等传统节日，对学生进行爱国主义、文明礼仪教育，通过开展学雷锋、建军节、建党节、建队日等主题活动，让学生在仪式文化中亲身体验尊师孝亲，做到爱国明理。学校建有小军号电视台、军乐团、体育训练队、书法社团、古筝社团、合唱团等22个学生社团，让孩子们在一系列的

社团活动中完善自我、健康成长、享受生活。

学校为孩子们提供了完备的基础设施：4×200米塑胶环形跑道的高标准操场、篮球场、排球场、足球场、羽毛球场；448台计算机，闭路电视教学系统与校园网络各一套，"班班通"使声像信号直接应用于班级教学；多功能室、图书室、阅览室、科学实验室、仪器室、美术室、睿课堂、录播室、音乐教室等多个专用教室投入应用；图书馆藏书81873册。

校园里处处是孩子们成长的乐园。足球场上显威风，音乐教室里歌声扬，舞蹈房里展英姿，微机房里"神脑功"，大画板上绘七彩……刚刚拍完中央电视二套节目《儿童剧场》的六集儿童剧，中央电视台电影频道的叔叔阿姨又来找孩子们拍电影《老爸停步》，老龙头海边拍的《戏曲广播体操》上了中央电视台戏曲频道《快乐戏院》……

校园操场主席台中央两侧的金字校训——"胸怀祖国、放眼世界"闪闪发光。孩子们的快乐不止步，孩子们的目标是世界和未来。

2000年5月4日，日本富山市"北戴河之会"（日本富山市市民国际交流协会下设的民间组织，曾多次访问秦皇岛）与迎秋里实验学校共同成立了"秦皇岛—富山市民交流学校"。"北戴河之会"友好访问团于2000年5月、2002

"小军号电视台"

《迎秋校报》创刊号

年10月、2011年10月，先后三次到迎秋里实验学校访问、交流。

2013年，迎秋里实验学校被评为"河北省素质教育示范校"。

2014年，迎秋里实验学校三座教学楼分别被命名为"明德楼""乐学楼""励志楼"。南楼以一、三、五年级学生为主，取名"明德"，寓意为教育学生，德行天下，做一个品德高尚的人。北楼以二、四、六年级学生为主，取名"乐学"，寓意为教育学生乐学、好学、会学，不断汲取知识的养料，为建设祖国做好丰富知识储备。中楼以高年级学生为主，取名"励志"，寓意为励精图治，精忠报国，教育学生从小立大志，长大报国家。与此同时，结合少年军校的特色，南楼文化布置主题以"海军"为主，北楼以"空军"为主，中楼以"陆军"为主。每座楼的第一层呈现的是武器装备情况，第二层呈现的是军容、军姿、军服和军衔，第三层呈现的是部队生活状况，第四层呈现的是野外生存训练情境。

2017年，迎秋里实验学校被评为"全国百所数字化校园"。学校拥有一支业务精、重科研、有特长、求发展的教师队伍。学校被确定为"秦皇岛市课改实验校"，一直把教育科研作为教学先导，强化教育理论和现代化教育技术的学习，促进教师综合素质和科研能力不断提高。2012年，学校提出"三思（思考、思维、思想）课堂"教学思想和理论，并指导教师实践，使教学、课堂、教研发生了质的飞跃，教学质量稳步提升。

三十二年春华秋实，三十二年春风化雨，迎秋里实验学校铺就了无数学子的成才之路。他们中有：青年手风琴演奏家许笑男；爱丁堡大学国际法专业硕士研究生赵晶晶；曾在美国西北大学工业工程与管理科学系攻读博士学位的邵祁丰；爱丁堡大学国际贸易专业硕士研究生王聪海；哈佛大学肯尼迪政府学院公共政策硕士研究生王洋；中国政法大学研究生院法学硕士研究生、就职于北京青少年法律援助与研究中心的陈苏；就职于国防部外事办公室的何涛；燕山大学音乐学硕士研究生宋歌……

一届届优秀学子成为迎秋里实验学校史册中最精彩的一页。

（丁祝利　卢纪锋）

# 扶轮精华　百年传承

## 山海关铁路小学

铁路小学，这个具有标志性的名字，承载着铁路人特有的情感归属。

溯览近代中国铁路史可知，铁路企业"线长点多"的特性使铁路职工子弟上学读书成为一大难题，牵动着千万铁路职工的心。为了让铁路职工的孩子像其他孩子们一样到了学龄期也能读书，1918年，京奉铁路局在山海关创办了"京奉铁路局公立第三小学"。这所学校，便是山海关铁路小学的前身。

1925—1928年间，全国各地遭军阀纷争扰乱，铁路各路局支出捉襟见肘，不少小学被迫停办。然而，位于山海关的这所铁路小学，蹒跚走过了这段艰难岁月。

历经一个世纪，这所坐落于山海关铁路街51号的百年老校，见证了山海间的百年教育变迁。

而今，就让我们伴着耳畔滚滚的车轮声，遵循一个个铿锵有力的时间点，走进这所有着深厚历史文化底蕴的小学，去重温它的艰辛与辉煌。

20世纪80年代，山海关铁路小学校门。

## 生逢乱世　改名"扶轮"

民国初期的 20 年间，是山海关地区教育事业大发展的时期。在新文化的冲击下，办学之风盛行。"京奉铁路局公立第三小学"就是在这股洪流中，第一所由铁路企业创办的小学。

历史的车轮回转到 1918 年，在各地军阀混战的乱世中，一所由京奉铁路局创办的"京奉铁路局公立第三小学"于 5 月 1 日诞生。校舍在当时铁道北窑坑（今山海关区新颖小区）。学校第一任校长高继增，创办时只有三个班（一个女生班，两个男生班），均为一、二年级，共 4 位教师，裘舒娴是唯一的女教师。

1920 年，学校规模扩大，原有的校舍已经不能容纳日益增长的学生人数。经当地政府协调，学校迁入山海关老车站西侧老乘务员公寓（山海关区东顺城街"兴华小学"附近），专作三、四年级校舍。窑坑老校址变为分校，专作一、二年级校舍。

1927 年，学校全部迁入八国联军在山海关营盘旧址之一的原六国饭店旧址。

1928 年冬，各铁路路局小学由国民政府铁道部接办，为便于管理起见，一律改称"扶轮小学"（"扶轮"一词的含义见附录《秦皇岛地区小学演变发展史》）。

山海关铁路小学旧址

## 风雨飘摇　蹒跚前行

旧中国时局动荡不安，1931—1932 年期间，受九一八事变影响，学校无法开展教学活动，曾一度停办。

直至 1933 年，奉山铁路局派员继续办学，时任校长叶丰田。当时共有 8 个教学班，学生 300 余人，教职工 52 人。在旧中国，学龄儿童入学率只有 20% 左右。当时这所小学能达到这样的办学规模，足以看出当地对教育的重视程度。

1934 年，时任学校第三任校长的龚焕飞为学校定校训为"精勤诚勇"。当时的校歌中这样写道："南渤海，北长城，我校位其中。京奉枢纽，灌输文明，佳气郁葱葱，莘莘众学子，修业乐融融……"字里行间唱颂着山海关地理要塞的重要性，以及学校育人的壮志凌云。

1937 年七七事变后，学校归属于伪南满铁道株式会社北支事务局管理，陈学民为第五任校长，日本人安田超户上被派来做副校长，监督学校教学。

1939 年，伪华北交通股份公司成立，学校归属于公司。公司委任王庆福为第六任校长，日本人归龟塚任副校长，日本人松甫为总务主任。王庆福明虽为校长，实为傀儡，学校实权掌握在日本人手里。日本人对师生实行法西斯奴化教育，增开日语课，对中国教师不论水平高低，日语考试过关的一律提级。尽管如此，多数教育工作者仍利用各种方式坚持对学生进行爱国主义教育，警钟长鸣，润物无声，使每个幼小的心灵受到爱国主义熏陶，对日本侵略者满怀仇恨。

## 达到巅峰　陷入混乱

1948 年 11 月 27 日，山海关解放，"扶轮小学"由锦州铁路局接收，改名为"山海关铁路职工子弟小学"。陈允升为学校第八任代校长。当时学校有 15 个教学班，学生 912 人（外地转入生猛增），为解放前最高额的 2 倍。

1951 年，锦州铁路局为了弥补学校教师的严重不足，选派大批年轻教师任教。当时学校共有 24 个教学班，学生 1263 人，学生人数达到了巅峰。新中国成立后的 17 年，学校广大教职员工在中国共产党的领导下、在毛泽东思想的指引下，努力工作，为各条战线培养了大批人才。

然而，令人始料不及的是，随之而来的不是教育的快速发展，而是十年动荡的"文化大革命"。在那个人心惶惶、难以自保的年代，学校教学陷入混乱，教学质量严重下滑。

## 拨乱反正　涅槃重生

十年"文革"给中国发展造成了严重损失，也给众多教育人留下了永久的伤痛。在拨乱反正的过程中，锦州铁路局调整了学校的领导班子，恢复了教学秩序，加强了教学管理，并平反了在历次运动中特别是"文革"中的一大批冤假错案，进而调动了广大教职员工的积极性和工作热情。

党的十一届三中全会如一缕春风刮遍了神州大地。1979 年年初，王玉山被任命为学校第十八任校长。回首往昔，在学校任教过的老教师无不意味深长地说："王校长是历任校长中对学校贡献最大的一任校长。"王校长作风民主、团结群众，深受广大教职员工的尊敬和爱戴。他以教学为中心，钻研教材、研究教法，指导教学改革，与老师同教研、同备课、同进课堂交换总结改进。他大胆创新，为开创教育工作的新局面，率领广大教职员工团结一心，重建校园、重整校风，狠抓教学管理，重建各种规章制度，狠抓师生的思想政治教育，开展"尊师爱生""五讲四美三热爱"活动，教学管理逐步走向正轨，教学质量不断提高。以 1982 年为例，毕业生 153 人中有 151 人被初中录取，升学率为 98.7%，创造了 15 年来的最好水平。

对待学校的事情，王校长事无巨细、亲力亲为。他带领全体教职员工平垫操场、自建车棚；为解决供水不足问题，他带领教职工自打机井；为解决师生吃饭问题，他带领大家自建蒸饭器；他还带领大家把"文化大革命"期间遭到彻底破坏的图书馆、教学仪器室重新建立起来，图书馆新购图书 3000册，仪器室购置了各科教学应用的仪器，并添置了幻灯机、录音机、电子琴、钢琴等教学设备。

王校长以身垂范，培养出一大批优秀的中青年教师，王世宁老师就是其中的一位。她的数学教学曾受到秦皇岛市、山海关区、锦州铁路分局教育办的奖励，教学经验曾在河北省小学数学年会的抚宁会议上做过典型发言。秦皇岛市教育局的一位副局长曾这样说："像王世宁老师这样的低年级数学课，我还是第一次听到过。没想到企业办学中还有这样的人才。"

1982—1984年期间，学校毕业班的升学率由原来的第九名一跃成为全区42所小学中的第四名，连续被秦皇岛市、锦州铁路分局授予文明单位、文明学校称号。

## 多方合力　喜迁新址

早在20世纪初期，学校就把八国联军时期的六国饭店旧址作为教学场地。到20世纪90年代初，这一旧址已有90多年的历史，风雨侵蚀、年久失修。

1991年，学校领导发现教学楼长廊横梁腐蚀严重，存在很大的安全隐患，及时将这一情况上报锦州铁路局教委。在这期间，为保证师生安全，学校决定封闭前廊大厅，将楼上5个教学班的学生迁入经过粉刷的原平房仓库内上课。学校第二十任校长高宇峰多次往返于山海关和锦州铁路局教委，向上级部门反映教学楼情况，经过不懈努力，终于获得新校址的审批和新教学楼的修建经费。

1996年，在老教学楼的正南方向，新教学楼拔地而起。新教学楼的建成，标志着一个时代的结束，预示着铁路小学站在一个新的起点扬帆起航。

山海关铁路小学教学楼（20世纪初拍摄）

山海关铁路小学教学楼和校园（2018年拍摄）

## 回归地方　快速发展

2004年9月，"山海关铁路职工子弟小学"从沈阳铁路局锦州分局划分出来，由山海关区人民政府接收，更名为山海关铁路小学。

当时学校没有经过1997年河北省普九达标验收，硬件设施完全空白，没有一台电脑，没有一本课外书，更别说各种专门教室。2009年，山海关区教育事业史上的一件大事是实施教育均衡发展，这项事业成就了今天的山海关铁路小学。短短5年时间，学校发生了翻天覆地的变化：教育投入加大，微机室、图书室、实验室等专门教室一一建立，大大满足了教育教学的需要；教师交流融合、师资配备逐步跟进，先后交流教师27人，切实保证了课程的开设；学生的融入使学校办学规模不断扩大，"唐子寨小学"190名学生整体并入学校，学校学生增加到406名，有12个教学班，教师44人。

山海关铁路小学图书室

## 锐意进取　再创辉煌

走过百年的山海关铁路小学经历了22任校长，一代代校长带领师生走过"从无到有"的艰难岁月。学校第二十二任校长张燕，则是引领大家"从有到精"地不断创新。现在学校有22个教学班，904名学生。

学校造就了一支德才兼备的优秀教师队伍。59名在岗教师携手并进，积极开展帮扶活动，教学经验丰富的老教师和年轻教师结成对子，互帮互学，共同提高；他们科研创新，承担了省级心理课题1项、市级"十二五"规划课题1项、区级课题4项；他们乐观好学，共同钻研教材、吃透教材、用活

教材，充分发挥自己的才智，互相取长补短，有针对性地对所授学科进行研讨；他们用自己独特的人格魅力感染和教育着每一位努力求学的孩子，以先进的教学理念、一流的教学业绩书写着山海关铁路小学的精彩历程。

如今的山海关铁路小学是一座蓬勃发展的学校。学校秉承"让每一个生命都阳光般灿烂"的办学理念，以"一切为了学生发展，一切适应学生发展，一切促进学生发展，打造阳光校园，点亮精彩人生"为办学宗旨，落实"尊重生命，追求阳光"的学校管理理念，让学校真正成为生命成长的乐园。学校先后被评为"河北省心理健康实验校""秦皇岛市'百千万'读写工程先进校""秦皇岛市心理健康特色学校""秦皇岛市中小学自制教具先进单位""学校课程领导力建设项目学校"等称号。学校的"生命文化教育"课程成果获河北省首届中小学校本课程评选活动一等奖；图书馆被评为河北省"最美书屋"；在"北京乐动朝阳京津冀合唱节"中，学校荣获最佳组织奖、最佳原创奖、最佳风采奖等多项荣誉。一叠叠红红的证书，一座座银闪闪的奖杯，一块块金灿灿的奖牌，见证了师生辛勤的汗水，飞扬着师生真我的风采，也展示了一个不断开拓、积极进取的山海关铁路小学。

回眸来时征途，创业者们筚路蓝缕以启校园，从无到有，由小而大，从大到精，为山海关地区解决了铁路职工的后顾之忧，为中国铁路事业的发展作出了特殊贡献，为山海关地区的教育事业增添了一抹亮色。所有创业者的名字，永远铭刻在人们心中，山海关铁路小学从艰辛走向辉煌的办学之路也将载入史册。

稚嫩的吟诵之声从围墙里传来，朗朗诗词在青色瓦砾边沿游走，走过百年育人时光，山海关铁路小学的名字没有褪色，古老而又年轻的学校，伴随着时代脚步激情跨越，掀开了新时代的篇章，全体师生豪情满怀，欢唱着继往开来的浩瀚长歌，一路走在前行的路上……

（赵　爽）

# 启智润心  快乐"蔡娃"

## 北戴河区蔡各庄小学

蔡各庄小学始建于1925年。时光穿梭了近百年，春华秋实，岁月荏苒，历经十八任校长，蔡各庄小学逐步发展成今天现代化、规范化的"田园式"校园。

历史的脚步清晰凝重，文明的传承绵延不息。初创时的举步维艰，奋进中的风雨兼程，新时期的跨越式发展，都是蔡各庄小学不可或缺的厚重篇章，共同铸就了她生命延续的脉络。

"蔡娃"抱起她的小设计者。

## 初级小学数第一

蔡各庄小学前身是"临榆县第十初级小学校",始建于1925年。校址在蔡各庄村西头的菩萨庙内,校内有教室3间,办公室1间,教室宿舍1间。第一任校长是杨景耀。当时学校只有周子云1名教师,学生30余名。教师工资实行实物工资,每月供给小米45～65千克,由村公所向村民摊派。教学内容包括《论语》《孟子》《千字文》《百家姓》《三字经》等,以朗读、背诵为主。书法也是当时的主要课程之一。

当时,临榆县实行公考,"临榆县第十初级小学校"公考成绩年年第一,因此周子云老师在临榆县很有名望。

1937年,学校学生人数达到50多人,分为两个复式教学班,庙内东西两处厢房做了教室,学校又增加了1名教师。学校改由镇公所管理,教师工资和学校开支也由镇公所负担。

1942年,"临榆县第十初级小学"与村东头的"公立女子学校"合并,又相继增添了几名教师,更名为"蔡各庄初级小学校"。在日军占领华北期间,学校增加了日语课,由日本人授课。体育课上,学生接受日本"棒子队"的军训。当时学校有一名教师叫王玺玉,非常有才华,能够两只手同时写毛笔字,当地的老百姓都请他帮忙写春联。据说他是一名中国共产党的地下党员,以教师的身份在北戴河区开展抗战工作,后因身份暴露,在山海关被捕。被捕之前,他的个人资料已全部销毁,王玺玉是不是他的真实姓名,也无从考证。

## 完全小学具规模

1948年,蔡各庄村解放后,一户姓杨的地主带着家眷远走他乡,留下了一座地主大院,位于村中心,后被政府征收,"蔡各庄初级小学"便迁于此地。

在中国共产党的领导下,教育事业开始蓬勃发展。新中国成立后,农民分到土地,生活水平有所提高,村民们纷纷送子女上学,入学人数逐年增加,教师人数也随之增加。

1950年开始,"蔡各庄初级小学"取消复式教学班,并增加了高级班

（五、六年级），学校改为完全小学，校名为"蔡各庄小学"。据老人们回忆，当时学校的生源覆盖附近十几个村庄。一至四年级的生源来自蔡各庄、谢庄、李庄3个村，五、六年级除了这3个村子的学生还有附近的甘各庄、小乐安寨、杨户屯、郭高马坊、药庙马坊、北辛庄村的学生。至此，学校已有200余名学生，教职工14名，校舍30间，已是初具规模的完全小学。

1954年，临榆县部分地区划归北戴河区，学校从此由北戴河区管辖，实行以粮折款的工资制。当年，学校有10个教学班，学生401人，教师16人。此后，学生人数逐渐增多，学校校舍也逐年改善。到1964年，学校学生已达到563人，教学班增加到16个。

20世纪50年代后期，学校向苏联学习，学习和推广苏联著名教育家伊·安·凯洛夫的"三段五步"教学法，学业评价方式为"五记分制"。1958年，"大跃进"开始，学校进行了大胆的课堂教学改革。一方面，学校自编农业常识教材，由刘纯恩老师带学生到田间地头上课，此举在全区中小学推广，全区教师在地头上观摩。另一方面，学校建起"小高炉"，师生砸矿石、炼焦炭，开始大炼钢铁。这一年，学校还建立了图书馆，藏书达到了五六千册。

## "戴帽中学"很特殊

所谓"戴帽中学"，是在小学的基础上增设初中甚至高中，有点类似给人戴了个帽子，所以叫"戴帽中学"。它是"文化大革命"期间，城郊接合部农村教育特有的现象，目的是为解决农民子女就近读中学的问题。

"文化大革命"期间，蔡各庄小学同各地其他学校一样，经历了停课闹革命、张贴大字报、少先队改成"红小兵"、学校下放生产队、大搞学农基地、"批林批孔"批师道尊严等一系列运动。直到粉碎"四人帮"，教育形势才慢慢好转，学校转为以教学为主。

1976年7月，唐山大地震波及北戴河区。学校部分校舍受到损坏，没有损坏的校舍也因年久失修，在震后成了危房。学校开设了室外课堂，老师带着孩子们在小树林里上课。遇到雨天，老师们登门入户，巡回给孩子们讲课。

附近其他学校情况也差不多，各校校舍都十分紧张。"拔道洼中学"和

20世纪80年代，学生们在蔡各庄小学门前。

20世纪80年代，蔡各庄小学课间活动，学生们在练习拳操。

"小薄荷寨中学"以政府"就近入学"的指示为由，都不再接收蔡各庄村的学生。蔡各庄小学六年级两个班毕业生面临无处升学的问题。经教育主管部门和蔡各庄大队（村委会）商榷，决定在蔡各庄村西北方向农用地选一处校址，投资筹建一所乡办初中——"蔡各庄中学"（后更名为"北戴河区第五中学"）。"蔡各庄中学"落成之前，蔡各庄小学毕业的初一两个班和原"拔道洼中学"就读的初二2个班，共有4个教学班在蔡各庄小学上课，那一时期蔡各庄小学被称作"戴帽中学"。

1980年，"蔡各庄中学"落成，中、小学分开。1982年，蔡各庄小学开设学前班，使幼儿教育成为学校教育的一部分。

## 校园年年展新颜

学生人数逐年增加，原有教学场地渐渐不能满足教育教学的需要，1983年，经教育主管部门、蔡各庄公社和蔡各庄村协商，决定对蔡各庄小学校园进行改造——在学校后院留出一个大操场，前院留出一个小操场，中间建一座二层教学楼。1984年，新教学楼竣工。

1986年，进入普及九年义务教育的过渡期，蔡各庄小学迎来了入学高峰，教学用房越来越紧张。1986—1993年，学校新建教室14间，又在学校以东200米处的供销社东侧新建了一座教学楼。蔡各庄小学分为东、西两个校区。1993年，学前班迁至东校区。

1997年，河北省普及九年义务教育评估验收工作拉开帷幕，要求农村小学生均建筑面积3平方米，生均占地面积17.8平方米，运动场地要有环形跑道200米，直跑道60米两组，学校还要设置图书室、仪器室、实验室、少先队活动室、音乐教室、微机室和劳动器材室等七室。当时，蔡各庄小学的生均占地面积为6.8平方米，普九不达标。经教育主管部门与蔡各庄村委会协商，决定把"北戴河区第五中学"（原"蔡各庄中学"）与"北戴河区第三中学"合并，将"北戴河区第五中学"校区进行扩建，作为蔡各庄小学新校址。这就是现在的蔡各庄小学所在地。1999年9月，蔡各庄小学迁入现址。

2000年春，学校多方面筹措资金进行校园绿化，栽种龙桑、柏球、龙爪槐、樱花树2000余株。学校又自筹资金购进16台计算机，一至五年级全部开设微机课。

2003年9月，在北戴河区教育局和蔡各庄村的大力支持下，按照城市小学辅助教室的配备标准，学校将原有平房辅助教室改为教学用房，改建了14个专用教室和器材室。

2009年，学校新建一座两层多功能厅。2010年，北戴河区政府、教育

不断展露新貌的蔡各庄小学校园。

局投入资金，将校区内六排平房校舍改建成两座三层教学楼。2011年，两座教学楼先后落成。这两座教学楼后来分别被命名为"启智楼"和"趣稚楼"，原教学楼被命名为"远志楼"。同年，蔡各庄小学学前班更名为"蔡各庄小学附设幼儿园"。这是北戴河区第一所农村公办日托式幼儿园。

2015年，学校的土操场改建为塑胶操场。多年以前，这片操场曾经是师生的劳动教育基地，每年9月份开学季，操场上都长满杂草，师生们带着锄头除草，是每学期对学生们进行劳动教育的第一课。当年师生使用的小锄头，如今已经陈列在蔡各庄小学的校史馆中。

蔡各庄小学整洁、漂亮的校园，颠覆了人们对农村小学的认知。有人说，现在的蔡各庄小学俨然是一所坐落在农村的"城市小学"。

蔡各庄小学第十七任校长赵玉芹2002年来到学校任教，2013年退休。她在任职的10年里，见证了蔡各庄小学从简陋的校舍发展成初具规模的现代化校园的全过程。退休之际，她写下一首藏头诗，表达对教育事业的热爱和对各级领导的感激之情：

领行教育向高峰，殷殷几许同期声。
导语挚切利师生，切切追寻成功梦。
关心学校求发展，希冀爱育一代代。
怀瑾握瑜写嵘峥，望现朝阳燃升腾。
铭心刻骨意志强，情愫深深做教育。
记取责任力倍增，浓浓治学持以恒。
永世修身书典范，校歌声声唱理想。
远景宏愿肯攀登，园园生辉奔前程。

## 艺术教育有传承

蔡各庄小学艺术教育的传承要追溯到1975年。当年，学校成立了文艺宣传队，由王树云老师主抓。学校组织了鼓号队、民乐队、舞蹈队、合唱队等，经常到蔡各庄村、小薄荷寨村、抚宁县沙河村、海港区慕义寨村、秦皇岛市工人文化宫等多处参加大型演出。至今，学校校史馆里还陈列着刘万国老师组建的民乐队演出时的照片。照片上共有8名学生，演奏的乐器包括唢呐、二胡、月琴、电子琴等。照片的正中间，任连义同学吹着唢呐，腮帮鼓得像两个暄腾的大馒头。

　　1992年，为了给学生提供一个发展个性的空间，学校组建了鼓号、书法、绘画、舞蹈、象棋、围棋、乒乓球、霸王鞭等12个兴趣小组，利用每周一个半天的时间开展丰富的第二课堂活动。20世纪50年代流传下来的传统表演形式"霸王鞭"，经过继承和发展，在这一时期最为盛行。学校组建了一支100多人的表演队伍，在原有基础上融入新艺术元素，创编了"霸王鞭"舞。"霸王鞭"舞集武术、舞蹈表现形式于一体，学生们将一支小巧玲珑的木棒打得龙腾虎跃、威武雄壮，既达到了强身健体、艺术熏陶的目的，也展现出对集体活动的热爱，对美好生活的向往。

　　学生们手中的"霸王鞭"都是老师们自己做的。一米来长的木棍，两端各打一个长方形的孔洞，每个孔洞里放两枚铜钱，木棍两端缠绕上红色穗条，舞动起来，叮当作响，彩带飞转飘扬，煞是好看。舞蹈时，同学们用鞭的两端磕打四肢、手腕、后肩和腰、腿外侧等部位，同时还双鞭互磕、触打地面，形成各式各样的舞姿和动作，既刚毅矫健又婀娜多姿。唢呐锣鼓伴奏，喜庆热烈的"霸王鞭"舞多次参加北戴河区的会演和庆祝活动。"霸王鞭"舞作为蔡各庄小学的传统活动，从那时起一直传承下来并发扬光大。

1975年"六一"儿童节，蔡各庄小学民乐队在演出。

蔡各庄小学的"霸王鞭"舞表演走上街头。

蔡各庄小学的"霸王鞭"舞演出。

## "铁路卫士"美名扬

蔡各庄小学南临京秦铁路干线,北靠205国道。京秦铁路穿过蔡各庄村,在与205国道交汇处设有蔡各庄道口。当时铁路道口由人工看守,火车通过时放杆禁行,铁路沿线则几乎是开放性的,经常有村民到铁路边放羊。对于少不更事的孩子们来说,这是很大的安全隐患。1989年,这里就曾经发生过一名男孩到铁路上捡烟盒被火车撞死的事故。

蔡各庄小学对此事十分关注,并由此认识到加强学生安全教育的重要性。为防止学生到铁路上玩耍,让学生学会"自护",1995年,学校少先队大队部组建了"假日红领巾治安小卫士","小卫士"们在老师的带领下一起到铁路沿线巡视。

2003年,河北省政法委护路检查组到北戴河区检查工作,列车驶过蔡各庄道口,检查组领导透过车窗看到一队师生正在开展爱路护路活动,便打听这是哪个学校开展的活动。有人说205国道边上有个南大寺小学,应该是这个学校。检查组去南大寺小学进行调研,结果发现学校并没有开展过这类活动,之后检查组才知道205国道旁边还有一个蔡各庄小学。检查组领导来到蔡各庄小学,赵玉芹校长介绍了蔡各庄小学"假日红领巾治安小卫士"活动的开展情况。检查组领导认为这项活动非常有意义,指示学校要长期开展、深入推广,并提议将"假日红领巾治安小卫士"更名为"铁路小卫士",使活动的指向性更强。

2004年,蔡各庄小学"假日红领巾治安小卫士"正式更名为"铁路小卫士",并提出了"三带""五进"("三带"指一生带一家、一家带一村、一村带一镇;"五进"指爱路护路宣传进校、进户、进村、进路边、进集市),将爱路、护路推向家家户户,使铁路周边近万名群众受到教育并参与到活动中来。同时,学校把多年积累的活动经验进行梳理,教师们自主研发了《平安铁路伴我行》校本教材和教学参考,在三至六年级开设校本课程,由班主任进行授课。

随着电气化铁路飞速发展,火车多次提速,人工道口取消,"铁路小卫士"逐渐取消铁路沿线巡视,活动重点转向爱路、护路宣传。1995年以后,蔡各庄村周边没有发生一起铁路安全事故。

2007年,赵玉芹校长在河北省爱护铁路示范校现场会上汇报交流了"铁路小卫士"活动的教育成果。《人民铁道报》《北京铁道报》《燕赵都市报》《秦皇岛日报》《秦皇岛晚报》等多家报刊先后报道了"铁路小卫士"的事迹。2009年，蔡各庄小学与清华大学、北京大学一同被评为"全国爱路护路联防先进集体"。

2014年，秦皇岛市政法委领导到学校视察，提出将"平安铁路伴我行"校本课程作为北戴河区的地方课程进行推广。蔡各庄小学再次成立校本教材编写组，对"平安铁路伴我行"校本教材进行了修订和补充。2015年6月10日，北戴河区"平安铁路伴我行"校本课程实践活动教材发行仪式在蔡各庄小学举行。

20多年来，蔡各庄小学培养出"铁路小卫士"千余名，他们中的许多人已步入祖国建设的各个岗位。"铁路小卫士"的成长历程让他们个个都成为具有集体荣誉感、正义感、责任心的祖国建设者。

## 启智润心田园中

蔡各庄小学"乡村学校少年宫"的建立，是蔡各庄小学教育发展史上的一个转折点。2009年，学校在原有兴趣小组活动的基础上，成立了"轻盈舞苑""小百灵"等5个学生社团。2011年，学校又积极响应秦皇岛市文

"铁路小卫士"列队出发。

"铁路小卫士"进行铁路安全宣传。

蔡各庄小学教师自主研发的《平安铁路伴我行》校本课程教材。

明办、教育局关于依托学校建设"乡村学校少年宫"的精神,自建少年宫,把"远志楼"进行了重新规划,作为活动场所。

2014年,学校申报"2014年度中央专项彩票公益金支持乡村学校少年宫项目",获得20万元专项资金(之后每年有几万元的追加投入)。在这项资助下,学校迅速扩充社团,从最初的5个社团发展到16个社团,增设了烘焙、陶艺、尤克里里、哨笛、古筝、钩织、管乐、茶艺、篆刻、花样跳绳等丰富多彩的社团课程。由于师资力量有限,蔡各庄小学通过北戴河区教育局联系了在学校附近新建成的河北环境工程学院。学校作为环境工程学院学生的实践基地,聘请有特长的大学生志愿者担任助教,协助学校教师对学生进行活动指导。为了开展好社团活动,薛亚男老师一边教学生一边自己交学费深造;刘云老师每周六都到离家很远的青少年活动中心学习;美术老师为了将孩子们的陶艺作品烧制成陶瓷,好多次大半夜守在电窑旁边等待作品出窑……

少年宫的活动开展得越来越好,老师们闲暇之余总说,可惜每周只有周五下午两节课,为了上社团课,孩子们要盼上一周,要是每天上午上文化课,下午全体学生都参加少年宫活动多好,那才是让人向往的素质教育。老师们只是随口一说,从没有人觉得学校真的会改变传统的课程模式,但是李慧校长却把大家的美好愿景变成了现实。

2013年9月,蔡各庄小学第十八任校长李慧任职。在她的带领下,学校新一届领导班子开始重新审视学校的办学理念,在传承优秀传统的基础上,谋求学校特色发展的新思路,全力打造"田园文化"教育,掀开了蔡各庄小学跨越式发展的新篇章。

偶然一次在学校档案室查阅档案,李慧校长发现了赵立伟主任整理的校史和校志。打开一本本陈旧的档案,工整的手写体详细地记录了自1925年开始蔡各庄小学的发展历程。翻开一本本老相册,从黑白照片到彩色掠影,时光从20世纪20年代一直穿越到21世纪。感慨于一所百年老校的发展历程,感慨于一代代蔡各庄小学师生的奋力拼搏,李慧校长暗下决心,一定要将蔡各庄小学的校园文化传承下去。

又是一次偶然的机会,学校清理仓库时,李慧校长惊喜地发现了许多"宝贝"——键盘和脚踏已严重磨损了的脚踏风琴,让她看到音乐老师一边弹奏一边教孩子们唱歌的情景;写着毛主席语录的播放机,让她耳畔响起小时候熟悉的眼保健操和广播体操的声音;还有那套油印机、钢板和蜡纸,是

蔡各庄小学学生在上茶艺社团课。

她小时候常常见到老师用来印卷子的设备。每一件物品都旁注着学校的历史，也见证了社会的进步。观澜索源，蔡各庄小学能有今天，不能忘记过去一代代师生的努力拼搏。于是，蔡各庄小学成为北戴河区第一所筹建校史馆的学校。

经过筹建校史馆，经过历史和时间的沉淀，李慧校长对学校的定位有了成熟的想法。她认为，教育就是要启迪智慧，在学会学习、学会生活、学会做人的过程中，育有智慧的人，办有智慧的教育；教育是慢的艺术，是潜移默化的感染，是春风化雨的滋润，在无痕的教育中，要以诚朴的校园文化启迪智慧、浸润心灵，让师生回归教育本真，追求自然真实的成长。于是，学校确定了"启智润心"的育人理念，将学校文化定位为"田园文化"（包括自然和谐的环境文化、绿色自主的活动文化、生动多元的课程文化、勤朴躬耕的育人文化）。在此基础上，学校总结了八字校训——诚朴、乐学、远志、近行。

为了改变传统的课程模式，学校用了一个学期的时间进行调研、谋划，做好课程整合与实施的顶层设计。学校把三级课程进行了归类整合，创建了"学科＋社团"的"田园文化课程体系"——上午集中学习文化类课程，包括语文、数学、英语、科学、品生、品社、信息技术；下午选修综合实践、音乐、体育、美术4个学科领域的14门活动类课程。学生每月进行一次自主选课，每月选修不同领域的课程。"习礼大树下，授课桑林旁"，"田园文化课程体系"从学科育人、生态润人、雅趣立人三个维度，立体打造生动多元的课程文化。2015年，这个课改方案开始试行。

2016年，学校从"自然、自由、自觉"三个培养目标出发，进一步提出"一木一自然，一人一世界"的办学理念，使学校的教育遵循万物生长的规律，不拔苗助长，把每个孩子都培养成个性的、唯一的自己。

## "校园宝贝"美"蔡娃"

仅仅两年时间，蔡各庄小学的田园教育实验田里便结出了"蔡娃"这个硕果。

"蔡娃"是蔡各庄小学的"校园宝贝"，它是一个可爱的"白菜"娃娃，诞生于2017年5月23日。

2017年3月，蔡各庄小学紧扣"田园文化"的基线和"启智润心"的育人理念，以"走进田园、了解田园、热爱田园"为活动宗旨，号召全体学生自主设计"校园宝贝"。三个月时间，学校共征集"校园宝贝"平面设计400多幅，从中精选出20幅进行网络投票和学生现场投票，最终一年级一班王子月同学设计的"蔡娃"脱颖而出。

"蔡娃"的形象取自具有田园气质的白菜形象，"菜"与"蔡"同音，设计中加入动漫元素，表情纯真可爱，贴近生活又具有亲和力。整体颜色为白色和绿色的"蔡娃"，朝气蓬勃，激情饱满，积极向上，深受师生喜爱。

2017年"六一"前夕，生动、可爱的"蔡娃"与同学们见面，并开始活跃于校园的各个角落。学校以"蔡娃告诉你——"这样亲切的形式对学生进行常规养成教育，引领学生行为，使教育更亲切、更容易让学生接受。学生的开学典礼、毕业典礼、实践活动等都有"蔡娃"的陪伴，学校还开设了"蔡娃心语墙""蔡娃信箱"。

2015年之后，蔡各庄小学在素质教育方面全面开花，硕果累累。学校被授予"全国辅导员培训基地""河北省教育工作先进集体""秦皇岛市教育系统先进单位""秦皇岛市课程改革优秀学校""秦皇岛市平安建设先进集体"等多项荣誉称号。李慧校长2016、2017年连续两年在全市教学工作会上代表学校交流课程改革成果。学校还承办了秦皇岛市综合实践现场会、秦皇岛

亲子童话剧演出结束后,"蔡娃"与老师、家长合影留念。

市语言文字工作现场会、秦皇岛市道德与法治"同课同构"课例展示交流、秦皇岛市小学英语趣配音展演等活动。

九十四载岁月峥嵘,蔡各庄小学师生拓荒耕耘,风雨兼程。今天的蔡各庄小学师生,勇立潮头,搏风击浪,在研究中奋进,在奋进中创新,在创新中发展,执着地寻找着符合时代发展需求和自身需要的内涵发展之路。他们依托百年底蕴,追求田园文化教育的至高境界,打造着跨越发展的崭新品牌……

(王海燕 赵立伟)

# 多彩云从　云龙风虎

## 抚宁区骊城学区第一小学

在抚宁区的中心地带，坐落着一所有故事、有内涵、有阳光、有快乐的成长摇篮——抚宁区骊城学区第一小学。

四百余年的光阴，她秉承着云从书院悠久的历史文化，不断创新、不断成长。

走进学校，多彩的教学楼活泼明丽，实践基地四季繁花，校园的每一道走廊、每一面墙壁都会"说话"，每一个角落都放有书本。这是一所生态田园、学生乐园、人文家园。

2016年6月，骊城学区第一小学的太平鼓舞表演参加第九届河北省民族文化节。

## 传承演变四百余年

学校的历史溯源于云从书院。明万历四十三年（1615年），抚宁县知县王台创建书院。同年，翰林院编修庄奇显（明万历四十一年榜眼）过抚宁时，取意于《易经·乾卦》中的句子"云从龙，风从虎"，为书院取名为"云从"。据康熙年间《抚宁县志》记载："云从书院，万历乙卯年，知县王公台创建。日集诸生会文讲艺，一切纸笔饮馔之需，皆捐俸以给，六年如一日。知县张毓中、王全忠、谭琳继之，后先一揆。十四年，知县刘馨苾任，即临书院，见其颓废，捐资修葺。拔生童之俊秀者，课艺其中，日给饮食，风雨不辍，一时人文彬彬蔚起。"

四百余年沧桑，书院几经变革。清康熙初年，书院改名为"抚宁县城内社学"。清康熙十四年（1675年），社学迁至文昌宫。清光绪三十二年（1906年），"废科举，兴新学"，社学更名为"抚宁县立高等小学堂"。1912年，小学堂又更名为"抚宁县立高等小学校"。1914年，全校仅有教员4人，在校学生49人。1922年，学校始招初年级，更名为"抚宁县立完全小学校"。1932年，全校有教职工14人，在校生410人。1935年，抚宁县进驻了日本顾问，为奴化少年一代，敕令学校取消"公民"课、"英语"课，增开"读经"课、"日语"课和"兴亚读本"。

1945年9月，日本投降，抚宁县人民政府接管了抚宁县城。11月，国

20世纪80年代，"抚宁镇第一小学"校门。

民党军队进攻解放区，抚宁县人民政府撤离抚宁城。从这时起，"抚宁县立完全小学校"时办时停。1947年5月19日，抚宁县人民政府重新接管抚宁县城，"抚宁县立完全小学校"与城内小西街"张氏私立初级小学校"合并，名为"抚宁县立城关完全小学校"。

1952年，抚宁县人民政府为给抚宁县初等教育作出示范，将"抚宁县立城关完全小学校"更名为"抚宁县实验小学校"。学校有教职工28人，在校学生660人。1958年，"抚宁县实验小学校"又恢复为"抚宁县立城关完全小学校"。1963年2月，抚宁县文教局根据河北省教育厅《关于重点办好一批全日制小学的实施方案》的规定，确立"抚宁县立城关完全小学校"为"小宝塔"学校。1964年，学校一分为二，分建出"抚宁县城关第二小学"，原校更名为"抚宁县城关第一小学"。学校有教职工20人，在校生408名。1972年，学校附设初中班，1980年，学校被列为河北省首批重点小学。1984年，抚宁县建立城关镇初级中学，中小学开始分办。1987年，学校更名为"抚宁镇第一小学"。

2005年，"南望庄小学"并入学校，成为南校区。南校区设立了幼儿园。至此，学校有东、西、南三个校区。2011年9月，学校更名为"抚宁县骊城学区第一小学"。学校有教职工212人，在校生3140人。2015年，随着秦皇岛市行政区划调整，抚宁撤县建区，学校也更名为"抚宁区骊城学区第一小学"。幼儿园独立成为骊城学区中心园，学校又恢复"一校两区"的办学格局。截至2019年，学校共有教职工214人，在校学生2785人。

从云从书院到骊城区第一小学，一所历史悠久的学校在一块土地上传承演变了400多年，积淀了厚重的历史文化底蕴。

## 学术基因一脉相承

2000年9月15日，"抚宁镇第一小学"在新建教学楼时，发掘出两块石碑，一块石碑刻的是清道光四年（1824年）《重修云从书院记》，一块为重修云从书院的功德碑。《重修云从书院记》在清光绪三年（1877年）的《抚宁县志》中没有记载，它的发现具有独特的文献价值（特将康熙、光绪年间《抚宁县志》中所载《云从书院记》，与《重修云从书院记》一同附录于文后，便于读者参阅）。

在农耕文明繁盛时期的中国，不管是江南水乡，还是北国村镇，几乎每一座古城，在其核心位置都建有一座福荫子孙、恩泽后代的书院。"风声雨声读书声，声声入耳；家事国事天下事，事事关心"，是传统中国书院精神的体现。

虽然书院已经湮灭于历史长河，但书院精神却在校园里扎下根、开出花、结下果。沉淀积累几百年的书院精神、文化气质，已经融入学校的血脉之中。

承载浓厚的学术文化基因，多年来，骊城区第一小学在不断的探索和实践中，确立了"以人为本、发展至上"的办学理念。学校把"多彩云从"作为学校文化主题，以文化经营学校，从"环境与设施文化""管理与干部文化""教学与教师文化""活动与学生文化"四个方面，引领学校发展。学校将发展目标定位为"教学质量全面提高、学生个性充分发挥、教师队伍全面成长、学校文化整体提升"，归纳为一句话就是"内涵深厚、多元发展"。

学校为2000年出土的两块石碑建立了碑亭。碑亭旁是醒目的校训、校风、教风、学风：校训——求真、求实、求新；校风——活泼、有序、多彩、和谐；教风——尊重差异、张弛有度；学风——尊重、责任、合作、创新。它鞭策着学子——确立目标，用实践和行动追寻自己的理想与抱负；它提醒着教师——不忘初心，用多彩的教育情怀丰满自己的生命。

从受到省长称赞"教师楷模""治校有方"的第一任校长翟秉均，到新一任校长魏娜，学校的历任校长传承历史、接续努力、开拓进取。如今，学校步入全面快速发展时期。

"学校的发展需要依托教师的发展，并着眼于学生个性全面的发展，只有将教育场中的人紧紧地凝聚在一起，教育才能发挥其最大的效益。"在魏娜校长的引领下，学校建立了师德高、教艺精、发展快的研究型教师团队。团队发挥"三支队伍"（以校长、教导主任和教研组长为主体的"组织者"队伍，以"市、区级骨干教师"为主体的"指导者"队伍，以青年"校级骨干教师"为主体的"示范者"队伍）的示范引导作用，组建了基本的教研组织——学科教研组，有影响力的教研组织——骨干教师教研组，具有示范性的教研组织——市语文、综合实践、科学学科优秀教研组。这样的队伍建设，让每名教师都得到了充分发展的机会，学校涌现出一大批优秀教师。

在团结友爱、幸福和谐的"大家庭"里，教师们缓解了压力，学会了享

受生活，逐渐确立了"四会"（会做人、会做事、会生活、会思考）、"五气"（正气、朝气、大气、灵气、书卷气），让教育理想和幸福生活互为依托，开创了自己独特的幸福教育生活，也集体打造出心态平和、精力充沛、师德优良、业务过硬的教育团队。

在优秀教师的带动下，在整个团队的努力下，学校的课程改革不断实现新突破：长课与短课在这里交汇激荡、整合与补充在这里水乳交融、模式与结构在这里凝视对话，立足实践，大胆探索，多维度关注每一个孩子的个体需求，力求实现孩子的全面发展。

学校先后被评为"全国优秀家长学校""综合实践活动课程全国先进实验单位""综合实践活动研究与实验重点研究项目全国先进实验单位""河北省网络教育模式与绩效实验研究项目实验学校""河北省语言文字示范学校""河北省小学信息技术创新与实践活动先进学校""河北省中小学德育工作先进集体""河北省立德树人阳光教育示范校""秦皇岛市百千万读写工程先进学校""秦皇岛市课堂教学改革优秀学校""秦皇岛市森林生态科普示范学校"……

## "云从"精神不断延续

赏心悦目的"多彩云从"文化是一种无声的教育，为学生营造出温馨快乐的精神家园："校外长廊"展示着学生多彩的校园生活；"成长树"记录着学生成长的足迹；"笑脸墙"上学生个个神采飞扬，洋溢着快乐与幸福……

操场上，学生们荡秋千、玩吊环；音乐教室里，学生们练合唱、练舞蹈；美术教室里，学生们学画画、做手工；科学标本长廊里，栩栩如生的动植物标本，带领学生们走进神奇的大自然……培植"班级花圃"，更是带给学生们新奇的体验。每学期初，师生一齐动手开始布置"班级花圃"。教室外墙上的班级展示栏设计精美，"我手画我心"作品园地中精彩纷呈、个性绽放，教师寄语栏满含深情、寄予希望，评比栏里旗帜飘扬；"认领小树苗""认养花宝宝"，室内窗台上绿植茵茵、鲜花芬芳；"书香更比花香浓"，班级书吧里各种图书丰富多彩，比花儿更缤纷……这不仅仅是温馨美好的班级家园，更培养了学生们的自强自立精神和团队合作意识。

学校立足于学生的未来，培养学生的五大素养（身心健康、善于学习、

"班级花圃"带给学生们新奇的体验。

审美情趣、学会改变、家国情怀),让他们在校园里拥有多彩的童年,快乐地成长。

目前,学校共有功能教室38个,为开展丰富多彩的活动提供了条件。学校不断创新活动形式、丰富活动内涵,开发了系列活动课程,用丰富的活动给学生一个多彩的世界、一把通向世界的钥匙、一座宽广的知识殿堂、一片展翅高飞的天空。

具有个性化的社团活动课程。以学生的特点和爱好为切入点,开设了"快乐厨房""云从印社""超越梦想""巧手工坊""科技乐园""百灵鸟"等17个社团,学生们在享受丰富多彩的课余生活的同时,接受着形式多样的教育。

具有影响力的活动课程——体育艺术节。作为学校的传统活动,目标定位为——"全员参与、快乐成长"。体育节以春运会为主,依据学生年龄特点,分年级设置了竞技类和趣味类项目,分个人和集体参赛。艺术节在"六一"儿童节举办,以"阳光下成长"为主题,分为艺术节作品展、社团汇报演出、游园活动、淘宝集市四大板块,让每个学生都亲身参与,并邀请家长与学生共度节日。

具有品牌化的活动课程——开学典礼、毕业典礼。隆重的开学典礼以"寄语春天""站在新的起点"等为主题,引领学生带着梦想与希望踏上新学期的征程;励志的毕业典礼秉承学生自主设计策划的原则,学生首先自制海报进行初期规划,然后民主投票确定一个最满意的方案,最后再精心策划完

学校的社团活动教室。

成整个过程,既体现了对学生们的尊重,也使他们的个性得以张扬,才能得以发挥。

具有吸引力的活动课程——校园科技节。以"成长、体验、创新"为主题,历时一个月,分为两个阶段:前期,学生们观看科普宣传片、读科普读物,广泛了解各个领域的知识;后期,学生们进行"纸能有多长""巧拼七巧板""纸桥承重竞赛""科技小制作""科学幻想画""气球棒棒糖"等项目的比赛。科技节活动使学生们在参与、实践、竞争和创新中,提高了观察思考、动手操作以及创造发明的能力。

在这样的环境中成长,在这样的活动中熏陶,从这里走出的学子德才兼备、乐学向上。学校为各个行业培养了无数具有"云从"品质的栋梁,他们在自己的天地中把"云从"精神不断延续,在取得重大成就的同时,怀念、惦记滋养他们的母校。著名青年画家贾双武回母校开办画展;在维也纳大厅演奏过的钢琴家杨海莲回到母校,成为一名普通的音乐老师……

历史在这里集结,文化从这里开始。进入新时代,骊城学区第一小学在"多彩云从"的热土上,继续教育的梦想,握好前辈们的接力棒,用所有的勤奋和热爱,用最真挚的教育情怀,打造成长摇篮,托起明天的太阳。

(魏振标 魏 娜 李 丹)

附：

## 云从书院记

### 王台（明·抚宁知县）

人文之兴，或曰天运，或曰地钟。二说皆是，然未可恃也。予直以为存乎其人。昔文翁化蜀，文定授湖，唯是萃而处之，程而课之，士遂蒸然崛起。即殊方绝徼，莫不向风归化，未闻移变。其星野更定，其岳渎也，则人心之灵于此，征矣。

抚宁，号岩邑，连关接塞，应尾宿之墟，马头、兔耳、渝水、阳河，种种为邑胜概。往岁登甲乙籍者不乏人，迩乃寥寥晨星，垂四十禩。或以堪舆家言，建浮屠于南之紫荆，或西辟廊门，诸建置不一。前令惺涵崔君加意学宫，其尤最云，然今寥寥如故。

余不佞承乏兹土，求所以兴贤翊治，不敢自后于前人。窃以文物盛衰，关天地转移，属人文。与其乞灵于天地，固不若乞灵于多士也。乃卜之学校迤南，得善地，捐俸资帑羡若干缗，创书院一区。堂五楹，东西厢各三楹，亭一楹，厨馔供张具备，缭以周垣。集诸生，课艺其中，月三试之，别有条约。

甫两月落成，会闽太史庄公以使节过临，余请名其堂。公题曰"云从"，盖取《易》"云从龙"义也。夫龙之需云以灵，讵不昭昭要之，非云灵也。有龙之灵，而后云从之以灵也。

校园内出土的两块石碑

假令螾蜓当前，徒抱空质，即蓊然蔚然，嘘以泰岱浓云，亦何所益？故士患不为龙，勿患云之弗从也。虽然应龙之神蛰以存身，不存不可以奋屈伸变幻，从泥蟠时陶成之跃而雄飞，直须时耳！诸生诚勿以土俗局限，藻乃志，

凝乃神，相观相长，挺然以神龙自命，就先资之业，储为霖雨，源流泉浡，冲而徐盈，有不跃然而起、骧首天路、润泽寰宇者，吾不信也。

然则云龙一区，谓非诸生存以高奋之地，不可彼邀灵天地者，其为不足恃，明矣。不者泄泄宽假。今日俟气数，明日易山川，恐星野岳渎必有笑。舍己之田而芸人之田者，多士勉之抚之，为蜀为湖，将拭目睹之矣。

## 重修云从书院记

### 李傪（清·抚宁知县）

书院之设，所以培养人才，与学官相为表里者也。抚宁，蕞尔邑，西拱神京，东阤榆塞。山则马头、兔耳，水则渝浪、洋河。其间文人学士，钟山川之灵秀，沐圣天子之教化，或补博士而食廪饩，或掇巍科而发□授，或秩列显赏而位晋崇班。我朝百八十余年以来，炳炳麟麟，昭垂简策，未能□□□诱掖奖劝，加以书院之提渐警觉，所造就而成者也。然则宰斯邑者，敢不于教民之余，勤□（於）训士乎？

予于去岁仲春膺简命来抚兹土，下车始，叩谒先师孔子庙，步学宫。云从书院在宫墙之南，同学博王霖园、黄燕灵，视其构堂严立，两厢风敬，即拟捐廉俸修葺之。适公务纷冗，秋初奉委挑浚永定引河，乘暇鸠工。邑守御所千总张渭，家道充裕，欲独任其事，丐于予，遂欣然许之。仲秋购料鸠工，越三月告竣。堂五楹，东西厢各三楹，亭一楹，门房三楹，焕然一新。求志于予。嗟夫，人之好善哉，亦如我张氏之子。其庶几乎，诸生肆业其中，敦孝悌之行，乐诗书之业，由小戒训至大成。学宫之教育，化溥菁莪，书院之裁成，文昭云汉。予亦有荣焉。是为序。

赐进士出身、特授文林郎、知抚宁县事　华阴　李傪　撰文
特授修职郎、抚宁县教谕　武清　王致和　篆盖
特授修职郎、抚宁县训导　元城　黄文蒨　书丹
特授登仕郎、抚宁县典史　太湖　翁新福　校石
戊午科武举　　　　邑人　陈慕堂　监修
大清道光四年岁次甲申仲春二月谷旦

# 书声琅琅　球响乒乓

## 卢龙县第一实验小学

在卢龙县城的西南方,坐落着一个有人性、有温度、有故事、有美感的小学校园——卢龙县第一实验小学。

一百多年的荏苒岁月,造就了学校"嘉"文化体系的两大特色:以"弘扬民族精神,传承中华美德"为核心的"经典诵读"教育特色;以"以球育德,以球健体,以球促智"为理念的"球"文化品牌特色。

20世纪70年代,耿丽娟(前排左三)与教练、队员们在一起。

## 百年变迁　亘古弥新

清光绪二十四年（1898年），戊戌变法后，卢龙县像全国各地一样，陆续办起小学堂。光绪二十八年（1902年），在卢龙县城东北角永丰山上原考棚处，建立了"卢龙县立高等小学堂"，招生3个班，学生100余人。

1924年，考棚拆毁，学校迁至县城南门里东三条胡同劝学所院内，称"卢龙县第一高等小学"。1931年，卢龙县建乡村师范学校后，"卢龙县第一高等小学"迁至乡村师范学校院内，改称"卢龙县乡村师范附小"。此时学校已经是完全小学，还附设幼稚园一所。

1949年冬，卢龙县又建初级师范学校，学校改称"卢龙县初级师范附小"。1955年，"卢龙县初级师范学校"停办，学校改称"卢龙县实验小学"。1956年年初，学校改称"西街小学"。1961年，学校被确定为县级重点小学。1976年9月，"卢龙县中学"改为社办九年一贯制学校，"西街小学"随之并入。1977年2月，"西街小学"又恢复单独设立。1978年，学校迁入新校址。1979年8月，学校始设育红班1个，招生72人。1986年，"西街小学"改名为"实验小学"。1991年8月，学校更名为"卢龙县第一实验小学"，沿用至今。

现今，学校有教学班11个，教职工47人，学生472人。学校建有科学实验室、微机教室、美术教室、音乐教室、仪器器材室等各类功能室15个，并建成了省一级图书馆，组建了现代化的教育网络，实现了"班班通"。

学校先后获得"全国创新教学策略实践与研究基地校""河北省心理健康教育实验校""河北省优秀家长学校""河北省现代教育技术实验校""河北省贯彻体育工作条例先进单位""河北省体育传统项目学校输送人才先进集体""河北省校本课程开发与实施的教育实践研究实验学校""秦皇岛市课堂教学改革先进学校"等荣誉称号。

从清末小学堂到新时代小学，历经几代人的积淀与传承，卢龙县第一实验小学正在努力建成声名远播的特色校园。

## 经典诵读　积淀底色

在学校100多年的发展史中，一代代师生努力寻求历史文化传承与现代文明开发的最佳切合点。学校秉承"教孩子六年，替孩子想六十年"的教育理念，遵循"创设最优发展的教育，让孩子的潜能得到激发，对孩子一生负责"的办学理念，确定了以"弘扬民族文化，传承中华美德"为核心的传统文化教育办学特色，走出了一条"用经典诵读积淀校园文化，用经典诵读为学生打造生命底色"的特色发展之路。

近20年来，学校的经典诗文诵读工程开展得如火如荼。学校以《中华经典美文》诵读为突破口，以规范师生品行为切入点，精选诵读篇目，营造诵读氛围，保证每周一大课、每天一小课的诵读时间，开展多彩的诵读活动，让学生读经典、唱经典、舞经典、画经典、书经典。"书声琅琅吟唐风宋韵，儒雅谦和育少年君子"，一句句脍炙人口的诗句铭刻在学生心中，孝亲敬老、勤俭节约、诚信爱国等中华文明的种子在学生心中生根发芽。

以"走进古诗文"校本课程为依托的经典诵读活动成为学校办学的显著特色。学校一至六年级分别按孝敬、德行、惜时、友情、诚信、勤俭、爱国、志向八个主题编写了诗文教材，将唐诗宋词中的精华诗篇作为学生诵读的基本内容。学校多次举行"与圣贤为友 与经典同行"经典诵读活动汇报表演。在诵读和表演中，学生们走进了圣贤生活的年代，和他们一起感受人间博大的胸怀和丰富的智慧，聆听圣贤们的教诲。中华古诗文中大气磅礴的气势、感天撼地的英雄气概、荡气回肠的凛然正气，深深感染、鼓舞、震撼着学生们的心灵。学生们被《三字经》中的"昔孟母，择邻处，子不学，断机杼"的伟大母爱所折服，被荀子《劝学》中的"骐骥一跃，不能十步，驽马十驾，功在不舍"的坚持不懈所感动，被《礼记》中的"人不能独亲其亲，不独子其子，使老有所终，壮有所用，幼有所长"的智慧哲理所熏陶。学生们从"天对地，雨对风，大陆对长空，山花对海树，赤日对苍穹"中读懂了韵律，从"学而不思则罔，思而不学则殆"中知晓了学习的方法，从"投我以桃，报之以李"中学会了互相尊重，从"读书破万卷，下笔如有神"中明白了阅读的重要性。

学校师生在县级以上各类经典诵读比赛中获奖达700多人次。2010年，教师创编、学生表演的诗乐舞《满江红》获得了河北省经典诵读大赛一等奖。2011年，学校受到了"中华诗词之乡"检查验收组的高度评价，在挂牌仪式上为国家、省、市领导进行了诗乐舞表演。2012年，学校被评为市级经典诵读特色学校。

*20世纪80年代，耿丽娟回母校作报告。*

## 乒乓小将　砥砺奋进

100多年来，卢龙县第一实验小学人才辈出，其中比较突出的要数乒乓球世界冠军耿丽娟了。

耿丽娟，1963年1月出生，河北卢龙人，1977年进入河北省乒乓球队，1979年进入国家乒乓球队。她的技术特点是右手横拍快攻结合弧圈打法。1983年，她获得全国锦标赛冠军、世界乒乓球锦标赛冠军。1985年，她荣获"国际级运动健将"称号。1987年，她被评为"全国十佳乒乓球运动员"，同年获得第三十九届世界乒乓球锦标赛混合双打冠军。

在卢龙县第一实验小学，提起耿丽娟，大家就会想起她的启蒙恩师——学校的体育教师张奉先老师（已退休）经常讲的"要么不打，打就打出个人模狗样来"的故事。1970年10月，刚刚一年级入学不久，7岁的小姑娘耿丽娟便被张奉先老师选入学校的乒乓球兴趣小组。那时没有训练场地，张老师和学生们就利用一间教室来进行训练。白天这里是学生上课的教室，放学了，这里就成了训练场。张老师和学生们一起把教室里的桌子板凳抬到一边，腾出放乒乓球台子的地方，开始练习。每天师生都练到深夜，练完了，再把乒乓球台子立起来，把上课用的桌子板凳摆好。刚开始练球时，耿丽娟就和当时的学姐何青（后来也曾获得河北省乒乓球锦标赛冠军）一起练习。耿丽娟的横拍快攻结合弧圈打法老出现发球、接球错误，但是，7岁的小姑娘没有认输。在一个秋假20天的时间里，她牢牢地长在了一个老旧的教室里，忘记了吃饭，也顾不上休息，稚嫩的小手都磨出了血泡。张老师看在眼里，心疼极了，就说："要不先别练了，歇歇吧！"可是耿丽娟不肯退缩，她斩钉截铁地对张老师说："要么我就不打，打就打出个人模狗样来。"开学之后，又没有了专门的训练场地，耿丽娟、张老师和其他队员又重复起了——白天是教室，到了放学后就是训练场的艰苦日子，他们日复一日、年复一年地练习着。慢慢地，耿丽娟由原来的"谁都打不过"，变成了"谁都不是对手"。1974年，耿丽娟首次参加在遵化举行的唐山地区乒乓球比赛，就获得了亚军。这一年，何青获得了冠军。但是第二年，耿丽娟就获得了河北省乒乓球比赛冠军。同年，河北省体校的李平芝教练把耿丽娟选到了河北省乒乓球队参加集训。从此，耿丽娟开始了她乒乓球生涯质的飞跃，直到8年后，成功问鼎世界乒坛的最高点。

卢龙县第一实验小学的"砥砺乒乓"精神得到了很好的传承，在近30年的时间里，学校为省内外输送了何洁、李彦国、王静波等大批乒乓球人

2008年，学校学生在练习乒乓球团体操表演"乒乓小将"。

2008年，学校学生在秦皇岛市人民广场表演"乒乓小将"，为北京奥运会加油。

卢龙县第一实验小学校门（2008年拍摄）

校园里的"嘉新园"

才。1984年，学校被命名为"河北省体育传统项目学校"。

现在，乒乓球运动成了学校办学的传统特色。为发扬乒乓球精神，传承乒乓球文化，学校创编了由乒乓球运动演变而来的乒乓球团体操表演"乒乓小将"。81位乒乓小将，集体展示乒乓球操奇妙多姿的造型变换，演绎灵巧的推拉扣打，完美地展现了学校"尚德　勤学　健美　创新"（校训）的崭新风貌，先后获得县、市运动会开幕式表演赛的一等奖。

现今，学校每周五下午半天的校本选修课时间，百余名同学手握球拍，在乒乓球台前尽情挥洒，刻苦练习。新一代教练员汪春明老师，带领着乒乓小将们传承着张奉先老师的乒乓球精神。在2019年春季的卢龙县乒乓球比赛中，学校获得了团体总分第三名的骄人成绩，捧回了沉甸甸的奖杯。

## 多彩课程　奠基人生

走进卢龙县第一实验小学，迎面感受到的是"敬业爱生、严谨创新"的教风，"文明、快乐、博学、进取"的学风。徜徉在校园里，底蕴深厚的走廊文化、精彩纷呈的班本文化、绚丽多彩的墙壁文化入脑入心。高标准的功能室相得益彰，"嘉华""嘉新"两个"生态园"错落有致，"悦读书吧"孕育书香；"生态长廊"赏心悦目，逐步形成春开花、夏成荫、秋结果、冬有青的自然景观；楼梯、楼道、墙面及专用教室的名人故事、名言哲语、风景图画，无处不展示着师生的教育情怀和智慧火花，真正打造了"品性、品质、品牌、品位"的多彩教育新蓝图。

"一事一物皆教育，时时处处有课程。"除了这些随处可见的精彩，学校还精心打磨了一系列"嘉"文化课程，让校园真正成为学生们自由、幸福成长的摇篮。其中，"ABC口语万花筒""玩数乐学""趣味游戏体育"等7门必修校本课程，"金博士天天问""互联网+创客室"等20门个性选修课程，以及颇具特色的"幸福爸爸妈妈课堂"等12门德育活动课程，无一不让阳光向上的学子们体验到了校园生活的五彩斑斓。

直击心灵的德育微课程，有"国旗下微课程""孤竹少年说""幸福爸爸妈妈课堂"等。"幸福爸爸妈妈课堂"成为搭建家、校沟通交流的桥梁，每月第一周的周末下午最后一节课，学校都要邀请家长们走进"幸福爸爸妈妈课堂"，和学生们共享丰富的精神盛宴。为了让学生们听到精彩的绘本故事，爸爸妈妈们都准备充分，做足功课，有的准备了角色卡片讲故事，有的准备了幻灯片来演绎故事。家长们运用夸张的表情、生动的语言、可爱的肢体动作让学生们更直观地感受到故事寓意。课堂上，学生们个个全神贯注，听得津津有味，思绪在故事的意境中畅想，整个校园都享受着幸福的阅读时光。

精彩纷呈的综合性实践课程，有"墨香浸校园 经典润童年"校园母语

"幸福爸爸妈妈课堂"上，一位家长妈妈在讲述绘本故事。

"墨香浸校园 经典润童年"校园母语节活动丰富多彩。

家长和学生在"七色堇"数学文化节上。

节，有"七色堇"数学文化节。每逢"世界读书日"这个特殊的日子，学生们都会在"写好中国字，说好中国话，行好中国文，做好中国人"的期盼中，进行经典诵读节目展示。低年级是春、夏、秋、冬四季篇，中年级是惜时勤学和诚实守信篇，高年级是"家书"永流传和"习语"进校园。随后学生们进入"汉字英雄"亲子赏评、"语你相伴 文润童年"语文游戏大闯关、"乐淘书市"等环节。充满智慧、充满乐趣的语文活动，引领着学生们进入奇妙的语文世界，整座校园都弥漫着浓浓的"语文趣味"。"七色堇"数学文化节以"品数学文化 有快乐相伴 让智慧飞扬"为主题，给学生们提供了一个了解数学、获取数学知识的舞台，让他们感受到数学的别样魅力。数学文化节的活动项目有最强大脑——速记比赛、快乐拼拼拼、神机妙算24点、金话筒大舞台等10余项。充满智慧、充满乐趣的数学游戏项目，引领着学生们进入奇妙的数学天地，享受和品味着一次次迷人的数学文化之旅。

充满仪式感的活动创新课程，有"开蒙 启智 立德"的新生入学礼，有"感恩成长 梦想飞扬"的毕业礼。新生入学礼包括，第一部分：升国旗，唱国歌；第二部分：校长致辞；第三部分：入学典礼，包括拜师礼、开笔礼、孝亲礼、入学宣誓；第四部分：合影留念，进行爱国主义教育。庄严而又隆重的新生入学礼，让每一位新生亲身体验和感受到中华民族传统礼仪的魅力，树立为中华民族的伟大复兴而努力奋斗的远大目标。毕业礼包括，第一篇章——难忘母校；第二篇章——难忘师恩；第三篇章——感恩父母；第四篇章——梦想起航。典礼上专家有指导、有鼓励、有期待，老师们有不舍、有叮咛、有祝福，家长们有感动、有希望、有嘱托，学生们有回忆、有感恩、有畅想。最后，老师、学生、家长一起手牵手走过"梦想之门"，把毕业典礼推向高潮。

回顾百年，学校传承仁义贤德的古卢龙孤竹之风，打造阳光活力的卢龙县第一实验小学。展望未来，学校将不忘初心，牢记使命，践行素质教育，努力创造基础教育的崭新篇章。

（石军杰）

## ■ 幸福教育　幸福一生

### 昌黎县昌黎镇第三完全小学

这里是知识萌芽的沃土，这里是梦想起飞的舞台。经过这里的人，总会情不自禁地驻足停留，听窗明几净的教室里传来的琅琅读书声，品勃勃生机的校园里氤氲的人文气息。那树影婆娑中，无声地透露出一份从容大气，即使相隔百年，依然可以感受到庄严肃穆的情怀悠悠传来。

昌黎县昌黎镇第三完全小学，这座有着近百年历史的学校，依托丰厚的历史文化底蕴，借助教育改革发展的东风，"以幸福的教育培养幸福的人"，让幸福的花儿在校园绽放。

幸福的花儿绽放。

## 薪火相传

昌黎镇第三完全小学（以下简称昌黎三小），是一座有着悠久历史的学校。学校始建于1922年，校名为"东关汇文中学附属小学"，由美国基督教会创办。建校时学校只有4个班，学生180人，教职工10人。

作为昌黎汇文中学的附属小学，"东关汇文中学附属小学"师资水平高、办学条件好、教学质量高。当时昌黎汇文中学的主要任课老师都是教会学校的大专毕业生，学校对教师的安排是：初任教师一般先从教授小学课程开始，然后再教授初高中课程，学历达不到大专程度的教师都留在附小任教。

1935年，昌黎汇文中学中学部人数剧增，教室明显不足，于是租用昌黎汇文中学农科房舍，将小学部搬到农科，成立"昌黎汇文中学附属小学"。

1941年，太平洋战争爆发，美国人奉命回国。"昌黎汇文中学附属小学"按当时日伪政府规定，增添了日语课程，进行奴化教育，对师生行为进行监视。尽管如此，但师生的爱国热情是禁锢不住的，学校不少师生投身革命。时任教务主任王树良便是在1943年毅然辞职，回根据地任教，后参加了尖兵剧社。

抗日战争胜利后，学校又陷入了国民党的统治之下，仍然保留了日伪统治时期旧有的体制和制度，学校教育毫无生气。后随着解放战争的节节胜利，学校认真执行冀东行署颁发的教育方针和教育"三大任务"，采取灵活多样的教育形式，教育事业得到了发展。

中华人民共和国成立后，1952年12月，学校与"药王庙小学"合并，

"昌黎汇文中学附属小学"江顺成主任与高小一年级全体学生合影。

改为"昌黎城关三小"。1955年,学校开始贯彻教育部《小学生守则》,逐步培养学生良好的行为习惯。1957年,学校掀起反右派斗争,挫伤了部分教师的积极性,阻碍了教学发展。1958年"大跃进"期间,由于"浮夸风"和"共产风"等"左倾"错误,学校一些做法违背了教学规律。"文化大革命"期间,学校停课闹革命,陷于瘫痪。

1976年,唐山地区发生强烈地震,昌黎作为邻县也受到了波及,学校教室全部倒塌。学校教师自力更生,在学校院内快速新建起12个简易教室和办公室,成为全镇第一个恢复上课的学校。

1988年,学校被确定为中心小学,有12个教学班,学生576人,教职工30人。

1992年,由于校舍年久失修已成危房,昌黎县决定兴建新的太阳能取暖的三层教学楼,师生告别低矮潮湿的教室,搬入宽敞明亮的教室。

虽然搬入了新楼房,但教学设备简陋、校园环境差等问题仍然存在。在历任校长的带领下,学校师生发扬无私奉献的精神,甘献义工,铺垫操场,栽花种树,拆墙透绿。1996年,学校更名为"昌黎镇三街完全小学"(后又改名为"昌黎镇第三完全小学")。

整洁的校园,盛开的鲜花,欢乐的笑脸,见证了学校艰苦创业、奋发向上的不服输精神。在这种精神的激励下,

20世纪90年代以前,学校的教室非常简陋。

20世纪90年代,学校学生在教学楼内排练文艺节目。

历经十载，学校的基础建设初步完成。

尽管创业艰难，但学校没有忘记"育人是根本，教学是中心"。广大教师以勤奋务实的工作作风和高度的责任感和事业心，全身心投入教育教学中。轻松愉快的教学方法，严谨有序的管理模式，获得了家长和社会的广泛认可。学校以一点一滴的进步积累成功，规模不断扩大。

2011年，随着城镇建设的大力推进，学校施教区的适龄入学人数不断增多，为解决班容量大、教室严重不足的问题，昌黎县委、县政府筹措3000万元对学校进行了异地迁建。2012年12月，学校全体师生告别了满怀沧桑却又被热情激荡着的校园，踏上了再次开拓发展的新征程。

## 幸 福 教 育

新校址位于昌黎镇汇文街东段，开启新的创业大门。

搬入新校舍以后，7年时间里，政府和学校和先后投资500万元兴建了微机室、科学实验室、科技探究活动室、音乐教室、美术教室、创客空间活动室、电子琴教室、古筝教室、篆刻教室等38个专用教室，并按省级一类学校标准配齐了各种设备。学校图书馆为省级一级馆，藏书6万册；室外运动场设有200米标准田径场，全部铺设了塑胶和人工草坪，建有篮球、羽毛球、乒乓球等多个活动场地；建有高标准校园网，实现了"班班通"全覆盖。

面对着优雅的环境、先进的设施，学校全体教师心中涌动着的想法是：让政府的投入有价值，让学生们在这个美好的环境里奠定一生的幸福。为此，学校充分挖掘传统优势，适应教育发展新形势，提出了"以幸福的教育培养幸福的人"的办学思想。从此，"幸福教育"这个富有挑战性的名词，便紧紧地和学校联系在了一起，成为学校教育管理的特色品牌。

教育的本质是什么？怎样让学生做一个幸福的人？怎样让教师和学生在共同的教育教学活动中，体验快乐，感受幸福？2016年年底，学校通过"创造性再结合"的大讨论，明确了"幸福教育"的内涵、目标和工作思路。

"幸福教育"是一种使命。"幸福教育"的内涵就是把幸福作为教育内容，帮助师生树立正确的幸福观，培养师生理解幸福、体验幸福、创造幸福、享受幸福的能力。

"幸福教育"是一种储备。"幸福教育"的三维目标是为学生的健康成长奠基，为学生的个性发展奠基，为学生的幸福人生奠基。"幸福教育"的具体目标是在教育中创造、生成丰富的幸福资源，培养出能创造幸福、享受幸福的人，引导每个学生有理解幸福的思维、有创造幸福的能力、有体验幸福的境界、有奉献幸福的人格。

"幸福教育"的工作思路是构建品位高雅的幸福文化，成就爱岗敬业的幸福教师，培养聪慧向上的幸福学生，打造自主合作的幸福课堂，开展丰富多彩的幸福实践。

# 六 大 行 动

在"幸福教育"理念的指引下，昌黎镇第三完全小学以"建设幸福校园、实施自主管理、体验主题活动、构筑幸福课堂、打造精品社团、领略运动之美"六大行动为策略，让学生体验到学习的幸福、拥有幸福的童年，为他们的幸福人生奠基。

## 建设幸福校园

优美校园建设，幸福感浸润其中。以学生为主体、以校园精神文明为主要特征的走廊文化，潜移默化地熏陶学生；个性化的艺术长廊让师生在不知不觉中放松心情、陶冶情操；温馨雅致的书吧，让师生流连忘返；五彩缤纷的花园，高矮错落的树木，相映成趣，鸟语花香，让幸福的气息散发到校园的角角落落。优美的校园环境和整洁、有序、幽雅的育人环境催人奋进，提高了育人品位，让师生享受到了优质教育资源带来的幸福感。

书香校园建设，提升文化幸福感。学校引领学生开展"三香深度阅读"活动。一香：经典诵读，与大师为伍（诵读《三字经》《弟子规》等传统经典文化）。二香：诗词朗诵，与文学为友（朗诵小学阶段古诗词等）。三香：美文阅读，与时代同步（阅读名著及优美文章）。学校还先后开展了"让书香溢满校园"阅读日、争创"书香班级"和"阅读小明星""读书笔记金星奖评选""读书手抄报评比""古韵童声诵诗会""中华经典诵写讲演"等系列活动。

## 实施自主管理

探索班级"双自主管理"模式，提升学生幸福感。班级"双自主管理"模式，即班级自主管理和学生自我管理。班主任逐渐从勤奋型班主任向智慧型班主任转变，大胆放手，突出学生的自主地位，更多地成为学生的朋友、学生活动的参与者和班级成长的引导者。学生们在生活自理、礼仪礼貌、遵守秩序、学习习惯、学习效果等诸多方面都有可喜的变化和进步，班级主人翁意识、责任意识进一步增强，综合能力得到了提升，自我教育、自我管理成为一种"习惯"。

### 体验主题活动

开展主题教育活动，拓展学生体验幸福感。学校设有校外德育教育基地——昌黎烈士陵园。每年清明节，学校组织学生到烈士陵园进行祭扫活动，对学生进行爱国主义和革命传统教育。学校还设有校内德育教育基地——"老呔民俗文化馆"，将它作为"幸福教育"的阵地，开展"珍惜幸福，不忘过去"主题教育活动，让学生了解家乡特色文化，对学生进行爱家乡教育。

学校以各类重大节日为契机，开展"我是小雷锋""沐浴师恩""我是光荣的少先队员""放飞少年梦 感怀祖国情"等主题教育活动。每学年，学校还要举行多种形式的大型活动对学生进行主题教育。"社团活动展演"为学生提供展示的舞台，展现学生们的所学之长；"亲子运动会"真正让学生们体验到体育运动的快乐，增强了他们与家长之间的亲情和竞争意识；"开学典礼暨美德少年学习小博士表彰大会"，使学

学生在书法教室练习书法。（2015年拍摄）

学校社团活动作品展示。（2017年拍摄）

学校举办的足球亲子运动会。（2017年拍摄）

生明确新学期的奋斗目标，引导学生自觉践行道德规范，增强道德意识，养成良好品格；"研学旅行——体验教育"，组织学生通过集体旅行的方式走出校园，在与平常不同的生活中拓宽视野、丰富知识，加深与自然的亲近感，增加对集体生活和社会公共生活的体验。

学校还把主题教育活动延伸到寒暑假，拓展到家庭。学校印发了《快乐生活　快乐学习　快乐实践》的假期综合实践活动手册，内容包含"我读书我快乐""我劳动我成长""我运动我健康""我搜集我研究""我快乐我幸福""我行动我评价"六项活动内容。

## 构筑幸福课堂

发挥课堂主阵地作用，让师生体验幸福、享受幸福。幸福课堂主要通过课程教学来实现，以课堂为主阵地，形成以生为本的幸福教育课堂教学模式。学校确立了"自主、探究、合作、高效"的课堂教学改革基本理念，以学生为主体，把学习的权力还给学生，帮助学生快乐、轻松地实现学习目标。"学生主动，课堂灵动"的课堂真正实现了由"教"的课堂转变为"学"的课堂。在幸福的课堂里，实现了"教师幸福地教，学生幸福地学"。这样的课堂，让学生感受到学习的幸福，提高了学生创造幸福的能力，教师在幸福教育的同时，也给了学生一个幸福的人生。2018年，学校被评为"秦皇岛市课堂改革优秀学校"。

## 打造精品社团

在"幸福教育"理念的指引下，学校开发了必修校本课程和选修校本课程，构建了"以文养德、以艺育心、以活动促发展"的校本课程框架，将"核心素养"融入其中，实现学生自主发展。学校现有"经典诵读""读古训　育新人""幸福教育"3门必修校本课程，47门选修校本课程。"幸福教育"必修校本课程，按低、中、高年级分成自主发展、文化基础与社会参与3个层面，下设6个主题（一年级：学会学习——奠基幸福；二年级：健康生活——提升幸福；三年级：人文底蕴——感悟幸福；四年级：科学精神——追求幸福；五年级：实践创新——体验幸福；六年级：责任担当——珍惜幸福）。

学校成立了53个社团，学生根据自己的兴趣爱好，选择喜欢的社团。活动形式多样、内容丰富多彩的社团活动，实现了一至六年级学生全员参与。在此基础上，学校还打造了24个精品社团，有古筝、吉他、电子琴、二胡、小提琴、篆刻、机器人、纸塑手工、十字绣等。

形式多样的校本课程深受学生喜爱，个性十足的社团活动使学生的潜能得到充分挖掘，为他们展示自我能力与创造力提供了舞台：贾依萍在2019年河北省智能校园机器人大赛中荣获一等奖；李宗函制作的《鸟鸣图》获河北省第十七届中小学电脑制作小学组一等奖；李睿楠、李云硕在2016—2019年河北省中小学电脑制作活动机器人竞赛中获小学组综合技能项目三等奖……学生们在全面发展的基础上张扬个性，在丰富多彩的校园生活中幸福成长，为一生的幸福奠定了良好的基础。

**领略运动之美**

倾情快乐体育运动，提升学生幸福感。学校以校园足球活动为载体，建立班级间联赛机制，普及足球运动，培育足球文化，弘扬意志顽强、坚忍不拔、团结拼搏的足球精神。学校在综合实践活动课中开设"我与足球共成长"的主题活动，让学生更深入地了解足球文化。2015—2019年，学校连续4年举办足球节，并邀请家长参与其中，将足球教育延伸至家庭，共享足球快乐。2015年，学校被评为"河北省足球示范校"。

除足球之外，学校还广泛开展了跳绳、踢毽子、篮球、体操、长跑等体育活动。激情洋溢的搏击操，节奏明快的筷子舞，动感十足的啦啦操、韵律操，孔武有力的武术操，更是将艺术与体育融为一体，丰富了师生的大课间活动，成为师生强身健体的多彩舞台、放飞身心的快乐驿站，让师生在浓郁运动氛围的熏陶下，快乐、幸福、健康成长。

校园是探索科学知识的神圣殿堂，是奋发向上的精神家园。昌黎镇第三完全小学激励着学子们以不断探索的精神登上一座又一座的风采舞台，她以朴实的校风、严谨的教风和求真的学风，培育出一代又一代渴求知识、渴望成才的莘莘学子。学校先后获得"全国活力校园100强""河北省素质教育示范校""河北省依法治校示范校""河北省足球示范校""秦皇岛市素质教育示范校""秦皇岛市德育示范"等称号。

厚载着历史的积淀，高扬着时代的精神，昌黎镇第三完全小学即将迎来属于自己的百年。近百年的历史长河里，一代代教育者为那些渴望圆梦的学子插上梦想的翅膀，带他们走过幸福的童年。"让我们拥抱幸福"，秉承学校幸福理念的莘莘学子，接过幸福的接力棒，正在为国家的建设、家乡的振兴打造幸福的未来。

（高　雁）

## ■ 弦歌不辍　薪火相传

### 青龙满族自治县第一实验小学

　　青龙满族自治县第一实验小学始建于1922年。学校历经九十八载寒暑易往，开风气之先，领时代之潮，积淀了丰厚的文化底蕴。

　　涓涓心血孕奇葩，滴滴汗水润桃李，一代又一代学校的教育工作者，秉承优秀历史传统，谱写了一曲曲教育壮歌。

山里的孩子在快乐地进行着课间活动。

## 悠悠岁月　历史留痕

1922 年至 1933 年，学校由美国基督教卫里公会美以美会管辖。1922 年，美以美会在今青龙县城燕山路中段、商业街交叉路口西北处创办了"汇文小学"，当时只有 1 个教学班，学生 30 人。1925 年，因校长李梦春被调走，学校停办。第二年学校恢复，并在院内附设女子部，时称"贵贞女子小学"。

1934—1945 年，学校由伪青龙县公署教育科管辖。伪满洲国建立后，1934 年，伪县公署接收了"汇文小学"，更名为"大杖子治城小学"，租赁三权榆树民房作校舍。同年，学校又改名为"青龙县公立高级小学"。1936 年秋，学校新校舍落成，共 3 栋 36 间，学校迁入新址（今青龙县城燕山路中段南电力公司对面）。1937 年秋，"贵贞女子小学"并入。1938 年，学校改名为"青龙街国民优级学校"。1941 年，学校改称"青龙街国民优级实验学校"。1945 年春，学校将五、六年级女生集中，实行男生分班教学，直到日本投降为止。

1945 年 8 月至 1947 年 7 月，学校由青龙县民教科管辖。青龙解放后，学校更名为"大杖子完全小学"。1947 年 7 月至 1950 年 11 月，学校由青龙县教育科管辖。1947 年 6 月至 1948 年 8 月间，由于全国搞"文化反奸"运动，学校 8 名教师被逮捕，其中 2 人被处死，政府选拔了几名六年级学生任初级班教师，维持上课，高级班因无教师而停办。后来，教育科重新配备校长、教师，恢复了高级班。1948 年 5 月，国民党十三军向秦皇岛逃窜，途经青龙，烧毁学校校舍 12 间。1950 年 12 月至 1954 年 8 月，学校由青龙县文教科管辖。1951 年 3 月，"青龙县初级中学"建立，调用学校校舍，学校迁至青龙县城路北今青龙县电力公司所在地。

1954—1960 年，学校由区总校管辖。1960—1963 年，学校由"青龙县师范学校"管辖。1960—1962 年期间，学校改称"青龙县师范附属小学"。1962 年 7 月，师范取消，学校恢复原校名，又从路北迁回原址，但东半边校园及房舍划归中学作学生宿舍。1963—1966 年，学校重新由区总校管辖。

1967—1972 年，学校由大杖子公社革命委员会管辖。1968 年 4 月，学校建立学校革命委员会，贫下中农代表和工人代表进校实行工农共管。同年年底，受"侯王建议"（1968 年 11 月 14 日，《人民日报》发表山东省嘉祥县马集公社马集小学教师侯振民、王庆余的一封信，此信建议"所有（农村）公办小学下放到大队来办，国家不再投资或少投资小学教育经费，教师国家不再发工资，改为大队记工分""教师都回本大队工作"，后被称为"侯王建议"）影响，大杖子、三杈榆树两个大队在外地的教师被接回本队任教，全部安排到小学，为解决教师超编和毕业生无处升学问题，学校开始附设初中班。1969年，学校更名为"卫东小学"。同年，学校招初中一年级两个班，接收中学返回的初中二年级一个班、初中三年级一个班。同年秋，附设初中班并入"青龙县中学"（以后学校又于1970年和1977年两次附设初中班）。1970年，为落实"五七"指示，学校开始办鸡场、兔场、猪场，还先后办拖拉机和汽车纸垫厂、灯泡复明厂、草绳厂、木器厂，并开荒地7亩多，作为学农基地，但开办时间都不长。

　　1972年10月至1981年11月，学校由青龙县文教局管辖。1976年7月28日，唐山大地震波及青龙，学校教室倒塌3间，严重损坏23间，砸坏桌凳17套，师生坚持在室外上课81天。1979年1月13日，学校被确定为河北省首批办好的重点小学。1981年3月21日，学校更名为"青龙县城关小学"。同年11月23日，学校又更名为"青龙镇第一小学"。1981年11月23日至1995年12月，学校由青龙镇政府管辖。

　　1996年后，学校由青龙满族自治县教育局管辖，被命名为"青龙满族自治县第一实验小学"。1998年，学校扩建东南、东北教学楼，拆掉所有平房。2008年，县政府投资500多万元新建学校综合实验楼。2011年9月，青龙满族自治县第二实验小学成立，学校部分学生分流。2012年9月，学校原有危险教学楼拆除重建，学生分别在满族中学、青龙满族自治县第三中学、青龙满族自治县第二实验小学和本校校点上课。2018年，学校续建教学楼。

## 与时俱进　信息立校

　　青龙满族自治县第一实验小学现有72个教学班，学生4359名，教师208名。

　　学校建有100米塑胶直行跑道和300米环形跑道，以及人工草坪足球场、塑胶篮球场、排球场、羽毛球场、乒乓球场等。

　　学校装配有少先队活动室、科技活动室、多媒体教室、美术教室、书法教室、声乐教室、器乐教室、舞蹈教室、实验室、省一级图书馆（藏书8万余册）、体育器材教室和报告厅等 30 个专用教室。

学校高度重视教育信息化建设。2012 年，学校被国家教育部确定为第一批教育信息化试点校。学校先后投资 500 万元，完善信息化基础设施设备和平台建设，建立了标准化网络中心、云智慧室、录播室、校园电视台、微课录制室、视频会诊室，以及电子档案管理系统、考勤管理系统、图书管理系统等。办公室、班级配齐配全电脑、银幕，实现了无线网络全覆盖。2017 年，学校建立网站。同年 6 月，学校成为国家级信息技术先进试点校。

## 德育先行　高歌猛进

学校一直高度重视德育发展。

1949—1957 年，学校德育以五种教育为主：一是"五爱"教育，即爱祖国、爱人民、爱劳动、爱科学、爱护公共财物；二是抗美援朝、保家卫国的爱国主义与国际主义教育；三是社会主义思想与共产主义理想教育；四是勤奋向上、艰苦朴素与勤俭节约教育；五是"一颗红心、两种准备"的升学就业教育。

1958—1965 年，学校的德育内容是对学生进行"鼓足干劲，力争上游，多快好省地建设社会主义"的总路线教育、"大跃进"和人民公社的社会主义教育、劳动教育、"自力更生，艰苦奋斗"教育。

1966—1976 年，学校的德育内容是阶级斗争、路线斗争教育和反修、防修教育。

从 1981 年 3 月起，学校主要对学生开展"五讲四美"（"讲文明、讲礼貌、讲道德、讲卫生、讲秩序""心灵美、语言美、行为美、环境美"）教育。

1988 年后，学校德育工作开始转向以培养"有理想、有道德、有文化、有纪律"的四有新人为主要内容，坚持"六个结合"教育（学校教育与班级教育相结合，学校教育与家庭教育相结合，学校教育与社会教育相结合，积极鼓励教育与严格要求教育相结合，主体教育与客体教育相结合，常规教育与发展教育相结合）。

2001 年 1 月，学校被确定为河北省心理健康实验学校。主研人副校长王志率领课题组成员深入开展课题"小学生良好个性心理品质的培养"研究与实验。学校致力于推进心理学大众化普及工作，建立心理咨询辅导室，对学生提供个别辅导，把心理健康教育推向更高阶段。学校还响应习总书记"重视家庭，重视家教，重视家风"的号召，全面推动家长学校建设和家庭教育普及，形成"专家讲、校长讲、教师讲、家长讲"多层次、全方位的家庭教育大讲堂。

## 教学教研　探索创新

*学校课间活动引来家长们的关注。*

学校在教学教研方面一直不断探索先进经验，创新教学方法。

1950年，学校注重课外活动与课内学习相结合，按低、中、高年级分别建组，举办观摩课、评教评学、集体检查等活动。1953年，学校开始学习"凯洛夫教学法"（伊·安·凯洛夫，N.A.Kaiipob，1893—1978，苏联著名教育家，20世纪四五十年代苏维埃教育学的代表人物之一，他所主编的《教育学》一书曾对我国产生过很大影响）。1956年，学校积极学习苏联先进经验和外地先进经验。1963年，学校开始注重学生的计算、推理能力和解答应用问题能力的研究。

1966—1976年间，由于"文化大革命"的影响，学校教学教研工作受到影响，但在青龙县教研室的领导下，学校组织教师学习毛泽东主席提出的"要自学，靠自己学"的精神，探讨启发式教学的规律，启发学生积极学、自己学，切实发挥"教"与"导"作用。

1986年开始，学校教研队伍先后到北京、天津、山东省烟台市、湖北省荆门市等地考察学习。学校还开展了邱学华"尝试教学法"的研究，主研人魏巍率领参研人经过持续长达6年的研究与实践，成果得到县教研室的肯定，大大推动了全校乃至全县的教学研究工作。

1988—1990年，学校选定吕敬先"注音识字、提前读写"的实验立项，分年级购置"小小百花园"教材，进行了长达3年的实验，效果明显。1991—1993年，学校开展"学导式"（在教师指导下，学生进行自学、自练）的教学研究与实验。1997—2001年，学校借鉴烟台市经验，开展"自能读写"

（大量读写、双轨运行）实验，提高了学生的读写水平。2001年开始，学校开展"自主学习、自主创新"实验课题的研究，促进了学生的自主发展，影响深远。

2001年后，学校以整体规范教师行为标准和提高教师专业水平，推动学校教学改革。学校以"七大工程"提升教师自身素质，促进教师专业成长。教师读书工程，主要采取"菜单式专题理论学习"和"问题式理论学习"；青蓝工程，每位骨干教师、中层领导均培养1～2名青年教师，组织开展"结对子"活动；培训工程，注重专家的引领作用，请进来讲，走出去学；"五个一"工程，坚持推行任课教师每周一篇读书笔记、课堂随笔，每月一个案例剖析，每学期上一节公开课、完成一个小课件研究；"每人一课"邀请听课工程；"上学、中联、下送"工程，走出学校学习，与兄弟校联合教研，为本县兄弟校传经送宝；过关工程，举行新课标理论考试过关活动。

2005年，学校举行趣味运动会。

与此同时，学校通过改革备课、示范引路、推门普及、网络交流、总结推进、以赛促研、开放课堂、课题引领、评价激励，创新教学活动，促进课堂教学改革。

仅2005年一年，学校就承担"开发课程资源的实践与研究"和"小学生责任意识养成的研究与实践"两项省级教研课题、25项市县级教研专题。

2010年10月20日，河北省课程改革现场会在秦皇岛市召开，河北省各市区领导莅临分会场青龙满族自治县第一实验小学参观指导。

## 杏坛春暖　异彩纷呈

一代又一代青龙满族自治县第一实验小学教师，辛勤耕耘，寒来暑往，春种秋收，让这里杏坛春暖，异彩纷呈。

杨素云老师，1963年8月20日调入学校，先后任学校党支部书记、教导主任、副校长。她在36年的教学生涯中积累了丰富的教学经验，在省、地市级报刊上曾多次登载教学论文，其中《数学教学中的直观作用》登载于20世纪60年代初的《河北省小学教学经验汇编》；《语文教学要联系实际》登载于1972年的《承德群众报》；《改革考试方法》登载于1988年的《河北教研》第三期。从1952年参加工作到1988年年底，她获得县级以上表彰27次。1956年、1960年，她两次获得"河北省劳动模范"称号。

邵桂月老师，1982年至今在学校任教。她曾被评为河北省骨干教师、少数民族优秀教师、电化教育先进工作者，秦皇岛市骨干教师、优秀教师、教学新秀、教改积极分子、学科带头人、师德标兵、德育先进工作者等。她有多篇论文在《河北教育》《科学课》等刊物上公开发表，多篇论文、教学设计等获国家、省、市级奖。她主持和参与的10多项课题研究获省、市科研成果一、二、三等奖，制作的教学用具获省、市一、二等奖，辅导的学生知识竞赛、实验竞赛、科技创新大赛、生物百项竞赛等获省、市一、二等奖。

李艳荣老师，1991年调入学校，现任副校长。她主研、参研了"小学数学反思性教学的研究""生本理念下数学课堂学生学习方式的研究"等多项河北省教育科学立项课题，"信息技术条件下减轻中小学生课业负担的研究"获科研成果二等奖。她的优质课"真分数和假分数"，获秦皇岛市教育科学研究所优质课，"同分母分数加减法"获二等奖。她的论文《改革作业评价方式，激发学生兴趣》获河北省教育科研所三等奖，《小学数学教学中如何顺利地开展探究性学习》《小学毕业数学总复习指导》分别发表于《现代阅读》与《教育实践与研究》。她先后被评为市级校本教研、远程教育、综合实践活动工作先进个人。

姚海娥老师，1991年毕业分配到学校。1995年，她被选拔到秦皇岛市代表队，参加河北省少数民族传统体育运动会陀螺项目比赛，获团体冠军。同年，她被选拔到河北省代表队，赴云南省参加全国少数民族传统体育运动会陀螺项目比赛，获团体第八名。1997年，她所讲"打陀螺"一课被评为省级优质课。1999年，她又被选拔到河北省代表队，赴西藏自治区参加全国少数民族传统体育运动会陀螺项目比赛，获个人第七名。同年，她被授予青龙县"十大杰出青年"荣誉称号。2002年，她所写的《将民族体育项目引入体育课课堂》一文获国家级论文评比二等奖，并在《民族与宗教》杂志上公开发表。

杨晓燕老师，1996年调入学校，1997年任学校少先大队辅导员、政教处主任。2001年，参加河北省心理健康立项课题"小学生良好个性心理品质

精彩人生，从青龙满族自治县第一实验小学启航。

的培养"，所讲"困难，我不怕"一课获河北省教育科研所心理健康辅导课评比二等奖。2003年，她被评为河北省优秀少先队辅导员。2004年，她被评为全国优秀少先队辅导员。

## 学子菁华　累累硕果

菁菁校园，莘莘学子，孜孜以求，累累硕果。

1971年毕业生李劲，1982年毕业于清华大学工程物理系，1985年在中国科学院金属研究所获得硕士学位，1990年获法国巴黎南大学化学博士学位，后他在中国科学院金属腐蚀与防护研究所从助理研究员一直做到研究员、博士生导师。1998年，他被调入复旦大学材料科学系，现为物理电子学教研室教授、博士生导师。

1979年毕业生耿朝辉，曾在美国哈佛大学读博士，现为美国艾滋病研究所专家。她曾寄语母校："我盼望我的母校越来越好，所有母校的孩子们茁壮成长，早日成才。"

优秀学子的盼望正在一步步变为现实。

1997年，青龙满族自治县第一实验小学代表队参加秦皇岛市少数民族传统体育项目陀螺比赛，男子、女子组均获团体总分第一名。

2008 年，在秦皇岛市"全民健身与奥运同行"主题活动中，学校 200 人大型校园集体舞《小白船》和《爱我中华》参加表演，先后被秦皇岛市电视台和中央电视台第四套节目录播。同年，王子悦同学参加河北省演讲比赛获第一名，李硕同学获河北省少工委、河北省团委和河北省教委"十佳少年"荣誉称号，张京铎同学获"兴华杯"全国青少年书法大赛金奖。

2010 年，学校小太阳画社、雏鹰艺术团被评为市级优秀社团。

2012 年，在秦皇岛市体育传统项目学校田径运动会比赛中，学校获小学组团体总分第一名。

2013 年，在河北省少工委、河北省少先队工作学会组织的"红领巾心向党——感受你的爱"优秀主题队日活动评比中，学校荣获二等奖。同年，张文潇同学获全国快乐作文大赛一等奖。

2014 年，在 CCTV"中国汉字听写大会"秦皇岛市小学组总决赛中，学校获团体一等奖。

2018 年，张云琅同学在全国第十三届"永远跟党走"青少年艺术节二胡专业总决赛中获少儿 B 组第一名。

学校先后被确定为"全国教育信息化试点学校""全国小学生作文教改实验学校""河北省心理健康实验学校""河北省现代技术实验学校"，入选《河北省当代名校》。学校先后被评为"全国基础教育课程改革'综合实践活动研究与实验'重点项目先进实验学校""全国基层示范家长学校""河北省农村留守（流动）儿童示范家长学校""河北省优秀教育网站""秦皇岛市双文明单位""秦皇岛市常规管理先进学校""秦皇岛市德育示范学校""秦皇岛市基础教育改革先进学校"等。

回顾过去，豪情满怀；展望未来，激情飞跃。"为人民教育事业辛勤耕耘，默默奉献，砥砺前行，矢志不渝"，是青龙满族自治县第一实验小学永恒的主题。

（李怀春　袁春青　姚海娥）

# "三字"教育　致极致远

## 北戴河新区南戴河小学

南戴河小学坐落在美丽清幽的戴河之滨，学校创建于1919年，是一所有着百年历史的小学。

建校百年，学校四易校址。作为一所与时俱进的百年村学，学校秉承"一切为了学生和教师的发展"的办学理念，以"三字"教育，立足培养"胸中有志气，行事有智慧，做人致谦，做事致极、致远的新时代南小人"。

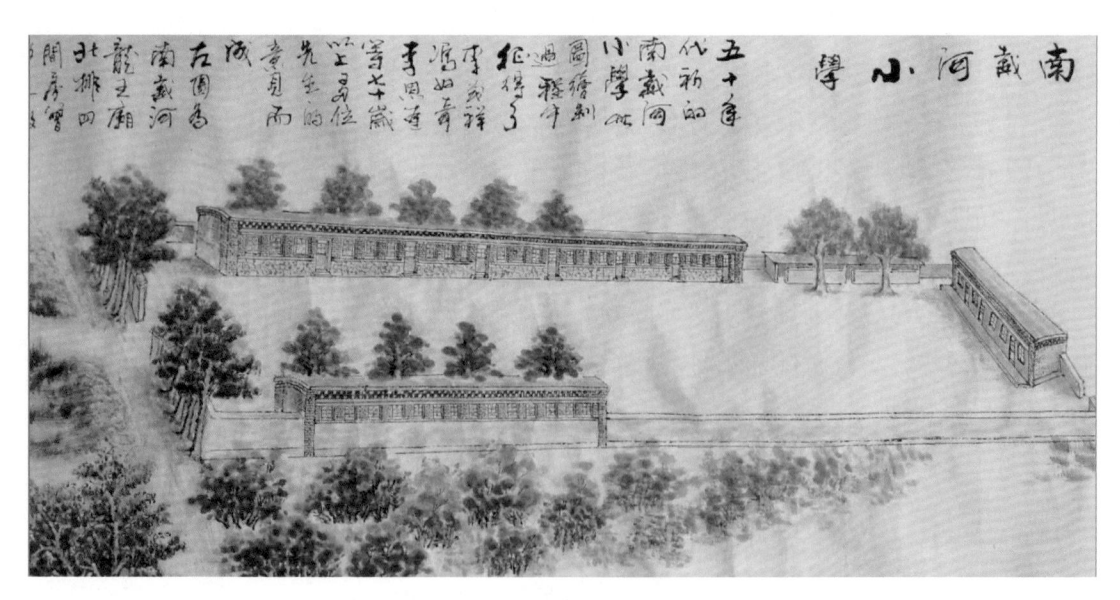

20世纪50年代的学校校园（手绘图）

## 百年村学　与时俱进

据 1932 年抚宁县知事袁凤岗主修的《抚宁县志料》记载："李希闵，南戴河庄人。民国五年募捐奉票二千元建设校舍，八年开学，乡里称之。"李希闵，当年南戴河村富裕的十大户之一。所谓奉票，是 1905 年至 1931 年间，由东三省官银号（含奉天公济平市钱号）发行并广泛流通于中国东北地区的纸币。

由这段记载可知，南戴河小学肇始于 1919 年。学校初创，正逢中国近代史上风云际会的大时代。那一年，爆发了伟大的反帝反封建爱国运动"五四运动"；那一年，李大钊向中国介绍了马克思主义……风起云涌、动荡变革的中国正悄然上演着波澜壮阔的历史大戏。南戴河小学就是在这历史变革的氤氲中诞生的。

学校第一任校长黄维垣

据 1930 年出生、曾在南戴河小学执教的李彦杰及李庆裕、黄维涛等南戴河村 80 岁以上的老人回忆，学校原有 7 间房舍，东西各 2 间教室，中间 3 间为住室和办公室。

学校第一位教师叫单了空，其后任教的有王锡山、雷子焕、杨国荫、黄兰台等。1945 年到学校任教的黄兰台与曾任学校校董的李兆庚（字梦白），是当地有名的才子。黄兰台擅长书画，尤其擅画蝴蝶，时人称之为"黄蝴蝶"。李兆庚在新中国成立初期曾任唐山地区教育总督学。黄兰台的女儿黄维垣是南戴河小学第一位女教师，也是学校第一任校长，后来到北京"史家胡同小学"任教。

到 1954 年，南戴河小学已有 7 名教师和几十个学生，虽然发展不算快，但毕竟这里仅仅是一个滨海的小渔村而已。到了 20 世纪七八十年代，南戴河小学的学生已经发展到了 160 余人，教师也增至十来人。但是受限于那个时期的经济条件，校舍还是比较简陋的。据雷震、李彬两位如今的老师、那时的学生回忆，她们在 20 世纪 80 年代上课还使用过长木板搭成的"课桌"，

20世纪80年代学校校园

今日学校校园

足见学校在那个年代的艰苦。

1985年,借助与百年避暑胜地北戴河毗邻的区位优势,南戴河被开发为旅游区,外来人口不断增加。1988年以后,南戴河小学得以快速发展。1989年,学校第一次搬迁到新校址,教学楼共3层,有6个教学班级,276名学生。1994年,学校第二次搬迁到新校址,教学楼共4层,有15个教学班,658名学生,34名教职员工。2010年,学校第三次搬迁到新校址,按照河北省农村标准化小学"4138"(2005年,河北省教育厅下发《关于推进农村中小学标准化建设的实施意见》,提倡县城和中心城镇以及经济发达的农村地区建设标准化小学,试行"4138"标准,即办学规模4轨(24个教学班),在校生1000人(班额40人左右),占地面积30亩以上,建筑面积8000平方米以上)标准建设。

学校原隶属于抚宁县,2015年8月26日,划归北戴河区管理。2016年1月起,学校正式划入北戴河新区。

学校目前有23个教学班,4个幼儿班,在校小学生938人,在校幼儿149人,共有教师78人,其中小学教师65人,幼儿教师13人。

## 志气智慧　致极致远

南戴河小学一直秉承"一切为了学生和教师的发展"的办学理念,坚持"崇德励志、笃学致远"的校训,坚守"博学、善思、精研、奉献"的教风,树立"诚信、施爱、乐学、创造"的学风,形成"明理善学、求实创新"的校风,把学生的发展放在第一位,将素质教育融入学校管理和教育教学全过程。学校确立了以"志、智、致"为核心的学校文化思想,立足培养"胸中有志气,行事有智慧,做人致谦,做事致极、致远的新时代南小人"。

在工作中,学校逐步将这一思想理念落实到学校的全面工作中,以"树志立德"为目标,以"智慧智能"为过程,

学校"三zhi"(志、智、致)核心文化图解

以"致极致远"为标准,"三zhì"相辅相成,互为一体,构建"三zhì"(志、智、致)教育教学课程体系:构建有"志"的课程、课堂目标和内容,以落实学生核心素养的培养为内核,着力培育志向远大、志趣健康多样的时代新人;构建有"智"的教学育人过程,让教学活动智慧化、教学手段智能化;构建有"致"的过程评价方向,追求致极、致远的行动准则。

近年来,学校持续深化课堂教学改革,推进教学管理向精细化发展,整体提升教学质量,促进学生全面发展。同时,学校注重学生养成教育的培养,定期对学生进行爱国主义教育、传统美德教育、法制教育、安全教育和国防教育等。

## 多彩社团　个性成长

社团活动是学校课堂教学的延伸性活动,是进一步深化教育教学改革,全面实施、推进素质教育的一个重要体现。

南戴河小学结合学科教学、教师特点,积极挖掘开发社团活动课的内容和形式,将学生社团活动作为学校特色课程建设的重要载体,为学生提供自主发展的时间和空间。学校用课程建设思想来引领教师进行课程开发,坚持在三至六年级开设校本课程,每周三利用一个下午的两节课时间,将校本课程与社团活动有机结合,共同创造适合于孩子快乐成长的社团活动课程,为学生的个性化、多元化发展提供支撑,让学生走进丰富多彩、生动有趣的社团活动世界。

在教师资源不足的情况下,学校聘请海娃艺校教师指导部分社团活动。学校开设了计算机创客、篆刻、沥粉画、竹笛、合唱、跳绳、鬼步舞、折纸、魔方、朗诵、泥塑、硬笔书法、中国舞等社团活动。学校还通过开展庆"六一"文艺演出、春季运动会、团体操表演、社团展示等,展示学生个性、发展学生特长、内化学生能力,促进学生全面发展、主动发展、快乐发展,展现学生自信、阳光的精神风貌。

## 浸润书香　悦读悦美

读书可以丰富学生的知识量,可以培养学生良好的自学能力和阅读能力,还可以进一步巩固学生课内学到的各种知识,对于他们各科的学习都有很大的帮助。读书还可以将学生课内、课外的学习有机结合。学生在课堂上掌握的知识需要再消化才能很好地吸收,大量的阅读,可以使学生将课堂内学到的知识,融会到从课外书籍中所获取的知识中去,相得益彰,形成立体、牢固的知识体系,直至形成能力。

南戴河小学以深化"百千万读书工程"为导向,以新颖活泼、形式多样的读书活动为载体,努力为学生打造书香校园。学校以班级读书小组为形式组织读书活动,进行读书笔记评比、读书心得交流、亲子共读、师生共读等活动。每天两分钟的亲子共读欣赏、每周一次的师生共读展示、每两周一次的班级读书展示评比已经成为常态活动。学校每周开设两节阅读指导课,强化阅读方法的指导,使阅读真正成为学生生活的一部分。同时,学校开展形式多样、喜闻乐见的活动——"阅读与人生相伴,文明与城市同行"赠书活动暨"浸润书香 悦读悦美"南小朗读者活动、"进入新时代 改革开新篇"讲故事比赛、整本书阅读(课本剧)评选汇报活动,开展星级读书小组和读书先进班级评比,营造浓厚的读书氛围。

读书活动的开展,进一步完善了学生的文化知识结构,提高了学生的创新精神和实践能力,彰显出学校的书香特色。

沥粉画社团学生在进行创作。

"浸润书香 悦读悦美"读书成果展示。

## 雏鹰争章　自立自强

在一个不断变革的时代，教育也在不断变革，教师的教学方式、学生的学习方式都在发生深刻的变革。现在的小学生视野开阔、思维活跃、兴趣广泛，动手实践、自主探索、合作交流的能力很强，教师如何才能成功驾驭学生变得越来越富有挑战性。建立一套有效、长效、高效的评价激励机制，是促进学生全面、持续、和谐发展的需要。

"雏鹰争章活动"是少先队的品牌活动，它最初是1993年启动的"跨世纪中国少年雏鹰行动"的重要组成部分。"雏鹰争章活动"有自己的奖章体系，自1994年至2012年，经历了三个阶段的变革。南戴河小学在杨飞主任的设计实施下，逐步形成了具有学校特色的"雏鹰争章——贝壳币"评价机制和体系。学校通过将学生的日常管理与"雏鹰争章"的奖励机制相结合，鼓励学生自主管理，推动学生积极要求进步的个性养成，并定期开放"雏鹰争章"超市，由学生干部担任超市管理员，为获得雏鹰奖章的同学们兑换不同等级的奖品，从而提高学生积极向上的动力，引导学生自理自强。

学生在"雏鹰争章"超市兑换奖品。

## 创客少年　面向未来

2017年7月，国务院印发《新一代人工智能发展规划》，提到中小学要设置编程教育。人工智能时代（Artificial Intelligence，缩写为AI）需要新的人才，而编程就是AI时代的基本工具，因此学习编程需要"从娃娃抓起"。

少儿编程就像一条路，指引着学生们通向另一种思维、另一个世界。学生们要学会的不是如何修路，而是如何利用脚下的路，去更远的地方，看更多的风景。南戴河小学机器人编程社团的指导教师宋红莲老师是计算机编程的爱好者,她组建机器人编程社团,带领学生从编程入门起步。2018年12月15日,"秦皇岛市第一届青少年电子信息智能创新大赛决赛和青少年科技教育论坛"在秦皇岛市第一中学举行,宋红莲老师组织五年级李智源等3名学生组建优秀战队获得团队三等奖。李智源同学通过这次比赛晋级全国总决赛。2018年12月22至23日,第六届"全国青少年电子信息智能创新大赛"(教育部办公厅正式公布的"2019年度面向中小学生的全国性竞赛名单"十二项全国科创类赛事之一)决赛在北京市海淀区举行,李智源同学荣获"趣味软件赛"国家

创客少年,筑梦未来。

级总决赛一等奖。2019年11月3日,由中国电子学会主办,秦皇岛市教育局、秦皇岛市青少年科技教育协会(河北省赛区组委会)承办的第七届"全国青少年电子信息智能创新大赛"河北省赛区决赛在秦皇岛市第一中学举行,经过激烈角逐,南戴河小学机器人编程社团共10名学生在"酷豆(KODU)软件编程"比赛中脱颖而出,全部获奖(5名学生荣获金奖,2名学生获一等奖,1名学生获二等奖,2名学生获三等奖)。5位金奖选手均入围国家总决赛,于2019年11月16日以"酷豆(KODU)软件编程"项目代表河北省小学组,参加了第七届"全国青少年电子信息智能创新大赛"。在这次比赛中,李智源、侯茗予、齐轩泽3名同学荣获二等奖,才俊杰同学荣获三等奖。

## 特色足球　积极进取

足球运动是一项具有竞争性和对抗性的运动项目。为了提高青少年足球队伍的基础培养,壮大中国足球未来发展的重要根基,近年来,南戴河小学将校园足球发展纳入学校的重要发展规划之中,积极开展足球运动训练。学校体育教师无论寒暑每天早上7点半准时开始带领足球队员进行训练,周六

日则在固定时间段开展足球集中训练，除了恶劣天气等特殊情况外全年无休。同时，学校还聘请国家级教练对足球队员进行专业指导。

学校不仅培养学生们对足球运动的兴趣和爱好，还通过训练锻炼学生们的身体素质，增强他们的体能，培养他们积极进取、乐观开朗和坚忍的意志品质。在2016年北戴河新区中小学足球联赛中，南戴河小学男足荣获第一名。在2017年至2019年北戴河新区中小学足球联赛中，南戴河小学男足、女足均荣获第一名。在2018年秦皇岛市中小学足球联赛中，南戴河小学女足获得第三名、男足获得第五名。在2019年秦皇岛市中小学足球联赛中，南戴河小学女足获得第四名、男足获得第五名。

奋力拼搏的足球少年

近年来，南戴河小学获得多项省市级荣誉。2014年，学校被评为"河北省素质教育示范学校"。2017年6月，学校荣获"河北省教育系统先进集体"称号。2013年5月，学校被评为"秦皇岛市德育示范校"。2016年8月，学校被评为"秦皇岛市课堂教学改革实验学校"。2017年8月，学校被评为"秦皇岛市百千万读书工程优秀学校"。2018年4月，学校被评为"第六届秦皇岛市青少年'阅知行'读书活动书香校园"。2018年9月，学校被评为"秦皇岛市课堂教学改革优秀学校"。

（赵海涛　许静潇　白　云）

# 附录
FULU

# 秦皇岛地区从古代到近代的学校

秦皇岛地区最早的学校在山海关。明正统元年（1436年），山海关设儒学衙门，称儒学署（因明朝在山海关设卫，也称卫学署），在文庙西。

儒学是官办的学校，是秀才读书、考试的场所。凡参加县试、府试和院试被录取者，统称秀才，有秀才资格者才能进入儒学学习。生员、庠生是秀才的一般通称，意思是儒学学生。廪生、增生、附生则是通过秀才"岁试"（即为考察州、县儒学学生学问优劣而举行的一年一度的考试）分出的等级，分别为一等、二等、三等。一等廪生，又称廪膳生，由国家发钱、发粮食供养。二等增生，又称增广生，地位次于廪膳生，没有供养。

山海关儒学设教授（教谕）1人，训导1人，教授管理教育行政，训导负责教授蒙童。就学者只限于士胄官宦子弟。起初规模较小，后经历年扩建，建先师庙宇，"修斋舍、筑宫廊、辟射圃"，设施才算完备。学校曾有文童17名，武童10名，廪膳生和增广生各20名。

秦皇岛地区除山海关外，永平府也设有儒学。

社学也是官办学校，不同于儒学的是，社学面对的是更广泛的民间子弟。社学始于元代，元至元二十三年（1286年），朝廷颁令：凡各县所属村庄以五十家为一社，设社长一人，"教劝农桑为务"，并设学校一所，择通晓经书者为教师，农闲时令子弟入学。明承元制，各府、州、县皆立社学，以教化为主要任务，教育15岁以下之幼童。清承明制，每乡置社学一所，社师择"文义通晓，行宜谨厚"者充补，凡近乡子弟，年十二以上、二十以下，有志学文者，皆可入学肄业，入学者得免差役。

明弘治十二年（1499年），兵部主事西司徐朴在山海关城东南角建立社学，明万历十五年（1587年），主事张栋改建为两处。另据清光绪三年（1877年）《抚宁县志》记载，抚宁县有社学两所，一是城内社学，在云从书院院内，清康熙初年由知县王文衡创建；一是洋河庄社学，在洋河庄大兴寺，清道光四年（1824年）由知县李惠创建。

书院，则有别于官办学校的教育系统，是官府或私人所设聚徒讲授、研究学问的场所。书院起源于唐代，由官府编修书籍的衙门演变而来。清代诗人袁枚在《随园随笔》中曾说："书院之名，起于唐玄宗之时，丽正书院、集贤书院皆建于省外，为修书之地。"宋代，是书院最为兴盛的时代。人们熟知的应天、岳麓、嵩阳、白鹿洞等众多书院，似乎都集中于宋代，而其实大都始建于唐代之后的五代十国时期。书院兼具官方性和民间性，参加科举考试的秀才会到书院里读书，同时，书院广纳民间学子，具有相当大的思想自由性。

秦皇岛地区建立较早的书院主要由官府兴建：

北平书院——明隆庆六年（1572年），永平知府辛应乾建，院址在永平府南卢龙县治旧基，后改为"教授署"。

云从书院——明万历四十三年（1615年），抚宁知县王台创建，院址在抚宁学宫路南。

东山书院——清康熙二十一年（1682年），抚宁知县赵端捐俸创建，院址在抚宁云从书院西。

骊城书院——清乾隆十一年（1746年），抚宁知县刘鉴创建，院址在抚宁文昌祠。

敬胜书院——清乾隆十二年（1747年），永平知府卢元曾建，院址在卢龙武庙西，旧武学地。清光绪二十八年（1902年）改为"永平府立中学堂"，1912年又改为"直隶永平府立中学校"。

东溟书院——清道光十四年（1834年），临榆知县肖德宣建，院址在山海关南街。

榆关书院——清同治四年（1865年），临榆知县许忠重建，监生姜德源捐银1000余两，院址在山海关。清光绪二十九年（1903年），改为"榆关小学堂"。后几经更名，先后定名为"临榆县立小学""临榆县立第一完全小学"。

碣阳书院——创建于清道光二十九年（1849年），清同治二年（1863年）续修。院址在昌黎县城内南街，因在碣石山之阳而得名。院内有"五凤齐飞""斗宿腾辉"匾额。清光绪二十九年（1903年），改为高级小学堂。1938年，改为昌黎县中学。

明清、民国之际，秦皇岛地区的学校除儒学、社学和书院外，尚有私塾和义学。

秦皇岛地区的私塾按开办形式大致可分四种：

门馆——塾师（也叫先生）在家或租房自行设馆招生授业。门馆塾师多为落第秀才或读书识字的人，收缴弟子的学金或学谷（古称束脩）作为酬金。这种门馆较多，遍及城乡。清光绪十一年（1885年），举人马进思在抚宁海阳镇东胡同办的马氏私塾招童生30人，是比较早的一个门馆。后由其子马守志（秀才）、其孙马东余（秀才）接办。

专延馆（也叫坐馆或家塾）——由官僚、地主、豪绅、富户请教师在家设馆教自家或近亲子弟。民国初年，抚宁杨各庄乡青山口村，抚榆警备司令汪铁松聘请秀才潘某来家坐馆，教授自家和亲友子女10余名。此等私塾要求塾师学识比较渊博，待遇也较高。

公延馆——由一村或相近的几个村自愿结合，推举较有名望、关心教育的人士做学董，聘师择址设馆授业。塾师的待遇经商定后，由童生家长分摊。昌黎县阎庄乡大史家口村聘苟冠三为塾师，教本村子弟，即为公延馆。

族馆——利用氏族祠堂、公产收入设立私塾，延请塾师专教本族子弟，称之为族馆。清宣统三年（1911年），抚宁县坟坨徐庄村徐氏宗祠聘请秀才徐文成教授本族子弟20余名，就是这类私塾。

义学，又称义塾，指的是旧时靠官款、地方公款（或地租）或私人募资设立的蒙学，招生对象多为贫寒子弟，免费上学。明成化九年（1473年），永平府知府王玺在卢龙城隍庙西建永平府义学。明隆庆二年（1568年），永平府知府刘庠在卢龙南关厢街西建义学。清光绪三年（1877年），永平府知府游智开于卢龙文昌宫接官厅设义学两处。清道光二十四年（1844年），抚宁邑侯张煦创办界岭口义学。清光绪六年（1880年），山海关北街静修庵建山海关义塾。同年，永平府知府陈庆之建经师义学，清光绪三十二年（1906年）停办后改为师范学堂。清末至民国初年，昌黎县共有义学20余所，较著名的有城关古塔寺义学、蛤泊街义学、石各堡义学、王各庄何氏义学、薛

营陆一敬女子义学等。

清道光二十年（1840年），第一次鸦片战争后，从"师夷长技以制夷"的理念出发，"废科举，兴学堂"逐渐成为新旧两种教育制度斗争的焦点。清同治元年（1862年），作为第一所官办外语专门学校的京师同文馆，成为清末最早设立的洋务学堂。清同治五年（1866年），京师同文馆内增设了天文算学馆，讲习天文和算学，这是京师同文馆由翻译学校变为近代普通学校的重要标志。此后二三十年，各类新式学堂如雨后春笋一般在各地纷纷设立，成为近代新式教育的萌芽。其中，清光绪十年（1884年），叶志超创办了山海关行营武备学堂。

清光绪二十二年（1896年），刑部侍郎李瑞棻在《推行学校折》中倡议，设三级学校——府、州、县学和省学、京师学，并首倡设立"京师大学堂"的建议。

清光绪二十四年（1898年），康有为在《请开学校折》中重申此议，并提出"远学德国，近学日本""设立小学、中学、专门高等学校和大学"。他和梁启超还一同代总理各国事务衙门起草了《奏拟京师大学堂章程》。同年，昌黎县赤洋口乡苟庄子村刘继庚将村中私塾改为学堂，这是秦皇岛市第一所小学堂。

清光绪二十七年（1901年），清政府推行庚子新政（又称清末新政、庚子后新政）。"废科举，办学堂，派留学"，是新政在教育改革方面主要推行的内容。9月4日，清政府命令各省城书院改成大学堂，各府及直隶州改设中学堂，各县改设小学堂，并多设蒙养学堂。12月5日，清政府颁布学堂科举奖励章程，规定学堂毕业生考试后可得进士、举人、贡生等出身。也就是在这一年，清政府废除了八股考试，改试策论。

清光绪二十八年（1902年），清政府颁布了由管学大臣张百熙拟定的《钦定学堂章程》，亦称"壬寅学制"。这是我国正式颁布但未实行的第一个学制，也是中国近代教育史上第一次法定学校系统。《钦定学堂章程》分《蒙养堂章程》《小学堂章程》《中等学堂章程》《高等学堂章程》及《京师大学堂章程》等。

清光绪三十年（1904年），清政府又颁布了由张百熙、荣庆、张之洞重新拟定的《奏定学堂章程》，又称"癸卯学制"。"癸卯学制"将教育分为初等教育、中等教育和高等教育三个阶段，包括《蒙养院及家庭教育法》《初等小学堂章程》《高等小学堂章程》《中学堂章程》《高等学堂章程》《大学堂章程》（附《通儒院章程》）等。与普通学堂并行的还有专业教育，包括师范学堂及各类实业学堂，在学制上自成系统。同时，"癸卯学制"要求将民间庙宇一律改为学堂，绅民建学堂者予以奖励。

清光绪三十一年（1905年）八月初二，直隶总督袁世凯、湖广总督张之洞、两江总督周馥、两广总督岑春煊等地方督抚联合会奏，强烈要求立刻停止科举制度，转而全力推广学堂。清政府于八月初四正式下诏，"著即自丙午科为始，所有乡会试一律停止，各省岁科考试亦即停止"，同时强调全国上下要"多建学堂，普及教育……严饬府厅州县赶紧于城乡各处遍设蒙小学堂"。中国历史上延续了1300多年的科举制度至此被最终废除。12月6日，清政府下谕设立学部，专管全国学堂事务。

到清末，秦皇岛地区共有小学堂259所。

（卢纪锋）

# 秦皇岛地区小学演变发展史

小学，是人们接受初等正规教育的学校。

西方初等教育学校最早产生于16世纪的德国，由城镇主办，教习实用知识和新教教义。此后欧洲各国和日本在资产阶级革命以后，也相继成立这种学校。

中国古代幼儿的启蒙教育，一般称为"蒙学"，相当于现在的幼儿园或小学。1840年鸦片战争后，西方传教士将现代学堂和教育制度引入中国。中国现代教育奠基人何子渊等人也开风气之先，创办了多所新式中小学。

清光绪二十四年（1898年），康有为在《请开学校折》中提出"远学德国，近学日本""设立小学、中学、专门高等学校和大学"。同年，昌黎县赤洋口乡苟庄子村刘继庚将村中私塾改为学堂，这是秦皇岛市第一所小学堂。

清光绪二十七年（1901年），清政府推行庚子新政（又称清末新政、庚子后新政）。9月4日，清政府命令各省城书院改成大学堂，各府及直隶州改设中学堂，各县改设小学堂，并多设蒙养学堂。

清光绪二十八年（1902年），清政府颁布了由管学大臣张百熙拟定的《钦定学堂章程》，亦称"壬寅学制"。这是我国正式颁布而未实行的第一个学制，也是我国近代教育史上第一次法定学校系统。《钦定学堂章程》中包括《蒙养堂章程》及《小学堂章程》。

清光绪三十年（1904年），清政府又颁布了由张百熙、荣庆、张之洞重新拟定的《奏定学堂章程》，又称"癸卯学制"。"癸卯学制"将教育分为初等教育、中等教育和高等教育三个阶段，其中初等教育阶段包括蒙养院四年、初等小学堂五年和高等小学堂四年。初等小学堂以"启其人生应有之知识，立其明伦理、爱国家之根基，并调护儿童身体，令其发育为宗旨，以识字之民日多为成效"。高等小学堂以"培养国民之善性，扩充国民之知识，强壮国民之气体"为宗旨。初等、高等小学堂必修的学科主要有修身、读经讲经、中国文学、算术、历史、地理、格致、体操等。

清光绪三十一年（1905年），中国历史上延续了1300多年的科举制度被最终废除。12月6日，清政府下谕设立学部，专管全国学堂事务。

清宣统元年（1909年），清学部颁布《变通初等小学堂章程》，分初等小学堂为五年完全科、四年简易科和三年简易科。

1912年1月，孙中山组织临时政府。蔡元培任教育部教育总长，颁布《普通教育暂行办法》《普通教育暂行课程标准》及《小学校令》。9月，教育部在北平召开临时教育会，宣布废除"癸卯学制"，制定新学制，因该年是壬子年，故称"壬子学制"。"壬子学制"规定初等教育七年（初小四年为义务教育、高小三年）。

1913年8月，教育部又陆续颁布了各种学校规程，对新学制有所补充和修改，于是又总合成一个更加完整的学制系统，即"壬子癸丑学制"。"壬子癸丑学制"将"学堂"改为学校，废除读经，第一次规定男女可以同校（初小阶段）。

北洋政府于1915年改初等小学校为国民学校，以"授以国民道德之基础及国民生活所必需之普通知识技能为本旨"。孩童6岁入学，在国民学校修业四年，毕业后视具体情况可升入高等小学校（修业三年）。另设预备学校，同国民学校、高等小学校平行，以"施以初等普通教育、预备升入中学为本旨"。

1922年，北洋政府教育部在济南召开学制会议，因这一年是壬戌年，故称之为"壬戌学制"。"壬戌学制"规定，取消预备学校，国民学校改为初等小学校，初级小学校修业四年，高级小学校修业二年，实行"四、二制"。

1940年，国民政府实行所谓"管、教、养、卫一体"，规定各乡设中心国民学校（相当于中心小学），由乡长兼任乡壮丁队长和校长，各保设国民学校（相当于村小），校长由保长兼任。

中华人民共和国成立后，在乡镇（人民公社）一级设置一所中心小学，在各村（生产大队）设村小。随着老龄化加速，幼儿人口比重下降，小学生

源减少，各村小开始撤并，很多地方仅保留寄宿制中心小学。新中国的小学学制废除了民国时期的初小和高小之分，实行一贯制小学，先后有五年制和六年制小学。

## 清末的小学堂

昌黎县赤洋口乡苟庄子村的刘继庚，在清光绪二十四年（1898年），改村中私塾为学堂，创立了秦皇岛地区第一所小学堂。学堂招收80名学生，聘请两位教师，学制四年，课程设置与私塾大致相同。

清光绪二十七年（1901年），天主教在卢龙县城内大新坡处教堂内开办小学堂一所，当时称"公学"。学堂主要招收教民子女，男女分班。校长姓李，拔贡出身。清光绪二十八年（1902年），卢龙县又在城内永丰山上原考棚处建卢龙县高等小学堂，招生3个班，学生百余名，校长阎殿邦。同年，卢龙县还在县立高等小学堂北、城内南街东三条胡同路北，分别建立了县立初等小学堂。清宣统三年（1911年），天主教所建"公学"改为天主教两等小学堂，有学生50余人，由神父掌管。1931年，学校改为"晓明小学"。1945年，学校停办。

清光绪二十八年，迁安县在邵庄、七道河、酰杖子等3个村建立了初级小学堂，这是现青龙县境内第一批公立小学校。同年，美国基督教卫里公会美以美会在大杖子村建立了"贵贞女子小学堂"。

清光绪二十九年（1903年），山海关将榆关书院改为"榆关小学堂"，由省里派教员，照新章上课，这是山海关第一所新式学校，曾命名为"高等初等小学校"，俗称"西高小"或"西两等"，后定名为"临榆县立小学""临榆县立第一完全小学"。1953年，改名为"胜利小学"。

清光绪三十年（1904年），"癸卯学制"正式颁布执行。这一年，昌黎县在县城西花园建立了一所县立高等小学堂，到清宣统三年（1911年），学堂已有6个教学班，200余名学生，教师7人。清光绪三十一年（1905年），美国基督教卫里公会美以美会在昌黎城关东街办男女兼收、分班授课的福音堂小学堂。

清光绪三十二年（1906年），始建于清康熙初年的抚宁县城内社学更名为"抚宁县立高等小学堂"。同年，台头营镇在城内大南街建立了"抚宁县公立台头营镇两等小学堂"。

"癸卯学制"颁布执行后,海港区安子寺村李慎之老先生于清光绪十六年(1890年)所办专延馆,改名为"安子寺小学堂"(后改为"安子寺小学")。同时,海港区的邹吕庄、南大寺、孟家营、西富店、小安乐寨、西盐务、白塔岭等村先后建立了公立初等小学堂。

清光绪三十三年(1907年),山海关副督统儒林(满族)创办了一所初等小学堂,校址在旧都署西院(今山海关三中校址),专供满族子弟入学。清宣统元年(1909年),又增设高等小学堂,名为"两等小学堂",俗称"东两等"。

清光绪三十四年(1908年),石门寨镇在城内白衣庵建立"临榆县石门寨镇高等小学堂"。

清宣统元年,北戴河刘庄村创办初等小学堂。

清宣统二年(1910年),美国基督教卫里公会美以美会利用"庚子赔款"(其中昌黎县向教会赔白银21920两),在昌黎县城关义地建立了两所学校——"成美学馆"和"贵贞女子学馆"。两所学校都为小学堂。

同年,抚宁县太和寨村在村中财神庙建立了"抚宁县公立太和寨初等小学堂",教员1人,复式班1个,学生30余名。海阳镇在北街上帝庙创建了"临榆县立海阳镇高等小学堂"。

清宣统三年(1911年),现青龙县境内(时属临榆县)的干沟、马杖子、钓鱼台、牛心庄建立了4所区立小学堂。

到清末,秦皇岛地区共有小学堂270所(海港区6所、山海关区19所、北戴河区1所、昌黎县25所,抚宁县118所、卢龙县74所、青龙县27所)。

## 民国的小学校

1912年1月,孙中山组织临时政府,蔡元培任教育部教育总长,颁布《普通教育暂行办法》《普通教育暂行课程标准》及《小学校令》。9月,教育部在北平召开临时教育会,宣布废除"癸卯学制",制定新学制,因该年是壬子年,故称"壬子学制"。"壬子学制"规定初等教育七年(初小四年为义务教育、高小三年)。

1912年,秦皇岛建立了"山东会馆初级私立小学",解决为修建秦皇岛

码头由山东招募的大批工人的子弟入学问题。

1913年，根据"壬子癸丑学制"，秦皇岛地区将初等、高等小学堂改为初等、高等小学校，高等小学校由县设立，称为"县立高等小学校"，初等小学校由乡设立，称为"公立初等小学校"或"两等小学校"。

1915年，白辅廷在海港区创办"民意小学"，校址在海阳路。

1916年，北戴河建大蒲河寨、小蒲河寨和北戴河三所小学。1917年，基督教会在刘庄村设立"崇德小学"，校址在安四路三号，所招收的学生多为教友子弟。此后，车站小学、蔡各庄小学、崔各庄小学、河东寨区立初级小学、田氏私立第八初级小学（校址在王胡庄）、北戴河村李氏私立初级小学、赤土山区立初级小学等相继成立。

1918年，白辅廷等捐助地基6亩、校舍7间，第二年又添筑后院、讲室、操场，成立了"秦皇岛高级初级小学校"，田真元（又名田起轩）任校长。

同年，山海关建"京奉铁路公立第三小学"，后改为"扶轮小学"，并发展为今天的"山海关铁路小学"。

同年，杜汉川联络开明绅士关墨轩、崔风祥、潘涛、杜青等在青龙创办"龙王庙高等小学校"（1938年改称"龙山高小"），杜汉川任校长。

1920年，教育部命令，从小学低年级开始，改国语（文言文）为语文（白话文），各小学推行国音字母。

1921年，京奉铁路局在海港区崇俭街1号开办了"扶轮小学校"，王福庆任校长。"扶轮"一词，一方面传递了火车机车车轮的外观形象——两侧的传动杆扶着车轮的样子，另一方面来源于成语典故"灵辄扶轮"（出自《左传·宣公二年》，讲述的是灵辄"扶车以臂承轴"，拼死报答晋大夫赵宣子救命之恩的故事）和"扶轮推毂"（尽力帮助别人成就伟大功业），含有怀恩报效之意。曾任北洋政府交通部总长的叶恭绰提议将"扶轮"作为最早的铁路子弟学校名称，意为扶轮学校培养出的学子能够成为报效国家的栋梁之材。

1922年，根据北洋政府教育部"壬戌学制"的规定，秦皇岛地区小学也开始实行"四、二制"。

1928年，开滦矿务局秦皇岛经理处在海港区青云里建立了"秦皇岛开滦小学男校"，董锟（又名董瑢九）任校长，建校初有6个班，学生100人，教职员10人。第二年9月，开滦矿务局秦皇岛经理处又在海港区蓬莱路建成女校，张钟年任校长，建校初有 4 个班，学生 80 人，教职员 9 人。

1929 年夏季，秦皇岛商会筹建、由各商户捐助经费，建成了"私立秦皇岛商会高级初级小学校"。校址在海港区东大庙，建平房 54 间，白玉光任校长。

1930 年 5 月，耀华机器制造玻璃股份有限公司总工程师赫尔曼给总经理那森写信，详述办学的重要性，请为耀华工人兴办一所小学。1931 年 6 月 22 日，经过"秦皇岛耀华玻璃工厂增薪运动委员会"的斗争，耀华机器制造玻璃股份有限公司与耀华玻璃厂工会签订了《劳资协定契约》。契约共 15 款，其中第二款规定："公司方面当于最短可能时间内，从速建设学校一所，以为教育本公司工人子弟之需……"同年 9 月 21 日，"私立秦皇岛耀华职工子弟小学校"举行了开学典礼。校址在耀华老村东北角，初始只有 2 个年级 2 个班，聘请两名教师任教。

民国初期的 20 年间，也是山海关教育事业大发展的时期，在新文化运动的冲击下，办学之风兴盛。1918 年，"临榆县立女子高级初级小学"建校，校址在曾任察哈尔都统、陆军部次长、山东省督军兼省长的田中玉宅后房，1921 年迁至儒学旧署东院（后来的山海关第三中学西院），俗称"女校"，初期只有初小一班、高小两班。到 20 世纪 30 年代初，学校发展到初高小共 12 个班，600 余人。1921—1922 年，田中玉在山海关先后建立 8 所小学（其中 1 所在北戴河）："田氏私立第一初级小学"，校址在高建庄；"田氏私立第二初级小学"，校址在西关；"田氏私立第三初级小学""田氏私立第六初级小学"，校址均在城南肖庄；"田氏私立第四初级小学"，校址在东罗城祥顺胡同；"田氏私立第七初级小学"，校址在东罗城田氏苗圃；"田氏私立第八初级小学"，校址在北戴河王胡庄。这些小学虽然规模较小，但是分布较广，学生多数在 40～70 人之间，对山海关地区发展启蒙教育起到了重要作用。这一时期，山海关地区开办的小学还有"南关区立初级小学校""西关区立初级小学""东罗城区立初级小学""商会会立初级小学""回民公立初级小学""景兴堂自立初级小学""巩民私立淑文女子初级小学"等。

1925 年，北戴河刘庄村村民用卖海沙的钱在村东为刘庄初级小学建教室 7 间。1929 年，刘庄村又在村中财神庙内开设了女子初级小学。同年，原清末秀才李香波创办的私塾，继民国初期改为初级小学堂后，在这一年被确定

为"拨道洼区立第一初级小学"。到 1929 年,现北戴河区境内有初级小学校 28 所,学生 929 人。后因村校筹资困难,一村多校或男女分校者,逐渐合并为一校。

1921 年左右,曾任京师警察总监的薛之珩在老家卢龙县燕河营乡建"薛氏私立小学"(1931 年改为"卢龙县立燕河营高级小学")。1926 年,卢龙县城内关帝庙的私塾改为私立"改良小学",谢雨樵(谢润之)任校长兼教师。同年,哈老八在城内田家花园建"私立花园女子初级小学",时称"私立花园女小",后改为"卢龙县立花园女子初级小学"。1927 年,蔡恭圕在城内县学街建"私立蔡氏初级小学"。至 1931 年,卢龙县共有公立小学 102 所,私立小学 3 所(晓明小学、蔡氏小学和改良小学)。公立小学中,有高级小学 9 所,城内 3 所分别是县立高级小学、县立完全小学、县立北街女子完全小学,农村 6 所分别是县立九百户、双望、燕河营、张庵子、临河寺、时各庄高级小学。公立初级小学 93 所,城内的两所分别是县立男子初级小学和县立花园女子初级小学,其余皆为农村初小(88 所男初小,3 所女初小)。

昌黎县至抗日战争前共有小学 131 所,其中公立的 5 所,村办的 106 所,私立的 14 所,教会办的 6 所,共 223 个教学班,在校生 7419 人。公立小学有昌黎西街古塔寺初等国民学校(1912 年建)、北街观音阁小学(1912 年建)、昌黎县女子小学(1913 年建)、县立中学小学班(1929 年建)、西花园初级小学(1930 年建)。教会办的 6 所小学是东街福音堂小学(1905 年建)、东关汇文中学附小(1922 年建)、东关贵贞女子附小(1922 年建)、施各庄福音堂小学(1923 年建)、城关西花园万慈会小学(1927 年建)、薛营村天主教会学校(1931 年建)。私人办的学校比较著名的有邵兴周在小蒲河村办的养正小学(1918 年建)、马守山在高庄村办的马氏小学(1290 年建)、常荫清在常庄办的常庄小学(1921 年建)、马汝谦在城关东南庄子(今四街)办的马氏小学(1925 年建),以及由边奎影、刘炳君、边瑞山等集资办的边封台小学(1929 年建)等。这些私人办的学校师资水平较高,办学条件较好,教学质量也较高。如边封台小学在 1930 年全县会考中获第一名,小蒲河村养正小学培养的毕业生中有 8 名经过中学学习升入了名牌大学。

1913 年,抚宁县卢王庄村集资在村内玉皇庙建立了"抚宁县公立卢王庄初级小学校",抚宁县榆关村在村内关帝庙建立了"抚宁县公立榆关初等小

1922年，黎元洪为"太和寨完全小学校"公园题写"太和寨公园"。

学校"。1914年，抚宁县太和寨村人王绍先经与临榆、抚宁两县磋商，筹建"临抚共立太和寨高等初等小学校"。之后，王绍先在临、抚两县县公署的支持下，奔走于东北、天津、北京各地，向临、抚籍的富商大贾募化办学资金2万余元，购买土地10余亩，建筑校舍79间，并购置了较完备的教学仪器、图书及其他用具。王绍先担任首任校长。同年，抚宁县留守营在庵子庙建立"抚宁县公立留守营初等小学校"。1915年，"抚宁县公立台头营镇两等小学堂"在改名为"抚宁县公立台头营镇初等高等小学校"后，又改名为"抚宁县立台头营镇高等小学校兼国民学校"。1919年，"临抚共立太和寨高等初等小学校"在学校南面修建公园1座，占地10余亩，园内栽植各种鲜花、果树和松柏树。春季花香醉人，夏季蜂蝶纷飞，秋季果实累累，冬季松柏叠翠。学生除临、抚两县外，还有东至沈阳、西至天津的学生。学校教员大部分是省立滦县师范的毕业生，另外还有部分大学生，师资力量雄厚，教学质量较高，驰名京东。每年在校学生200余名，半数以上的学生在校食宿。1920年，直隶省教育厅授予学校"优秀小学"荣誉称号。1922年，黎元洪总统授予学校勋章一枚，并亲笔为学校公园题了"太和寨公园"的匾额。同年，学校更名为"太和寨完全小学校"。之后，学校又被誉为"京东模范小学"。1921年，抚宁县大新寨村阎希龄先生操办，利用村中老爷庙作教室，建立了"抚宁县公立大新寨初等小学校"。1922年，"抚宁县立高等小学校"开始招初级班，改名为"抚宁县立完全小学校"。同年，"抚宁县立台头营镇高等小学校兼国民学校"改名为"抚宁县立台头营镇完全小学校"，"抚宁县公立留守营初等小学校"更名为"抚宁县公立留守营初级小学校"。1931年，抚宁县有525个村庄，分7个学区，有完全小学校6所（内含私立完全小学

2所），初级小学校154所（内含私立初级小学7所）。1932年，"抚宁县留守营初级小学校"与"抚宁县好马营村梁氏私立完全小学校"合并，称"抚宁县留守营完全小学校"，校址在留守营。

1914年"临榆县石门寨镇高等小学堂"增设初级班，更名为"临榆县立石门寨高等初等小学校"，校址迁至旧巡检署。1916年，"临榆县公立驻操营国民学校"建立。1922年，"临榆县立石门寨高等初等小学校"更名为"临榆县立石门寨完全小学校"，校址迁至北斜街观音堂。同年，"临榆县立海阳镇高等小学校"开始招初级班，改名为"临榆县立海阳镇高级初级小学校"，后又改称"临榆县立海阳镇完全小学校"，分总校、男校、女校三部。1925年，临榆县驻操营南关李鳞书（时任柳江煤矿总经理）捐资扩建"临榆县公立驻操营国民学校"。1929年，"临榆县公立驻操营国民学校"开始招高级班，改名为"临榆县公立驻操营完全小学校"。

1931年2月13日，南京国民政府批准，设立都山设治局，筹建都山县，将迁安县长城外七、八、九、十、十一区和抚宁县长城外的第八区划归都山设治局，驻地双山子镇。都山设治局成立后，青龙县的现代小学校发展较快。

到1931年，秦皇岛地区共有小学校583所（海港区30所、山海关区27所、北戴河区28所、昌黎县131所、抚宁县160所、卢龙县102所、青龙县105所）。

## 战争期间的小学

九一八事变后，1933年，山海关被日本侵略军占领，日伪势力随即渗入秦皇岛地区。

1935年12月15日，伪"冀东防共自治政府"成立，日伪势力正式统治秦皇岛地区，进行奴化教育。

1936年，海港区长城马路妇女识字班学员日增，第二年改为道德会秦皇岛分会"道德会初级小学"。1939年，学校迁到通真街新校址。到1943年，学校发展成为完全小学，改名为"秦皇岛明德女子义务小学"。学校宣讲"修身、齐家、治国、平天下""三纲五常""三从四德""和为贵，忍为高""妇德女道"等封建道德规范。其中"妇德女道"中有这样的教诲："婆婆性如灰，少唠啵不吃亏；姑娘性如棉，孝敬父母少花钱；娘妇性如水，多干活少噘嘴。"1945年，美国舰队载来国民党十三军和五十二军在秦皇岛登陆，接管了秦皇岛。1946年9月，开滦矿务局秦皇岛经理处迫于煤厂工人建立自己的子弟小学的强烈要求，在原筛煤处用旧工房开办了"煤厂新生小学"。同年，天主教会在天主教堂院内开办了"秦皇岛教民小学"，开滦路开办了"开滦路镇三保国民学校"，秦皇岛商会在东大庙后院开办了"秦皇岛商会自强慈幼院小学"。1948年1月初，临榆县立秦皇岛中学院内的附小迁到遇井街。26日，秦皇岛中学附小改名为"朝阳镇第一中心国民学校"。同年，秦皇岛忠义普及学社建立了"秦皇岛忠义普及学社小学"。截至1948年，海港区小学基本情况如表1所示：

表1　1948年海港区小学基本情况表

| 校名 | 班数 | 学生数 | 教职工数 | 校长 | 备注 |
| --- | --- | --- | --- | --- | --- |
| 朝阳路镇第一中心国民学校 | 6 | 422 | 11 | 赵汝楫 | 城市部分 |
| 朝阳路镇第二中心国民学校 | 8 | 444 | 15 | 范宝琪 | 城市部分 |
| 朝阳路镇第三中心国民学校 | 6 | 437 | 16 | 王焕章 | 城市部分 |
| 海阳路镇中心国民学校 | 13 | 877 | 23 | 侯德锡 | 城市部分 |
| 秦皇岛开滦小学 | 20 | 1500 | 30 | 苑锺琳 | 城市部分 |
| 秦皇岛耀华小学 | 12 | 455 | 16 | 张敬明 | 城市部分 |
| 秦皇岛扶轮小学 | 6 | 464 | 11 | 王福庆 | 城市部分 |
| 秦皇岛明德女子义务小学 | 6 | 174 | 10 | 任佩文 | 城市部分 |
| 秦皇岛忠义普及学社小学 | 2 | 90 | 5 | 丁述尧 | 城市部分 |
| 秦皇岛天然小学 | 3 | 80 | 5 | 郭致泽 | 城市部分 |
| 秦皇岛山东会馆小学 | 5 | 110 | 7 | 于广东 | 城市部分 |
| 煤厂新生小学 | 2 | 100 | 4 | 张希闵 | 城市部分 |
| 秦皇岛教民小学 | 3 | 100 | 6 | 刘汉鼎 | 城市部分 |
| 秦皇岛商会自强慈幼院小学 | 1 | 50 | 1 | 王少传 | 城市部分 |
| 秦皇岛商会达仁完全小学 | 6 | 276 | 10 | 吴际兴 | 城市部分 |
| 开滦路镇三保国民学校 | 1 | 50 | 1 | 王菊芳 | 城市部分 |
| 邹吕庄国民学校 | 2 | 102 | 2 | 王凤朝 | |
| 南大寺国民学校 | 1 | 40 | 1 | 杨启昌 | |
| 安子寺中心国民学校 | 4 | 180 | 6 | 孙柏如 | |
| 白塔岭中心国民学校 | 3 | 200 | 5 | 郭崇善 | |
| 大乐安寨国民学校 | 1 | 30 | 1 | 杨冉军 | |
| 孟营中心国民学校 | 3 | 135 | 5 | 王洪恩 | |
| 邢庄国民学校 | 1 | 30 | 1 | 徐宝仁 | |
| 向河寨中心国民学校 | 5 | 200 | 8 | 王玉岐 | |
| 慕义寨中心国民学校 | 6 | 125 | 14 | 杨云书 | |
| 归提寨国民学校 | 3 | 85 | 9 | 杨瑞安 | |
| 西盐务国民学校 | 1 | 80 | 1 | 张孝民 | |
| 徐庄国民学校 | 2 | 68 | 2 | 邓秀文 | |
| 东盐务国民学校 | 1 | 50 | 2 | 陈绍义 | |
| 玉皇庙国民学校 | 1 | 27 | 1 | 陈玉 | |

续表

| 校名 | 班数 | 学生数 | 教职工数 | 校长 | 备注 |
|---|---|---|---|---|---|
| 小高庄国民学校 | 2 | 65 | 2 | | |
| 东李庄国民学校 | 1 | 31 | 1 | 周文彬 | |
| 黄土坎国民学校 | 1 | 43 | 1 | 周公乃 | |
| 西富店国民学校 | 2 | 60 | 2 | 孙永清 | |
| 范家店国民学校 | 1 | 4 | 1 | 李庆兰 | |
| 总计 | 140 | 7084 | 236 | | |

山海关在日本占领时期只新办了两所小学，一是"大成实验小学"，一是"理善会小学"（由戒烟戒酒的群众组织"理善会"在1934年前后开设）。国民党统治山海关期间，"西两等"（"临榆县立小学"）改名为"临榆县立第一完全小学"，"东两等"改名为"临榆县立第二完全小学"，"南关区立初级小学校"改名为"临榆县立第三完全小学"。1946年，因蒋介石六十大寿，在献礼祝寿活动中，"临榆县立女子高级初级小学"改名为"中正小学"。第二年秋，由于国民党财政拮据，把"临榆县立第一完全小学""临榆县立第二完全小学""临榆县立第三完全小学""西关区立初级小学"等4所较大的小学下放为镇办，分别更名为"街西镇小学""街东镇小学""南关镇小学""西关镇小学"。教师工资由镇公所发粮条，凭条换取玉米，各校自行到农村索取。

1935年，北戴河海滨公益会会长朱启钤会同天津铁路局和海滨风景管理局共同组建了"北戴河区立完全小学"，校董朱启钤、雍剑秋，蒋岳东任校长。学校通过考试招收三年级、五年级和六年级各一个班，学生118人。学校教师来自北京香山慈幼院，均系保定师范毕业，知识渊博，教绩卓著，使得学校闻名遐迩，可与同期名校"临抚联立太和寨中心小学"（即前文中的"太和寨完全小学校"）相媲美。学校有34间房舍，教室、办公室、游艺室图书室、洗漱室、宿舍、厨房、饭厅等一应俱全，体育设施有篮球场、网球场、双杠、转盘、滑梯等。1941年，道德会海滨分会在海滨平安路北侧创办"慕贞女子小学"。同年，"崇德小学"解散，部分学生与教师合并到刘庄初级小学。1946年，滦县省立师范学校在陆庄办学，得到海滨自治区公署及"章乐善堂"的资助，遂取名为"联立陆庄小学"。1947年，"拨道洼区立第一初级小学"改名为"临榆县二区拨道洼中心小学校"。至1948年，现北戴河区境内共有19所小学，其中高级小学6所（"北戴河区立完全小学""联立陆庄小学""临榆县二区拨道洼中心小学校"及刘庄小学、赤土山小学、蔡各庄小学)。

　　1935年至1936年，卢龙县办了一些"短期小学"，如桃园短期小学等，以速成扫盲为目的，学制一年，两册课本。但教学内容较多，学生吃力，完不成教学任务。这些"短期小学"后来都改为乡立初级小学。1937年春，曾任伪保定道尹（相当于保定市市长）的李景明在老家卢龙县前下荆子村建私立"李氏完小"。学校有教室3个，分初级班、高级班，学生百余名，教师近10人，李选之任校长。学生质量较高，驰名县内外。约在1940年，学校改为乡立完全小学。同年，开办煤矿的秦兆熙在花台建立"秦氏完小"。全校6个班，200多名学生，教师10余人。约在1943年，学校被卢龙县接收。当时学校有校歌："燕赵遗传兮，慷慨流风，山水回环兮，毓秀钟灵，开发实业得成功，办学心诚……"抗日战争期间，卢龙县的小学教员积极参加抗日，著名女烈士李洗凡便是虎头石小学的教师。游击区各小学采取"敌来我走，敌走我教"的方针。学生备有两套课本，一是冀东行署编的进步课本，一是日伪编的奴化课本，敌人来时，学生将进步课本藏起来，拿出奴化课本做"样子"。一般情况下，为了提前发现敌人，学校责成专人观察"树标"（设在高处的假树信号），"树标"一倒，说明敌人来了，师生就转移到树林或山沟里去上课。1943年，张庵子小学校长揣世荣热情帮助迁卢抚昌联合县政府动员其他知识分子和开明绅士积极投入抗日，组织文教界抗日救国联合会，还开办皮影团大力宣传抗日政策。1944年，曾任大李佃子小学教导主任的张佐舟，加入晋察冀军区第十三军分区地方主力部队第八地区队（简称"八区队"），在木井一带，参加营山反合围战斗。解放战争期间，卢龙县的很多小学组织学生参加儿童团。燕窝庄小学儿童团有130多人，团长王发。这个儿童团在平分土地时监视地主的活动，先后从行人中查出大烟走私犯和手枪等，还帮助妇救会护理解放军伤员，并集资买了一头肥猪慰劳伤员。华北野战军第四野战医院曾授予这个儿童团"模范儿童团"锦旗一面。1947年春，国民党九十四军在卢龙城内钟楼上坡路南建立了"中正完全小学"，由军队中的连长担任校长。同年夏，卢龙城的国民党军队弃城逃走，将城内学校大部分教师强行带走。一时间，卢龙城内的小学教育成为一片空白。1948年冬，"晓明小学"旧址上新建一所小学，其他小学也先后陆续恢复。石门镇解放后，薛祝华解囊修复"石门小学"，1949年3月，卢龙县予以通令嘉奖，9月又邀请他为庆祝新中国成立特邀代表。

1935年，日本在昌黎县设立领事馆时，建立了日本小学校，招收日韩儿童入学。学校在1945年日本投降时解散。1940年，昌黎县知事闻骧融为建设模范县，划乡并校，在全县69个大乡和城关镇普遍建立了完全小学，各村建立初级小学，全县形成了完整的教育网络。

1941年，抚宁县建40个大乡，每乡建1所乡立中心小学校。同年，卢王庄乡乡长高卫庭主持操办，将"抚宁县公立卢王庄初级小学校"扩建为"抚宁县卢王庄乡立中心小学校"（1945年又扩建为"抚宁县卢王庄乡立完全小学校"）。1942年，"抚宁县公立榆关初级小学校"扩建为"抚宁县公立榆关完全小学校"（1946年，由于国民党军队和"还乡团"骚扰，学校停办）。日本侵略者为加强对学校的控制，令部分乡长兼中心小学校校长，但这并不能遏制抗日的洪流。台头营镇七家寨小学教员茹克勤是"七家寨抗日暴动"（1938年9月13日，七家寨百余名壮士暴动，这是抚宁县人民的首次抗日壮举）的领导人之一。1943年，王汉沟小学教师殷升平、王家沟小学教师王振东，被卢抚昌联合县县长张士义授予"抗日小学优秀教师"的光荣称号。他们在抗日战争的艰苦岁月里，坚持办好山区小学，向学生宣传"抗战必胜"的道理，组织学生站岗、放哨、送信、带路、护理伤员，同时协助村干部搞运动、书写抗日标语，组织群众"坚壁清野"，教群众识字、唱歌等。台头营镇吕良峪村12岁小学生唐凤，面对日军的兽性（杀害两名妇女）没有被吓倒，在被日军吊在树上毒打的情况下咬紧牙关，始终不肯说出冀东十二团兵工厂、被服厂等军需基地的所在。1942—1943年，中国共产党以抚宁县背牛顶宏量寺为依托，在小河峪、大石窟、田家沟、龙腰、数沟、平市庄等几十个村庄，开辟抗日根据地，建立起抗日民主政权。随后，中国共产党又在秋子峪、上下平山、车厂、王庄、徐山口及后明山、樊各庄一带组建了党组织。抗日民主政权及党组织建立后，各村新型的抗日小学也应运而生。1943年，在中国共产党的领导下，大新寨村也建立了抗日民主政权，"抚宁县立大新寨初级小学校"成为新型的抗日小学。抗日小学执行民族的、科学的、大众的新民主主义教育方针，以民族精神教育新后代，使教育长期为战争服务。抗日小学办学条件十分困难，但是师生在中国共产党的领导下，顽强地克服种种困难：没有桌凳，学生由家带；没有教科书，大家动手抄；没有粉笔，用黄泥、白土自制；没有纸张，在废旧古书的背面写；没有石板，用青石片、坏瓦盆底代替；没有体育器材，在树上拴爬竿，用石头当铅球。为适应战争的艰苦环境，抗日小学采取"敌扰我走，敌走我学"的游击教学方法——在日军"讨伐""扫荡"时，师生把山洞、沟壑、树林、青纱帐作课堂，把石块、石板当作桌凳，进行教学、学习，日军走后，便立即返校。游击区的"两面小学"的教师在敌我双方都有备案，教材亦有两种，当日军"讨伐""清乡"时，教师就把日军傀儡政府编纂的课本摆在桌面上，他们走后，就讲有关抗日的教材。1945年，"临榆县立海阳镇完全小学校"总校、男校、女校合并，校址迁至海阳镇东大街路南德兴魁油厂和徐家大院。解放战争期间，抚宁县解放区的小学教育蓬勃发展。1946年，中共抚宁县委和县政府于8月末9月初在台头营镇举办了新解放区小学教师座谈会，历时半个月，参加人员90余名，组织小学教师学习了《中国革命和中国共产党》《抗日战争胜利后的时局和我们的方针》《蒋介石在挑动内战》和党对知识分子的政策等，使绝大部分小学教师认清了国民党的真相，丢掉了对国民党的幻想，了解了国民党要内战、要独裁，共产党要和平、要民主，树立了在中国共产党的领导下走革命道路、为人民服务的思想。随后中共抚宁县委和县政府又用半个月时间，举办了老解放区小学教师座谈会，参加人员百名左右，除政治学习外，着重研究在新形势下如何办好初等教育。同年，"抚宁县立大新寨初级小学校"增招高级班，成为"抚宁县大新寨完全小学校"。1947年11月，抚宁县教育科又在台头营镇召开全县小学教师大会，这是抚宁县新老解放区教师第一次大聚会，参加者154人（小学教师150人，教育助理4人）。这次会议除政治学习、总结交流新老区办好初等教育的经验外，重点是进一步批判教育工作中脱离政治、脱离群众、关门办学的旧型正规化的孤立思想，贯彻抗日战争时期行之有效的"教育为战争服务"和"以生产养学校"的方针，从而使解放区各小学走上了与劳动生产和对敌斗争相结合的正确道路。同年，中共抚宁县人民政府收复了抚宁县城，"抚宁县立完全小学校"与城内小西街"张氏私立初级小学校"合并，改名为"抚宁县立城关完全小学校"。1948年年初，抚宁县解放区各小学又全面贯彻执行了冀东行署提出的教育"为政治服务、向工农开门、与劳动生产相结合与对敌斗争相结合"和"以工养读""以生产养学校"的方针，以及"办好学校，开展社教，帮助村工作"的教育工作三大任务。抚宁县解放区的小学创造了许多可贵的经验：贯彻群众路线，实行"民办公助"，发动群众自己办学；本着"做啥学啥、用啥学啥、学啥教啥"的"做教学合一"的原则，使教学和政治斗

争、生产实际和群众需要相结合,理论与实际行动相结合,读书与学做新人相结合;为适应群众生产和生活的需要,实行灵活多样的教学形式,如全日制、半日制、隔日制及早班、午班、夜班、识字组、小先生(教师组织全日制学生给家庭事务繁忙的学生补课)等;学校师生除坚持抗日时期所做的政治宣传工作外,完全小学和有条件的初级小学还组建了小剧团、小歌咏队、霸王鞭队和新秧歌队等;各小学本着"靠山吃山,靠水吃水"的原则,组织垦荒组、援工组、锄地组、纺线组、拾柴组、拾粪组、编织组、缝纫组等,"以工养读""以生产养学校"。同年,"抚宁县榆关完全小学校"在榆关北街"马状元府"重新筹建,1949年年初正式开学。据1949年3月统计,抚宁县有完全小学9所,高级小学7所,初级小学213所,共计229所,有教师385人,学生13177人。

1933年8月11日,伪满洲国建立青龙县。境域包括原都山设治局全境、临榆县长城以外地区。1935年,平泉县属的宽城、龙须门、横城子、朝阳山、板城、亮甲台、党坝、大吉口、桲椤树(郭杖子)和兴隆县的黑河(宽甸)又划入青龙县。县公署驻地大杖子镇。伪满洲国时期,青龙县的小学教育初具规模。1938年,伪满洲国实行新学制,初级小学改称"国民学舍""国民学校",高级小学改称"国民优级学校"。至1945年,青龙县有"国民优级学校"10所,"国民学校"226所。1945年9月,中共青龙县临时行政委员会成立,辖龙王庙、三岔口、双山子、大巫岚、干沟、木头凳、红庙子、大杖子、高杖子、白家店、八道河等11个区。临时行政委员会成立后,即着手恢复学校,当年恢复高级小学9所、初级小学106所。1946年1月,中共青龙县委员会成立,县政府驻地大杖子(当年8月底,为避匪患,迁到双山子)。青龙县政府成立后,当年新建小学100所,同时划小区建中心校,到年底,小学校达到256所(完全小学10所、初级小学246所)。1947年,青龙县开展"文化反奸"运动,90多所小学校被迫停课。1948年,土地改革完成后,青龙县小学校发展到298所(其中完全小学7所)。

整个秦皇岛地区1945年抗日战争胜利后,共有小学751所(海港区20所、山海关区16所、北戴河区17所、昌黎县210所、抚宁县94所、卢龙县158所、青龙县236所)。1948年秦皇岛全境解放时,共有小学1194所(海港区34所、山海关区16所、北戴河区19所、昌黎县296所、抚宁县229所、卢龙县302所、青龙县298所)。

# 解放后的小学校（1966年以前）

秦皇岛全境解放后，在中国共产党和人民政府的领导下，秦皇岛地区的小学教育采取了全日制小学和半耕半读（民办）小学"两条腿走路"的方式。

1948年11月26日，北戴河首先宣告解放。次日，山海关、秦皇岛宣告解放。解放后的秦皇岛，旋即成立了秦榆市，下辖山海关办事处、一区（今海港区道南）、二区（今海港区道北东部）、三区（今海港区道北西部）、海滨区、上庄坨区。11月29日，秦皇岛军管会在大中华电影院召开了教职员和中学生大会。军管会主任田星云、宣传部部长谢天荣报告了形势，阐明了城市政策、知识分子政策，号召学校迅速开学复课。1949年2月，秦榆市撤销，石河以东的山海关办事处划归辽西省，设山海关市；石河以西设秦皇岛市，属华北解放区冀东区。3月10日，秦皇岛市市长王植范发布了教字第一号指示，其中规定校名：朝阳路镇第一中心国民学校改称"秦皇岛市第一完全小学校"；朝阳路镇第二中心国民学校改称"秦皇岛市第二完全小学校"；朝阳路镇第三中心国民学校改称"秦皇岛市第三完全小学校"；海阳路镇中心国民学校改称"秦皇岛市第四完全小学校"；各"保国民学校"均改称秦皇岛市××区×××街或村的初级小学校（或完全小学校）；凡秦皇岛、海滨、上庄坨等地的各私立中小学均为秦皇岛市私立×××学校（即用原来之校名）。8月，秦皇岛市划归河北省直辖。1949年下半年，"煤厂新生小学"与"秦皇岛开滦小学"合并，"秦皇岛商会自强慈幼院小学"与"秦皇岛市第三完全小学"合并，"秦皇岛山东会馆小学"并入"秦皇岛市第五完全小学"，"秦皇岛明德女子义务小学""秦皇岛忠义普及学社小学"和"秦皇岛天然小学"依次改为"秦皇岛市第六完全小学""秦皇岛市第一初级小学"和"秦皇岛市第二初级小学"。截至1950年4月20日，秦皇岛市区、郊区小学情况如表2所示：

表2　1950年秦皇岛市区、郊区小学基本情况表

| 校名 | 校址 | 教学班级 | 学生人数 | 教职工数 | 校长姓名 | 备注 |
|---|---|---|---|---|---|---|
| 总计 | | 150 | 7879 | 272 | | |
| 秦皇岛市第一完全小学 | 秦皇岛遇井街 | 8 | 520 | 16 | 刘驭生 | |
| 秦皇岛市第二完全小学 | 秦皇岛林家胡同 | 7 | 376 | 15 | 温德仁 | |
| 秦皇岛市第三完全小学 | 秦皇岛 | 9 | 437 | 18 | 王瑞云 | |
| 秦皇岛市第四完全小学 | 秦皇岛 | 14 | 877 | 28 | 董俊 | |
| 秦皇岛市第五完全小学 | 秦皇岛尚义街 | 9 | 400 | 18 | 王焕章 | |
| 秦皇岛市第六完全小学 | 秦皇岛文化路 | 10 | 475 | 20 | 张韵声 | |

续表

| | | | | | | |
|---|---|---|---|---|---|---|
| 秦皇岛开滦小学 | 秦皇岛高平街 | 25 | 1529 | 47 | 董芸生 | |
| 秦皇岛耀华小学 | 蓬莱路青云里 | 16 | 647 | 29 | 郝康 | |
| 秦皇岛铁路小学 | 秦皇岛耀华村 | 8 | 364 | 13 | 王福庆 | |
| 秦皇岛达仁完全小学 | 秦皇岛扶轮街 | 7 | 410 | 15 | 吴际兴 | |
| 秦皇岛第一初级小学 | 秦皇岛东大街 | 3 | 119 | 5 | 徐冀云 | |
| 秦皇岛第二初级小学 | 秦皇岛光明路 | 5 | 211 | 9 | 郭致泽 | |
| 秦皇岛海关初级小学 | 秦皇岛松鹤里 | 1 | 25 | 1 | 岑幻侬 | 教员 |
| 安子寺完全小学 | 海关院 | 5 | 290 | 10 | 李俭 | |
| 白塔岭完全小学 | 本村 | 5 | 232 | 8 | 蔚国祥 | |
| 兴隆村初级小学 | 本村 | 1 | 38 | 1 | 廉启昌 | 教员 |
| 马坊初级小学 | 本村 | 1 | 73 | 1 | 邵成会 | |
| 西盐务初级小学 | 本村 | 2 | 124 | 2 | 张孝民 | |
| 东盐务初级小学 | 本村 | 1 | 53 | 1 | 王成章 | 教员 |
| 南李庄初级小学 | 本村 | 2 | 103 | 2 | 费居义 | 教员 |
| 东李庄初级小学 | 本村 | 2 | 83 | 2 | 邓运生 | 负责人 |
| 范家店初级小学 | 本村 | 1 | 83 | 1 | 李庆兰 | |
| 东王岭初级小学 | 本村 | 1 | 52 | 1 | 魏义忠 | |
| 李姓安庄初级小学 | 本村 | 1 | 75 | 1 | 李行政 | 村干部 |
| 玉皇庙初级小学 | 本村 | 1 | 60 | 1 | 李屏贵 | |
| 孟家营初级小学 | 本村 | 2 | 93 | 2 | 李志远 | |
| 长城矿完全小学 | 矿区内 | 4 | 130 | 5 | 赵树棠 | |

除此以外，在郊区还有17所小学归临榆县管辖，其中有归提寨、慕义寨、向河寨3所完全小学校，南大寺、大安乐寨、邹吕庄、公富庄、邢庄、西富店、东富店、大高庄、柳村、徐庄、孙庄、韩庄、黄土坎、小高庄14所初级小学校。至此，现海港区所属范围内共有小学44所，185个班，8887名学生，教职员275名。1950年秋季，"秦皇岛教民小学"并入"秦皇岛耀华小学"，长城矿职工全部转到山西大同煤矿，"长城矿完全小学"停办。1951年，卸粮口、王庄、东寨、西寨都建立了初级小学校（只有一、二年级，为"向河寨完小"的分校），"邹吕庄初级小学"改为完全小学校。1952年，由山海关和临榆县划入海港区10个行政村，"东富店初级小学"改为完全小学校，"秦皇岛海关初级小学"因学生少停办，"马坊初级小学"并入"西盐务初级小学"。1953年，"东富店完全小学"的高级班并入"红瓦店完全小学"后又恢复为初级小学校，"孟营初级小学"改为完全小学校，"秦皇岛达仁完全小学"与"秦皇岛市第三完全小学"合并，"秦皇岛开滦小学"改为"天津区港务局秦皇岛分局职工子弟小学"，小张庄成立了"张庄初级小学"，"秦皇岛市师范学校"为安排师范毕业生实习，将"秦皇岛市第五完全小学"更名为"秦皇岛市师范学校附属小学"。1954年秋季，"兴隆村初级小学"并入"安子寺完全小学"。东富店、大高庄、柳村3所初级小学校

并入"西富店初级小学"。1954年9月，国家拨款在新一路建立了"秦皇岛市第七完全小学"。"秦皇岛开滦小学"先后更名为"天津区港务局秦皇岛分局职工子弟小学""交通部秦皇岛港务管理局职工子弟小学"后，于1956年5至6月间，正式移交给秦皇岛市，并更名为"秦皇岛海港区蓬莱路小学"，以原女校为主校，原男校为第一分校（1960年改名为"青云里小学"），原"煤厂新生小学"为第二分校。1956年，秦皇岛市一至七完全小学依次改为"海港区遇井街小学""遇井街小学分校""海港区东大街小学""海港区尚义街小学""秦皇岛市师范学校附属小学""海港区高平街小学"和"海港区新一路小学"。市第一初级小学校改为"光明路小学"，市第二初级小学校并入"东大街小学"。同年7月，由秦皇岛市教育局拨款、秦皇岛港务局赞助，在河东新生路建成了"新生路小学"。1958年，"秦皇岛市师范学校"并入"抚宁县太和寨师范学校"，"秦皇岛市师范学校附属小学"改为"秦皇岛市文化路小学"。同年，国家拨款

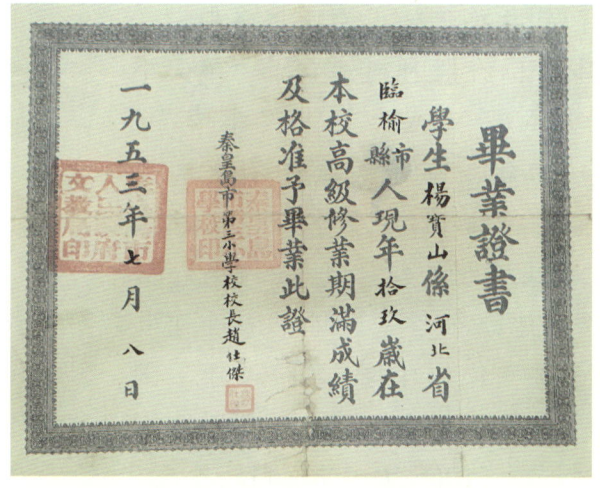

"秦皇岛市第三完全小学"1953年毕业证书

"秦皇岛市第五完全小学"1954年毕业证书

"秦皇岛市师范学校附属小学"1955年毕业证书

在新北路建成了"新北路小学"，某部队在胜利村建立了"星火小学"（后并入"文化路小学"）。1959年，国家拨款在清真街建立了"清真街小学"。1961年，"河北大街小学"建立。1963年，"文化路小学"迁址，原址建立了"文化里小学"。1964年，国家拨款在新立村建立了"新立村小学"。1965年，"海阳路小学"和"河东小学"建立。同年，海港区农村开办了14所"耕读小学"，办得较好的有山东堡和卸粮口"耕读小学"。

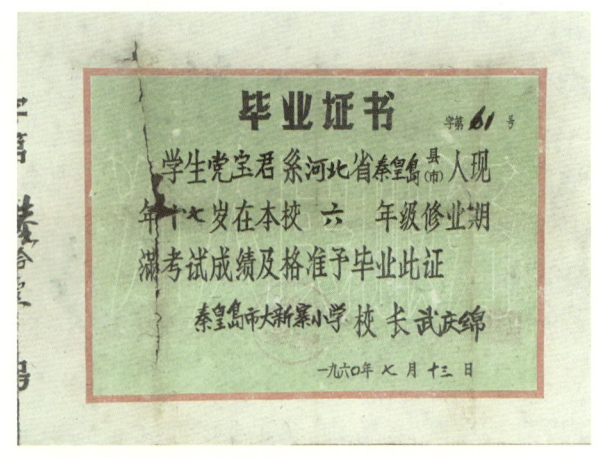

"秦皇岛市大新寨小学"1960年毕业证书

"秦皇岛市文化路小学"1965年毕业证书

1948年11月，山海关解放。1949年年初，山海关划归辽西，成为辽西省山海关市，市政府成立了文教科。文教科为方便广大工农子弟入学，对中小学进行了一次大调整，共建立5个完全小学："街西镇小学"仍称"第一完小"；"街东镇小学"与"女校""师范附小"三校合并，成为"第二完小"；原"南关镇小学"复称"第三完小"，原"罗城小学"改为"第三完小分校"；原"西关镇小学"改为"第四完小"；原"理善会小学"改为"第五完小"；"女校"原址新建一所"师范附小"。1952年，在南关兴隆街新建"兴隆小学"。1953年春，政府提倡各校以街道名命名校名："第一完小"改名"胜利小学"，"第二完小"改名"建国小学"，"第三完小"改名"兴华小学"，"第四完小"改名"西关小学"，"第五完小"改名"顺城小学"，"第三完小分校"恢复"罗城小学"名称，"师范附小"改为普通小学，改名"老仓小学"。1955年，"山海关第二中学"占用"兴华小学"校址，"兴华小学"迁至城内东二条，改名为"南街小学"。"扶轮小学"解放后改为"铁路职工子弟小学"，到 1955 年已有 28 个班，但仍容纳不下山海关区道南铁路子弟中的学龄儿童。1957 年，铁道部拨专款，另建"桥梁厂职工子弟小学"。到 1959 年，山海关区城区小学共计 11 所（"胜利小学""建国小学""南街小学""西关小学""罗城小学""兴隆小学""顺城小学""南海小学""老仓小学""铁路职工子弟小学""桥梁厂职工子弟小学"），共 187 个班，学生计 7800 多人。另外，有乡村小学 29 所，学生 5700 多人。

山海关"西关小学"1952 年毕业证书

1949 年，"北戴河区立完全小学"改名为"秦皇岛市海滨草厂小学"。拨道洼村划为抚宁县管辖，"临榆县二区拨道洼中心小学校"改名为"抚宁县五区拨道洼完全小学"（1953 年划入北戴河区，1976 年由秦皇岛市郊区管辖，1984 年郊区撤销复归北戴河区）。同年，建太平庄和王胡庄两所初级小学。1950 年 3 月，"东坨头初级小学"建立。同年 9 月，"田氏私立第八初级小学"并入"王胡庄初级小学"。1951 年，"慕贞女子小学"解散，一部分学生并入"草厂小学"。1954 年以后，大薄荷寨、北戴河村、车站、崔各庄、太平庄、小薄荷寨 6 所初级小学先后发展成完全小学。1964 年，"石塘路小学"创立。

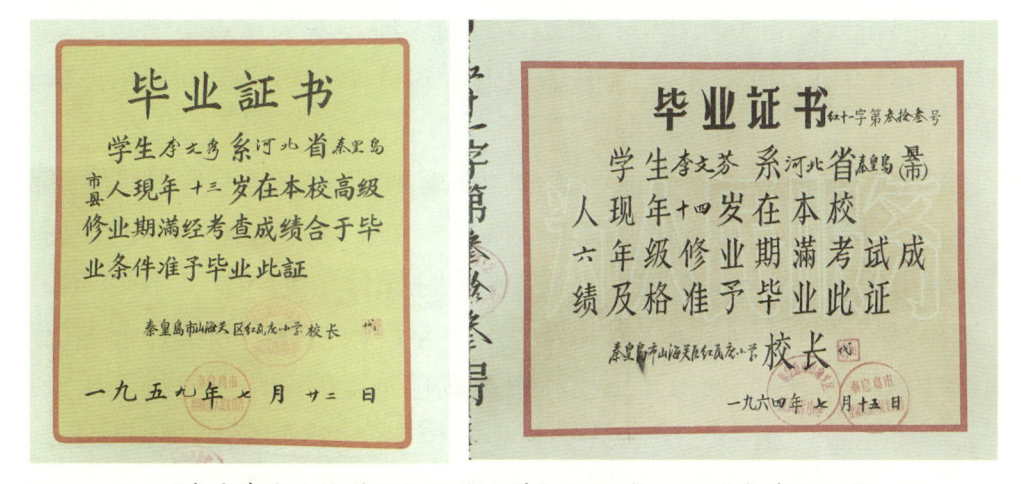

"秦皇岛市山海关区红瓦店小学"1959 年、1964 年毕业证书

1950年，卢龙县发动群众办学校，动员工农子女入学，成立了东街初级小学。1951年，卢龙县贯彻河北省教育厅"消灭无学校的白点村"的指示精神，小学由1949年的224所增加到259所，在校生由1949年的17381人增加到23003人。1952年12月，河北省人民政府指示："各级政府要大力扶植和领导民办小学，并保证教师待遇与公立小学大体相当。"同时规定："民办小学的经费，除由群众自筹外，其不足部分，政府仍应适当补助。"卢龙县于1951年10月作出《关于发展民办小学的指示》，到1952年已有民办小学24所，到1955年有民办小学18所。1956年，中央发出《关于乡村小学基本上由农业生产合作社办的通知》。河北省提出二三年内逐步过渡，河北省教育厅制定了《小学二部制实施办法》，提出二部制的组织形式可分半日二部制、全日制二部制、巡回二部制、交叉上课二部制，编班方法可采取同年级编班、复式编班、混合编班。1956年1月，卢龙县9所中心小学——城关区的"卢龙县第一中心小学"、横河区的"卢龙县第二中心小学"、刘家营区的"卢龙县第三中心小学"、燕河营区的"卢龙县第四中心小学"、木井区的"卢龙县第五中心小学"、双望区的"卢龙县第六中心小学"、万田各庄区的"卢龙县第七中心小学"、木井区的"卢龙县第八中心小学"、万田各庄区的"卢龙县第九中心小学"，依次改名为"卢龙县东街小学""卢龙县大横河乡大横河村小学""卢龙县刘家营乡刘家营村小学""卢龙县燕河营镇小学""卢龙县木井街小学""卢龙县双望乡双望村小学""卢龙县刘田各庄乡小学""卢龙县唱石门乡唱石门村小学""卢龙县蛤泊镇小学"。1961年，卢龙县根据河北省教育厅"关于重点办好一批全日制小学的实施方案"精神，确定西街、棱头湾、花台、蛤泊、石门5所小学为重点小学，时称"小宝塔"。1964年上半年，卢龙县开始兴办"耕读小学"，到1965年，达到了163所。

1948年，临榆县驻操营地区解放，在解放战争后期因为国民党军队和"还乡团"骚扰几度搬迁、停办的"临榆县公立驻操营完全小学校"，先是恢复了初级小学，1949年又扩建为"临榆县立驻操营完全小学"。1949年，"抚宁县太和寨师范"成立后，"太和寨完全小学"改为"太和寨师范学校附属小学"。1952年，抚宁县为开拓提高初等教育质量的新路子，将"抚宁县立城关完全小学校"改为"抚宁县实验小学校"（1958年又恢复原校名）。到1952年年底，抚宁县消灭无学校白点村17个。1954年7月，抚宁、临榆两县合并，抚宁县初级小学由242所增加到363所，完全小学由42所增加到53所，总共达到416所。1955年，驻操营区庄河乡长达12.5千米的深山沟葫芦套沟建立了巡回小学，有教师1人，学生38名。"大跃进"运动中，抚宁县432所小学办起了小工厂、小农场、小饲养场507个，由于政治运动和生产劳动过多，导致教育秩序混乱、教学质量下降。1958年8月12日，党和国家领导人朱德、邓小平、彭德怀、薄一波、宋任穷等视察卢王庄乡东方红农业社和东升农业社时，朱德特意到"卢王庄完全小学"看望了孩子们。为纠正"大跃进"运动的"左"倾错误，抚宁县从1961年起对小学教育进行大幅度调整，精简国办教师，减少国家财政开

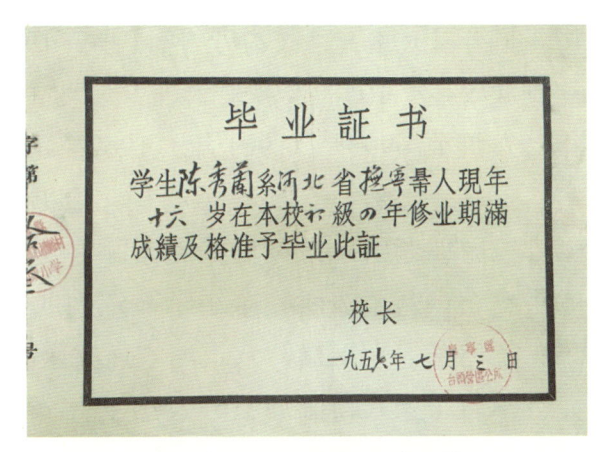

"抚宁县台头营区石槽峪村初级小学"1956年毕业证书

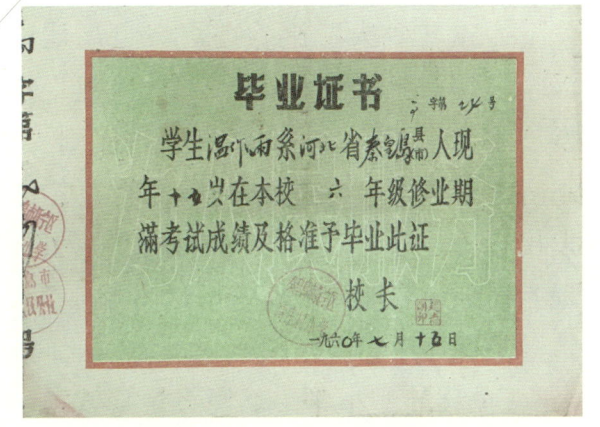

"抚宁县高庄村小学"1960年毕业证书

支。1962年11月，抚宁县按照河北省教育厅《关于切实办好重点学校的几点意见》，选择了城关、刘义庄、牛头崖、海阳、石门寨、台营、榆关等完全小学及"抚宁太和寨师范附属小学"作为重点小学。同年，"抚宁县太和寨师范"停办，"抚宁太和寨师范附属小学"又改为"抚宁县太和寨小学"。1963年2月，抚宁县又根据河北省教育厅《关于重点办好一批全日制小学实施方案》的规定，确定城关完全小学、刘义庄完全小学、台营完全小学为"小宝塔"学校。1963年冬，抚宁县以深河学区为试点，兴办"耕读小学"。1964年，"抚宁县立城关完全小学校"一分为二，分建出"抚宁县城关第二小学校"（校址在城内北西街），原校更名为"抚宁县城关第一小学校"。

1950年，青龙县开始调整小学，共撤销4个中心学区，合并77所学

校。同年10月，建民办小学11所。1956年，青龙县完全小学、初级小学达到475所。1958年"大跃进"运动中，青龙县小学校数量猛增，至1960年，发展到699所。1961年、1962年，青龙县贯彻中央"调整、巩固、充实、提高"方针，调整校点布局，合并学校11处。1962年年底，青龙县九至十三区被划出，另置宽城县，青龙县辖区有小学469所。1963年，青龙镇、木头凳、肖营子3所完全小学被定为地区重点小学，龙王庙、三岔口、双山子、土门子、大巫岚、八道河6所完全小学被定为县重点小学。1964年，青龙县学习张家口市阳原县普及小学教育经验，大办简易小学（后改称"耕读小学"）。至1966年，全县小学达到961所（含"耕读小学"461所），学生64471名。

1958年"大跃进"前，秦皇岛地区共有小学1583所，比1948年秦皇岛全境解放时增加344所。"大跃进"期间，秦皇岛地区的小学曾一度盲目发展到1733所，到1962年又恢复到1597所。1963年春，河北省教育厅发出《关于进行公立改为民办小学试点的意见》。6月，河北省人民委员会又发出《关于部分农村国办中小学改为民办工作中若干问题的通知》，要求各地有计划地分期分批将部分国办小学改为民办。根据这些指示精神，秦皇岛地区的民办小学有了很大发展。与此同时，各县（区）还办了大批"耕读小学"（也称简易小学，系民办，形式多种多样，有隔日制的、半日制的，有早班、午班和晚班的，是为家务负担重、不能坚持整天上学的少年儿童开办的）。到1966年"文化大革命"前，秦皇岛地区小学发展到2231所（海港区33所、山海关区32所、北戴河区17所、昌黎县339所、抚宁县493所、卢龙县356所、青龙县961所）。

## "文革"后的小学校（1985年以前）

"文化大革命"期间，秦皇岛各县、区的小学纷纷"停课闹革命"，建立"红小兵"组织，进行各种批判运动，任意停课参加生产队的劳动，正常的教育秩序完全被打乱。

粉碎"四人帮"反革命集团后，特别是党的十一届三中全会后，秦皇岛市各县、区大力加强小学教育的普及工作。1979年，全市有小学1910所、学生 27.45 万人、教职工 1.1 万人。市内各小学实行五年一贯制，开设政治、语文、数学、科学常识、体育、音乐、美术等课程。英语课因师资不足，只在部分小学开设。

1981 年，教育部颁发《全日制五年制小学教学计划（修订草案）》。秦皇岛市内大部分小学四年级恢复地理课，五年级恢复历史课，四、五年级开设自然课，政治课改为思想品德课。

1983 年，秦皇岛市开始进行中小学管理体制改革。各县区把农村小学划归村办，实行"谁办学、谁受益、谁负担"的政策，对农村小学的数量和布局进行调整。

1984 年，秦皇岛市内部分小学开始实行六年制。

到 1985 年，根据 1980 年中共中央、国务院作出的《关于普及小学教育的决定》（决定中指出："经济较发达、教育基础较好的地方应在 1985 年普及小学教育"，普及的标准是学龄儿童入学率达 98%，读满 5 年的巩固率达 94%，合格率达 80%）中提出的标准，秦皇岛市各县、区均达到了普及小学教育的要求。全市共有小学 1789 所（海港区 34 所、山海关区 41 所、北戴河区 18 所、昌黎县 330 所、抚宁县 438 所、卢龙县 354 所、青龙县 574 所）。

"文化大革命"开始后，从 1968 年开始，海港区各小学陆续改变为带有革命色彩的名称。1971 年 8 月 5 日，海港区革委会政治部发布《关于整顿城乡学校名称的通知》，各小学又恢复了"文化大革命"前的名称。1969—1971 年海港区小学校名变更情况如表 3 所示：

表 3　1969—1971 年海港区小学校名变更表

| 1969 年开始陆续改变后的校名 | 1971 年 8 月 5 日后恢复原名 |
| --- | --- |
| 秦皇岛市造纸厂抗大战校 | 秦皇岛市海港区文化路小学 |
| 秦皇岛市水泥厂育新学校 | 秦皇岛市海港区文化里小学 |
| 秦皇岛市电厂红旗学校 | 秦皇岛市海港区河北大街小学 |
| 秦皇岛市耐火厂五七学校 | 秦皇岛市海港区新立村小学 |
| 秦皇岛市玻璃制品厂育红学校 | 秦皇岛市海港区海阳路小学 |
| 秦皇岛市印刷厂五七学校 | 秦皇岛市海港区新一路小学 |
| 秦皇岛市地方铁路二七学校 | 秦皇岛市海港区尚义街小学 |
| 秦皇岛市机车车辆厂东方红小学 | 秦皇岛市海港区高平街小学 |
| 秦皇岛市针织厂育新学校 | 秦皇岛市海港区遇井街小学 |
| 秦皇岛市海港区针织厂育新学校 | 秦皇岛市海港区清真寺小学 |
| 秦皇岛市交通运输局五七学校 | 秦皇岛市海港区新北路小学 |

续表

| 1969年开始陆续改变后的校名 | 1971年8月5日后恢复原名 |
|---|---|
| 秦皇岛市火柴厂遵义小学 | 秦皇岛市海港区东大街小学 |
| 秦皇岛港务局遵义二中分校 | 秦皇岛市海港区河东小学 |
| 秦皇岛市造船厂五七学校 | 秦皇岛市海港区新生路小学 |
| 秦皇岛港务局遵义小学 | 秦皇岛市海港区蓬莱路小学 |
| 秦皇岛港务局遵义一中一分校 | 秦皇岛市海港区青云里小学 |
| 秦皇岛市砖瓦厂反修学校 | 秦皇岛市海港区光明路小学 |
| 秦皇岛站区二七学校 | 秦皇岛铁路小学 |
| 秦皇岛玻璃厂五七学校 | 秦皇岛玻璃厂小学 |

1975年秋季，"建设路小学"建成。1976年，"河北大街小学"撤销，学生并入"新一路小学"和"尚义街小学"；"东大街小学"撤销，校址改办"秦皇岛市第六中学"；"蓬莱路小学"撤销，校址改为"秦皇岛市第十中学"。1977年，"秦皇岛市师范学校"恢复，"文化路小学"又恢复"秦皇岛市师范学校附属小学"的名称。1983年，海港区小学有政府办和厂矿办两种办学形式。1983年9月，国家投资在国防路建立了"国防路小学"，在跃进大街建立了"跃进大街小学"，后跃进大街改名为港城大街，学校也随之改名为"港城小学"。1984年，"秦皇岛市师范学校"改办"秦皇岛教育学院"，"秦皇岛市师范学校附属小学"又改为"秦皇岛市文化路小学"。1984年8月，郊区小学划归海港区。此后，"五一五小学"由唐山市滦县响嘡迁到腰占庄，"七五七小学"迁到海港区，王庄开办初小，大高庄、孙庄初小撤销，"新店子小学"撤销，高年级并入"慕义寨小学"，低年级并入"南大寺小学"。截至1985年，全区城市小学19所（269个班）、学生1.32万人；农村完全小学13所、初级小学8所（共124个班），学生4318人；厂办小学12所（89个班），学生2829人。1985年海港区小学基本情况如表4所示：

表4　1985年海港区小学基本情况表

| 校名 | 班数 | 学生 | 教职员数 | 校长姓名 | 备注 |
|---|---|---|---|---|---|
| 青云里小学 | 12 | 854 | 48 | 宋锡珍 李玉英 | |
| 光明路小学 | 12 | 411 | 43 | 张爽 | |
| 桥东里小学 | 14 | 608 | 48 | 杨桂荣 | |
| 新生路小学 | 14 | 625 | 34 | 吴桂芳 | |
| 海阳路小学 | 11 | 415 | 36 | 武桂英 | |
| 高平街小学 | 16 | 752 | 46 | 王鹤玉 | |
| 清真寺小学 | 11 | 392 | 38 | 刘玉智 | |
| 新北路小学 | 16 | 691 | 50 | 李俊兰 | |
| 建设路小学 | 10 | 437 | 47 | 谢玉 | |
| 港城小学 | 15 | 662 | 40 | 崔新舫 | |

续表

| 校名 | 班数 | 学生 | 教职员数 | 校长姓名 | 备注 |
|---|---|---|---|---|---|
| 国防路小学 | 13 | 565 | 40 | 尹洪瑞 | |
| 西盐务小学 | 9 | 363 | 26 | 王蕴珠 | |
| 河东小学 | 10 | 470 | 32 | 吴瑞霞 | |
| 新一路小学 | 12 | 570 | 37 | 白少燕 | |
| 南李庄小学 | 7 | 214 | 11 | 张凤来 | |
| 西港路小学 | 11 | 419 | 29 | 郭凤久 | |
| 安子寺小学 | 10 | 406 | 24 | 张素荣 | |
| 文化里小学 | 16 | 764 | 43 | 曹耀华 | |
| 归提寨小学 | 27 | 831 | 37 | 刘呈祥 | 副总校长 |
| 白塔岭乡小学 | 28 | 885 | 64 | 岳萃兰 | 总校长 |
| 铁庄乡小学 | 18 | 572 | 37 | 陈玉荣 | 总校长 |
| 马坊乡小学 | 24 | 662 | 20 | 杨文儒 | 代总校长 |
| 黄土坎乡小学 | 43 | 1331 | 57 | 刘宝祥 | 总校长 |
| 耀华小学 | 21 | 811 | 85 | 高良玉 | |
| 铁路小学 | 5 | 57 | 19 | 侯乃锡 | |
| 港务局小学 | 6 | 178 | 19 | 田雅茹 | |
| 冶金总厂小学 | 5 | 87 | 15 | 刘润兰 | |
| 铁一局三处小学 | 5 | 214 | 16 | 刘建华 | |
| 有色四队小学 | 5 | 80 | 19 | 刘巨茂 | |
| 柳江煤矿小学 | 9 | 160 | 19 | 白继军 | |
| 七五七小学 | 5 | 69 | 16 | 张相文 | |
| 一五六小学 | 5 | 175 | 16 | 张宝林 | |
| 五一五小学 | 5 | 52 | 18 | 姜翠洁 | |
| 纤维厂小学 | 5 | 144 | 12 | 张艺乙 | |
| 共计 | 435 | 15946 | | | |

1978年，北戴河区确立两所重点小学，城市为"刘庄小学"，农村为"拨道洼小学"。

1979年，山海关区有城区小学8所。1984年6月，市郊区政府撤销，山海关区恢复农村小学管理权。

1978年，党的十一届三中全会后，按照教育部《关于办好一批重点小学的试行方案》的指示精神，卢龙县确定了"西街小学""阎大岭店小学""大寺小学""双望小学""燕河营小学""刘家营小学"为重点小学。1981年，各校把小学"四率"（入学率、巩固率、毕业率、合格率）作为考核教师及学校工作的主要内容。1983年11月，卢龙县进行中小学管理体制改革，实行"谁办学，谁受益、谁负担"的政策，把农村小学划归公社和村办。1984年8月，卢龙县制定了《卢龙县普及九年义务教育的实施方案》，"普九"工作开始起步。1985年，卢龙县将全县37个乡镇划分为102个学区，每个学区设1所中心小学，全县确定了11所重点小学："石门小学""阎大岭店小

学""大寺小学""蛤泊小学""双望小学""陈官屯小学""燕河营小学""潘庄小学""刘家营小学""东街小学""西街小学"。

1978年,抚宁县确定"城关镇第一小学""卢王庄小学""台营小学"为重点中学(1980年,"城关镇第一小学""卢王庄小学"被列为河北省首批办好的重点小学)。从1980年起,抚宁县认真贯彻落实中共中央、国务院《关于普及小学教育若干问题的决定》,对全县453所小学进行全面整顿,撤销100所小学附设的初中班,合并37所小学,减少74个复式班。全县建立116个学区,每个公社一般有两三个学区,每个学区有1所中心小学。1981年,县委、县政府把普及小学教育列为重要议事日程,制订普及小学教育的规划和措施,形成党委、政府、人大、政协四大部门齐抓共管教育的局面。1984年,全县有小学434所、学生51337人,经河北省政府检查验收,达到全省第一批普及初等教育的基本要求,并发给合格证书。

1977年年底,青龙县开始调整、整顿全县中小学,确定80所条件较好的小学为"小宝塔"(重点小学)。1979年,青龙县有小学649所(教学班2071个)、学生65223人,"卫东小学"(现青龙满族自治县第一实验小学)、"肖营子小学"被确定被河北省重点小学。1981年,青龙县文教局制定《中小学调整规划意见》,统一规划中小学布局。1983年,在中小学管理体制改革中,农村小学划归大队办,实行"谁办学,谁受益,谁负担"政策,全县撤掉小学附设的初中班,农村小学由1980年的599所调整到404所。为了使低年级学生就近上学,另设分校点243个。1984年8月,青龙县63所小学改为满族小学。

## 新时期的小学校

1992年,秦皇岛市处于多种学制办学并存的局面,有"五三"(小学5年,初中3年)、"六三"(小学6年,初中3年)、"五四"(小学5年,初中4年)学制,以"六三"为主。至1996年年底,全市有小学1534所、学生29.1万人。

1999年11月,秦皇岛市实现基本普及九年义务教育。从2001年开始,全市开始全力抓"五项"工程("校舍建设工程""弱校治理工程""设备更新工程""治辍保学工程"和"环境建设工程")建设。其中，弱校治理工程制定了"规划布局、调整撤并、资源优组、整体提高"的治弱方针，把农村"两小"学校作为重点，积极推进布局结构调整工作。全市撤并小学93所，其中昌黎、抚宁两县共撤并64所，占全市撤并总量的69%。与此同时，农村的基础教育于2002年实行"由地方负责、分级管理、以县为主"的管理新体制。至2002年，全市有小学973所（其中市级示范小学23所）、学生22.05万人。

2019年8月，秦皇岛市出台《关于深化教育教学改革加强中小学管理的若干措施》，从加强中小学校长队伍建设、深化教师绩效工资改革、改进和创新中小学编制和人事管理、进一步完善教师职称评聘制度、加强教师和教研员管理、加大财政投入和用地保障、加快引进社会资本办学、切实减轻学校和教师非教学负担、建立健全中小学考核考评机制、加强党对教育工作的领导10个方面对教育改革提出了明确要求（被称为"教育十条"），为全市教育改革锚定了目标方向、明确了方法路径。

根据秦皇岛市统计局、国家统计局秦皇岛调查队2020年4月14日发布的《2019年秦皇岛市国民经济和社会发展统计公报》，至2019年年底，秦皇岛市共有小学421所，在校生21.91万人。

1986年10月，市教委、海港区政府决定，筹建"五四路小学"（后改为"东港里小学"）。11月，市教委将"文化路小学"移交海港区文教局管理，改名为"迎宾路小学"。1988年，海港区新建的"迎秋里小学""先盛里小学""东港里小学"正式开学。1990年，河北省电教现场会在海港区"迎宾路小学""建设路小学"召开。1994年，海港区出现民办小学。1995年7月，抚宁县海阳镇、姚周寨乡、拦马庄乡的小学划归海港区管辖，海港区的学生由1994年的2.62万人增加到3.30万人。1996年，海港区新建"建树里小学"。2001年，"高平街小学"合并到"秦皇岛市第六中学"，改名为"秦皇岛市外语实验学校"。2002年，全区有小学57所，其中城市小学23所、农村小学23所、厂办小学6所、私立学校5所，学生3.36万人。至2019年年底，海港区有小学74所、教学点10个。

1987年，山海关区有小学41所（教学班303个）、学生10080人。1988年后，山海关区对部分小学进行改造和撤并。1990年，新建"南园小学"。

1992年，新建"四零四厂小学"。1996年，新建"渝东街小学"。是年，有小学31所（城市小学7所、农村小学24所，教学班349个）、学生13505人。2002年，山海关古城保护开发工程开始实施，"胜利小学"和"东罗城小学"被拆除撤销。2004年，全区有小学30所（城市小学10所、农村小学20所，教学班27个）、学生9286人。至2019年年底，山海关区有小学10所。

  1988年，北戴河区有小学18所（122个教学班）、学生4185人。随着经济和社会发展，城乡居民区及居住人口不断增加，原有学校布局、规模已不能满足学龄儿童入学需求。1990年，北戴河区小学入学出现高峰，为解决校舍紧缺问题，在全区范围内进行校舍维修、扩建和改建工程。"石塘路小学"新建教学楼；迁建"陆庄小学"，改称"西山小学"。1988—1994年，北戴河区还分别在戴河镇建"坨头小学"，在北岭小区建"实验小学"。1997年，在保证学生就近入学的前提下，北戴河区新建6所标准化小学，扩建4所小学，撤销了8所规模小、生源少、条件差的小学。经调整后，北戴河区共有小学11所（"东山小学""育花路小学""实验小学""西山小学""车站小学""海宁路小学""拨道洼小学""北戴河小学""蔡各庄小学""崔各庄小学""太平庄小学"）、学生6141人。1999年，撤销"拨道洼小学""车站小学"，在杨各庄村南建"海北路小学"。2001年，撤销"太平庄小学"，合并到"海北路小学"。2003年撤销"东山小学"，并入"育花路小学"。至此，北戴河区有小学8所，在全市率先实现"小班教育"，互动式教学初见成效。"北戴河小学"坐落于北戴河村东北侧，1916年建校，学校以树立学生劳动意识、培养学生劳动技能为特色，以"团结守纪、勤奋向上"为校训。"西山小学"坐落于陆庄中街16号，1935年9月建校，原名"陆庄小学"，学校以体育和艺术教育为特色，以"诚实、友爱、勤奋、进取"为校训。"崔各庄小学"坐落于崔各庄村南，1984年建校，学校以体育教育和劳动教育为特色，以"团结、勤奋、求实、创新、进取、向上"为校训。"实验小学"坐落于北五路东侧，1994年建校，学校以赏识教育为特色。"育花路小学"坐落于春花路，1997年建校，学校以"德育教育打造精品学生队伍，'三劳动'工程打造精英教师队伍"为特色，以"文明守纪，乐学进取"为校训。"蔡各庄小学"，坐落于蔡各庄村，1925年建校，学校以"严格管理，敬业从教，培养学生自主学习、自主发展的创造能力，造就德才兼备、身心健康、素质优良、全面发展的合格人才"为特色,以"团结、勤奋、诚实、进取"为校训。"海宁路小学",坐落于海宁路北段,1997年10月建校,学校以小班化教育和快乐教育为特色,以"文明、勤奋、务实、创新"为校训。"海北路小学",坐落于杨各庄村西南侧,1999年10月建校,学校以交通安全教育为特色,以"明礼诚信、博学创新"为校训。截至2019年年底,北戴河区有小学12所。

1986年1月,卢龙县"西街小学"改为"实验小学"。1987年,卢龙县"东街小学"与"实验小学"合并,为"实验小学二部",原"西街小学"为"实验小学一部"。1991年8月,卢龙县建"实验小学三部"。1994年8月,卢龙县实验小学一、二、三部分别更名为"第一实验小学""第二实验小学"和"第三实验小学"。1996年10月,卢龙县高标准通过河北省政府验收,在全省接受验收的20个县区中成绩最佳,提前一年完成"普九"达标工作,建成一批"花园式""庭院式""乐园式"学校。1997年,卢龙县被省、市确定为区域性实施素质教育试点县。2001年,卢龙县下发了《卢龙县政府关于小学布局调整的实施意见》,针对小学存在的教学点多、坐落分散、学校规模小、教学资源浪费等问题,制定了《卢龙县人民政府关于中小学布局调整规划》。到2002年,全县小学由1978年的358所减少到207所(教学班1156个)、学生36169人。截至2019年年底,卢龙县有小学103所、教学点6个。

1986年,昌黎县有小学331所(教学班1660个)、学生5.33万人。1988年,昌黎县被省、市评为"校舍改造先进县"和"八配套"(校舍、围墙、旗杆、校门、桌凳、水源、厕所、操场)先进县。1992年,秦皇岛市改善办学条件现场会在昌黎县朱各庄乡召开。1995年12月,昌黎县通过河北省政府普及九年义务教育达标验收,按计划提前一年完成普及九年义务教育达标任务。2001年,昌黎县在全县开展校舍建设、弱校治理、设备更新和治弱保学工程,全县有4所小学由二类升入一类,23所小学由三类升入二类。为使全县小学布局趋向合理、教育资源合理配置,至2002年年底,昌黎县小学调整撤并为19所(教学班1658个)、在校生4.48万人,被河北省教育厅确定为学校布局调整示范县。截至2019年年底,昌黎县有小学111所、教学点10个。

1986年10月,抚宁县人大常委会审议并通过《抚宁县实施义务教育规划》。1989年6月和1991年3月,抚宁县两次调整《抚宁县实施义务教育规划》,原定1993年达到普及九年义务教育标准推迟到1995年。1995年,全

县小学在校生56261人，通过河北省政府普及九年义务教育检查验收。是年，海阳镇、姚周寨乡和拦马庄乡3个乡镇的28所小学划归海港区。1997年，全县小学教育发展到最高峰，虽因布局调整、学校撤并，校数减少到368所，但班数增加到2025个，学生增加到69529人。1999年，抚宁县开始全面实施素质教育。2000年，抚宁县对小学继续进行调整，走联村办学、交叉办学之路，实现"领导、师资、设备"共享，撤并陈家园、干涧岭等16所小学。2001年，抚宁县遵循"分级办学、分片规划、分类指导"的原则，调整小学学校布局，撤并小学分校、点校47所。2002年，深河乡的深河、义卜寨和望海店3所小学划归秦皇岛经济技术开发区，全县共有小学257所、学生45070人。截至2019年年底，抚宁区（2015年，抚宁县撤县设区）有小学65所、教学点24个。

1990年，青龙满族自治县有小学415所、分校点162个（教学班1872个），学生54889人。2000年，青龙满族自治县有小学391所、分校点71个，学生48406人。2004年8月30日，青龙满族自治县第一所民办小学——"新山外语实验学校"成立，学校坐落在祖山镇庙沟铁矿住宅区，是一所由学前班至小学六年级的完全小学。是年底，全县有小学352所（教学班1494个）、学生33908人。截至2019年年底，青龙满族自治县有小学46所、教学点187个。

1993年9月，原属海港区的"孟营小学""吴庄小学""前进小学"和"白庙小学"划归秦皇岛经济技术开发区管理，分别更名为秦皇岛开发区第一、第二、第三、第四小学，共有学生825人。1997年9月，秦皇岛开发区第二小学与第四小学合并为"秦皇岛开发区中心小学"。2000年10月，"山海关经济技术开发区小学"划归秦皇岛经济技术开发区管理，时有学生602人。2002年10月，由于秦皇岛经济技术开发区实施第二次扩区，抚宁县深河乡的"深河小学""义卜寨小学""望海店小学"，海港区的"西张庄小学""计新庄小学""邢庄小学"划归秦皇岛经济技术开发区管理。截至2003年年底，秦皇岛经济技术开发区有小学9所（包括2所九年一贯制学校的小学部），学生2985人。"秦皇岛开发区第一中学小学部"位于秦皇岛开发区庐山路41号，学校前身为"孟营小学"，校址在孟营村，隶属于海港区白塔岭乡，是一所完全小学。1993年9月，学校划归秦皇岛经济技术开发区，更名为"秦皇岛开发区第一小学"。2003年9月，学校与燕山大学附属中学初中部合并，成立九年一贯制的"秦皇岛开发区第一中学"。"秦皇岛开发区第一小学"，2003年9月以前称"秦皇岛开发区第三小学"。学校原名"玉皇庙小学"，建于1950年，"文化大革命"时期更名为"前进小学"，是"孟营小学"的一个教学点。1989年，前进村、孙庄两村投资20万元对学校进行重建。1993年8月，学校划入秦皇岛经济技术开发区，更名为"秦皇岛开发区第三小学"。2001年3月，秦皇岛经济技术开发区投资1000万元，对学校进行重建。2003年9月，学校更名为"秦皇岛开发区第一小学"，以汉英双语教学为主要特色。"秦皇岛开发区第二小学"位于六盘山路西侧、黄河道北侧。学校2003年9月以前称"秦皇岛开发区中心小学"，1997年9月由原"秦皇岛开发区第二小学"和"秦皇岛开发区第四小学"合并建成。"秦皇岛开发区第二小学"原名"吴庄小学"，始建于1952年；"秦皇岛开发区第四小学"原名"白庙小学"，始建于1949年。这两所学校于1993年9月由海港区海阳镇划入秦皇岛经济技术开发区并更改校名。1997年9月，两所学校合并，更名为"秦皇岛开发区中心小学"。2003年9月，学校更名为"秦皇岛开发区第二小学"。

# 秦皇岛地区中学演变发展史

中学，分为初中与高中，所传授的知识高于小学、低于大学，处于"中等地位"。

鸦片战争后，西方文明输入中国，传教士到中国创设现代学校作为传教工具。受此影响，中国的一些有识之士也纷纷集资或申请政府拨款，办设现代学校。这其中有些学校如"京师同文馆"、上海的"广方言馆"和福州的"格致书院"等，具有中学教育的性质，被视作我国中学教育的萌芽。

清光绪二十七年（1901年），"五城学堂"（因北京分东、西、南、北、中五城而得名）成立。这所学校是今天的北京师范大学附属中学（简称"北师大附中"）的前身，也是我国最早的官办新学制中学。

清光绪二十八年（1902年），清政府颁布《钦定学堂章程》，又称"壬寅学制"，规定：中学堂以府设立为原则，称之为"省立中学堂"，由私人设立的，称为"民立中学堂"。自此，中国有了中学教育的具体设置办法。

"壬寅学制"未及实施，清光绪二十九年（1904年），清政府又颁布《奏定学堂章程》，亦称"癸卯学制"，规定中等教育为5年，学校为"中学堂"。

辛亥革命后，1912—1913年，临时政府教育部陆续颁布的"壬子癸丑学制"，改中等教育为4年，改"中学堂"为"中学校"。

1922年，北洋政府教育部颁布"壬戌学制"，规定中等教育共6年，分初中3年和高中3年两级。

1928—1949年，中华民国国民政府虽先后提出诸如《中学法》（1932年）、《中学规程》（1935年）等，但基本上沿用1922年学制。

中华人民共和国成立后，1951年10月，中央人民政府政务院公布了《关于改革学制的决定》，规定实施中等教育的学校为中学、工农速成中学、业余中学和中等专业学校。

## 清末民初的几所中学

清光绪二十八年（1902年），卢龙县"敬胜书院"改为"校士馆"。清光绪三十一年（1905年），"校士馆"改为"永平府中学堂"，招收一个班，学生50余人。这是永平府面向七州县最早的一所中学，也是秦皇岛地区最早的一所中学。革命先驱李大钊是这个学堂的第一期学生，在这里学习两年后，考入天津政法专门学校。1912年，学校改称"永平府中学校"。1913年，废府设道，原永平府所辖州县归津海道所属，但原来所属州县学生仍报考此学堂。1914年，学校改称"直隶省立第四中学"。1926年，学校在滦州唐山镇（今唐山市）设立分校。1928年，白崇禧部队进驻卢龙县城，学校被占作兵营。唐山分校也因军队占驻，无法上课。不久唐山分校驻军撤离，学校便于当年将大部分师生迁往唐山，卢龙仅余部分师生留守。1931年，民国政府在学校原校址建"卢龙县乡村师范学校"，学制三年。1934年，学校改名为"卢龙县简易师范学校"，学制四年。

清宣统二年（1910年），美国基督教卫里公会美以美会利用"庚子赔款"（其中昌黎县向教会赔白银21920两）在昌黎县城关义地建立了两所学校——"成美学馆"和"贵贞女子学馆"。两所学校原都为小学堂。1914年，"成美学馆"开办了1个初中班，招收学生70人，改为"成美中学"，美国人弗克里担任校长。与此同时，"贵贞女子学馆"也招收初中1个班，学生50人，改为"贵贞女子中学"，美国人戴珍珠担任校长。1922年，"成美中学"改名为"汇文中学"。1926年，学校开始招高中班，成为完全中学。1930年春，经河北省教育厅批准，学校改名为"河北省私立昌黎汇文中学"。到抗日战争前，学校发展到6个教学班（高中2个班，初中4个班），学生224人，教职工23人。

20世纪初，山海关高小毕业生升中学必须赴京津，一般家庭负担不起，另外山海关铁路、桥梁厂、海关招考职员需懂英语，不办中学无法解决这一难题。因此，1917年，由地方绅商杨雨仓、白辅廷等人资助，康珍出面组

织，在土地庙胡同办起了山海关第一所中等学校——"山海关中学"。学校于1920年停办，毕业两个班。

1920年，时任山东督军兼省长田中玉，遵其祖母和母亲之意，出资数万元，购置上万亩田地和荒山作为校产，创建"河北省私立田氏中学"。1921年秋，学校正式开学，招收初中1个班，学生40人，教职工20人，康珍为第一任校长。校址最早设在太傅庙胡同管官厅衙门旧址，后迁至"田氏姑妇节孝祠"后院，即"天下第一关"城楼西北角下。到抗日战争前，学校发展到8个教学班，学生850人，教职工40人。1921年7月，教育部通令各县迅速设立女子中学校。学校于1926年设置初级女子中学部，校址在西大街，招收女生1个班25人，1929年毕业，康珍计划将女子中学部并入男校，继续办高中班，因遭到地方士绅反对被迫停办。

1929年，士绅白辅廷把海阳路与区立小学相毗连的12亩地捐献出来作为校址，在秦皇岛区立小学基础上创建了"临榆县立中学"。临榆县教育局任命原区立小学校长范宝详为校长，招收初中1个班，学生13人。到抗日战争前，学校发展到初中2个班，学生70人，教职工13人。

1929年，昌黎县城内高等小学校改建，分设师范、初中、高小三个部，校名为"昌黎县乡村师范学校"。同年，初中班开始招生。1938年，师范学校停办，改校名为"昌黎县立中学"。

至抗日战争爆发前，秦皇岛市有中学5所（公立2所，私立1所，教会办2所）。

## 战争时期的中学

1938年，"卢龙县简易师范学校"改为"卢龙县初级中学"，招生两个班，100人。1945年，"卢龙县初级中学"停办。当时，共产党领导下的唐山地区十二专署在卢龙县燕河营镇花台村创办了"冀东第一中学"（曾称"滦东中学"），原"卢龙县初级中学"师生大部分投奔到"冀东第一中学"工作和学习。1946年，"卢龙县初级中学"又得以恢复。1947年，国民党从卢龙县城撤到青龙河西石梯子，"卢龙县初级中学"再度停办。

1941年，伪满洲国在"青龙农业学校"基础上建立了一所国民高等学校——"青龙县农业国民高等学校"，日本人山口正男担任校长，至1945年，共招生5期，每期1个班、45名学生。

同年，"山海关简易师范"停办，只招初中班，改校名为"临榆县立山海关女子初级中学"，学制三年，有6个初中班，学生180人，教职工20人。

1942年，"河北省私立昌黎汇文中学"与"昌黎县立中学"合并，校名定为"昌黎县立中学"。到1945年日本投降前，共有9个教学班（高中3个班，初中6个班），学生385人，教职工28人。与此同时，"贵贞女子中学"并入"昌黎女子师范学校"。

1944年，"河北省私立田氏中学"因经济拮据，无法坚持办学，无偿交于临榆县政府，改名为"临榆县立山海关中学"。到1945年日本投降前，学校有12个教学班（高中4个班，初中8个班），学生600人，教职工50人。

1945年，昌黎县将"赤崖完全小学"附设的初中班改为"抗日中学"，有学生20多名。同年5月，"崖上完全小学"附设的初中班也并入"抗日中学"。暑假又招一年级新生50名，学校有一、二年级各1个班，学生近百人，干部、教师19人。

日本投降前，秦皇岛地区共有中学6所，敌占区5所（青龙县农业国民高等学校、昌黎县立中学、临榆县立中学、临榆县立山海关中学、临榆县立山海关女子初级中学），解放区1所（抗日中学）。

日本投降后，国民党为抢夺胜利果实，在美帝国主义的配合下大举向解放区进攻，先后占领了山海关、秦皇岛、昌黎等城镇，接管了"临榆县立中学""临榆县立山海关中学""临榆县立山海关女子初级中学""昌黎县立中学"。1945年年底，"昌黎县立中学"与"河北省私立昌黎汇文中学"两校分开，原"河北省私立昌黎汇文中学"校长徐维廉回到昌黎，接收了学校。与此同时，"贵贞女子中学"也得到了恢复，1947年并入"河北省私立昌黎汇文中学"。

1945年，伪天津市警察局局长阎家琦捐款200万元（法币），由耿祝辰会同地方名流创建"私立海滨初级中学"，第二年改为"私立海光中学"，有3个教学班，学生120人，教职工9人。

1946年，冀东行政公署在卢龙建立"冀东第一中学"。建校初期，有甲、乙两个班，学生百人左右。"迁西中学"并入后重新编班，设立了政治班、教育班（分甲、乙两班）和初中班，同时还举办过师资、财经、卫生等短训班（1948年冬，学校迁往遵化县）。同年12月，由于国民党向昌黎南部解放区大举进攻,"革命中学"(原"抗日中学",日本投降后改名)被迫停办。

1947年,秦皇岛商会创办"达仁中学"(初级中学),1个教学班,学生40人,教职工4人,校长由商会会长王执中兼任。

中华人民共和国成立前,秦皇岛市共有中学7所(公立4所,私立2所,教会办1所)。

## 解放后的中学(1966年以前)

1948年11月,秦皇岛全境解放,市区及各县人民政府接管了全部公立中学,私立和教会办的中学因为没有经费来源,也陆续由人民政府接收。

"临榆县立中学"由秦榆市人民政府接收,改名为"秦皇岛中学校"。1950年,"达仁中学"并入"秦皇岛中学校"(1952年暑期后,学校改称"河北省秦皇岛第一中学",开始招收高中班。1955年,学校被河北省确定为重点中学。"大跃进"期间,学校一度改为"秦皇岛大学",设立了水产、化工、体育、机电四个系。1959年,中央对大专院校进行调整,学校又恢复原校名。到"文化大革命"前,学校共有高中、初中各12个班,学生1020人,教职工130人)。1951年12月,"秦皇岛铁路中学"在海港区铁路里73号建立,学生150人,教职工11人。1954年,"河北省秦皇岛第一中学"迁至文化路东侧,原校舍改办"秦皇岛市第二中学",11个初中班,学生550人,教职工50人。1955年,"秦皇岛市第三中学"建立,3个教学班,学生160人,教职工20人。1956年,"归提寨中学"建立,6个初中班,学生230人,教职工6人。1958年,国家投资在黄北建港公路北侧、八三铁路东侧建立了"黄土坎中学"(第二年,秦皇岛市文教局认为"黄土坎中学"的体制不符合"两条腿走路"的要求,指令停办,黄土坎公社用"黄土坎中学"的校舍开办了"黄土坎公社农业中学",1961年

"秦皇岛第一中学"1959年毕业证书

又被海港区人民政府指令停办)。1958年秋季,海港区人民政府借用"新一路小学"校址,开办了"海港区初级中学",这是由海港区人民政府开办的第一所初级中学(第二年,学校改名为"秦皇岛市第四初级中学")。1962年8月,海港区在文化路西侧建立了"海港区民办中学"。同年,海港区又在新北路建成"海港区民办第二中学",之前成立的"海港区民办中学"改名为"海港区民办第一中学"。1965年,秦皇岛市建立了"秦皇岛市第五中学"和"王庄中学"(后改为"秦皇岛市第九中学")。同年,"铁庄公社农业中学""孟营公社农业中学"建立。9月,交通部秦皇岛港务管理局在河北大街东段36号建立了"交通部秦皇岛港务管理局第一中学"。1966年,交通部秦皇岛港务局管理局在海港区东山地段建立了"交通部秦皇岛港务管理局第二中学"。

解放后,"临榆县立山海关女子初级中学"并入"临榆县立山海关中学",改名为"辽西省立山海关联合中学"。1953年,学校改称"河北省山海关中学",同时被确定为河北省重点中学。1956年2月,学校改称"河北山海关第一中学",有高中12个班、初中18个班,学生1688人,教职工99人。到"文化大革命"前,学校有高中、初中各12个班,学生993人,教职工102人。1955年,山海关区建立了第二所中学,起初按全市中学排号,称"秦皇岛市第五中学",不久改为"山海关第二中学",校址起初在"兴华小学",1962年迁址。1956年,山海关在"红瓦店小学"和"建国小学"增设初中班。1957年,"建国小学"初中班独立,命名为"山海关第三中学"。1958年,"山海关第二中学"增设高中,成为完全中学。同年,山海关区建"八里堡中学""黄庄中学""红瓦店中学"。1962年,为解决三分之一应届小学生不能升入初中的问题,山海关区政府批准民办一所初级中学——"燕山中学"(1969年并入"山海关第三中学")。

解放后,北戴河人民政府接收了"私立海光中学",改校名为"冀东区海滨中学",校长由海滨区区长王晓波兼任。1950年,学校改名为"秦皇岛第二中学"。1954年,学校又改名为"北戴河中学"。到1957年,学校有16个教学班,学生928人,教职工67人。1957年,"拔道洼中学"建校。1958年,海滨人民公社在丁庄村建立社办初级中学(7个班、学生350人),1962年停办。1963年,海滨公社、拔道洼公社、蔡各庄公社相继办起3所农村中学,"文化大革命"中先后停办。

1949年，卢龙县人民政府在"卢龙县初级中学"旧址建"卢龙县初级师范"，招生1个班，共50人。1950年秋，卢龙县开明人士薛祝华在石门镇创办"石门私立民办中学"，亲任校长，招生1个班，60人。这是新中国成立后卢龙县第一所中学。1951年，薛祝华拿出7亩自家好地兑换11亩劣地，又征地11亩，在天官府旧地建校舍18间。1951

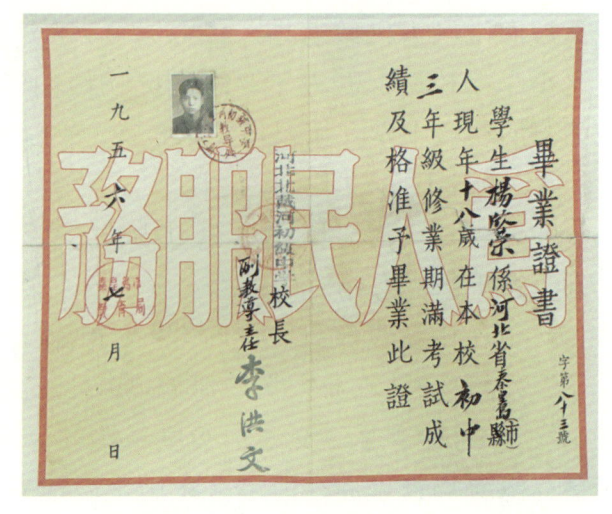

"北戴河初级中学"1956年毕业证书

年10月，卢龙县人民政府在县城内西北原永平府衙北侧文庙（又称"圣人殿"）旧址建"卢龙县初级中学"，招收2个班，共119人。这是新中国成立后卢龙县第一所新型中学。1952年年底，卢龙县人民政府接收了"石门私立民办中学"，命名为"卢龙县第二中学"。1953年秋，"卢龙县初级师范""卢龙县第二中学"均并入"卢龙县初级中学"，称"河北省卢龙县初级中学"。1956年，卢龙县在石门、蛤泊、刘田各庄、双望、燕河营、陈官屯、刘家营等7处小学附设初中班。1957年下半年，这7处小学附设的初中班与小学分离，另立初级中学。1958年，"河北省卢龙县初级中学"发展为完全中学，招收高中生200人，改名为"河北卢龙中学"。同时，随着"大跃进"的浪潮，教育革命也随之兴起，卢龙县迅速兴办了半耕半读性质的职业中学4所，民办中学则增加到18所。同年12月，昌黎、卢龙两县合并，"河北卢龙中学"改称"昌黎县第三中学"。1961年6月，恢复原卢龙县制，"昌黎县第三中学"改称"卢龙县中学"。同年，贯彻1960年全国文教工作会议提出的"调整、巩固、充实、提高"的方针，卢龙县进行中学的调整和压缩，确立"卢龙县中学""刘田各庄初级中学"为全日制中学；石门、双望、陈官屯、燕河管、刘家营、蛤泊等初级中学为半日制；木井、潘庄两所中学为全日制国办农业中学。1962年，蛤泊、刘家营、石门、双望、燕河营5所初级中学停止招生，并决定将"石门初级中学"迁至木井。1963年，卢龙县确定"卢龙县中学""刘田各庄初级中学"为重点中学，燕河营、双望、蛤泊3所初级中学恢复招生，"刘家营初级中学"停办，木井、潘庄国办农业中学改为初级中学。至1966年，卢龙县有国办初级中学7所（刘田各庄、燕河营、双望、蛤泊、陈官屯、木井、潘庄中学），完全中学1所（卢龙县中学）。到"文化大革命"前，"卢龙县中学"有高中8个班、初中12个班，学生937人，教职工87人。

1952年，昌黎县人民政府从美国教会手中接收了"河北省私立昌黎汇文中学"，改名为"河北省立昌黎中学"。1953年，昌黎县对中学进行整顿，将"昌黎县立中学"高中部分并入"河北省立昌黎中学"，变为完全中学，"昌黎县立中学"变为"昌黎县立初级中学"，由城内西花园迁到西关新校址。1956年暑假后，昌黎县增设了6所国办农村初级中学（荒佃庄、龙家店、新集、靖安、裴家堡、泥井中学）。"昌黎县立初级中学"又增设高中部，变为完全中学，为便于区别，"河北省立昌黎中学"改名为"河北昌黎第一中学"，"昌黎县立初级中学"改名为"昌黎县第二中学"。1958年，随着"大跃进"运动的兴起，昌黎县大力兴办半耕半读的农业中学、职业中学，中学由1958年的8所发展到48所（40所农业中学、8所职业中学），1959年又增加到54所。1961年，昌黎县根据中央"调整、巩固、充实、提高"的方针，对全县中学进行大刀阔斧的裁减，农业中学由46所减到13所，1962年再度减到4所，至1963年只保留了2所。1965年，为解决青少年入学问题，根据合理布点的原则，昌黎县新建果乡、指挥、草厂庄、安山四处民办国助的普通中学（均在"文化大革命"期间停办）。到"文化大革命"前，"河北昌黎第一中学"有高中、初中各12个班，学生1033人，教职工99人。

1952年，抚宁县人民政府在城关建立了"抚宁县初级中学"，招收4个初中班，学生220人，这是抚宁县解放后第一所人民自己的新型学校。1954年，临榆县并入抚宁县，抚宁县接管了"临榆县海阳初级中学"。"抚宁县初级中学"更名为"抚宁县第一初级中学"，"临榆县海阳初级中学"更名为"抚宁县第二初级中学"。1956年下半年，抚宁县人民政府分别在各区行政机构所在地——台营、留守营、大新寨、榆关、驻操营、石门寨等地的小学，各增设2个初中班。1956年秋季，"抚宁县第一初级中学"增招2个班，发展为完全中学，去掉"初级"两字，成为"抚宁县第一中学"。1957年暑假后，枣园乡王各庄、宋庄乡潘官营、西河南乡官庄，分别办起全县第一批民办初级中学。1958年，"教育革命"由"大跃进"运动而带动，抚宁县的中学也空前发展。继"抚宁县第一中学"之后，"抚宁县第二初级中学"也增

招了两个高中班成为完全中学，成为"抚宁县第二中学"。原附设在6所小学的初中班，分别单独立校，定名为"抚宁县台营初级中学""抚宁县留守营初级中学""抚宁县大新寨初级中学""抚宁县榆关初级中学""抚宁县驻操营初级中学""抚宁县石门寨初级中学"。除去8所国办中学，抚宁县的民办初级中学，由原来的3所一跃增至73所。抚宁县还在台营建立了"艺术大学"，在下庄乡的赵庄建立了"抚宁大学"。1958年11月20日，抚宁县合并于秦皇岛市，"抚宁县第一中学"更名为"秦皇岛市抚宁中学"，"抚宁县第二中学"更名为"秦皇岛市海阳中学"。划归昌黎县管辖的坟坨、曹东庄分别建立了"昌黎县坟坨初级中学"和"昌黎县曹东庄初级中学"。秦皇岛市将"抚宁太和寨师范学校"附设的4个初中班迁至满井村，成立了"秦皇岛市满井初级中学"。1961年5月，抚宁县恢复原县制，各中学名称又都取消了"秦皇岛市"，冠以"抚宁县"，"秦皇岛市抚宁中学""秦皇岛市海阳中学"分别更名为"抚宁县城关中学""抚宁县海阳中学"。同时，抚宁县接管了由昌黎县、秦皇岛市建立的"坟坨初级中学""曹东庄初级中学"和"满井初级中学"。1962年，"满井初级中学"迁至太和寨原"抚宁太和寨师范学校"旧址，更名为"抚宁县太和寨初级中学"。1963年，"坟坨初级中学"改为"坟坨职业中学"。到"文化大革命"前，"抚宁县城关中学"有高中、初中各12个班，学生1033人，教职工104人。

1951年，"青龙县初级中学"建立，有4个初中班，学生213人，教职工24人。1956年，青龙县建立了龙山、土门子、肖营子、龙王庙、木头凳、宽城等6所国办初中，招生720人，全县初中生达到1587人。1958年，青龙县又建三岔口、双山子、峪耳崖、新甸子、板城、汤道河等6所国办初中和平方子民办初中，"青龙县初级中学"始招高中班，转为完全中学。至此，全县有初级中学13所、完全中学1所，教学班61个，学生3271名。1959年，青龙县建沈丈子、凉水河初中。1960年，平方子民办初中停办，龙王庙、三岔口、土门子、峪耳崖、新甸子、板城初中改为半日制。全县压缩567名学生回乡。1962年年底，凉水河、三岔口初中停办。1962年年底，另置宽城县，峪耳崖、新甸子、宽城、板城、汤道河5所初中随之析出。1963年，"土门子中学"改为农业职业中学，青龙县普通中学减至6所，教学班36个，学生1443名。

## "文革"期间的中学

"文化大革命"初期,秦皇岛市区及各县区中学,都没有招生,初、高中毕业生也都没有离校。一直到1968年,一部分学生分配了工作,大部分学生被动员"上山下乡",1969年1月各中学开始招收新生。

1969年,根据当时提出的"初中不出队,高中不出社",把学校办在贫下中农门槛上的"教育要革命"口号,全市中学教育盲目发展,农业中学一扫而光,变成清一色的普通中学。市区中学由"文化大革命"前的16所发展到24所,各县区的中学则发展到上百所。

1970年恢复高中招生。经秦皇岛市革命委员会研究,决定利用上庄坨煤矿学校校舍建立"秦皇岛市柳江中学",招二年制高中28个班,共计1500人,按连、排建制(全校有7个连,每连4个排)。学校1970年3月正式开学。1971年年初,学校抽调170名学生组成4个师范排。1971年年底,"秦皇岛市柳江中学"的全体同学毕业,学校停办。1970年,马坊公社从西盐务村东秦皇岛市牛奶厂借用了10间平房,办起了"马坊公社五七中学"(1981年撤销)。1971年,"海港区民办第一中学"与"河北秦皇岛第一中学"合并,"海港区民办第二中学"与"秦皇岛市第三中学"合并。1974年,"秦皇岛市第六中学"建立,有12个初中班,学生600人,教职工206人。"黄土坎农业中学"于1969年春季重新开办,1975年招收1个高中班后,改名为"海港区黄土坎中学"。1976年,"秦皇岛市第七中学"(高中4个班,初中10个班,学生648人,教职工51人)、"秦皇岛市第十中学"(14个初中班,学生700人,教职工49人)、"秦皇岛耀华玻璃厂中学"(2个教学班,学生91人,教职工3人)建立。同年,"孟营农业中学"改名为"孟营中学"。

1968年,"山海关第四中学"建校(6个初中班,学生300人,教职工14人)。1972年,"铁道部山海关桥梁工厂中学"建校(12个班,学生540人,教职工48人)。1974年,"山海关船厂中学"建校(1个初中班,学生28人,教职工5人)。1975年,"青石沟中学"建校(1个初中班,学生30人,教职工2人)。1976年,"锦州铁路局山海关中学"建校(26个班,学生1300人,教职工87人)。

1970年,"拨道洼中学"设高中班,成为一所完全中学。1973年,"北

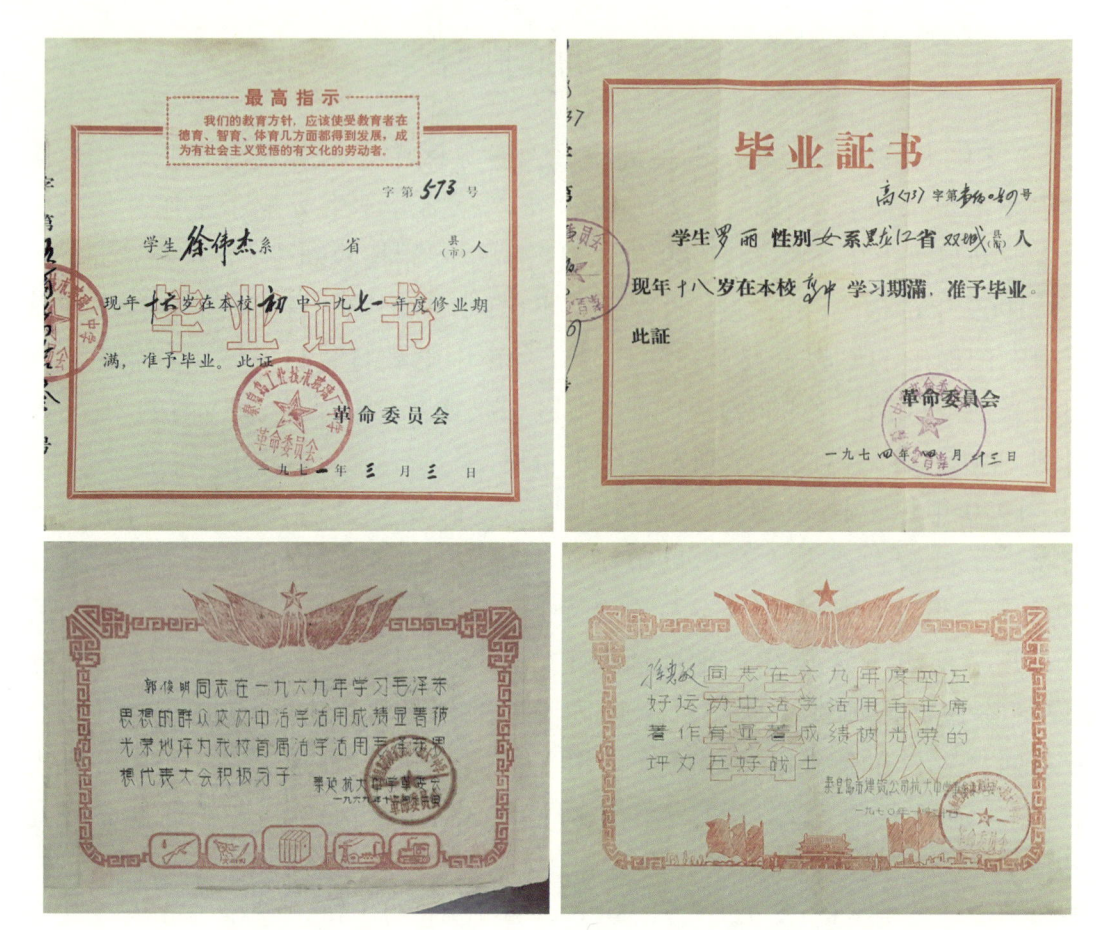

秦皇岛地区一些中学"文化大革命"期间的毕业证及奖状

戴河海滨中学"建校（2个初中班，学生75人，教职工5人）。1976年9月，"石塘路小学"改建中学（原"石塘路小学"学生分别并入草厂、刘庄两所小学），校名为"石塘路中学"，招收学生300人，有教职员工31人。同年，"蔡各庄中学"（乡办）建立，当年招收初一2个班，由"拨道洼中学"调回初二2个班，学校有学生198人，教职工13人。同年，国家投资在小薄荷寨村建"薄荷寨中学"，当年招收初一3个班以及大、小薄荷寨小学附设初中班二年级3个班。

1967年，"卢龙县中学"改名为"卢龙县东方红中学"。1968年，卢龙县以县办、社办、队办、队联办的多种形式，将中学由原来的8所增加到124所。1969年年初，卢龙县基层国办初级中学都发展成高级中学。此后，石门、万贯各庄、杨黄岭、李柳河、刘家营、应各庄等7所社办中学增设了高中班。1970年，"卢龙县东方红中学"办起了"综合性五七学校"。1976

年9月,"卢龙县东方红中学"由国办全日制完全中学,改为城关公社办的九年一贯制学校。

"文化大革命"期间,昌黎县盲目发展中学,1969年各公社办完全中学,小学办"戴帽中学"(所谓"戴帽中学",是在小学的基础上增设初中甚至高中,有点类似给人戴了个帽子,它是"文革"中城郊接合部农村教育特有的现象,目的是为解决农民子女就近读中学的问题),中学由1968年的12所发展到44所,1971年又发展到68所,1973年发展到146所,1976年达到了226所。1969年,"河北昌黎第一中学""昌黎县第二中学"合并为"昌黎县中学",1971年迁至城西原"昌黎县第二中学"校址。1970年,昌黎城关各小学"戴帽初中班"合并在一起成立了"昌黎城关镇中学",1975年改名为"昌黎城关中学",迁至汇文街原"河北昌黎第一中学"校址。

1968年前后,"抚宁县坟坨职业中学"自行变为普通中学。1969年年初,"抚宁县城关中学""海阳中学""台营中学""大新寨中学""留守营中学""坟坨中学"成为完全中学。1969年下半年,枣园公社、猩猩峪公社、榆关公社、柳各庄公社、上徐各庄公社,将附设于小学的初中班集中,建立了公社初级中学。"抚宁县城关中学"一度改为"抚宁县'五七'综合技术学校",开办了半农半医、师资、机电等专业学习班,1972年又改回"抚宁县城关中学"名称。

1968年年初,青龙县开始大办中学,社社办高中,队队建初中。1968年底,受"侯王建议"(见本书《弦歌不辍 薪火相传——青龙满族自治县第一实验小学》一文)影响,7所国办中学停办,教师回原社队学校任教,学生回本社中学就学。当年共建立初、高中学校82所,小学附设初中班280处,中学生达到14631人。1971年,各国办中学陆续恢复招生,均改招高中班。到1972年年底,全县有初中75所(不含小学附设的初中班),高中18所,学生18042人。1973年,青龙县又按照"高中控制发展,初中社办或联办、减少队办,适当集中"的办法,重新调整全县中学布局。

## "文革"后的中学(1985年以前)

"文化大革命"结束后,尤其是党的十一届三中全会以后,秦皇岛地区的中学教育逐渐恢复到正常轨道上来。

1979年开始,秦皇岛市逐步取消小学附设的初中班,对各区中学的布局进行调整,压缩合并办学条件差的学校,大力扶持重点学校。1980年,全市有初中250所,2469个教学班,学生10.77万人。1983年,秦皇岛市教育局继续对中学教育进行改革,各县全日制高中按10万人1所的比例予以保留,部分普通中学逐步改建成农业中学、职业中学,改变了中学教育体制的单一结构。

1978年,"河北省秦皇岛第一中学校"改名为"秦皇岛市第一中学"。同年,"马坊公社五七中学"撤销。1979年,"秦皇岛市第九中学"建校(6个初中班,学生350人,教职工25人)。1985年,"秦皇岛市第十一中学"建校(7个初中班,学生350人,教职工25人)。至1985年,秦皇岛市区共有"第一"至"第十一"中学,其中,第一、二、三、四、七、八中学为完全中学。

1978年,"山海关第五中学"建校(8个初中班,学生386人,教职工27人)。同年,"唐子寨中学"建校(4个初中班,学生120人,教职工11人)。1980年,"户远寨中学"建校(1个初中班,学生45人,教师1人)。1983年,"红瓦店中学"改为"秦皇岛市农业技术中学"。到1985年,山海关区城区有"第一"至"第五"中学,其中第一、二、三中学为完全中学。

1976年,"北戴河海滨中学"改称"北戴河第二中学"。1981年,因学生来源少,"薄荷寨中学"停办,学校学生分别并入"北戴河第一中学"和"蔡各庄中学"。1982年8月,"石塘路中学"停办,学校学生及教职工并入"北戴河第一中学"。1984年9月,"拨道洼中学"改名为"北戴河第三中学"。到1985年,北戴河区有第一、第二、第三中学及"蔡各庄中学(乡办)",其中第一、第三中学为完全中学。

1977年2月,"卢龙县东方红中学"恢复为国办全日制完全中学,并恢复"卢龙县中学"名称。1978年,"卢龙县中学"被唐山地区确定为重点中学,"刘田各庄中学""陈官屯中学"被卢龙县确定为重点中学。1979年5月,"卢龙县城关中学"建立。1980年,卢龙县停办了所有的社办高中,确定刘家营、下寨、杨黄岭三处为全日制一般"高中点"。1981年,"卢龙县中学"开始招收高中三年制学生。1982年,"刘田各庄中学""陈官屯中学"开始招收高中三年制学生。1983年,卢龙县城关、木井、潘庄3所中学也开始改为高中三年制。同年，卢龙县停办刘家营、下寨、杨黄岭三个"高中点"，将"蛤泊中学"改为"农业技术中学"，在花台、双望两个社办中学搞"四年制农业初中"试点，燕河营、双望中学停招高中班，集中力量办示范性初中。1985年，卢龙县又将燕河营、双望两所示范性初中改为"职业中学"。至1985年，卢龙县共有中学47所，其中国办完全中学6所（"卢龙县中学""卢龙县城关中学""刘田各庄中学""陈官屯中学""木井中学""潘庄中学"），乡镇办初中41所。

1978年，"昌黎县中学""昌黎城关中学"恢复原"河北昌黎第一中学""昌黎县第二中学"校名，被昌黎县文教局确立为高中重点中学（"河北昌黎第一中学"被河北省确定为重点中学），裴家堡、荒佃庄、泥井、靖安、新集、龙家店中学被确定为初中重点中学。1979年开始，昌黎县文教局开始对全县中学进行新调整，压缩社办中学高中，改为社办初级中学，原6所国办初中（即1978年确定的6所初中重点中

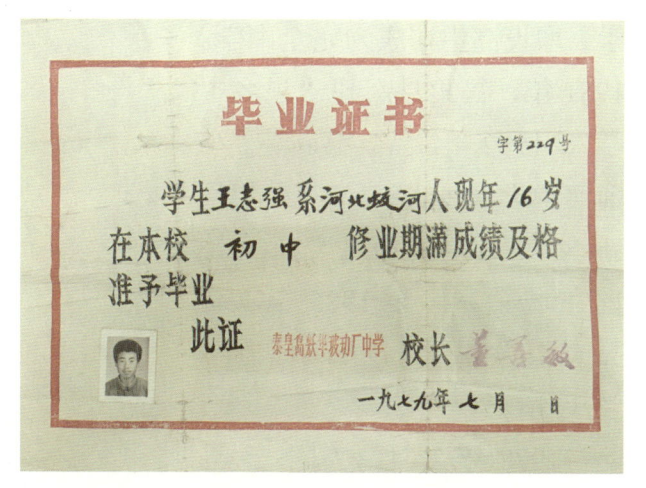

"秦皇岛耀华玻璃厂中学"1979年毕业证

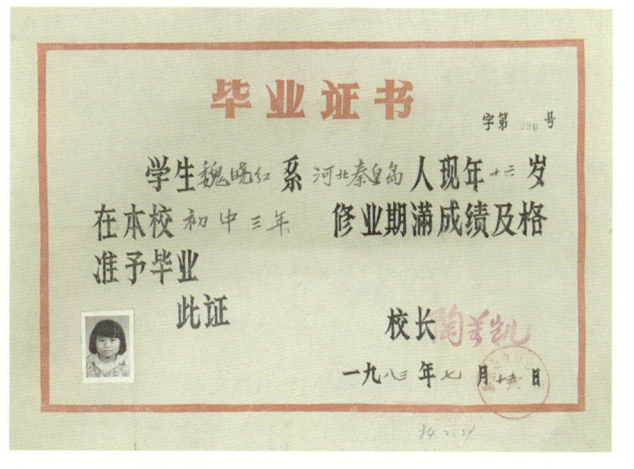

"秦皇岛市第七中学"1983年毕业证

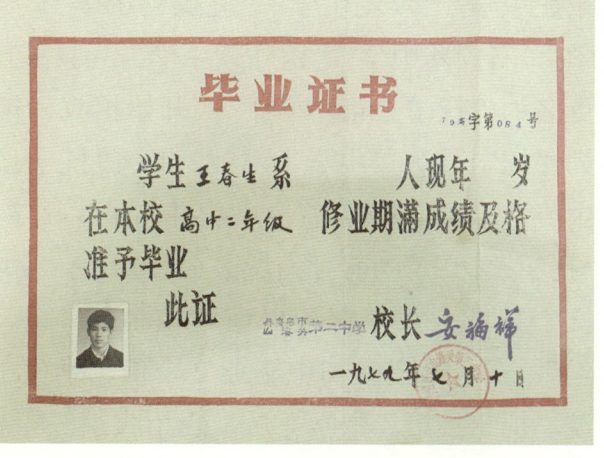

"山海关第二中学"1979年毕业证

学)增设高中,成为完全中学。1981年,昌黎县新建"果乡中学"。1982年,昌黎县新建"小蒲河中学"。1983年,昌黎县新建"昌黎县第三中学"(校址在城关)。至1985年,全县有国办中学11所,社办中学39所。

1978年1月,"抚宁县城关中学"被确定为河北省首批办好的重点中学,"海阳中学""榆关中学"被确定为县重点中学。同年6月,抚宁县在深河村建立了"深河中学",招收2个高中班,学生104人。同年9月,抚宁县在太和寨建立了"抚宁县业余体育学校",招收1个初中班,学生30人。1981年,抚宁县对中等教育结构进行了调整,确定"曹

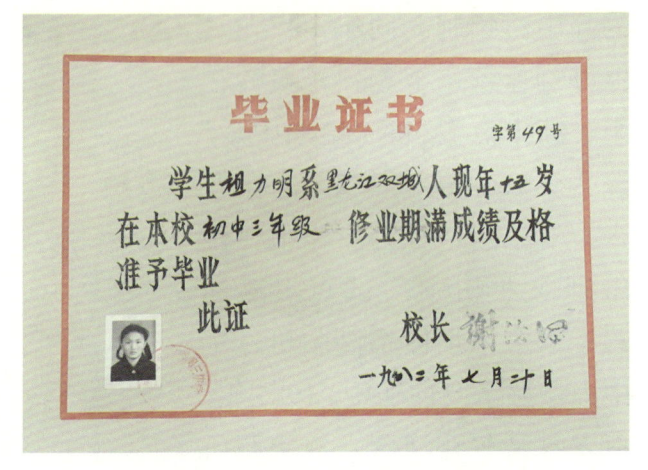

"北戴河第三中学" 1982年毕业证

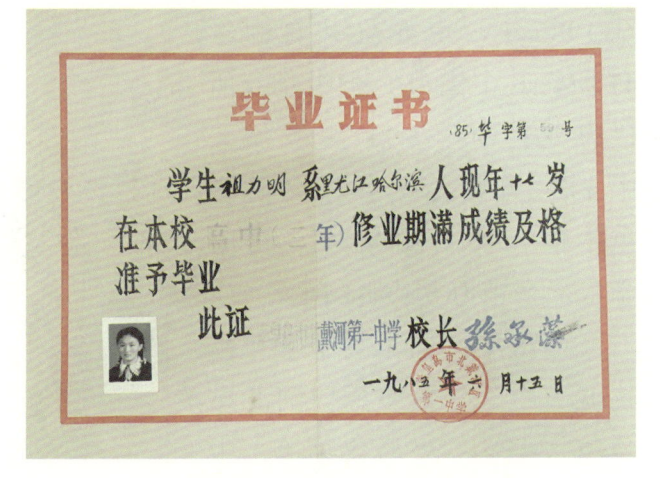

"北戴河第一中学" 1985年毕业证

东庄中学""坟坨中学""驻操营中学""台营中学""大新寨中学""深河中学""石门寨中学""留守营中学"为县重点初中。同年,"抚宁县城关中学"更名为"抚宁县第一中学"(开始招收三年制的高中班),"海阳中学"更名为"抚宁县第二中学"。1982年,"抚宁县第二中学"开始招收三年制的高中班,"深河中学"将高中班并入了"抚宁县第二中学",成为初中。1983年,"抚宁镇初中"(前身为城关公社初中,校址在"抚宁镇第一小学"院内)在抚宁县城北大李官营村南建校舍;"榆关中学"改为"抚宁县农业技术中学",在全县招收初中毕业2个班,学生100人,学制三年;"太和寨中学"继"抚宁县第二中学"后,也招收了三年制的高中班。"曹东庄中学""坟坨中学""驻操营中学""大新寨中学""台营中学""留守营中学""石门寨中

学",相继在1983年、1984年成为初中。1984年7月,"太和寨中学"更名为"抚宁县第三中学"。同年9月,抚宁县在城关建立了"抚宁县第四中学",招收4个高中班,学生220人。1985年,渤海寨3个初中班并入"抚宁镇初中"。至1985年,抚宁县共有国办中学14所(初中9所,高中2所,完全中学2所,农业中学1所),乡办中学52所。

1977年,青龙县队办初中(含附设班)达到285处,联队办初中26处,高中33处,四年制完全中学23所,学生达到33778人,为中学发展的高峰。1978年,县城建第二中学,农村新建3所高中。此间,各社队盲目办学,办学条件差,教师素质低。1979年,青龙县有初中42所(教学班516个、学生21696人),高中52所(国办中学10所,分别为"青龙县第一中学""青龙县第二中学""龙王庙高中""三岔口高中""双山子高中""土门子高中""木头凳高中""肖营子高中""龙山高中""凉水河高中";公社办高中42所,除大杖子公社未办高中外,其他42个公社一社一所;教学班145个,学生7293人)。1980年,青龙县按照"先小学,后初中,根据力量办高中"的指导思想,压缩高中,调整初中,全县增加10所农村生产大队办的初中,初中达到52所(教学班586个、学生28853人),将双山子、木头凳、龙王庙3所国办中学的初中部和董杖子、大巫岚、向阳、肖营子、娄杖子、小马坪等社中定为县级重点初中。同年,青龙县撤销14所社办高中。1981年,青龙县又增加19所队办初中,全县初中达到71所;28所社办高中全部撤销,设10所国办高中。同年,"青龙县第一中学"被河北省政府定为"河北省重点中学"。1982年,凉水河国办高中改为初中,龙山社中与龙山国中合并,撤销6所队办初中,全县有初中63所。1983年,青龙县队办初中全部停办(9所队办初中撤销,14所队办初中改为社办初中),小学附设的初中班只保留29处,全县初中为56所(教学班312个、学生13577人)。同年,"土门子高中"改为农业职业高中。1984年,龙王庙、龙山、三岔口3所高中停招高中班。至此,全县有高中6所、农业职业中学1所、初中55所。同年,"青龙县第二中学"改为"满族中学"。1985年,"龙山初级中学"改为农业职业高中。

到1985年,秦皇岛地区共有中学257所(其中乡镇中学192所,厂矿办中学7所)。

## 新时期的中学

1990年,秦皇岛市有初中214所(教学班1873个,学生8万多人)、高中9所、完全中学26所(高中班329个,学生1.57万人)。1995年,秦皇岛市各县区认真落实"分级办学、分级管理"的办学体制。1997年,秦皇岛市把普及九年制义务教育(简称"普九")达标纳入小康建设中,全面推进素质教育,三个城区(海港区、北戴河、山海关区)投入2.05亿元"普九"资金,初中的办学条件、校容校貌等都发生了历史性变化,成为教育史上最好时期。1999年,秦皇岛市中学全部通过河北省"普九"达标验收。同年,秦皇岛市扩大部分高中的招生规模。

2000年,为解决高中入学高峰,秦皇岛市投资建设"新世纪中学""北戴河综合高中",并对"秦皇岛市第一中学""秦皇岛市第五中学"和"山海关第一中学"进行了改扩建。全市积极发展综合高中、特色高中,鼓励薄弱高中依托重点高中,办"国有民办""公办民助"分校。

2002年,针对全市31所普通高中年招生能力仅1万余人和农村初中毕业生只有30%的人能升入普通高中的实际情况,秦皇岛市委、市政府提出"以强带弱、规模办学、联合竞争、均衡发展"的整体办学措施,实施"县城高中段教育发展一体化""高中教育集团"战略和"示范学校带动工程"。

到2019年年底,秦皇岛市共有初中127所(含九年制学校)、高中32所(含十二年制学校)。

1986年,"秦皇岛市第十二中学"建立。1988年,九年一贯制的"迎宾路实验学校"建立。1996年,秦皇岛市属第二中、四中、六中、七中、八中、九中、十中、十一中、十二中、十三中、十四中等11所中学下放给海港区管理。1997年,"迎宾路实验学校"中学部撤销,新建"玉峰里中学"。1999年,九年一贯制的"西港路学校"建立。2000年,为解决高中入学高峰问题,秦皇岛市政府投资兴建"新世纪高中"(全市第一所寄宿制学校)。至2002年,海港区辖区内有25所初中(城市13所、农村4所、厂办3所、民办5所),有秦皇岛市第一中学、秦皇岛市第三中学、秦皇岛市第五中学、秦皇岛市实验中学、秦皇岛市新世纪高中、燕山大学附属中学等6所高中。至2019年,海港区辖区内有27所初中、5所九年制学校、1所完全中学、8

所高中、2所十二年制民办学校。

表1 2019年海港区中学情况表

| 学校 | 学校地址 | 办学类型 | 举办者 |
|---|---|---|---|
| 秦皇岛市第八中学 | 秦皇岛市海港区秦皇东大街349号 | 初级中学 | 县级教育部门 |
| 秦皇岛市第九中学 | 秦皇岛市海港区和煦街58号 | 初级中学 | 县级教育部门 |
| 秦皇岛市第四中学 | 秦皇岛市海港区和平大街45号 | 初级中学 | 县级教育部门 |
| 秦皇岛经济技术开发区太和寨中学 | 秦皇岛经济技术开发区太和寨村 | 初级中学 | 县级教育部门 |
| 秦皇岛经济技术开发区第一中学 | 秦皇岛经济技术开发区华山南路200号 | 初级中学 | 县级教育部门 |
| 秦皇岛市第十九中学 | 秦皇岛市海港区铁新里3号 | 初级中学 | 县级教育部门 |
| 秦皇岛市海港区萃文中学 | 秦皇岛市海港区东港镇黄北村 | 初级中学 | 县级教育部门 |
| 秦皇岛市海港区北港镇拦马庄中学 | 秦皇岛市海港区北港镇拦马庄村 | 初级中学 | 县级教育部门 |
| 秦皇岛市第十中学 | 秦皇岛市海港区光明路74号 | 初级中学 | 县级教育部门 |
| 秦皇岛市第十三中学 | 秦皇岛市海港区东环路外121号 | 初级中学 | 县级教育部门 |
| 秦皇岛市海港区海阳镇中学 | 秦皇岛市海港区海阳镇范庄村 | 初级中学 | 县级教育部门 |
| 秦皇岛经济技术开发区深河中学 | 秦皇岛经济技术开发区东甸子村 | 初级中学 | 县级教育部门 |
| 秦皇岛市海港区北港镇姚周寨中学 | 秦皇岛市海港区北港镇姚周寨村 | 初级中学 | 县级教育部门 |
| 秦皇岛市第十二中学 | 秦皇岛市海港区东港路157号 | 初级中学 | 县级教育部门 |
| 秦皇岛市第十五中学 | 秦皇岛市海港区西港路北段 | 初级中学 | 县级教育部门 |
| 秦皇岛经济技术开发区上徐各庄中学 | 秦皇岛经济技术开发区上徐各庄村 | 初级中学 | 县级教育部门 |
| 秦皇岛市海港区杜庄学区初级中学 | 秦皇岛市海港区杜庄镇赵庄村东 | 初级中学 | 县级教育部门 |
| 秦皇岛市第二中学 | 秦皇岛市海港区河北大街190号 | 初级中学 | 县级教育部门 |
| 秦皇岛经济技术开发区郭高马坊中学 | 秦皇岛经济技术开发区马坊甸村 | 初级中学 | 县级教育部门 |
| 秦皇岛市第十七中学 | 秦皇岛市海港区河北大街东段98号 | 初级中学 | 县级教育部门 |
| 秦皇岛市海港区石门寨学区初级中学 | 秦皇岛市海港区石门寨镇顺城街村 | 初级中学 | 县级教育部门 |
| 秦皇岛市海港区驻操营学区初级中学 | 秦皇岛市海港区驻操营镇郭庄村 | 初级中学 | 县级教育部门 |
| 秦皇岛市第十六中学集团 | 秦皇岛市海港区玉峰里育才街17号 | 初级中学 | 县级教育部门 |
| 秦皇岛经济技术开发区第四中学 | 秦皇岛经济技术开发区松花江西道6号 | 初级中学 | 县级教育部门 |

续表

| 学校 | 学校地址 | 办学类型 | 举办者 |
|---|---|---|---|
| 秦皇岛市第七中学集团第七中学半岛校区 | 秦皇岛市海港区山东堡路269号 | 初级中学 | 县级教育部门 |
| 秦皇岛市南岭国际中学 | 秦皇岛市海港区南岭国际社区 | 初级中学 | 县级教育部门 |
| 秦皇岛市第七中学集团 | 秦皇岛市海港区文化路290号 | 初级中学 | 县级教育部门 |
| 秦皇岛市第七中学集团第七中学玉龙湾校区 | 秦皇岛市海港区河北大街中段 | 九年制 | 县级教育部门 |
| 秦皇岛市海港区外语实验学校 | 秦皇岛市海港区秦皇小区 | 九年制 | 县级教育部门 |
| 秦皇岛市海港区民族学校 | 秦皇岛市海港区杜庄镇温泉堡村 | 九年制 | 民办 |
| 秦皇岛市海港区崇德实验学校 | 秦皇岛市海港区文宏路 | 九年制 | 县级教育部门 |
| 秦皇岛市海港区逸城学校 | 秦皇岛市海港区金湾环路65号 | 九年制 | 县级教育部门 |
| 秦皇岛市海港区北体大附属实验学校 | 秦皇岛市海港区文体路5号 | 完全中学 | 民办 |
| 秦皇岛市海港区禹铭艺术高中 | 秦皇岛市海港区北环路87号 | 高级中学 | 民办 |
| 秦皇岛市实验中学 | 秦皇岛市海港区河堤路8号 | 高级中学 | 地级教育部门 |
| 秦皇岛市新世纪高级中学 | 秦皇岛市海港区西港镇归提寨 | 高级中学 | 地级教育部门 |
| 秦皇岛市第五中学 | 秦皇岛市海港区育才街5号 | 高级中学 | 地级教育部门 |
| 秦皇岛市第三中学 | 秦皇岛市海港区河北大街中段92号 | 高级中学 | 地级教育部门 |
| 秦皇岛经济技术开发区燕大附中 | 秦皇岛经济技术开发区漓江道4号 | 高级中学 | 县级教育部门 |
| 秦皇岛市第一中学 | 秦皇岛经济技术开发区长江西道66号 | 高级中学 | 地级教育部门 |
| 秦皇岛市第六高级中学 | 秦皇岛市海港区石门寨镇顺城街村 | 高级中学 | 县级教育部门 |
| 秦皇岛市海港区临榆国际学校 | 秦皇岛市海港区河北大街西段512号 | 十二年制 | 民办 |
| 秦皇岛市私立渤海中学 | 秦皇岛市海港区秦山路60号 | 十二年制 | 民办 |

1987年，山海关区有普通中学14所（8所市管、3所厂企管、3所）。1989年，"山海关第一中学"停止招收初中生。1991年，新建"四零四厂中学"。1996年为山海关区初中调整合并最多的一年："八里堡中学"改为"山海关第八中学"；"青石沟中学"撤销，并入"山海关第三中学"；"唐子寨中学""户远寨中学""红瓦店中学"撤并，建成"山海关第六中学"。1997年，"山海关第四中学""山海关第五中学"并入新建的"南园中学"。2004年，"山海关船厂中学"撤销。至此，山海关区有中学8所（区属5所，企办3所）。至2019年年底，山海关区有初中4所（第二中学、第三中学、南园中学、桥梁中学）、九年制学校1所（秦皇岛经济技术开发区第二中学）、

高中 1 所（山海关第一中学）、民办 12 年制学校 1 所（私立龙腾学校）。

表2 2019年山海关区中学情况表

| 学校 | 学校地址 | 办学类型 | 举办者 |
|---|---|---|---|
| 秦皇岛市山海关区第三中学 | 秦皇岛市山海关区关城东路 | 初级中学 | 县级教育部门 |
| 秦皇岛市山海关区南园中学 | 秦皇岛市山海关区关城南路南苑小区西侧 | 初级中学 | 县级教育部门 |
| 秦皇岛市山海关区第二中学 | 秦皇岛市山海关区南海西路48号 | 初级中学 | 县级教育部门 |
| 秦皇岛市山海关区桥梁中学 | 秦皇岛市山海关区工人街5号 | 初级中学 | 县级教育部门 |
| 秦皇岛经济技术开发区第二中学 | 秦皇岛经济技术开发区渤海乡崔台子村 | 九年制 | 县级教育部门 |
| 秦皇岛市山海关第一中学 | 秦皇岛市山海关区新建胡同2号 | 高级中学 | 地级教育部门 |
| 秦皇岛市山海关区私立龙腾学校 | 秦皇岛市山海关区五里台 | 十二年制 | 民办 |

1988年，北戴河区有第一中学、第二中学、第三中学和蔡各庄中学（后改为第五中学），48个教学班，学生1942人。其中北戴河第一中学、第三中学为完全中学，有高中11个班，444名学生。"北戴河第一中学"还有旅游、烹饪、服装等专业的6个职业高中班，学生214人。1992年，"北戴河第三中学"高中部因生源不足被撤销，并入"北戴河第一中学"。1993年，北戴河区在海滨北五路新建第四中学。1996年，"北戴河第一中学"职业高中班停办。1997年，"北戴河第五中学"撤销，并入"北戴河第三中学"。1998年，"北戴河第一中学"在校高中学生仅有20人。为扭转北戴河区高中落后的状况，北戴河区委、区政府于1998年筹办北戴河重点中学，暂设"北戴河第一中学"院内。2000年，北戴河区政府在联峰北路建综合高中（含职业高中），后因各方面原因易主"秦皇岛职业高等技术学院"。2003年，北戴河区政府再次投资在原"北戴河第一中学"校址重建高中，名为"北戴河中学"。至2019年年底，北戴河区有第一、第二、第三中学、南戴河中学枣园分校、卢王庄中学等5所初中，中加英桥学校、北方文武学校2所民办九年制学校，北戴河中学、树人中学（民办）2所高中。

表3 2019年北戴河区中学情况表

| 学校 | 学校地址 | 办学类型 | 举办者 |
|---|---|---|---|
| 北戴河第三中学 | 秦皇岛市北戴河区拨道洼村西 | 初级中学 | 县级教育部门 |
| 北戴河第一中学 | 秦皇岛市北戴河区单赤路 | 初级中学 | 县级教育部门 |
| 北戴河第二中学 | 秦皇岛市北戴河区北五路33号 | 初级中学 | 县级教育部门 |
| 北戴河新区南戴河中学枣园分校 | 秦皇岛市北戴河新区枣园村 | 初级中学 | 县级教育部门 |
| 卢王庄中学 | 秦皇岛市北戴河区牛头崖镇桃园村东 | 初级中学 | 县级教育部门 |

续表

| 学校 | 学校地址 | 办学类型 | 举办者 |
| --- | --- | --- | --- |
| 中加英桥学校 | 秦皇岛市北戴河区滨海大道56号 | 九年制 | 民办 |
| 北方文武学校 | 秦皇岛市北戴河区古城村东侧 | 九年制 | 民办 |
| 秦皇岛市北戴河区树人中学 | 秦皇岛市北戴河区站南大街135号 | 高级中学 | 民办 |
| 北戴河中学 | 秦皇岛市北戴河区联峰路98号 | 高级中学 | 县级教育部门 |

1989年，卢龙县确定蛤泊乡中学、潘庄镇中学、石门镇中学、陈官屯乡中学、燕河营镇中学、双望镇中学为试点校，推行初中"三加一"（初中毕业后留校1年学习专业技术课）教学试点工作，并在刘田各庄镇中学、陈官屯乡中学试办两轨四年制初中。同年，"卢龙县中学"初中部停止向全县招生，只招收城关镇非农业户口学生。1993年，其他5所国办中学也停止招收初中生。至2002年，卢龙县有初中30所（其中完全中学1所）、高中6所。至2019年年底，卢龙县有初中17所、九年制学校1所、高中4所、十二年制学校1所、特殊教育学校1所。

表4　2019年卢龙县中学情况表

| 学校 | 学校地址 | 办学类型 | 举办者 |
| --- | --- | --- | --- |
| 卢龙县印庄乡大横河中学 | 秦皇岛市卢龙县印庄乡孙揣庄村 | 初级中学 | 县级教育部门 |
| 卢龙县陈官屯镇中学 | 秦皇岛市卢龙县陈官屯镇陈官屯村 | 初级中学 | 县级教育部门 |
| 卢龙县木井镇大李佃子中学 | 秦皇岛市卢龙县木井镇大李佃子村 | 初级中学 | 县级教育部门 |
| 卢龙县石门镇杨黄岭中学 | 秦皇岛市卢龙县石门镇杨黄岭村 | 初级中学 | 县级教育部门 |
| 卢龙县燕河营镇中学 | 秦皇岛市卢龙县燕河营镇太平庄村 | 初级中学 | 县级教育部门 |
| 卢龙县石门镇庄坨中学 | 秦皇岛市卢龙县石门镇宣庄坨村 | 初级中学 | 县级教育部门 |
| 卢龙县石门镇中学 | 秦皇岛市卢龙县石门镇石门街村 | 初级中学 | 县级教育部门 |
| 卢龙县木井镇万贯各庄中学 | 秦皇岛市卢龙县木井镇高贯各庄村 | 初级中学 | 县级教育部门 |
| 卢龙县刘各庄镇中学 | 秦皇岛市卢龙县刘田各庄镇万田各庄村 | 初级中学 | 县级教育部门 |
| 卢龙县下寨乡中学 | 秦皇岛市卢龙县下寨乡下寨村 | 初级中学 | 县级教育部门 |
| 卢龙县双望镇中学 | 秦皇岛市卢龙县双望镇一分村 | 初级中学 | 县级教育部门 |
| 卢龙县蛤泊镇中学 | 秦皇岛市卢龙县蛤泊镇前西街村 | 初级中学 | 县级教育部门 |
| 卢龙县木井镇中学 | 秦皇岛市卢龙县木井镇木井村 | 初级中学 | 县级教育部门 |
| 卢龙县刘家营乡中学 | 秦皇岛市卢龙县刘家营乡城里村 | 初级中学 | 县级教育部门 |
| 卢龙县潘庄镇中学 | 秦皇岛市卢龙县潘庄镇潘庄村 | 初级中学 | 县级教育部门 |
| 卢龙县印庄乡印庄中学 | 秦皇岛市卢龙县印庄乡马家洼村 | 初级中学 | 县级教育部门 |
| 卢龙县卢龙镇中学 | 秦皇岛市卢龙县卢龙镇王朗庄村 | 初级中学 | 县级教育部门 |
| 卢龙县育才学校 | 秦皇岛市秦皇岛市卢龙县陈官屯乡八家寨村 | 九年制 | 民办 |
| 河北省卢龙县木井中学 | 秦皇岛市卢龙县木井镇木井街村 | 高级中学 | 县级教育部门 |
| 河北省卢龙县刘田庄中学 | 秦皇岛市卢龙县刘田各庄镇万田各庄村 | 高级中学 | 县级教育部门 |
| 卢龙县中学 | 秦皇岛市卢龙县文化路1号 | 高级中学 | 县级教育部门 |
| 河北省卢龙县潘庄中学 | 秦皇岛市卢龙县潘庄镇滤马庄村 | 高级中学 | 县级教育部门 |
| 卢龙私立弘远学校 | 秦皇岛市卢龙县卢城路东侧夷齐大街南侧 | 十二年制 | 民办 |
| 卢龙县特殊教育学校 | 秦皇岛市卢龙县卢龙镇王郎庄村 | 其他特殊 | 县级教育部门 |

1986年，昌黎县有初中41所、完全中学9所（初中教学班430个，学生1.92万人；高中教学班70个，学生3744人）。1988年，昌黎县农业技术中学、果乡中学、靖安中学、龙家店中学、泥井中学、裴家堡中学、新集中学、荒佃庄中学和小蒲河中学9所国办中学，分别更名为县第四至第十二中学。各乡镇中学更名为乡镇名称加"初级中学"。1991年，昌黎县将农村国办中学的初中部分全部划归乡镇初中，"河北昌黎第一中学"初中部划归"昌黎镇中学"。随着行政区划撤区并乡，昌黎县各乡镇初中合并为38所，1993年又调整为36所。1993年6月，河北省教育厅批准"昌黎县第二中学"复名"昌黎汇文中学"。至2002年，全县初中为35所（包括九年制学校1所，教学班49个，学生2.4万人），高中9所（含2个完全中学的高中部，教学班149个，学生7731人）。2003年6月，根据昌黎县机构编制委员会《关于部分学校撤销、合并、更名的批复》，"河北昌黎第一中学""昌黎汇文中学"分别更名为"河北昌黎汇文第一中学""河北昌黎汇文第二中学"。至2019年年底，昌黎县有17所初中、2所九年制学校、1所民办完全中学、4所高中、1所民办十二年制学校、1所特殊教育学院。

**表5　2019年昌黎县中学情况表**

| 学校 | 学校地址 | 办学类型 | 举办者 |
| --- | --- | --- | --- |
| 昌黎宏兴实验中学 | 秦皇岛市昌黎县朱各庄镇 | 初级中学 | 县级教育部门 |
| 昌黎县安山镇初级中学 | 秦皇岛市昌黎县安山镇东北庄村 | 初级中学 | 县级教育部门 |
| 昌黎县龙家店镇初级中学 | 秦皇岛市昌黎县龙家店镇燕埝坨村 | 初级中学 | 县级教育部门 |
| 昌黎县大蒲河镇裴家堡初级中学 | 秦皇岛市昌黎县大蒲河镇裴家堡村 | 初级中学 | 县级教育部门 |
| 昌黎县周庆恩中学 | 秦皇岛市昌黎县荒佃庄镇荒佃庄村 | 初级中学 | 县级教育部门 |
| 昌黎县刘台庄镇初级中学 | 秦皇岛市昌黎县刘台庄镇刘台庄三村 | 初级中学 | 县级教育部门 |
| 昌黎县第五中学 | 秦皇岛市昌黎县昌黎镇二街新安里1号 | 初级中学 | 县级教育部门 |
| 昌黎县新集镇崖上初级中学 | 秦皇岛市昌黎县新集镇崖上二村 | 初级中学 | 县级教育部门 |
| 昌黎县碣石中学 | 秦皇岛市昌黎县葛条港乡葛条港村 | 初级中学 | 县级教育部门 |
| 秦皇岛北戴河新区大蒲河中学 | 秦皇岛市北戴河新区大蒲河管理处邱营村 | 初级中学 | 县级教育部门 |
| 昌黎县第四中学 | 秦皇岛市昌黎县昌黎镇汀泗涧村545号 | 初级中学 | 县级教育部门 |
| 昌黎县泥井镇初级中学 | 秦皇岛市昌黎县泥井镇泥井一村 | 初级中学 | 县级教育部门 |
| 昌黎县第三中学 | 秦皇岛市昌黎县昌黎镇汇文东街1号 | 初级中学 | 县级教育部门 |
| 昌黎县靖安镇初级中学 | 秦皇岛市昌黎县靖安镇庞各庄村 | 初级中学 | 县级教育部门 |
| 昌黎县茹荷镇初级中学 | 秦皇岛市昌黎县茹荷镇茹荷村 | 初级中学 | 县级教育部门 |
| 昌黎县新集镇初级中学 | 秦皇岛市昌黎县新集镇北赵村 | 初级中学 | 县级教育部门 |
| 昌黎县马坨店乡初级中学 | 秦皇岛市昌黎县马坨店乡马坨店村 | 初级中学 | 县级教育部门 |
| 秦皇岛北戴河新区团林实验学校 | 秦皇岛市北戴河新区团林西村 | 九年制 | 县级教育部门 |
| 昌黎县山海私立学校 | 秦皇岛市昌黎县黄金海岸一经路39号 | 九年制 | 民办 |

续表

| 学校 | 学校地址 | 办学类型 | 举办者 |
|---|---|---|---|
| 秦皇岛昌黎安丰中学 | 秦皇岛市昌黎县靖安镇靖安南村 | 完全中学 | 民办 |
| 昌黎汇文二中 | 秦皇岛市昌黎县昌黎镇汇文里社区 | 高级中学 | 县级教育部门 |
| 河北师大美院附中昌黎文汇学校 | 秦皇岛市昌黎县昌黎镇五街南新里50号 | 高级中学 | 民办 |
| 河北昌黎第一中学 | 秦皇岛市昌黎县碣阳大街西段119号 | 高级中学 | 县级教育部门 |
| 昌黎县第六中学 | 秦皇岛市昌黎县靖安镇靖安北村 | 高级中学 | 县级教育部门 |
| 秦皇岛市昌黎县华夏中学 | 秦皇岛市昌黎三街东新里100号 | 十二年制 | 民办 |
| 昌黎县特殊教育中心 | 秦皇岛市昌黎县昌黎镇一街西新里500号 | 其他特殊 | 县级教育部门 |

1986年，抚宁县委提出对全县高中教育实施"两个并重"（为国家输送人才和为本县培养人才并重）战略，对全县高中教育结构进行调整。"台营中学"由县重点初中改为高中。1987年开始，按照每10万人设1所高中的要求，台营、留守营、石门寨3所国办初中相继改招高一新生。至1990年年底，全县有高中（完全中学）6所。1993年，"鲁庄初中"并入"抚宁镇初中"；"抚宁县第三中学"由太和寨迁至榆关原"抚宁县农业技术中学"校址；"抚宁县职业技术中学"恢复原名——"抚宁县第四中学"，继续招收初、高中新生。1995年，由于行政区划变动，海阳镇、拦马庄、姚周寨和西张庄4所初中划归海港区。同年，"留守营中学"停止招收新生，二、三年级在校生分流到其他中学。1996年，因海阳镇已于1995年划归秦皇岛市，"抚宁县第二中学"需要搬迁，抚宁县政府投资在县城新建二中校舍。1997年，"抚宁县第二中学"建成并开始招收新生。1999年至2002年，抚宁县初中出现入学高峰。1999年之后连续三年，抚宁县初中入学新生均在1万人以上。2002年7月，"抚宁县第四中学"的高中班和"抚宁县职教中心"的普通高中班并入"抚宁县第二中学"。至2002年年底，抚宁县有初中41所（教学班605个，学生31441人），高中6所，即第一中学、第二中学、第三中学、石门寨中学、台营中学和首钢长白机械厂子弟学校（完全中学），100个班，在校生5793人。至2019年年底，抚宁区有初中19所、九年制学校4所、高中4所、十二年制学校1所、特殊教育学校1所。

表6 2019年抚宁区中学情况表

| 学校 | 学校地址 | 办学类型 | 举办者 |
|---|---|---|---|
| 秦皇岛市抚宁区留守营学区刘义庄初级中学 | 秦皇岛市抚宁区留守营镇刘义庄村 | 初级中学 | 县级教育部门 |
| 秦皇岛市抚宁区台营学区麻姑营初级中学 | 秦皇岛市抚宁区台营镇城里村 | 初级中学 | 县级教育部门 |
| 秦皇岛市抚宁区榆关学区东新寨初级中学 | 秦皇岛市抚宁区榆关镇东新寨村 | 初级中学 | 县级教育部门 |

续表

| 学校 | 学校地址 | 办学类型 | 举办者 |
|---|---|---|---|
| 秦皇岛市抚宁区台营学区初级中学 | 秦皇岛市抚宁区台营镇四村 | 初级中学 | 县级教育部门 |
| 秦皇岛市抚宁区留守营学区张各庄初级中学 | 秦皇岛市抚宁区留守营镇张各前村 | 初级中学 | 县级教育部门 |
| 秦皇岛市抚宁区留守营学区官庄初级中学 | 秦皇岛市抚宁区留守营镇官庄村 | 初级中学 | 县级教育部门 |
| 秦皇岛市抚宁区台营学区东胜寨初级中学 | 秦皇岛市抚宁区台营镇东胜寨村 | 初级中学 | 县级教育部门 |
| 秦皇岛市抚宁区大新寨学区初级中学 | 秦皇岛市抚宁区大新寨镇一村 | 初级中学 | 县级教育部门 |
| 秦皇岛北戴河新区南戴河中学 | 秦皇岛市北戴河新区南戴河村 | 初级中学 | 县级教育部门 |
| 秦皇岛市抚宁区骊城学区坟坨初级中学 | 秦皇岛市抚宁区抚宁镇坟坨村 | 初级中学 | 县级教育部门 |
| 秦皇岛市抚宁区榆关学区初级中学 | 秦皇岛市抚宁区榆关镇榆关村 | 初级中学 | 县级教育部门 |
| 秦皇岛市抚宁区留守营学区赵庄初级中学 | 秦皇岛市抚宁区留守营镇赵庄村 | 初级中学 | 县级教育部门 |
| 秦皇岛市抚宁区业余体育学校 | 秦皇岛市抚宁区抚宁镇大李官营村 | 初级中学 | 县级教育部门 |
| 秦皇岛市抚宁区骊城学区下庄初级中学 | 秦皇岛市抚宁区骊城学区下庄村俞家岭村 | 初级中学 | 县级教育部门 |
| 秦皇岛市抚宁区茶棚学区初级中学 | 秦皇岛市抚宁区茶棚乡曹东庄村 | 初级中学 | 县级教育部门 |
| 秦皇岛市抚宁区骊城学区田各庄初级中学 | 秦皇岛市抚宁区田各庄管区前街村 | 初级中学 | 县级教育部门 |
| 秦皇岛北戴河新区西河南中学 | 秦皇岛市北戴河新区留守营管理处西河南村 | 初级中学 | 县级教育部门 |
| 秦皇岛市抚宁区第四中学 | 秦皇岛市抚宁区东斜街66号 | 初级中学 | 县级教育部门 |
| 秦皇岛市抚宁区台营学区吕良峪初级中学 | 秦皇岛市抚宁区台营镇吕良峪村 | 初级中学 | 县级教育部门 |
| 秦皇岛市抚宁区金山学校 | 秦皇岛市抚宁区明德街 | 九年制 | 县级教育部门 |
| 秦皇岛市抚宁区大新寨学区四通学校 | 秦皇岛市抚宁区大新寨镇王家沟村 | 九年制 | 县级教育部门 |
| 秦皇岛市抚宁区碧海学校 | 秦皇岛市抚宁区碧海路 | 九年制 | 县级教育部门 |
| 秦皇岛市抚宁燕山私立学校 | 秦皇岛市抚宁区碧海路 | 九年制 | 民办 |
| 秦皇岛市抚宁区奇石中学[新增机构] | 秦皇岛市抚宁区抚宁镇大李官营村 | 高级中学 | 民办 |
| 秦皇岛市抚宁区第二中学 | 秦皇岛市抚宁区金山大街6号 | 高级中学 | 县级教育部门 |
| 秦皇岛市抚宁区第一中学 | 秦皇岛市抚宁区金山大街 | 高级中学 | 县级教育部门 |
| 秦皇岛市抚宁区第六中学 | 秦皇岛市抚宁区台营镇四村 | 高级中学 | 县级教育部门 |
| 秦皇岛北戴河新区长白学校 | 秦皇岛市北戴河新区富强西里 | 十二年制 | 县级教育部门 |
| 秦皇岛市抚宁区特殊教育学校 | 秦皇岛市抚宁区抚宁镇北街西胡同 | 其他特殊 | 县级教育部门 |

1986年，青龙满族自治县将"双山子高中"改为农业职业高中，在"满族中学"内建立高级职业技术中学，"满族中学"停招普通高中班。1988年，土门子农业职业高中、木头凳高中、肖营子高中停招高中班。至此，青龙满族自治县只有青龙满族自治县第一中学、双山子农业职业高中、龙山农业职

业高中3所高中（教学班32个、学生1790人）。1994年，"双山子农业职业高中"又改为普通高中。1996年，青龙满族自治县撤区并乡，调整行政区划，桃林口水库建设大量移民。同年，恢复木头凳、肖营子两所普通高中。1997年，又恢复土门子普通高中，"龙山农业职业高中"改为普通高中。至1999年，青龙满族自治县先后撤销6所初中，全县有初中49所。2000年10月，青龙满族自治县第一所民办初中——"龙飞学校"举行开学典礼。至2004年，全县有初中50所、学生34418人，第一中学、双山子、木头凳、肖营子、土门子、龙山等6所高中（教学班129个，学生6779人）。至2019年年底，青龙满族自治县有满族中学、龙山中学、逸夫学校等15所初中，有凤凰山乡益海学校、祖山镇兰亭中学、安子岭乡河北远洋希望学校等6所九年制学校，有第一中学、第二中学、实验中学（民办）等3所高中、有1所特殊教育学校。

表7　2019年青龙满族自治县中学情况表

| 学校 | 学校地址 | 办学类型 | 举办者 |
| --- | --- | --- | --- |
| 青龙满族自治县土门子镇初级中学 | 秦皇岛市青龙满族自治县土门子镇土门子村 | 初级中学 | 县级教育部门 |
| 青龙满族自治县满族中学 | 秦皇岛市青龙满族自治县青龙镇木兰街5号 | 初级中学 | 县级教育部门 |
| 青龙满族自治县双山子初级中学 | 秦皇岛市青龙满族自治县双山子镇双山子村 | 初级中学 | 县级教育部门 |
| 青龙满族自治县青龙镇双庙中学 | 秦皇岛市青龙满族自治县青龙镇响水沟村 | 初级中学 | 县级教育部门 |
| 青龙满族自治县八道河镇八道河中学 | 秦皇岛市青龙满族自治县八道河镇八道河村 | 初级中学 | 县级教育部门 |
| 青龙满族自治县逸夫学校 | 秦皇岛市青龙满族自治县青龙镇拉马沟村 | 初级中学 | 县级教育部门 |
| 青龙满族自治县龙山中学 | 秦皇岛市青龙满族自治县娄杖子镇狮子坪村 | 初级中学 | 县级教育部门 |
| 青龙满族自治县木头凳镇木头凳初级中学 | 秦皇岛市青龙满族自治县木头凳镇木头凳村 | 初级中学 | 县级教育部门 |
| 青龙满族自治县大巫岚镇大巫岚初级中学 | 秦皇岛市青龙满族自治县大巫岚镇大巫岚村 | 初级中学 | 县级教育部门 |
| 青龙满族自治县草碾乡初级中学 | 秦皇岛市青龙满族自治县草碾乡草碾村 | 初级中学 | 县级教育部门 |
| 青龙满族自治县马圈子镇马圈子初级中学 | 秦皇岛市青龙满族自治县马圈子镇沈杖子村 | 初级中学 | 县级教育部门 |
| 青龙满族自治县肖营子镇肖营子初级中学 | 秦皇岛市青龙满族自治县肖营子镇肖营子村 | 初级中学 | 县级教育部门 |
| 青龙满族自治县龙王庙乡龙王庙初级中学 | 秦皇岛市青龙满族自治县龙王庙乡龙王庙村 | 初级中学 | 县级教育部门 |
| 青龙满族自治县隔河头镇初级中学 | 秦皇岛市青龙满族自治县隔河头镇界岭村 | 初级中学 | 县级教育部门 |
| 青龙满族自治县凉水河初级中学 | 秦皇岛市青龙满族自治县凉水河乡凉水河村 | 初级中学 | 县级教育部门 |

续表

| 学校 | 学校地址 | 办学类型 | 举办者 |
|---|---|---|---|
| 青龙满族自治县大石岭初级中学 | 秦皇岛市青龙满族自治县大石岭乡大石岭村 | 九年制 | 县级教育部门 |
| 青龙满族自治县凤凰山乡益海学校 | 秦皇岛市青龙满族自治县凤凰山乡碾子沟村 | 九年制 | 县级教育部门 |
| 青龙满族自治县三星口乡九年一贯制学校 | 秦皇岛市青龙满族自治县三星口乡三星口村 | 九年制 | 县级教育部门 |
| 青龙满族自治县祖山镇兰亭中学 | 秦皇岛市青龙满族自治县祖山镇牛心山村 | 九年制 | 县级教育部门 |
| 青龙满族自治县安子岭乡河北远洋希望学校 | 秦皇岛市青龙满族自治县安子岭乡安子岭村 | 九年制 | 县级教育部门 |
| 青龙满族自治县私立阳光学校 | 秦皇岛市青龙满族自治县青龙镇前庄村 | 九年制 | 民办 |
| 青龙满族自治县第二中学[新增机构] | 秦皇岛市青龙满族自治县青龙镇清风街23号 | 高级中学 | 县级教育部门 |
| 青龙满族自治县实验中学[新增机构] | 秦皇岛市青龙满族自治县祖山路中段 | 高级中学 | 民办 |
| 青龙满族自治县第一中学 | 秦皇岛市青龙满族自治县青龙镇都源街68号 | 高级中学 | 县级教育部门 |
| 青龙满族自治县特殊教育学校 | 秦皇岛市青龙满族自治县青龙镇拉马沟村 | 其他特殊 | 县级教育部门 |

由于秦皇岛经济技术开发区扩区,1993年9月,原属海港区的"孟营中学"划归秦皇岛经济技术开发区管理,更名为"秦皇岛开发区中学"(初中,时有教学班16个,学生622人)。1999年6月,秦皇岛经济技术开发区与燕山大学联合办学,"秦皇岛开发区中学"更名为"秦皇岛开发区燕山大学附属中学",并增设高中(时有高中一年级教学班3个,学生152人)。2002年10月,原海港区海阳镇"西张庄中学"划归秦皇岛经济技术开发区(初中,时有教学班13个,学生492人)。2003年9月,秦皇岛经济技术开发区原第一小学与"秦皇岛开发区燕山大学附属中学"的初中部分合并,建立九年一贯制的"秦皇岛开发区第一中学"。同时,"秦皇岛开发区(东区)中学"(原1958年建校的山海关"黄庄中学",1994年7月更名为"山海关第七中学",1995年9月更名为"山海关开发区中学",2001年4月更名为"秦皇岛开发区(东区)中学")与原"山海关开发区小学"合并为九年一贯制学校,更名为"秦皇岛开发区第二中学"。至此,秦皇岛经济技术开发区共有初中3所、高中1所。

# 秦皇岛地区职业学校演变发展史

清朝末期,职业教育逐渐在我国兴起,清政府在光绪二十九年(1904年)颁布的"癸卯学制"中称之为"实业教育"。伴随"实业教育"兴办的学校称"实业学校"。

1922年,北洋政府颁布"壬戌学制",用"职业教育"代替"癸卯学制"中"实业教育"的名称,"实业学校"也随之改称为"职业学校"。这一时期的"职业学校",一般设初、高两级。

中华人民共和国成立后,1951年改革学制,将原有多科综合性的职业学校改为单科性的中等技术(专业)学校。中等技术(专业)学校在1958年至1965年曾一度兴办,1966年撤销,1980年后有较大发展。

中华人民共和国成立后的职业学校分为初等、中等与高等。初等职业学校在我国大部分地区普及义务教育的情况下,已经很少存在。与此同时,随着我国高等教育的快速发展,高等职业学校的数量越来越多。

## 清末民国的职业学校

秦皇岛的职业教育从清光绪十年(公元1884年)开始,清末民国时期的主要职业学校有山海关行营武备学堂、山海关北洋铁路官学堂、临榆县立职业补习学校和河北省昌黎农业学校等。

### 山海关行营武备学堂

清光绪十年,淮军将领叶志超在山海关南海村创办了山海关行营武备学堂。学校的办学目的是为军队培养指挥人才。田中玉、王士珍、鲍贵卿等都毕业于这所学校。清光绪二十年（1894年），中日甲午战争开始，叶志超从山海关撤防奔赴前线，学堂随之停办。

## 山海关北洋铁路官学堂

1895年至1903年，中国经历了第一次铁路建设高潮，对铁路建设人才的需要日益迫切。

首先提出在中国建立铁路学堂的是英国人金达。清光绪十九年（1893年）9月20日，任北洋官铁路局总工程师的金达上书直隶总督兼北洋大臣李鸿章，从中国铁路发展的需要出发，建议开设学堂，培养中国自己的铁路工程师。清政府借口经费困难，决定缓办，仅准在天津武备学堂增招学生。

清光绪二十二年（1896年）5月4日，调任津卢铁路总工程师的金达再

创建于1896年的山海关北洋铁路官学堂校门及校舍

次上书津卢铁路督办胡燏棻，陈述创建铁路学堂的建议，并拟定了《在华学成之铁路工程司章程》16条附陈。新任直隶总督兼北洋大臣王文韶接到转呈，批准创设铁路学堂，并责成胡燏棻会同北洋官铁路局总办吴调卿具体规划筹办事宜。

吴调卿于11月初拟定学堂开办具体计划和经费筹措办法，同时制定《铁路学堂章程》。很快，清政府正式批准开办铁路学堂，并任命吴调卿以北洋官铁路局总办的身份兼任铁路学堂第一任总办（校长）。

清光绪二十二年（1896年）11月20日，北洋铁路总局在上海的《申报》《新闻报》等报刊上刊登《铁路学堂告白》《铁路学堂章程》，向外界宣告山海关北洋铁路官学堂的建立并开始招生。

当时，铁路学堂原定于在山海关的北洋官铁路局工程分局旧址上开办，但临近开学，工程分局的房屋未能腾空修缮，为争取时间，北洋铁路总局与设在天津的北洋西学堂（北洋大学前身）商定，暂借校舍上课。开学后不久，两校学生发生摩擦，引起了胡燏棻关注。他在视察山海关内外铁路时，深感铁路学堂造就铁路人才对中国铁路事业的发展至关重要，遂指令铁路学堂按原议迁至山海关。清光绪二十三年（1897年）11月22日，学堂迁至山海关。

学堂选址山海关，一是因为北洋官铁路局工程分局撤销，旧址可以利用，节省费用；二是因为山海关有机器厂、造桥厂，近山沿海，适于野外工作，可以实地学习测量和实习。山海关建校创业十分艰难。学堂的房舍为砖瓦建筑，坐北朝南，计有四进。前三进有东西厢房，为天井院。第四进为后院，用作学生运动场地。正堂外有个西小院，设有发动机、抽水机、车床、钻床和一些电工、钳工、木工工具，并有收发电报的设备，具有实验室的雏形。学堂院外东侧为师生共用的大食堂。学堂大门门楣上悬挂一横匾，刻"北洋山海关"五个小字、"铁路学堂"四个大字。

学堂又称"中华帝国铁路学堂"（当时它的英文名称是Imperial Chinese Railway College），是我国学习西方大学办学模式建立的第一所铁路高等学府。

清光绪二十六年（1900年）3月17日，学堂第一届第一、二班学生毕业，39人中只有17人得到毕业证书。这是中国现代教育史上第一批土木工程学科的正规大学毕业生。同年，八国联军侵华战争爆发。9月30日，英、俄联军侵占山海关，学堂校舍为沙俄军队侵占，在山海关办学的历史就此中断。

1900年颁发给张孝基的毕业证书

　　清光绪三十一年（1905年）5月7日，鉴于铁路建设迅速发展、人才匮乏，直隶总督、北洋大臣兼督办关内外铁路事宜大臣袁世凯与胡燏棻饬令山海关内外铁路局立即着手筹备恢复"山海关铁路官学堂"。10月15日，山海关内外铁路局总办周长龄在唐山火车站以西、唐山铁路机器厂以北择定校址。

　　清光绪三十二年（1906年）3月27日，袁世凯与胡燏棻批准开平煤矿公司在铁路学堂内增设矿科的请求，正式确定学堂名称为"山海关内外路矿学堂"。但因校址已定在唐山，后改名为"唐山路矿学堂"。8月，学堂在天津、上海、香港等处登报招生，共录取121人（铁路工程科81人，矿务工程科40人）。清光绪三十三年（1907年）三月，学堂正式在唐山校园恢复上课。

中华民国成立后，学堂先后更名为"唐山铁路学校""唐山工业专门学校"。1912年9月24日，孙中山到学校视察。

1921年，时任北洋政府交通总长的叶恭绰将交通部所属的四所学校——"唐山工业专门学校""上海工业专门学校""北京铁道管理学校""北京邮电学校"，合并改组为"交通大学"。学校成为"交通大学"下设的唐山学校。此后学校先后更名为"交通部唐山大学""唐山交通大学""交通部第二交通大学""交通大学唐山土木工程学院""交通大学唐山工程学院""国立交通大学唐山工程学院"。

抗日战争爆发后，学校唐山校舍为日军占领，师生流落星散。1937年11月，学校以民选的形式推选茅以升任院长。在复校工作尚未得到教育部承认的情况下，学校在天津、上海等地报纸上刊登的招生广告标题是："茅以升招生启事"。此后，学校先后在湖南湘潭、贵州平越、重庆璧山复课。

1946年4月，学校迁回唐山，恢复为"国立唐山工学院"。

1949年7月8日，中国人民革命军事委员会铁道部决定"唐山工学院""北平铁道管理学院""华北交通学院"合并组成"中国交通大学"。7月13日，铁道部正式接管"唐山工学院"。

1950年8月，"中国交通大学"改名为"北方交通大学"，"唐山工学院"继而更名为"北方交通大学唐山工学院"。

1952年，全国高等院校进行院系调整，"北方交通大学"撤销，学校更名为"唐山铁道学院"。

1960年，中共中央批准"唐山铁道学院"为64所全国重点大学之一。

1964年，根据中共中央建设"大三线"的精神，学校开始整体从河北唐山迁往四川峨眉山办学。

1971年，学校全部迁至四川峨眉山。1972年3月1日，学校易名为"西南交通大学"。

### 临榆县立职业补习学校（商科）

学校建于1924年，校址在山海关孔庙西旧儒学署中。据《临榆县志》载："临榆滨海山，民贫地瘠，普通生计，端赖经营。本邑兴学垂二十年，大都偏重于普通教育，从乏造就商业人才之专校，以致毕业学生从事经商者每感用非所学之苦。邑绅田国钊有鉴于此，爱谋同志捐募基金一万八千元，就旧儒学署中建立'职业学校'，俾坐而言者皆能起而行，今已招考四班矣。凡我诸生可弗勉勉孳孳以扩充商学也哉！"

学校的开设是为了适应当时商业发展的需要。创办人田国钊，字景洲，山海关人，当时是"奉天商业银行"的负责人。为了培养家乡子弟，造就商业人才，他主动从东北募集资金在山海关办学。学校经费充足，所聘教师的聘金都在40块大洋以上。当时，一袋"绿桃"面粉（天津寿丰面粉公司生产的面粉，"绿桃"为一等粉、"红桃"为二等粉、"蓝桃"为三等粉、四等粉用无商标的白袋子）两块大洋。

学校主要培养初级财会人员，学制三年，招收初小毕业生，高小毕业生可直接插入二年级。课程分普通文化课和专业知识课。普通文化课有国文、英语、算术、地理、历史，专业知识课为商业簿记（一年级设单式簿记、二年级设复式簿记、三年级为银行簿记）、商品、商业、商业道德、珠算等。学校教学质量较高，20世纪30年代初期的毕业生，多数到沈阳商业银行任职，有的还进入高一级学校继续深造。

日本帝国主义侵华后，东北的经济来源渐渐不足，学校学制被迫改为二年。勉强支持了数年，终因东北的经费完全断绝，学校于1941年8月停办。

**河北省立昌黎农业职业学校**

学校建于1941年7月，初名"唐山初级农业职业学校"。1944年，学校更名为"河北唐山农业职业学校"。1946年7月，学校由唐山城区迁往昌黎县城，校址选在昌黎火车站附近的新中罐头食品有限公司旧址，校名改为"河北省立昌黎农业职业学校"（详见本书《根生土长 携梦启航——河北科技师范学院》一文）。

# 清末民国的师范学校

清光绪二十四年（1898年），"戊戌变法"提出废科举、兴学堂，各地纷纷建立劝学所，负责劝导、推动兴办各类学校。由于新学校的兴起，教材内容有所变化，而原来私塾的教师只能教《三字经》《百家姓》《千字文》或四书五经，在这种情况下，各地劝学所先后开办了教员讲习所或传习所，后又改称"师范传习所"。

秦皇岛地区的师范教育，卢龙、山海关和抚宁县起步较早。清光绪三十一年（1905年），卢龙在永平府城内永丰山巅（原督学院行署旧址）建"永七初级师范学校"，为所辖七州县培养师资，至清宣统二年（1910年）停办。清光绪三十二年（1906年），山海关创建"师范学校"，抚宁县成立"师范讲习所"。昌黎县于清宣统三年（1911年）建立"教员讲习所"。卢龙县于1916年成立"师范讲习所"，1919年停办后，又于1930年在原直隶省立第四中学校址建三年制"乡村示范学校"，1934年改为四年制"简易师范学校"，至1938年停办。山海关于1915年创办"女师传习所"，昌黎县于1928年建立"乡村女子师范学校"。青龙县1937年建立"简易师范学校"。1942年，"冀东区昌黎女子师范学校"建立。1947年，冀东十三专署（晋察冀边区第十三行政督察专员公署）在昌黎解放区办了一所师范学校，虽仅一年，却为革命输送了一批人才。

## 山海关简易师范

清光绪三十二年，山海关在北街静修庵旧义塾创建师范学校，招生2个班。后学校停办。

清宣统三年，山海关成立"单级师范讲习所"，招两个班，学生毕业后学校停办。山海关后于1915年、1918年、1921年、1924年又续办"师范讲习所"2次。

"山海关简易师范"是在"师范讲习所"的基础上发展起来的，于1929年开办，校址在明伦堂，共招30人，其中男16人、女14人，最初定名为"乡村师范"，学习时间为2年。1930年，学校定名为"简易师范"，学制改为四年。校址于1931年迁至美以美会后院（山海关胜利小学对面民宅）。1936年年初，学校附设女中。1937年，学校又迁至"老仓小学"校址。1941年，学校停办。

"山海关简易师范"为山海关的教育事业培养了一大批骨干力量。学校的校歌由田耕蓝作词、苏惠卿谱曲，歌词是："教育当国之本，校园始奠帮嘉，初期教育造根芽，我校职责攸关，任务远大，几经披星戴月，几经汗滴土下，造胚胎以归文明，舒枝干以新文化，兹仰合渤海之澄波，润色兮负角山之流霞，致力辛苦，收获良佳，喜年年结出累累之果，看处处正开放灿烂之花。"

## 抚宁县简易师范学校

清光绪三十二年（1906年），抚宁县建立了属于中等教育的"师范传习所"，校址在县城三官庙（原抚宁县通用机械厂北），宗旨是为抚宁县的小学堂培养既懂社会科学又懂自然科学的新型师资。学校时办时停。

1914年，学校更名为"抚宁县单级小学教员讲习所"。1915年，学校更名为"抚宁县师范讲习所"。1928年，学校更名为"抚宁县乡村师范学校"。1931年，学校最终更名为"抚宁县简易师范学校"。此时学校已经具备了中等学校的规格，课程设置有国文、数学、物理、化学、历史、地理、动（植）物、生理卫生、美术、音乐、体育、劳作、教育学、心理学、乡村教育和修身、英语等。

1939年，学校停招师范班，每届一般只招两个初中班，实际上已经改为"抚宁县初级中学"，但对上仍报称"抚宁县简易师范学校"。

1947年，学校因战乱被迫解散。

## 昌黎县立简易师范学校

清宣统三年（1911年），昌黎县劝学所所长卢芝兰在东关蚂蚁山关帝庙内的闲房开办了"教员讲习所"，后改为"师范传习所""师范讲习所"。

1928年，昌黎县县长唐魁斌在关帝庙东购铺房数间，改筑学舍，为昌黎县高等小学增设初中部，并附商业班。1930年，昌黎县教育局局长周运亨等呈请教育厅，将"师范讲习所"与"昌黎县高等小学"合并，改为"乡村师范学校"，校址在昌黎县城西花园后街，校内分设师范、初中、高校等部。

1932年，学校更名为"昌黎县立简易师范学校"，修业年限由3年延长为4年。1940年，学校停止招生。

## 冀东区立昌黎女子师范学校

1942年12月，"冀东区立滦县师范学校"女生部移至昌黎县，与"昌黎私立女子贵贞中学""昌黎简易师范学校"初中部合并，组建"冀东区立昌黎女子师范学校"，校址在昌黎县县城北关外。1945年抗战胜利后，学校改称"河北省立昌黎女子师范学校"（详见本书《根生土长　携梦启航——河北科技师范学院》一文）。

## 解放后的职业学校

1950年12月，燃料工业部（后来的煤炭工业部）在秦皇岛北部抚宁县上庄坨原长城煤矿旧址所建立的"中国煤矿工人学校"正式开学。这是中华人民共和国成立后，秦皇岛地区建立较早的一所职业学校。

1951年，"铁道部山海关桥梁厂技工学校"建立，是秦皇岛地区成立较早的技工学校。

1955年，劳动部召开了第一次全国技工学校校长会议，提出技工学校要贯彻以生产实习为主的方针，使培养的学生既有文化技术理论知识，又有实际操作技能，到工作岗位后能较快地独立操作。1958年至1961年，技工学校得到迅速发展。1958年，秦皇岛市工业局建立了"秦皇岛市工业局工业学校"，是为"秦皇岛技师学院"的前身（详见本书《蓝领英才 国之工匠——秦皇岛技师学院》一文）。

1958年3月，教育部召开会议，提出大力举办农业中学、工业中学和手工业中学，把高小毕业生培养成为有社会主义觉悟、有文化又有一定生产技能的劳动者。1958年夏天，河北省委在天津召开会议，作出各市、县均要建工业、农业、卫生、师范四所职业学校的决定。至"文化大革命"前，秦皇岛市及所属县区陆续建起了一些农业中学、半耕（工）半读学校和卫生、师范学校。

农业中学是随着"大跃进"的形势需要而发展起来的，秦皇岛市各县区也发展了数量较多的农业中学。1961年、1962年，"三年自然灾害"之后，农业中学大量压缩。1963年，随着农业生产形势的好转，农业中学又发展起来。1966年至1968年秋，农业中学基本停办。

"文化大革命"中，普通中学大量发展，中等专业学校、职业技术学校大量减少。1978年，全国教育工作会议提出要改革中等教育结构。1980年，秦皇岛市革命委员会批转了市教育局《关于1980年中等教育结构改革试点工作的意见》：市五中改办为"秦皇岛市工业职业中学"，学制二年，规模400人，设工业会计、工业统计、缝纫、美工专业；山桥中学、耀华中学高中部各开办两个职业班，学制二年，共为200人；北戴河一中开两个旅游专业班，学制二至三年，每年招90人；红瓦店中学暑期新招的高中改为农业中学。

"中国煤矿工人学校"1951年毕业证书

"秦皇岛市私立公信会计学校"1951年毕业证书

"秦皇岛市耀华职工业余学校"1955年毕业证书

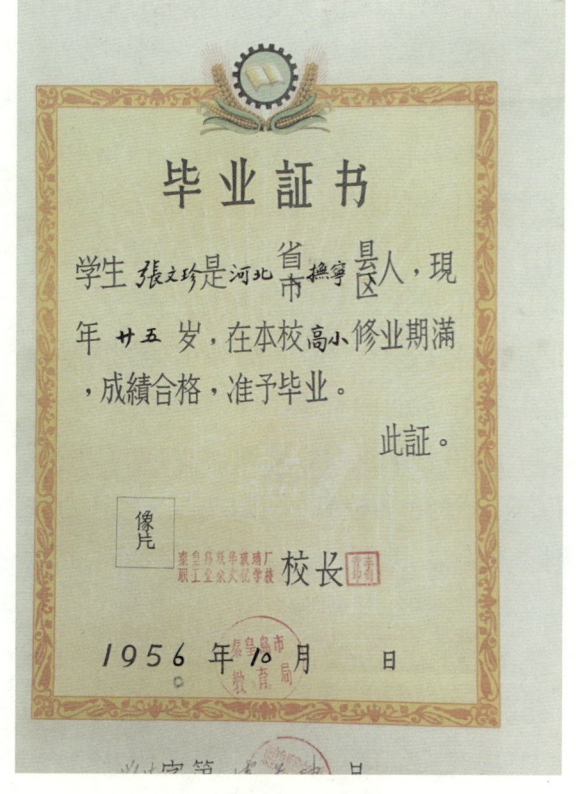

"秦皇岛耀华玻璃厂职工业余文化学校"1956年毕业证书

1983年，根据河北省教育工作会议精神，秦皇岛市四县均改一所条件较好的中学（抚宁榆关中学、昌黎果乡中学、卢龙蛤泊中学、青龙大杖子中学）为农业职业中学，由主管农业的副县长兼任校长。1984年，"秦皇岛市第一职业高中"成立。

随着改革开放进一步发展，20世纪70年代末至80年代中期，秦皇岛地区的中等专业职业教育也蓬勃发展起来，相继建立起"秦皇岛水运卫生学校""海关总署秦皇岛海关学校"（后改为"海关总署秦皇岛培训学校"）、"秦皇岛市人民警察学校"、"秦皇岛市职业中专学校"、"秦皇岛市财经学校"等中等专业学校。

1993年，秦皇岛市四县三区纷纷建立起职业技术教育中心，各县区的职业学校合并集中到职教中心。

## 秦皇岛煤炭工业管理学校

学校的前身为燃料工业部（后来的煤炭工业部），源于1950年在秦皇岛北部抚宁县上庄坨原长城煤矿旧址所建的"中国煤矿工人学校"。

1952年，学校改名为"中国煤矿工人速成中学"。1955年，学校改名为"秦皇岛煤矿工人学校"。

1959年，随着煤矿工人扫盲和学文化任务的基本完成，煤炭工业部将学校改为中等专业学校，开始设采煤、矿山机电、矿山机械制造三个专业，校名改为"秦皇岛煤矿学校"，招生也开始面向社会。

1960年，学校又改名为"秦皇岛煤矿财经学校"，同时专业调整为财务会计、计划统计、物资供应，工科专业调整到其他院校。

学校在1964年以后，又改为"秦皇岛煤矿企业管理学校"。

1972年，学校改名为"唐山地区工业学校"。1973年，学校改名为"河北秦皇岛煤矿学校"。1979年，

"秦皇岛煤炭工业管理学校"校友通讯录

学校又改名为"秦皇岛煤炭财经学校"。

1984年，学校更名为"秦皇岛煤炭工业管理学校"。1987年，学校迁入位于海港区白塔岭的新址。

1998年，煤炭工业部撤销，学校划归河北省。2000年，学校并入"河北职业技术师范学院"。2003年，河北职业技术师范学院"改名为"河北科技师范学院"（详见本书《根生土长 携梦启航——河北科技师范学院》一文）。

## 中铁山桥集团高级技工学校

学校建于1951年3月，原名"铁道部山海关桥梁厂技工学校"，由铁道部办、山海关桥梁工厂管理，是河北省内较早的技工学校。

学校原由山海关桥梁工厂铁道南的宿舍二层楼改建而成，开设钳工、铸造和桥梁3个专业。1952年，学校迁到山海关区南关兴隆街邮局原址海关大楼（后来的山海关教育局旧址）。1955年，学校在山海关区道南石河东岸工人新村建设新校舍。

中铁山桥集团高级技工学校纪念册

1957年6月，长辛店工人技术学校合并到学校，带来通信、信号、电钳和车工等4个专业。

1966年，学校停办。1969年，学校改为"桥梁厂中学"。20世纪70年代，学校恢复为技工学校。1985年，学校被铁道部列为重点技工学校。

2003年，学校被国家确定为"高级技工学校"。2004年12月，学校被国家劳动和社会保障部授予"国家技能人才培育突出贡献奖"。2005年，学校被国家教育部、劳动保障部、发展改革委员会等七部门授予"全国职业教育先进单位"。2008年，学校获"国家高技能人才培养示范基地"称号。

学校目前设有数控加工技术、液压技术、机械设备维修技术、工模具制造技术、焊接技术、电气工程、电工电子、汽车维修电工、机械绘图等14

个专业。

## 山海关船厂技工学校

1974年，交通部批准成立"山海关船厂技工学校"，由交通部主办、山海关船厂代管，位于山海关船厂院内。

学校开设有技工班和船员班。20世纪80年代，技工班专业有钳工、铆工、焊工、车工、制图、金属材料、热处理、机械基础等，船员班专业有船的概论、船体常识和游泳等。

2000年，学校划归山海关经济技术开发区管理。

## 秦皇岛市渤海船舶技工学校

学校原为核工业四零四工业学校，1965年建校，隶属于中国核工业集团公司，为普通中等专业学校。学校曾为我国"两弹一艇"（原子弹、氢弹、核潜艇）的研制和核电企业输送了12000余名专业技术人才，是核工业系统影响较大的中等职业学校。2009年5月，学校从甘肃嘉峪关迁至秦皇岛市山海关区。

2010年12月，经河北省人力资源和社会保障厅批准，学校加挂秦皇岛市渤海船舶技工学校的牌子，使学校同时具有培养中专中技人才和大专高技人才的能力。

学校面向应往届高中、中专、中技、职高、初中毕业生，开设以核电设备制造类、船舶修造类、汽车修造类和其他机电设备制造类专业为主的大专高技班、中专中技班。

## 秦皇岛玻璃技工学校

学校由国家建筑材料工业总局于1978年创办。1985年，学校加挂"国家建材局管理干部学院秦皇岛分院"的牌子。

1998年，学校与"河北建筑材料工业学校"合并为"河北建材职工大学"。

2001年，学校改办为"河北建材职业技术学院"（详见本书《建材建工高技高能——河北建材职业技术学院》一文）。

## 河北省机电技工学校

1978年7月创建于河北省保定市。1980年1月，经河北省革命委员会批准，迁到秦皇岛市，借用原秦皇岛市拖拉机配件厂战备分厂旧址上课。1984年，学校迁入位于海港区白塔岭的新校区。

2001年，学校与"秦皇岛市财经学校""河北工业管理学校"合并为

"秦皇岛职业技术学院"（详见本书《美丽"夏都" 高职名校——秦皇岛职业技术学院》一文）。

## 河北农业技术师范学院

学校前身为前文提到的"河北省立昌黎农业职业学校"。昌黎县解放后，学校被冀东区行政公署接管，改称"昌黎农业职业学校"。1949年10月，河北省人民政府决定将学校改办为"昌黎高级农业学校"，由河北省农业厅直接领导。

1958年，学校升格为"昌黎农学院"，试办大专院校。1960年，"昌黎农学院"停办，改办为"昌黎农业专科学校"。1962年，学校又改名为"河北昌黎农业学校"。

"文化大革命"初期，学校停止招生。1971年，学校下放归唐山地区直属，改名为"唐山地区农业学校"。

1975年，原为"北京农业大学"的"华北农业大学"农机专业并入学校，使学校得以冠名"华北农业大学唐山分校"。1978年，学校转与"河北农业大学"联合办学，冠名"河北农业大学唐山分校"。

1983年6月1日，学校中专部分划归秦皇岛市管辖，校名由"唐山地区农业学校"改称"秦皇岛市昌黎农业学校"。同时，"河北农业大学唐山分校"更名为"河北农业大学昌黎分校"。

1985年1月，学校停办中专，改建成国内第一所专门培养农业职业教育师资力量和高级专门技术人才的本科院校——"河北农业技术师范学院"。

1998年，学校更名为"河北职业技术师范学院"。2003年，学校易名"河北科技师范学院"（详见本书《根生土长 携梦启航——河北科技师范学院》一文）。

## 秦皇岛市农业技术中学

学校建于1956年9月，校址位于山海关区高建庄红瓦店村，原为"山海关区红瓦店村小学"附设中学班。1958年，学校独立建制，名为"秦皇岛市红瓦店初级中学"。

1964年，学校改招职业班。1966年春，学校在南李庄村开水稻田50亩。"文化大革命"中，学校改为普通中学。1983年，学校恢复为农业技术中学，校名为"秦皇岛市农业技术中学"。

## 秦皇岛水运卫生学校

学校位于海港区东山浴场，1979年2月由交通部创办，名为"交通部秦皇岛水运卫生学校"。作为一所中等卫生学校，其主要任务是为交通部部属各医院、疗养院及各港部属院校的医疗单位培养中级医护人员。

1990年，学校开设护理专业，面向全国招生。

2000年2月，学校划归河北省管理，更名为"秦皇岛水运卫生学校"。

## 海关总署秦皇岛培训学校

学校位于海港区白塔岭，是海关总署于1983年建立的一所中等专业院校，原名"海关总署秦皇岛海关学校"。学校开设海关概论、海关监管、海关法、征税、查私等专业课，为全国各地海关培养了众多一线业务骨干。

2002年，学校停止学历教育。2003年，学校更名为"海关总署秦皇岛培训学校"，主要承担海关总署组织的处、科级干部关衔晋升和业务尖子、技术能手的中长期系统化培训任务。

## 秦皇岛市人民警察学校

1985年2月6日，河北省政府正式批准建校。由秦皇岛市公安局负责筹建，1986年3月正式建校，时任秦皇岛市公安局局长兼任校长。学校开设公安管理专业大专班、在职干部中专班等，校址在海港区山东堡。

2001年，学校改为秦皇岛市公安局系统培训中心。

## 秦皇岛市职业中专学校

1985年5月，经河北省政府批准，秦皇岛市第五中学改为"秦皇岛市职业中专学校"。学校以旅游专业为主（1990年与秦皇岛市旅游局签署了联合办学协议），还同时开设美术和政法专业。学校校址位于海港区光明路与文化南路相交处。

1996年，学校与"秦皇岛市第一职业中学"合并为"秦皇岛市职业教育中心"。2001年，"秦皇岛市职业教育中心"与"秦皇岛市经济管理干部中等专业学校"合并为"秦皇岛市中等专业学校"（详见本书《技能本位 厚德强能——秦皇岛市中等专业学校》一文）。

## 秦皇岛市财经学校

1985年10月24日建立，秦皇岛市属财经类中等专业学校，由秦皇岛市财政局代管。学校开设财政、统计和财会专业，校址在海港区山东堡。

2001年，学校与"河北省机电技工学校""河北工业管理学校"合并为

"秦皇岛职业技术学院"(详见本书《美丽"夏都" 高职名校——秦皇岛职业技术学院》一文)。

### 秦皇岛市商业学校

1973年9月,秦皇岛市商业局决定恢复因"文化大革命"中止的商业教育,成立"秦皇岛市商业学校",主要为商业、供销系统短期培训在职干部职工。

1986年6月,秦皇岛市政府批准学校改为"秦皇岛市商业职业中学",面向社会招生,开设商业营业员班(宾馆服务、会统)、烹饪班,后增加职业高中班。

1987年6月,河北省教委批准将省属商业职工中等专业学校迁入秦皇岛市与学校合并,改为"河北秦皇岛商业职工中等专业学校",面向河北省招收商业、粮食供销系统在职职工,增设商业中专班、职业高中班、干部专修班。

"秦皇岛商业学校"1968年毕业证书

2001年,学校撤销。

## 解放后的师范学校

中华人民共和国成立后,秦皇岛地区主要有河北省昌黎师范学校、河北抚宁太和寨师范学校和秦皇岛师范学校。

20世纪50年代,各县陆续建立了师范学校,但不久就先后停办。

1983年,根据河北省教育工作会议精神,秦皇岛市四县又相继建立了师范学校,三个城市区也分别建立了教师进修学校。随着形势的发展,这些学校要么停办,要么并入其他学校。

### 河北省昌黎师范学校

学校前身为前文提到的"冀东区立昌黎女子师范学校"。1949年3月,学校更名为"冀东昌黎女子师范学校"。同年8月,学校首次招男生,校名改为"河北省昌黎师范学校"。1953年,学校再度更名为"河北省昌黎女子师范学校"。1957年,学校男女兼收,校名改为"河北省昌黎师范学校"。1958年,学校招收专科班,校名改为"河北省昌黎师范专科学校"。1959年,专科班停止招生,校名恢复为"河北省昌黎师范学校"。

2002年9月,学校并入"秦皇岛教育学院"。

2006年8月,"秦皇岛教育学院"并入河北科技师范学院(详见本书《根生土长 携梦启航——河北科技师范学院》一文)。

"河北昌黎女子师范学校"1956年结业证书

## 河北抚宁太和寨师范学校

学校是直隶省起步较早的师范学校之一,于清光绪三十二年(1906年)建于抚宁城关三官庙。

清末至中华人民共和国成立,学校先后经历了"抚宁县师范传习所""抚宁县单级小学教员讲习所""抚宁县师范讲习所""抚宁县乡村师范学校""抚宁县简易师范学校"五个阶段。

1947年5月,学校因战乱搬到抚宁县牛头崖镇南新庄村。不久,学校被迫停办。1948年6月,学校复校,校址在牛头崖镇牛头崖村东当铺院内。

1949年3月,学校又迁至"临抚共立太和寨小学",改称"临抚联立初级师范学校"。

1954年,临榆县并入抚宁县,学校改名为"抚宁初级师范学校"。1956年,学校招中师班,校名为"河北抚宁师范学校"。1958年,抚宁县并入秦皇岛市,学校改称"秦皇岛市第二师范学校"。

1961年,秦皇岛市第一、第二师范学校合并,校址定在太和寨,学校定名为"秦皇岛市太和寨师范学校"。当年,抚宁县又恢复原县制,原"秦皇岛市第一师范学校"人员撤出,学校改名为"抚宁县师范学校"。1962年8月,学校停办。

1979年,学校恢复,定名为"河北抚宁师范学校",后更名为"河北抚宁太和寨师范学校"。

1994年，学校整体搬迁到南戴河旅游区，更名为"河北南戴河师范学校"。1998年，学校转型为"河北南戴河外国语师范学校"。2002年5月24日，学校升格为"秦皇岛外国语职业学院"。2007年6月11日，学校更名为"河北外国语职业学院"（详见本书《外语见长　通达天下——河北对外经贸职业学院》一文）。

## 秦皇岛师范学校

学校建于1951年，当时是将秦皇岛临时中学两班学生改为三年制初师班，校名为"秦皇岛初级师范学校"。从1954年开始，学校招收中师班，改名为"秦皇岛师范学校"。1958年，抚宁县并入秦皇岛市，"河北抚宁师范学校"改称"秦皇岛市第二师范学校"，学校改称"秦皇岛市第一师范学校"。

1961年，学校并入"抚宁太和寨师范学校"。1962年，学校停办。

1977年，停办多年的"秦皇岛师范学校"恢复办学，招收两年制中师班。

1984年10月4日，学校与"秦皇岛教师进修学校"合并，宣布成立"秦皇岛教育学院"。

2006年8月，"秦皇岛教育学院"并入河北科技师范学院。（详见本书《根生土长　携梦启航——河北科技师范学院》一文）。

（卢纪锋）

# 秦皇岛地区大学演变发展史

沿秦皇岛市海港区河北大街一直向西，经汤河桥、白塔岭，直至归提寨西，放眼望去，两旁是鳞次栉比的教学楼、图书馆和学生公寓。

繁华的都市气息至此被过滤成了纯净的书香学韵，这里集中了燕山大学""东北大学秦皇岛分校""河北科技师范学院""东北石油大学秦皇岛分院"等众多高等学府，被称为秦皇岛的"大学城"。

城起非一日之功。1984年以前，这里是海港区白塔岭乡山东堡村的农田和果园。如今，昔日农桑地已成为知识的伊甸园。

"大学城"的兴起，以1985年4月"东北重型机械学院秦皇岛分校"的创立为标志。

1984年5月，秦皇岛成为中共中央和国务院决定正式开放的首批14个沿海开放城市之一。但与首批沿海城市地位不相称的是，彼时的秦皇岛还没有一所正规高等院校。没有高等院校，难以培养大批高等人才，成为秦皇岛改革开放发展道路上亟待填补的空白。

此时，恰逢"东北重型机械学院"（学校前身为"哈尔滨工业大学富拉尔基重型机械学院"）确立了新的发展目标——到沿海开放城市去建一个窗口，与外界进行经济文化交流，进一步宣传和发展自己的学校。学院院长亲自带队南下考察，第一站就到达了秦皇岛。时任秦皇岛市市长顾二熊代表秦皇岛市政府表示，愿意给予"东北重型机械学院"最大程度的政策优惠。

1984年8月13日，机械工业部文件批复，同意"东北重型机械学院"在秦皇岛建立分校。1985年5月，分校正式破土动工。同年10月，分校开始招生。

1997年,"东北重型机械学院"完成整体南迁至秦皇岛市的全部工作,经国家教委批准,正式更名为"燕山大学"(详见本书《燕山灵秀巍巍大成——燕山大学》一文)。

受"燕山大学"的影响,"东北石油大学""东北大学"先后在秦皇岛设立分校。

"东北石油大学"(原名"东北石油学院""大庆石油学院")位于黑龙江省大庆市,创建于1960年,是一所以工学为主,工、理、管、文、经、法、教育、艺术多学科协调发展的大学。1984年,为了稳定教师队伍,吸引高层次人才,建立对外开放的窗口,保证学校长期稳定的发展,学校提出在沿海某一开放城市建立分校。经过综合分析论证,学校决定将分校建在秦皇岛市。1984年4月,学校向河北省政府递交了申请建立分校的报告,并开始了校区的选址工作。1985年6月,河北省政府正式批准了申请报告。7月,学校全体领导来到秦皇岛市,对分校校址进行最后的选定和确认。1986年,秦皇岛分校区开始破土动工。1988年,"大庆石油学院秦皇岛分院"正式挂牌。1999年4月,学校成立高等职业技术学院。2010年4月1日,"大庆石油学院"更名为"东北石油大学","大庆石油学院秦皇岛分院"随之更名为"东北石油大学秦皇岛分校"。

作为东北各类学校南下发展的第一站,秦皇岛也赢得了"东北大学"的青睐,但与"燕山大学""东北石油大学"不同,它建立分校采取的是"借壳上市"的方式。学校前身为冶金工业部于1976年1月筹建的"北方冶金地质七二一大学"(后更名为"秦皇岛冶金地质职工大学")。1987年6月,经国家教委批准,学校由"东北工学院"接收,成立"东北工学院秦皇岛分院"。1993年,学校随"东北工学院"复名为"东北大学"而更名为"东北大学秦皇岛分校"(详见本书《东大火种 于此生根——东北大学秦皇岛分校》一文)。

秦皇岛的"大学城"中,还有秦皇岛地区土生土长的大学——"河北科技师范学院",以及升格为大学较晚、后来搬出"大学城"的"河北环境工程学院"。

"河北科技师范学院"前身是创建于1941年的"唐山联立初级农业学校"。1983年6月1日,学校中专部分划归秦皇岛市管辖,校名改称"秦皇

岛市昌黎农业学校"。1985年，学校停办中专，改建成国内第一所专门培养农业职业教育师资力量和高级专门技术人才的本科院校——"河北农业技术师范学院"，正式变成秦皇岛地区唯一的一所土生土长的大学。1998年，学校更名为"河北职业技术师范学院"。2000年，原隶属煤炭部的"秦皇岛煤炭工业管理学校"并入学校，学校开始在秦皇岛的"大学城"设有校区，也加快了从县城办学到秦皇岛市区扎根发展的步伐。2003年，学校更名为"河北科技师范学院"，成为一所涵盖理、工、农、文、法、经济、管理、教育等学科的多科性本科师范院校（详见本书《根生土长　携梦启航——河北科技师范学院》一文）。

"河北环境工程学院"前身为创建于1981年8月的"秦皇岛环境保护干部学校"，是我国唯一一所培训环境保护干部的学校，被誉为环境保护战线的"黄埔军校"、环境保护人才的"绿色摇篮"。1989年，学校更名为"中国环境管理干部学院"。2015年，学校搬离"大学城"，进入位于北戴河戴河镇金港大道谢李庄村附近的新校园。2016年3月22日，学校升格为全日制普通应用型、技术技能型本科院校，并更名为"河北环境工程学院"，成为全国仅有的一所环境类本科院校（详见本书《环保黄埔　绿色摇篮——河北环境工程学院》一文）。

与秦皇岛的"大学城"正相反的方向，在海港区河北大街东段，还隐藏着一所历史悠久的大学——"河北农业大学海洋学院"。学校前身为诞生于1910年的"直隶水产讲习所"，是中国近现代史上第一所高等水产学校。100多年来，学校历经"直隶水产学校""直隶省立甲种水产学校""河北省立水产专门学校""河北省立水产专科学校""天津水产学院""天津水产专科学校""河北水产学校"等众多历史时期，于2000年并入"河北农业大学"并成立水产学院。2006年，学校更名为"河北农业大学海洋学院"（详见本书《学深海采　网罗宏富——河北农业大学海洋学院》一文）。

进入新时代，在京津冀协同发展的重大国家战略背景下，北戴河新区作为秦皇岛市倾力打造的新兴战略增长极，主动承接首都功能疏解的教育产业转移项目，规划出了5平方千米的教育科研区，正努力将其打造成为新的"大学城"。北戴河新区在规划的5平方千米教育科研区内，将成建制引进大型的综合性大学，初步规划全日制在校生7万～8万人，以本科教育为主，逐步发展研究生教育和继续教育。同时，教育科研区将集聚数量较多的小型院校，比如文理学院、社区学院、艺术院校和高职学校等。在此基础上，教育科研区还将适时引进北京重点高校的附属中学，设立北京重点中学的分校，形成完整健全的教育体系，提供优质的基础教育服务，缓解北京义务教育阶段的人口压力，并为秦皇岛市整体承接首都功能疏解和产业转移提供配套服务。

2020年7月2日，关于秦皇岛市的大学又传来好消息：秦皇岛市人民政府与"河北医科大学""燕山大学"签署独立学院转设协议。根据协议，"河北医科大学临床学院"与"河北对外经贸职业学院"合并转设，转设后新学校位于北戴河生命康健产业创新示范区，暂定名称为"北戴河医学院"，建成后招收全日制本科生、硕士及博士研究生，将填补秦皇岛市医学类本科教育空白。"燕山大学里仁学院"与"秦皇岛职业技术学院"合并转设建设新学校，暂定名称为"秦皇岛里仁学院"，打造培养以应用型人才为特色的海内高水平应用型大学。这意味着秦皇岛即将结束没有市属公办本科高校的历史，而且一下子就拥有了两所。

# 后　　记

2018 年 7 月 11 日，秦皇岛市政协文史资料委员会与秦皇岛市教育局共同下发《关于做好〈秦皇岛历史名校〉征编工作的通知》。随即，在秦皇岛市政协召开了各县区政协文史委、各县区教育局及有关大中专院校共同参加的征编工作会议。《秦皇岛历史名校》一书的征编工作正式开始。

历时整整两年时间，经过各方面的共同努力，《秦皇岛历史名校》一书终于付梓。

《秦皇岛历史名校》一书主要收录政府教育管理系统内设立的各类学校，从秦皇岛现有（截至 2019 年）658 所小学（含教学点）、163 所中学（初中含九年制 127 所、高中含十二年制 36 所）、14 所大中专院校中，遴选出 9 所小学、12 所中学（初中 4 所、高中 8 所）、2 所中专、10 所大学，共 33 所学校。所选学校一是老，有足够的历史积淀，二是名，在一定范围内有一定的知名度和影响力。33 所学校分大学、中专、中学、小学四个部分呈现给读者。为便于读者整体了解各类学校的发展全貌，编者特意撰写了秦皇岛地区各类学校的发展简史附于书后。

为完成征编工作，本书编写人员曾多次赴相关学校，与撰稿人员沟通，提出修改意见，并搜集有价值的实物与影像史料。

本书的征编出版工作得到了秦皇岛市政协领导的高度重视和大力支持，并为本书撰写序言，对书稿进行审读并提出指导意见。市教育局、市地方志办公室、各县区政协、各县区教育局、相关大中专院校及中小学等单位对于本书的征编工作给予了大力协助，相关大中专院校及中小学特意安排撰稿人撰写了相关稿件，并提供了珍贵的历史照片，在此一并表示诚挚的谢意！

## 后记

  《秦皇岛历史名校》全书近 50 万字,收录图片 300 余幅,汇集了秦皇岛地区主要历史名校的珍贵影像和重要史料。

  我们衷心希望这本书能够成为读者了解秦皇岛近现代百年教育风云的首选之作。

  尽管我们力求把这本书做得尽善尽美,但缺憾之处恐怕在所难免,诚请社会各界批评指正!

编者<br>
2020 年 7 月